罗马之变

Jules César

[法] 杰罗姆·卡尔寇比诺
———— 著

赵丽莎 刘婵 周芳
———— 译

Jérôme Carcopino

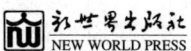

审图号：GS（2024）3601号

图书在版编目（CIP）数据

罗马之变 /（法）杰罗姆·卡尔寇比诺著；赵丽莎，刘婵，周芳译. -- 北京：新世界出版社，2024.11.
ISBN 978-7-5104-7666-2

Ⅰ．K835.467=2

中国国家版本馆CIP数据核字第2024R54U18号

罗马之变

作　　者：[法] 杰罗姆·卡尔寇比诺
译　　者：赵丽莎 刘婵 周芳
责任编辑：刘颖
责任校对：宣慧 张杰楠
责任印制：王宝根
出　　版：新世界出版社
网　　址：http://www.nwp.com.cn
社　　址：北京西城区百万庄大街24号（100037）
发 行 部：(010)6899 5968（电话） (010)6899 0635（电话）
总 编 室：(010)6899 5424（电话） (010)6832 6679（传真）
版 权 部：+8610 6899 6306（电话）nwpcd@sina.com（电邮）
印　　刷：天津旭丰源印刷有限公司
经　　销：新华书店
开　　本：880mm×1230mm　1/32　尺寸：145mm×210mm
字　　数：440千字　　印张：18.5
版　　次：2024年11月第1版　2024年11月第1次印刷
书　　号：ISBN 978-7-5104-7666-2
定　　价：98.00元

版权所有，侵权必究
凡购本社图书，如有缺页、倒页、脱页等印装错误，可随时退换。
客服电话：(010)6899 8638

序言
PREFACE

《恺撒传》（*Jules César*）是法国著名历史学家杰罗姆·卡尔寇比诺（Jérôme Carcopino，1881—1970）的成名作。该书最初由法国大学出版社（PUF）于1936年出版发行，1968年再版；2013年和2020年，法国巴尔蒂亚出版社（Bartillat）两次修订再版。自首版以来，该书已被翻译成多种语言文版，成为恺撒传记中的经典之作。

现在呈现在读者面前的这本《罗马之变》是《恺撒传》在中国的首个汉译本，由赵丽莎等三位译者根据法国大学出版社1968年再版本翻译。考虑到原版《恺撒传》内容并不局限于恺撒生平而是触及时代变迁的方方面面，新世界出版社在出版其汉译本时以《罗马之变》作为书名是合适的。

本书按照编年史顺序写成，在关键情节处提供了地图标注，体现出作者对细节的关注。但本书并不是一部以特写镜头解码恺撒的人物传记，作者似乎不想评判主人公，书中对他的私生活、他的妻子以及他的家庭描述不多，却以广角镜头为读者重现了一代名将富有传奇色彩的出生，跌宕起伏的战争和政治生涯，直至悲剧性的落幕。作者以史学家的视角，客观描述了当时罗马世界的政治、社会、经济、宗教信仰和战争经过，有助于读者更深入地了解罗马共和国的兴衰。

通读全书，我愿意从以下几个方面向读者推荐这部史学经典。

一是作者的专业性。杰罗姆·卡尔寇比诺是法国知名历史学家和作家，专攻古罗马史，曾任法国索邦大学教授和罗马法国学校校长。1955年，当选为第十五位法兰西学术院第三席位院士。他撰写史学著作20多部，包括《苏拉或失败的君主制》（1932年）、《恺撒传》（1936年）、《全盛时期的罗马生活》（1939年）和《西塞罗》（1951年）等。他的作品客观理性，注重史料实证，不仅学术价值高，还兼具可读性，即使是90年前写的作品仍然经得起今人推敲。

二是传主的影响力。本书主人公恺撒是罗马史上举足轻重的人物，他对欧洲的军事、政治和文化产生了深远影响。丘吉尔说："大英帝国的历史，开始于恺撒登上不列颠"。法国历史也绕不开恺撒，他对高卢的征服使高卢成为罗马文明世界的一个有机组成部分。高卢是现在法国的前身。法国年鉴派史学第三代重量级人物乔治·杜比所著的《法国史》将"罗马征服前的高卢"和"罗马高卢人"作为重要的两章列入编年史中，并在有关罗马共和国和恺撒的章节中引用了杰罗姆·卡尔寇比诺的文章。

三是学术同行的推崇。本书用近600页的篇幅记述恺撒的一生，规模宏大，文笔持重，辅以翔实的史料和注解，在很多细节上体现出作者令人叹为观止的博学。法国著名历史学家兼考古学家让-路易·布鲁诺（Jean-Louis Brunaux）曾为本书原版作序，他强调本书对古代史研究的重要性："作者丰富的内涵和深厚的文化底蕴丝毫不影响分析的精妙，也不影响作者与主人公之间近乎默契的关系。各大百科全书都认为这是杰罗姆·卡尔寇比诺的代表作，我觉得此书名副其实。也许是因为作者放弃了将恺撒作为一个谜题解开的念头，从而还原了他完整的人性维度。一旦合上书，读者即使不能完全了解这位最杰出的罗马人，至少也会有一种更加了解他的感觉。"法国历史学家、考古学家和拉丁语学家雷蒙·舍瓦利尔（Raymond Chevallier）表示，这样的著作"能够得以多次重印，尤其是在作者的有生之年，这是名著的特权"。

四是译本的稀缺。 目前国内有关罗马史的译著多由英文转译，也有德译和日译本，但是法译本较为稀缺。而《罗马之变》这本书是第一部由法文直接翻译成汉文版的恺撒传记，无疑填补了国内图书市场在这方面的空白。这部汉译本的出版发行，必将有助于法国历史的研究者和爱好者更好地理解罗马共和国时期的高卢生活，从而进一步加深和促进中法和中欧之间人文交流和文明互鉴。

是为序。

刘作奎

中国社会科学院世界历史研究所所长

2024年7月26日

卷首语
PREFACE

为了让这段两千多年前的历史更加通俗易懂，我不得不在我的责任范围内进行了概念移植和同义互换，在这个过程中必然会掺入一部分假设。

货币方面，我认为尤利乌斯·恺撒的古罗马小银币与雷蒙·普恩加莱[①]时期的法郎是等值的，因为理论上它们与黄金的重量关系是等同的。

我整体缩小了尤利乌斯·恺撒改革前后纪年表的差异。与主流观点不同，我自作主张采用了勒维耶的计算方式和所得日期，也进行了确证，并在文中的注释中做了简要的解释。

---

① 译者注：一战期间的法国总统（1913年2月18日—1920年2月18日在位）。

目录
CONTENTS

第一章 元老院肃清行动（公元前78年—前69年）
第一节 恺撒的成长 / 002
第二节 雷必达全军出击 / 006
第三节 塞多留征战 / 018
第四节 斯巴达克斯起义 / 034
第五节 寡头政治即将落幕 / 048

第二章 庞培的伟业
第一节 元老院发动的战争（公元前78年—前67年） / 066
第二节 庞培和海盗 / 082
第三节 庞培和东方战争 / 095
第四节 庞培带来和平 / 115

第三章 恺撒的崛起
第一节 恺撒及其时代 / 124
第二节 庞培回归后喀提林的阴谋（公元前65年—前61年） / 141
第三节 从庞培回归到恺撒成为执政官 / 189

第四章　三头同盟及征服高卢（公元前58年—前49年）

第一节　高卢称臣 / 232

第二节　恺撒的战功及三头同盟加强（公元前58年—前54年）/ 258

第三节　外部困难（公元前54年—前52年）/ 294

第四节　阿莱西亚战略 / 322

第五节　三头同盟的分裂 / 337

第五章　内战（公元前49年—前45年）

第一节　征服意大利 / 369

第二节　第一次西班牙战役以及夺取马西利亚 / 383

第三节　狄拉奇乌姆与法萨罗 / 407

第四节　远征东方 / 423

第五节　最后的动乱：塔普苏斯与蒙达 / 446

第六章　恺撒的改革

第一节　恺撒至高无上的权力 / 488

第二节　党派的合并与社会重组 / 508

第三节　罗马的繁荣与强盛 / 528

第四节　帝国与王权的和解 / 548

第一章
元老院肃清行动
（公元前78年—前69年）

苏拉用堪比国王的权威结束了普通世俗官员分权的局面，与其说他是受野心驱使，不如说他是顺应了历史潮流。他已看清，在新的国家形态下，君主制已成为唯一适合时代潮流的政体。随着公元前90年意大利人获得罗马公民权，罗马城与整个亚平宁半岛之间的区分在法律意义上已不复存在。此后，罗马城始终被视为代表着整个半岛。事实上，随着诸行省与罗马共和国的代理人——地中海世界的诸多古老王国——直接或间接的归顺，罗马城所代表的空间范围还在不断扩大。在近一个世纪里疲于完成其征服事业的罗马，已无力抵制这些地区的影响；而希腊化文明的精神此时业已深入罗马的骨髓。

实现这场不可避免的政治革命并将人们内心早已存在的诉求变为现实的那个人就是恺撒。

第一节　恺撒的成长

奥雷利娅（Aurelia）

盖乌斯·尤利乌斯·恺撒（Caius Iulius Caesar），公元前101年7月13日出生于罗马。他生在一个历史悠久的贵族家庭，根据古代词源学对尤利乌斯（Iulius）这个名字的联想，其血统甚至可以追溯到埃涅阿斯（Enée）①的儿子阿斯卡尼俄斯（Iule）②。他的父亲官至裁判官，仕途只走了一半就于公元前86年突然去世。父亲的舅舅、哥哥和堂兄都曾是罗马代执政官。他的母亲奥雷利娅来自奥利乌斯·科塔家族。她的3个兄弟——可能是嫡亲的堂表兄弟——先后于公元前75年、前74年和前65年担任罗马执政官。③奥雷利娅本人贤良聪慧、意志坚强，塔西佗因此将她比作格拉古兄弟的母亲科妮莉亚（Cornélie）。④丈夫去世后，她独自带着15岁的儿子和一个女儿生活，并将他们养育成人，这个女儿就是后来奥古斯都大帝的祖母。奥雷利娅严格遵循古罗马妇人的清规戒律，无论持家还是教育子女都无可指摘，正如拉丁文记述："保护家庭，养育孩子。"⑤

教育

对于拥有英俊面孔、敏锐眼睛、白皙皮肤、颀长身材的恺撒，奥雷利娅着重锻炼他的体魄。她监督青少年时期恺撒的嬉戏玩乐，安排竞赛游戏，培养他运动员般的耐力与勇气，使他强壮而有节制。当时，虽然她不得不放任年轻的恺撒风流放荡、挥霍浪费，也许对此还暗自窃喜，但她从未忽略充实与丰富其思想。恺撒所展现出来的天赋及青少年时期的迅速成长令她十分欣赏。她为恺撒挑选的老师以及后来他在罗德岛和雅典完成学业时遇到的老师们，能遇到这位神童着实

---

① 译者注：埃涅阿斯音译自希腊文Aineías，他是建立罗马城的特洛伊英雄。
② 译者注：阿斯卡尼俄斯音译自希腊文Askánios。
③ 作者注：参考杜曼与戈罗布的合著。
④ 作者注：此处引用了塔西佗的作品《关于演说家的对话》中的内容。
⑤ 编者注：原文为tueri domum et inservire liberis.

也是一桩幸事。恺撒毫不费力地掌握了罗马文明的两种语言，完全领会了语言背后的文化。他如此喜爱希腊语，甚至私下里也说希腊语，直到他生命的最后时刻，还在用希腊语思考，刺杀者听到他对布鲁图斯发出令人揪心的惊呼："还有你，我的孩子！"。①至于拉丁语，他小小年纪就熟练使用，直到完全掌握并形成带有自己天才印记的独特文风，在战火硝烟中写出条理清晰的拉丁文杰作——数部战记，它们成为罗马文体中最伟大的一座丰碑。

显然，奥雷利娅达到了目的，将儿子培养成了完人，这是一个无论在战场上还是和平时期都能登上巅峰的人。正如公元前1世纪末的几位伟大的罗马贵妇一样，奥雷利娅也关心政治，且精于此道。②在后来某些严峻的事态中，恺撒会向她吐露计划，并汲取她的经验，听取她的建议。

政治

丈夫去世后，奥雷利娅认为——她与亲戚朋友包括小姑子尤利娅（盖乌斯·马略的妻子）自然意见一致——应与正在跟元老院寡头做政治斗争的平民派拉近关系，这关系到她儿子的前途。这一推断在维莱伊乌斯·帕特尔库鲁斯（Velleius Paterculus）和苏埃托尼乌斯（Suétone）关于恺撒青少年时期的记叙中可以得到证实。

公元前85年，掌管罗马共和国的马略党似乎想保护年轻的恺撒免受战火复燃的波及，提名了恺撒担任朱庇特神祭司。后来苏拉远赴东

---

① 编者注：原文为Toi aussi, mon enfant。
② 作者注：仅以恺撒的舅母茱莉亚、福尔维娅，甚至西塞罗的妻子特伦蒂亚为例就足以说明这一点。

方，这场战争才得以平息。提名对于恺撒固然是一种保护，但这份神职只有贵族可以担任——直到整整75年之后才再次开放申请——对任职者设有重重限制和禁令，后来也阻碍了恺撒的远大前程。①

  这也许正是为什么奥雷利娅着急让恺撒在公元前84年——此时的恺撒才刚刚穿上成人托加袍——迎娶极为富裕但出身卑微的骑士家族的小姐科苏提娅（Cossutia）。她是平民出身，本不能与朱庇特神祭司通婚。这场低就的婚姻帮恺撒成功摆脱了朱庇特神祭司提名带来的诸多不便，后来这位有远见的母亲又催促恺撒与科苏提娅离婚，并很快促成了恺撒的第二段婚姻，这次是和科涅利娅（Cornelia）。科涅利娅的父亲秦纳（Cinna）在公元前86年第4次当选执政官，继承了马略的权力。在当时看来，她的确是能帮恺撒拥有更美好前程的绝佳配偶。怎奈好景不长：公元前84年末，秦纳去世，国家权柄落入帕皮里乌斯·卡尔波（Papirius Carbo）之手。紧接着，公元前85年，苏拉迫使米特拉达梯（Mithridate）缔结《达耳达诺斯和约》，又于公元前83年率军团凯旋，而此时的意大利已经被内战压得喘不过气来，一年后，苏拉成为名副其实的独裁官（公元前82年—前80年）。

苏拉的忌恨与猜疑

  苏拉一眼便认定，秦纳的这位女婿、衣着讲究的纨绔子弟是一位可怕的对手，心中暗自设防。因此，苏拉成为独裁官后就要求恺撒与科涅利娅离婚，但恺撒冒着被流放的危险绝不屈从。根据苏埃托尼乌斯的记录，多亏了奥莱利家族和维斯塔贞女求情，苏拉才平息了怒火，暂

---

① 作者注：见塔西佗的《编年史》。

时搁置了对反叛分子的严厉处罚。尽管如此,恺撒并不相信苏拉的宽恕。所以,不管是因为对方或多或少带有强制性的建议,还是完全出于他的本意,恺撒奔赴遥远的亚细亚,成为一名为祖国而战的志愿兵。

恺撒在远方

苏拉党的亚细亚行省总督马尔库斯·米努修斯·色穆斯(Marcus Minucius Thermus)被逃亡者的魅力所吸引,敞开双臂欢迎他,接纳他成为自己的亲信并派遣他前往比提尼亚王国(Bithynie),接收要求国王支援的战舰。恺撒轻松获得尼科美德四世的支援,过程太容易,以至于他在罗马的政敌声称他是靠出卖色相取得外交成功的,嘲讽他是比提尼亚(Bithynie)王后。但是闲言碎语很快就消失在恺撒源源不断的捷报里。公元前80年,恺撒坐镇密特里尼(Mitylène)营地大获全胜,随后的两年在奇里乞亚大败海盗。因此,公元前78年,恺撒得知苏拉去世时,相信自己的战绩已经足以为他赢得民望和选票,于是迅速返回罗马,期冀收获新的荣耀果实。

然而,早在独裁者苏拉去世之前,罗马不同派系和人物之间的争斗就已经再次上演了。

第二节　雷必达全军出击

元老院的幻觉

苏拉的隐退为元老解除了枷锁。就像骤然松开的弹簧,元老院权力在苏拉独裁之后的权力废墟中作为唯一的替代力量突然展露出来。他们先帮苏拉扫除了最难对付的劲敌——保民官和骑士。然后又解决掉苏拉本人。他们想要不与人分享的绝对权力。倘若君主制继续存在，那么他们只能是国家的公仆。君主制一旦被摒弃，他们就自以为成了国家主人。但他们的幻觉未能持久，很快便将以自身为代价学到教训：帝国的土壤必然催生出某些人当皇帝的野心，寡头政治的复兴不过是不合时宜的昙花一现罢了。

两位新执政官

两位新的执政官一上台便爆发了矛盾。尽管二人都出身贵族，但其中一位品格正直，而另一个却是十足的恶棍，二人性情有天壤之别。因此昆图斯·卢塔提乌斯·卡图卢斯（Q. Lutatius Catulus）与马尔库斯·埃米利乌斯·雷必达（M. Aemilius Lepidus）长期互相憎恶。同时被任命为罗马共和国的领导人后，二人不可调和的政治矛盾突然激化了原有的厌恶情绪，他们立马视彼此为仇敌。

卡图卢斯

卡图卢斯被贵族阶级认为是当时能找到的最可靠的代表人。直到当选执政官，他都一直忠于贵族阶级，可以为他们毫不犹豫地牺牲自己的喜好和利益。公元前87年，他为维护贵族阶级放弃享乐，丢掉偶尔给他招来斥责的坎帕尼亚（Campanie）式的疏懒，冒着生命危险反抗秦纳和马略。后来，公元前81年，同样是为了保护贵族阶级，他将马尔库斯·马略·格拉提亚努斯移交给卢修斯·塞尔吉乌斯·喀提林（L. Sergius Catilina）政权，自满于终于为惨死的父亲报了仇。他企图阻止苏拉,并反对已演变成血腥屠杀的流放处罚。卡图卢斯有教养、性格审慎、口才极好,虽然不是雄辩风格,但很讲究措辞。在当时腐败的社会里他却因刚正不阿而声誉卓著,在同时期的狂热政客中因中庸温和脱颖而出[1]。显然,他谋求执政官之位不过是为了在元老院的合法范围内,遵照推选他的贵族们的意愿,为了他们的利益来行使权力。

雷必达

相反地,雷必达贪婪而轻浮,既无道义又无廉耻,只想着如何敛财,趁动乱和党派纷争之际用武力发不义之财。[2]他唯恐天下不乱,政治立场朝秦暮楚。这两个缺点不仅帮他安然度过数次内战,还使他在每次出现新动乱时都得以攀附胜利的一方,所以每场危机结束后,他都变得比危机前更富裕、更强大。公元前105年,元老院政权刚倒台,这个出身罗马古老贵族的爵爷便恬不知耻地投奔极富煽动性的极端分子,并迎娶其领袖的女儿阿布蕾娅(Appuleia)。后来他们与马略分道扬镳,人们又看着他径直投奔了更强的一方,在他岳父萨图尔尼努斯(Saturninus)被杀那天,他却手持武器站在了岳父的对立面。后来,当马略党开始星光暗淡,他又像当初加入平民派时那样,洒脱地抛弃了马略党归顺苏拉,并厚颜无耻地借机敛财,分割被流放

---

[1] 作者注:见普鲁塔克的著作《克拉苏传》。
[2] 作者注:我们采用布罗塞在《罗马共和国史》中对雷必达的评价:"惯于煽动,军事上有野心但无天赋,空有唬人的花架子,不是真正的政治家。"关于他军事上的无能尤其可以参考普鲁塔克的《庞培传》。

者的财产，在获封赏的西西里行省搜刮民膏民脂。最后，他又觉得独裁官太弱，无法保障他平静地享受横征暴敛的乐趣，于是自告奋勇效劳于贵族，反对君主制，把矛头转向他的庇护者，其首鼠两端、翻脸之快令人发指。但如今，既然他已经凭借见风使舵站到了权力的顶峰，自然不再惧怕君主，他已经准备好背叛昔日盟友，独占他和盟友共同苦心经营的一切。

首次争端

公元前78年1月1日，两名执政官按照传统登上卡比托利欧山（Le Capitole）参加庄严的就任仪式，完成宗教礼仪并接受其他官员的致敬。这场平和的仪式还没结束，雷必达就迫不及待地大放厥词，羞辱他的同僚。按照惯例，传统的祭祀和祈祷结束后，新上任的政府首脑应当在元老院的见证下协商决定当年的宗教事宜安排，并确定由谁主持一年一度的拉丁安息日庆典①。雷必达一副独掌大权的样子，企图一个人全部搞定：他将罗马首都城市长官的遴选看作国家大事，更当作了自己的事，然后使用武力达成了目的。

粮食分配法

后来，保民官们大概是想起雷必达蛊惑人心的事迹，求他帮忙恢复特权，他不仅给了他们想要的结果，而且借机召开了大规模的公民会议，并在会议上发表了一场高谈阔论。他的演讲内容超出了听众的想象，话说得极为直白坦诚。他话锋一转，抛开他们提出的请求，认

---

① 作者注：参见蒙森的著作《罗马公法》。

为请求毫无意义，提出来就注定被否决。他说当下有更紧急的任务，他想要满足平民百姓的迫切需求，想帮他们摆脱穷困。总而言之，他的计划是提出新的小麦分配法。他的发言引起了巨大共鸣，以至于卡图卢斯不敢使用否决权反对这项提议。很快，《埃米利乌斯法案》（Lex Aemilia）势不可当地被表决通过，政府将向申请者每个月发放5摩迪乌斯（modius）①的小麦。这突如其来的慷慨恩赐远远盖过了苏拉废除的法律。盖乌斯·格拉古（C. Gracchus）、马尔库斯·奥克塔维厄斯（M. Octavius）和萨图尔尼努斯先后颁布过低价小麦法，但雷必达首次以免费援助法取而代之，同时将援助扩展到整个城邦。雷必达在发表了反对恢复保民官自古以来权力的声明后，突然进行如此疯狂的恩赐，其内心想法可见一斑。他之所以毫无征兆地突然与元老院同仇敌忾，共同对付保民官，驳回其请求，无非是为了避免有一天保民官挡在平民百姓和他之间。而他之所以会一时冲动，给共和国的财政强加上派发小麦的沉重负担，也不过是为了俘获大众的好感。不过，为了维持这份好感，他像挥霍国库一般毫不吝惜自己的巨额财富。他用自己的钱雇人，到零售店主、酒商和掮客中宣传；不择手段地把个人名望渗透到社会底层。显然，雷必达这个曾经的苏拉诽谤者，现在一心只想重蹈覆辙。

苏拉的葬礼（公元前78年3月）

看了雷必达的把戏，元老们才发现，当初利用他的伶牙俐齿并为他投票，其实是元老院受了愚弄。一旦他独揽大权，他的专制必然

---

① 译者注：古罗马容积单位，1摩迪乌斯相当于8.75升。

要比他们一起推翻的独裁者更加暴力。因此，当苏拉去世的消息传到罗马时，不止一位元老已经开始怀念远去的苏拉。苏拉活着时，被他们逼着离开罗马；等他去世之后，他们又想拉他一起反对雷必达。从这个善于煽动人心的人身上，元老们得不到任何好处，他们开始惧怕他。卡图卢斯公然与他决裂。他不顾雷必达的反对，在庞培的支持下通过元老院决议，声势浩大地将苏拉遗体从库迈（Cumes）①运回罗马，为其举办国葬，这在当时是十分罕见的殊荣。卡图卢斯还借葬礼的名义发布禁令：停放骨灰前，暂停所有大型公众活动，包括元老院例会、民会、法院庭讯；所有罗马妇女服丧一年。葬礼当日，盛况空前，阵仗堪比阅兵，罗马人第一次见到这样的排场，费边（Fabius）、大西庇阿（Scipion L'Africain）、卢修斯·埃米利乌斯·保卢斯（L. Aemilius Paullus）、埃米利安努斯（Émilien）的葬礼均不及此，甚至后来恺撒的葬礼也不过是原样照搬，并无超越。2000顶金冠开路，210架摆满香炉的辇舆紧随其后，焚香和肉桂燃烧的烟雾缭绕其上。苏拉的遗体放置在一张由男女祭司环绕的金床上，由最强壮的元老们担在肩上，穿过古罗马广场，一直行进到战神广场，并在那里进行火葬。他曾率领过的所有老兵组成的队伍跟随其后，按当年的队列再次聚集在各自的旗手周围，旗帜闪闪发亮。由卢修斯·李锡尼·卢库鲁斯（L. Licinius Lucullus）和科尔内利乌斯·埃比卡杜斯（Cornelius Epicadus）修订的苏拉回忆录很快将问世，书中把苏拉塑造成贵族政治下为共和国鞠躬尽瘁的传奇人物。这场示威演习般的葬礼就在雷必达眼皮底下举行。集结在一起的军队，除了庞培的士兵，

---

① 译者注：苏拉去世的地方，在那不勒斯西北。

011

应该还包含大量苏拉党人，雷必达必须击败这些敌人才能达成目的。葬礼连同即将出版的回忆录动员了活着的军团以及伟大亡灵的影响力，共同震慑了雷必达。

雷必达引发骚乱

但是雷必达已经陷得太深，没有回头路可走。古罗马历史学家弗洛鲁斯（Florus）写道：雷必达在苏拉的火葬坛上点燃了起义的火把。葬礼结束，两名执政官离开战神广场时，在互相辱骂中分道扬镳。自此，事态开始急剧恶化。当卡图卢斯稳稳当当地扮演元老院权力的代理人角色，在与元老们意见一致的基础上煞有介事地处理未尽事宜时，雷必达却起来反对元老院，在古罗马广场上大肆宣扬自己的政权颠覆计划，并满怀私心地宣泄仇恨。在斥骂声中，他紧咬《科尔内利亚法》（Leges Corneliae）不放，向保民官承诺归还苏拉剥夺的一切，宣称要取消流放，召回被流放的人，并退还充公变卖的家产。雷必达自己当时就搜刮了不少财物，他本来应该首当其冲归还，但却发表长篇大论，公开宣布自己准备好要这么做。此举无非是为了扩大他在罗马城的声望，结果计划还没成形，却在罗马城下引发了暴乱。

菲耶索莱起义

雷必达的演讲引起了极大反响，余波一直蔓延到伊特鲁里亚（Étrurie），在那里吹响了战争的号角，煽动以前的有产者起来反对新的有产者。菲耶索莱人突然攻进苏拉的老兵集中居住的几个重要农业产区，屠杀了一大批抢走土地的占有者，最后在他们认为的"入侵者"的血泊中拿回财产。这次袭击给元老院敲响了警钟。倘若放任不管，其他人一定会纷纷效仿，那么元老的财富能不能保住就会成问题，怨言将从四面八方涌来。因此，元老院决定惩戒菲耶索莱人。但是如此一来就得派两名执政官率兵前往。这样做也有风险，因为元老们害怕的雷必达非但没有逃避任务——镇压他在其中负有道德责任的起义，反而期待获得这个他本该反感的职位。他会因此获得军队，而元老院担心他心怀叵测。不得已，元老院让他的同僚卡图卢斯与之合作，并要求二人发誓，在担任执政官职务期间绝不相互攻击。带着这样的口头承诺，二人率领元老院派遣的军队前往伊特鲁里亚控制局面。

雷必达的诡计

夏天突然到来。由于执政官不在，罗马公民大会（comices）延期。卡图卢斯表示想回罗马依惯例主持选举。雷必达借口必须继续监督伊特鲁里亚人民，自己将部队及指挥权攥在手里。不过他的借口并不成立，元老院请他返回。雷必达装聋作哑，让公务一再迁延。直到执政官届满，此时他已摆脱誓言束缚，同时还有权继续指挥战役。而且，他不再只是统领临时增派给他的兵力，还手握在山南高卢自主征兵的权力。按照抽签分配行省原则（sortitio provinciarum）及其相关规定，他离任时这支部队由他自行支配。公元前78年底，他并没有听从元老院的意见。卡图卢斯给了他完全的自由。公元前77年开年，摄政王（interrex）初次粉墨登场，一场军事政变即将到来。

雷必达叛乱

果然如此。没了束缚的雷必达终于慢慢走上叛乱之路。为了安抚

013

他曾声援过的受害者，满足他们的诉求，他再次宣称，他们的诉求就是自己的诉求。他曾针砭时弊，而现在为了废除旧秩序——尽管这曾经是他主动维护的秩序——这个永远的自我背叛者开始拉他的昔日对手入伙。很快，他的阵营里就充斥着伊特鲁里亚人——他给这些人发武器；还有被流放的人——他为之提供庇护；还有所有想烧杀抢掠、盼着天下大乱的流民。雷必达为了自己的利益，重新竖起马略党人的大旗，反对元老院政权，并将还活着的马略党主要将领团结在身边，其中包括：秦纳的儿子、马尔库斯·拜勒拜勒纳（M. Perperna）及马尔库斯·尤乌斯·布鲁图斯（M. Iunius Brutus）。他派遣布鲁图斯在山南高卢行省招募士兵、征收钱粮，又给元老院下了最后通牒。一旦元老们接受，其统治必将陷入毁灭，因为最后通牒中要求将公民权扩展到山南高卢，恢复保民官权力，给被流放者平反，以及立即选举他再次担任执政官，等等。

元老院的突然爆发

在此期间，元老们从西班牙和小亚细亚收到紧急军情，塞多留（Sertorius）①率军逼近，米特达拉梯蠢蠢欲动，元老们一时竟有与之谈判的打算。卢修斯·马修斯·菲利普斯（L.Marcius Philippus）指责元老胆小如鼠，他耻于与之为伍。这位前朝遗老重新站出来，恳求元老院让他迎战雷必达叛军。此人曾平定马尔库斯·利维乌斯·德鲁苏斯（Marcus Livius Drusus）叛乱。他说，稍有不慎，我们将看到罗马再次被攻陷，并笼罩在暴君的专制阴影下，因此必须追击和歼灭

---

① 译者注：西班牙总督，马略的支持者。

叛徒团伙。元老院被这番豪言壮语鼓动，宣布雷必达是人民公敌。为了对付雷必达，元老院通过了元老院终极议决（senatus consultum ultimum），用来加强摄政王阿皮乌斯·克劳狄乌斯（Appius Claudius）、行省总督卡图卢斯及几位事实上的最高统帅的自由裁量权。

庞培和卡图卢斯迎战雷必达

这项议决实施后，庞培不久前被授予的特别指挥权得到恢复。占领山南高卢就意味着取得胜利。因此，这位再次受到元老院青睐的年轻的最高统帅（imperator）重整旧部，带兵从皮西努姆（Picenum）向山南高卢挺进。与此同时，托付给卡图卢斯的另一支在苏拉殖民地征募的军队，负责在正面袭击中保卫罗马内城（Urbs）。虽说雷必达和他的将领麾下聚集着大批部队，但是元老院却拥有久经沙场的罗马军团。最终后者旗开得胜。

庞培在山南高卢

庞培首先围困摩德纳（Mutina）。抵抗数日后，不知是出于自愿还是被深受断粮和恐惧折磨的士兵胁迫，布鲁图斯被围困并投降。庞培一开始似乎想保全其性命，让一队骑兵将他押送到附近一个小镇。但第二天，庞培便命人把他杀了。后来，他沿艾米利亚大道（Via Aemilia）一路高歌猛进，攻下一个又一个据点。他在利古里亚（Ligurie）追击逃兵，从雷焦艾米利亚（Reggio d'Émilie）一直追到阿尔巴（Alba），并在那里追上被西庇阿（Scipion）收留的雷必达的一个儿子，抓住他并处决。对叛乱者而言，山南高卢已然失守。雷必达被困在伊特鲁里亚断了钱粮，能做的只是攻占罗马，否则就得投降。

雷必达战败被杀（公元前77年夏）

　　雷必达下定决心向罗马城进军，但为时已晚。庞培前期的胜利被传得沸沸扬扬，贵族阶级恢复了勇气。卡图卢斯从米尔维奥桥（Le Pont Milvius）到贾尼科洛山（Le Janicule）建起一道防线。雷必达与战神广场前哨部队交战后，感觉敌人对己方袭击已有所戒备，于是停止交战迅速返回大营。但此时他已无力维持战线。庞培部队自北亚平宁山而下向他逼近，卡图卢斯军团从罗马出发也与之遭遇。他被两面夹击，在科萨（Cosa）附近的马雷玛（Maremme）①连吃两次败仗。他带余部登船逃往撒丁岛才幸免于难。雷必达原本打算攻下这座大岛，阻断船队运送粮食到罗马的路线，然后从容地休养生息以备再战。希望很快就破灭了。科西嘉与撒丁行省资深裁判官总督盖乌斯·瓦莱利乌斯·特里亚里乌斯（C. Vlerius Triarius）任由雷必达登岛，但他所到的任何一处据点，对方都坚守拒敌。雷必达在每一座城池都遭到追赶，他的队伍被迫挤在刚收割的一片空旷田地上，每一场交战都以失败告终。雷必达终于意识到大势已去，幸运女神弃他而去。他的部队被一次次交战和饥饿消耗，人数迅速减少。雪上加霜的是，有人向他报告，显然他的妻子阿布蕾娅存在通奸行为。特里亚里乌斯故意不对这条情报进行截获，雷必达因此得知了所有细节。雷必达无比绝望，也许还带着悔恨，一病不起，竟就此一命呜呼。他身边

---

① 译者注：原意为意大利近海沼泽地。

最后的部从急忙将其火葬，全身赤裸的雷必达躺在临时用葡萄藤搭建的火葬台上。随后，部队在拜勒拜勒纳的率领下逃往西班牙。

元老院第一次皮洛士（Pyrrhus）①式胜利

公元前77年夏天，雷必达冒失疯狂的出征就这样结束了。这一次他输了全部，甚至包括荣誉。雷必达曾经向恺撒抛出橄榄枝，若非恺撒极有远见，否则很可能被他诱惑。雷必达反对寡头的尝试并不成熟，深谋远虑的恺撒拒绝了他。对于这场实力不均等、尚未开战就已知结局的较量，恺撒选择了袖手旁观。在战场上，武装叛乱已经失败，然而恺撒过早地相信自己能够合法地、间接地表达反对意见，他作为控诉人参与针对普布利乌斯·科尔内利乌斯·多拉贝拉（P. Cornelius Dolabella）的贪污起诉。多拉贝拉曾任执政官，不久前刚在苏拉麾下征战，如今却为元老院保守派中占多数者效犬马之劳。与多拉贝拉同阶层的法官与之沆瀣一气，将他无罪释放。这次失败之后，恺撒意识到，要想干一番事业时机尚未成熟。于是，他重新起程前往东方，试图通过回归文学，师从当时世界上哲学和修辞学领域最杰出的几位希腊老师，提升修养，以走出这第一次也是最后一次失败的阴影。他在前往罗德岛途中遭遇一段众所周知的小插曲——被一群海盗绑架勒索赎金。恺撒凭借沉着冷静的勇气和严酷无情的报复让急不可耐的海盗尝尽苦果，自己也名声大振。

战胜雷必达的元老们尽管表面上已成为国家的绝对主人，却明智地没有报复反对派。再说他们也没有什么值得骄傲的。他们是破坏法

---

① 译者注：意为伤敌一千，自损八百。

律招兵，才击垮了可怜的对手：一来，他们违背了惯例，亲手恢复了意大利执政官的军权；第二点更为重要，他们任命庞培担任指挥官，并授予他特别指挥权。对此，他们的借口是，塞多留起义的发展态势逼他们不惜一切代价速战速决，除此之外别无他法。

第三节　塞多留征战

另一种危险

　　与此同时，塞多留的确在西班牙再次引战。公元前93年，提图斯·狄第乌斯（T. Didius）战胜凯尔特伊比利亚人（Celtibères），普布利乌斯·李锡尼·克拉苏（P. Licinius Crassus）战胜卢西塔尼亚人（Lusitaniens），战争就此宣告结束。就在60年前，元老院还眼睁睁看着自己的军队和威望在这片土地上消失。塞多留的这场历险，始于英雄传奇般近乎不可思议的稚气行为，却突然间发展成史诗般的规模，甚至差点儿演变成灾难。

塞多留

　　在此之前，塞多留一直明珠蒙尘。马略死后他本应继承军权。他身上具备一切堪当此任的品质和条件：他曾无数次证明自己的英勇魄力，身上布满光荣的伤疤；作为情报长官，他精明能干，对人心了如指掌，熟知各地俚语方言。公元前98年，正是靠着这种精明，他在凯尔特伊比利亚人的袭击中成功保住卡斯图洛（Castulo）营地，并因此获得罗马共和国最美的勋章草环冠（couronne de gazon）；此外他还拥有一笔征兵费，有了这些钱，在同盟者战争中他仅用几周时间就组建了数支山南高卢步兵队；最后，他拥有天生的纪律感，公元前87年，他以大规模处决行动阻止罗马城被洗劫一空；公元前86至前85年，在国家最可怕的分裂状态中，这种纪律令他显得公平公正。然而，公元前84年，马略党人准备迎战苏拉军团，却把他从执政官名单中划掉了。塞多留曾任裁判官（公元前87年？），本来大有希望当选执政官。他平凡的翁布里亚（Ombriennes）出身令人低估了这位诺尔恰（Nursia）的耿直骑士。他雄辩的声音几乎只在故乡的集会广场上引起过强烈反响。马略党人不相信他对政治真的漠不关心，想起了公元前87年他之所以归附马略，只不过是因为头一年他没能获得苏拉的青睐。他们尤其害怕他粗犷的性格和永不妥协的态度。公元前83年，塞多留投身到西庇阿麾下，马略党人通过委派其担任近西班牙（L'Espagne Citérieure）总督，过于顺利地使他远离意大利。

塞多留初抵西班牙（公元前83年—前81年）

苏拉这方面指派了一名亲信任西班牙总督。塞多留在速度上赢过了对手，他在塞尔当（Cerretani）拿下勒佩尔蒂（Le Pertus）要塞，留手下将领卢修斯·利维乌斯·萨利纳托（L. Livius Salinator）率6000名士兵镇守，他自己则在埃布罗（Èbre）河谷安稳地驻扎下来。当地人从未见过如此谦逊体贴的长官。他放弃征收贡赋；原则上将冬季军营建在郊外；他对子民加倍体贴和奉承。因为塞多留想将他们武装起来对抗苏拉军队。毫无疑问苏拉会派军追击。几个月的时间里，他征招了9000名新兵，却依然无力阻挡行省总督盖乌斯·阿尼乌斯·卢卡斯（C. Annius Luscus）的进军。公元前81年春天，卢卡斯率两个军团急行而至。在朱古达战争中，这位与梅特卢斯家族（Metelli）要好的将军曾在努米底亚（Numidie）饱受战火锤炼。这次他策反了利维乌斯·萨利纳托的副将普布利乌斯·卡尔普勒尼尤斯·拉那里乌斯（P. Calpurnius Lanarius），从而击败对手，以令对手锐气尽失的猛攻，迫使塞多留和剩下的3000名誓死相随的士兵陷入绝境，不得不在新迦太基（Carthagène）附近登船逃亡，寻找可借以躲开苏拉军团报复的避难所。

塞多留的流亡

此后将近两年的时间里，像紧紧抓住船只残骸的海上遇难者一样，塞多留开始了传奇故事般的历险。他乘风破浪，在暗礁间逃亡。塞多留和士兵沿西南方向航行，在廷吉塔纳毛里塔尼亚（Maurétanie Tingitane）登陆。但是他们在一处淡水补充点遭遇蜂拥而至的里弗人（Rifains）袭击，不得不立即重新登船起程。他们曾试图返回西班牙，可苏拉派的行省总督严防死守，他们再次被击退。

塞多留一行折向东航行，遇到了奇里乞亚的海盗，还加入了他们的勾当。他们在伊维萨岛（Ebusus）落脚；在巴伦西亚海湾（Sinus Mucronensis）被风暴驱逐；在努角（promontoire de Diane）和帕洛斯角（Promuntorium Scombrarium）间的普拉纳小岛（petite île de Planeria）遭遇淡水短缺。他们再次回到陆地，向大西洋挺进，穿过海格立斯擎天柱，在巴埃提斯河（Baetis，今瓜达尔基维尔河）河口北部抛锚停船。不久前有些水手刚在此登陆，友好地欢迎了他们，但水手们也许是想赶走他们，表示只需要一点胆识，他们就可以逃到遥远的"财富岛"避难，那里四季如春、微风和煦、土地富饶，是真正的人间天堂。希腊人都知道它的存在，却不知道怎么去，因为善妒的迦太基人一直牢牢地守护着路线的秘密。它并非远在天边，也不是遥不可及的梦，也并不存在于未来世界中，而是近在眼前，距离加的斯（Gades）仅10天航程。这种描述使塞多留想起曾经读过的历险故事，他被一股探索未知的激情控制，一时间情不自禁被这理想的世外桃源诱惑。塞多留在经历这么多艰难困苦之后，觉得那里远离尘世喧嚣，似乎是永远宁静祥和的所在，可以相忘于江湖。奇里乞亚的海盗们可不那么有诗意，或者说不那么绝望，他们拒绝加入旅程。塞多留没勇气孤身踏上神秘的探险之旅，只好跟海盗们一起再次试图登陆廷吉塔纳毛里塔尼亚。

丹吉尔（Tingi）公国

塞多留成功了，很快就与海盗分道扬镳。他为小小的丹吉尔的国王阿斯卡里斯（Ascalis）效劳——丹吉尔是毛里塔尼亚王国的附属国。苏拉派兵支援毛里塔尼亚，他就把自己的队伍借给当地叛军，以自己的军队来管理当地军事团伙，杀死罗马驻军指挥官帕恰努斯（Paccianus），并把驻军归入自己麾下，占领了丹吉尔，夺走阿斯卡里斯的王位。此后他就万事不问，只关心自己的小小公国，只关心子民的需求和传统，还大兴土木。子民们认为可以在纪念碑中追寻自己民族传奇故事的蛛丝马迹。例如直到今天依然矗立在丹吉尔郊区的那座古墓，60肘（26.64米）的长度一度让人以为里面安葬着巨人安泰俄斯（Antée）。塞多留闲来无聊时，在好奇心驱使下曾下令开掘这座古墓。

塞多留返回西班牙

想必塞多留还是很快就厌倦了丹吉尔,就像拿破仑很快厌倦了厄尔巴岛①一样。公元前80年夏天,塞多留彻底离开毛里塔尼亚。卢西塔尼亚南部的行省居民起义,请愿要求他担任领袖。与他们的使节一同抵达的,还有他母亲的死讯。塞多留将自己关起来,七天七夜不见任何人,沉浸在悲伤之中,不问世事,不顾前程。后来他突然从沉寂中走出,宣称准备好回应起义的使命召唤。他的悲伤沉痛切断了他与苏拉掌权的罗马的唯一联系,在那里他不过是个流亡之人。鉴于他应该已经不再打算通过传说中的路线逃离敌人统治的世界了,而且这种统治像罗马政权一般到处封锁流放的道路,只有在摆脱罗马法令、对抗罗马军队的国家,他才能免于灭亡。虽然他无法想象永远待在丹吉尔这个迷你国度,但莫雷纳山脉(Sierra Morena)及其骁勇的人民向他展示了一条通过反抗追求自由的未知道路。他决定率领旧部以及从帕恰努斯驻军中抽出来的2600名罗马士兵,还有700名誓死跟随的摩尔人启程。他们自丹吉尔登船,顺流而下前往波洛尼亚(Baelo),并在隘口西班牙这一侧上岸,在俯瞰波洛尼亚的希拉德帕帕堡垒(Silla del Papa),与卢西塔尼亚人派给他的4000名步兵、700名骑兵会师,并就地安营扎寨。当晚,塞多留彻底与祖国决裂,成为蛮族的造反领袖。但是他并不觉得这是对祖国罗马的不敬,因为一旦他最终获胜,他将使蛮族融入统一的罗马中。战斗一直持续,通过培养这些人对自己的忠诚度,他将这支队伍一直置于自己身为罗马官员的威信之下。

---

① 译者注:拿破仑曾被流放至此。

卢西塔尼亚人的信任

要想从波洛尼亚抵达卢西塔尼亚人所在的山脉，塞多留必须渡过巴埃提斯河。远西班牙（Espagne Ultérieure）行省总督福斐迪乌斯（Fufidius）本来可以阻止他渡河，可是这个懦弱无能的贵族与他对战，折损了2000兵力却未能拖住他的脚步分毫。塞多留一路向前势如破竹，抵达同盟者阵地，并在公元前80年底的几个月里招募志愿兵，操练兵法、整饬军纪。正如他以灵活的手段令摩尔人听命于己，他也能适应卢西塔尼亚人的习俗和想法，把这些粗鲁的农民哄得对他疯狂崇拜，将他奉若神明，对他言听计从。为了更好地控制他们，他利用他们的迷信行为，不惜屈尊使用江湖骗子的伎俩。塞多留得知卢西塔尼亚人崇拜牝鹿，认为牝鹿是所谓的伟大狩猎女神的化身——他们有一种"小鹿舞"，证明这种对牝鹿的崇拜一直延续到公元4世纪——于是他逼自己驯服一头白色牝鹿，使它寸步不离，这头鹿本是一位猎人送给他的礼物。他假装通过这头牝鹿听到了诸神下达的建议和预言。这些蹩脚伎俩倘若放在今天只能贻笑大方，但卢西塔尼亚人却当真了。公元前79年初，被苏拉授予远西班牙行省总督职位的梅特卢斯·庇乌斯（Metellus Pius）加入战争，此时塞多留已足可与他匹敌，他的力量是从卢西塔尼亚子民身上激发出的无与伦比的信仰的力量——在几次大捷之后，这种信仰像传染一般迅速在近西班牙的凯尔特伊比利亚人中蔓延开来。

梅特卢斯的胜败（公元前79年—前78年）

公元前79年，塞多留一直东躲西藏。梅特卢斯从容地从巴埃提斯河河谷行军至瓜地亚纳河谷（vallée d'Anas），先向瓜达拉马山脉

（Sierra de Guadarrama）挺进。行军途中他会留出分队，设置营地，标记战线，并以自己名字的一部分为其命名：瓜地亚纳河中游的梅德林营（Castra Metellinum）、卡塞雷斯市（Caceres）东北部2.5千米的塞西莉亚营（Castra Caecilia），以及更往北的盖奇利亚努斯村营（Castra Vicus Caecilianus）。随后，他又果断地转换方向，向西行进，着手肃清侵扰埃斯特雷马杜拉区（Estramadoure）的叛乱分子，不过他们却在他面前一再撤退。他一直抵达大西洋岸边，攻取奥利西波（Olisipo），然后势如破竹一路南下，抵达孔尼人（Coni）地盘，自以为能一举拿下距离圣维森特角（Promontoire Sacré）仅数古里①的拉古什（Lacobriga）要塞。圣维森特角地处大陆尽头，似乎标志着此次远征的终点。但这里却成了他败北的开始，因为他落入了狡猾的敌人耐心布下的陷阱。

梅特卢斯离大营太远，既无法与自己的行省保持联系，又无法与近西班牙行省的行动互相配合。当时近西班牙的行省总督马尔库斯·多米提乌斯·卡尔维努斯（M. Domitius Calvinus）响应他的号召，误以为能包围叛军，率领军队南下塔霍河谷（vallée du Tagus）。塞多留一改平时伪装出来的消极态度，突然于公元前78年发动了两次足以抵消此前元老院军队胜利的猛攻。塞多留手下的将领卢修斯·希丘莱斯（L. Hirtuleius）在孔苏埃格拉（Consabura）突然出现在卡尔维努斯面前，打败并杀死了他；随后塞多留长驱直入，很快抵达并跨过埃布罗河（L'Èbre）直抵莱里达（Ilerda），在那里将纳博讷高卢（Narbonnaise）行省总督卢修斯·曼留斯（L.Manlius）

---

① 译者注：法国计量单位，1古里约合4千米。

所率军队赶回阿奎塔尼亚（Aquitaine）。后者本想率领军队支援与他隔山相望的同僚，但是卡尔维努斯被杀后，这支突然出现的部队也没能逃过被屠杀的命运。塞多留则亲自去往拉古什，他的到来杀了梅特卢斯一个措手不及，后者不得不派出6000名士兵为大部队寻找粮食，此时塞多留猛攻这支队伍，直至全歼。孤立无援、大批伤亡又饥饿难耐的围攻部队丢下战壕，撤退到巴埃提斯河河谷。经过这次败仗，他们筋疲力尽，再也无法应战，开始了长达数月的休养。

塞多留的巅峰时期（公元前77年）

局势稳定后，塞多留于公元前77年与副将互换阵营。他把希丘莱斯召回卢西塔尼亚负责他所在战区的防御工作，而他则率急行军赶往埃布罗河战区，所过之处不放过任何一个反对他的部落，以及任何一座向他紧闭大门的城市。在东北风吹起的漫天风沙中，他消灭了克拉克（Caracca）穴居人；围城六周攻下孔特比亚（Contrebia）。他在埃布罗河与哈隆河（Le Jalon）交汇处与马尔库斯·拜勒拜勒纳会师，后者为他从撒丁岛带来了所有听其号令的雷必达旧部。公元前77年夏，塞多留拥兵7万，除卢西塔尼亚之外，他还占领了卡斯蒂利亚（Castille）和阿拉贡（Aragon）高原地区、新迦太基以北除洛里（Lauro）和萨贡托（Sagonte）以外的全部沿海地带。从前的蕞尔小邦丹吉尔如今已在伊比利亚半岛上建立了一个强大国家。颇具讽刺意味的是，这个政权在反抗罗马统治时恰恰采用了罗马的组织形式。

塞多留的罗马政体

首先，塞多留与前来投奔他的罗马避难者一道组建起以自己为核心的"元老院"。其次,当地土著军队的管理工作只允许罗马将领来承担。尽管他用蛮族的语言对他们发号施令,投其所好大手笔地赐给他们刺绣衣物,又赐给他们金银用来装饰盾牌和铠甲;但是在武器装备、兵法战术以及纪律方面,无一例外要求他们遵照罗马军团标准。他要求所有人都必须严格服从他们的罗马长官,并留给他们某种隐性希望,只要懂的跟长官一样多,也有机会被提拔为指挥官。如此一来,蛮族之间形成了有效竞争。同时,他在韦斯卡(Osca)开设学校,出资让当地大家族子弟身穿罗马贵族服饰,在希腊语和拉丁语环境中学习成长,响应者颇多。西班牙人根本没有意识到,这等于主动给他送人质。塞多留找到了获得人心的方式;西班牙人习惯了誓言约束,一旦宣誓生死忠诚必定坚定不移。从自己明智而慷慨的罗马荣誉感中,塞多留提炼出一套艺术,团结伊比利亚各部落人民为其所用,强化这股野性的力量用来反对罗马。

庞培的非法指挥权(公元前77年)

塞多留的权力越稳固,元老院就越感到危机。元老院得知,他在德尼亚(Dianium)建了一座军械库,与海盗结盟,接收他们的战船。元老们认为他会攻打意大利,并以马略的名义分裂帝国,击败元老院,因而十分恐慌。除掉塞多留成了元老院的当务之急。鉴于曾打败雷必达的庞培是能担此任的唯一人选,元老们将西班牙战役的指挥权交给了他,并给他不受限的行省总督绝对指挥权。元老院例会上,两位现任执政官互相推诿,年迈的马修斯·菲利普斯进言道,像庞培这样的特别之材,一个就能顶他们两个。贵族阶级在惊慌失措中把合法性忘在脑后;而庞培,在伊特鲁里亚取得胜利后甚至都没时间返回罗马，也不屑回来向做出革命性委任的元老表示感激。他在意大利用40天的时间招募兵士，公元前77年夏末，他从汉尼拔（Hannibal）都没走过的山口翻越阿尔卑斯山。由于纳博讷和近西班牙都隶属他的行省，他决定先全力以赴解决这两项分到自己身上的任务，平定纳博讷行省，重新夺回近西班牙。

庞培的试探摸索（公元前76年）

庞培率步兵行军，仅用公元前77年的最后几个月，便平息了受塞多留战绩和煽动分子鼓动的高卢诸部骚乱。公元前76年春，他将纳博讷指挥权委托给资深裁判官马尔库斯·冯提乌斯（Marcus Fonteius），此人后来成为他的后方指挥官。他则亲自领兵，想经勒佩尔蒂进入西班牙支援梅特卢斯。这一路上他收服了沿海一直抵抗塞多留、尚未被占领的少数几个城市。尽管他轻松进入安布利亚斯（Emporiae），亚瑟塔尼人（Les Iacetani）和伊莱尔盖特人（Les Ilergètes）看到他率罗马军团到来立即降服，但他却在洛里附近一下子被截住，不得不放弃解救这座被塞多留占领后焚烧的城市。面对锐不可当的敌人，庞培认为应谨慎起见避免交战，带兵后撤到比利牛斯山脚下。他在扎营过冬的地方建起一座城市潘普洛纳（Pompaelo），城市的名字总是令人想起他本人。这次战略后退迫使在桑蒂蓬塞（Santiponce）附近打败希丘莱斯的梅特卢斯暂时放弃乘胜追击，转而重新占据巴埃提斯河阵地。塞多留明白，敌方两支部队因此推迟会师只是暂时的。

两位资深执政官的会面（公元前75年）

公元前75年，两位资深执政官会面。这两员元老院大将约定在胡卡尔河（Sucro）下游谷地碰头。庞培自北向南沿海而下，从赫伦尼乌斯（Herennius）和拜勒拜勒纳手中攻下巴伦西亚附近的图里亚河（Turia）防线；梅特卢斯方面则摆脱希丘莱斯偏东向行进。他已将希丘莱斯逼退到塞哥维亚（Segovia）并杀死了他。普鲁塔克①（Plutarque）曾对二人的会面进行了戏剧性描写，如果你相信他记述的真实性，那么庞培因为自私自大弄得自己身陷险境，千钧一发之际是梅特卢斯刚好突然出现将其营救。但是想象一下，前一天的战役中，庞培被包围，坐骑丢了，还负了伤，想尽一切办法杀出一条路才与部从会合，怎么梅特卢斯一助阵，塞多留就自乱阵脚偃旗息鼓了？塞多留很可能真的气急败坏、尖酸刻薄地骂过："要不是梅特卢斯老贼在，早把黄口小儿庞培教训回罗马了！"他生气是自然的，他可以说难听话发泄怒火，可以在图里亚河再度出手，但这于战局无补，他甚至还可以在他们后面夺回萨贡托。但是，庞培和梅特卢斯在胡卡尔河战役中结成此后牢不可破的战争同盟，一下子扭转了战局，逼得塞多留想办法绝境求生。

塞多留与米特拉达梯结盟（公元前75年）

大概是在公元前75年秋天，塞多留开始听信投敌者卢修斯·玛

---

① 译者注：约公元46年—120年，罗马帝国时代的希腊作家、哲学家、历史学家，以《平行列传》（οἱ βίοι παράλληλοι）（又称《希腊罗马名人传》或《希腊罗马英豪列传》）一书闻名后世。

究斯（L. Magius）和卢修斯·法纽斯（L. Fannius）的谏言。这两个芬布里亚（Fimbria）旧部见钱眼开，与奇里乞亚资深财务官韦莱斯勾结，得了人家一艘船，就答应给米特拉达梯效力。两年来，他们心怀叵测，围在塞多留身边，劝他投靠本都国王米特拉达梯。此前塞多留总是拒不接见，但如今元老院的威胁不断逼近，塞多留威望受损，金库也空了，赦免请求也一直没得到答复。他只能靠拖延战争来延续生命，但没有钱他就无法继续战斗。出于自我拯救的必要，塞多留痛苦地放弃了爱国心，在德尼亚跟罗马的死对头缔结了联盟。普鲁塔克为了减轻笔下主人公的罪孽，称其拒绝向盟友割地，尽管他自己组建的元老院劝他同意这样做。塞多留应该只承诺了一条：有朝一日罗马军政大权在握时，可以割舍本来就不属于罗马帝国的东方土地，包括比提尼亚和卡帕多西亚（Cappadoce）。阿庇安（Appien）则认为，除了这两个王国之外，塞多留还加上了帕夫拉戈尼亚（La Paphlagonie）和加拉太（La Galatie），甚至还有亚细亚行省。这个说法很难推翻：如果塞多留真的满足于一方面奉上本来就不属于罗马的领土，另一方面又派遣自己的一名将领马尔库斯·马略（M. Marius）去本都国王身边，而这位将领在抵达目的地之后立即潜入亚细亚省呼吁当地城邦为自由而战，那么米特拉达梯与他结盟究竟意图何在？何必分散自己的军力帮他重新夺权呢？再说，无论是哪种情况，这次缔约都属于严重的叛国行为，因为它点燃了米特拉达梯咆哮的复仇火焰，尽管普鲁塔克为他出言辩护，但是塞多留签下这份和约之时，就已经将个人希望建立在其子民的痛苦之上了。

塞多留的失势（公元前74年）

出卖国家之后，塞多留得到可观的援助：40艘战船、3000塔伦特（talent）——相当于近9000万法郎[①]。与此同时对手也加强了优势。公元前74年至前75年冬，梅特卢斯安营于纳博讷行省令军士休养生息；庞培则将部队分散，分别驻守在努曼西亚（Numance）和比利牛斯山之间，远离瓦克赛昂人（Les Vaccéens）的进攻和突袭。他相当自豪于给元老院的书面报告，大肆称颂自己的战功，并要求提供银钱和士兵增援以保障后续胜利。随后，两个增援军团从意大利出发了。援军一到，这两位资深执政官没了任何顾虑，开始协同作战。他们坚信，如果能攻下旧卡斯蒂利亚和阿拉贡高地，也就是凯尔特伊比利亚人起义的摇篮及据点，那么沿海地区自然如探囊取物。因此，公元前74年，他们着手收复旧卡斯蒂利亚和阿拉贡高地。塞多留不敢正面对抗，他力量太弱无法发动战争，于是开创了游击战，但无法重创敌人。庞培包围了杜罗河（Le Douro）谷地，攻下了南部的科加（Cauca），围困了北部的帕伦西亚（Pallantia）。梅特卢斯夺取了哈隆河和日洛卡河（Le Jiloca）交汇处附近的比尔毕利斯（Bilbilis），随后攻占了胡卡尔河流域昆卡附近的塞高布里加（Segobriga）——这是控制着通往胡卡尔河、塔霍河以及瓜地亚纳河河谷高地入口的战略要塞。

各处沦陷之后流言四起，大量敌方士兵反投梅特卢斯阵营，梅特卢斯胜利回归远西班牙。他被士兵尊称为最高统帅，并大张旗鼓地宣布：哪个罗马人能杀死塞多留，赏赐100塔伦特（将近3000万法郎）和2000阿庞（500公顷）土地；若是流放者，还将获得赦免。梅特卢

[①] 译者注：书中提到的法郎均为本书法文原著初版时（1936年）的货币名称。

斯认为自己此次远征基本结束，于是将扫尾工作交给同僚，以完成属于他们的共同胜利。

塞多留垮台去世（公元前73年—前72年）

公元前73年春，蛰伏高卢的庞培开始展开猛攻：他先后攻陷了帕伦西亚和科鲁尼亚（Clunia），然后是杜罗河上游的乌克萨玛（Uxama）。塞多留曾对帕伦西亚的外城墙进行修补，但也于事无补。尽管他在卡拉奥拉（Calahorra）城下发动奇袭，使庞培损失了3000兵力，但庞培建立封锁线切断了他的粮食供应，占领该地且随时间推移很快就能直接威胁到塞多留被困之地韦斯卡。大家见状纷纷倒戈，投降变节行为一直蔓延到沿海地带，在塔拉科（Tarraco）、巴伦西亚（Valentia）和德尼亚，投降甚至需要排队。

刚开始，塞多留竭力通过制造恐怖威慑留住拥护者，他没有将那些被他吸引前来求学的、仰仗他庇护的年轻人撤离到安全地点，而是下令将他们割喉屠杀或是当奴隶变卖。在此之前，他曾因重用土著人而失去一部分罗马人的支持；这次同样地，他因为背信弃义的残暴行为而在大部分土著人当中失去了人心。公元前72年初，塞多留明白自己在名誉上已经失败，于是寻求自我麻痹。他无视对自己愈发不利的局势，对指挥权漠不关心，开始荒淫无度、醉生梦死。他身边的罗马将领受够了为他阴暗不定的脾气担惊受怕，也厌恶他的堕落和荒淫，于是合谋反对他。一次，拜勒拜勒纳在位于韦斯卡的家中举办狂欢酒席，作为宴会主人，他一打手势，塞多留就被宾客们刺死在餐桌上。

031

拜勒拜勒纳败北与死亡（公元前72年）

刺杀塞多留的人（拜勒拜勒纳）企图通过弥补被害者所犯的错误来为自己的行动正名，但他早已是强弩之末了。拜勒拜勒纳释放人质，又和几个部落言归于好，赏罚严明，收获了罗马同僚们的效忠。此后，他决定发动一次大型军事袭击，举全军之力扑向庞培的10个步兵大队①，然而这不过是庞培引其上当的诱饵。刚一交战，元老院军团便现出庐山真面目。见此情形，拜勒拜勒纳的部队溃不成军，缴械投降。他自己也身陷囹圄，意识到自己绝无可能被释放，拜勒拜勒纳向胜利者提交了一份书面证明以乞求原谅。这份材料揭露了与塞多留往来通信，以召唤其返回意大利的罗马贵族名单。庞培拒绝接见这个摇尾乞怜者，也不受蛊惑，命令捉住拜勒拜勒纳的骑兵将其处决；也没有阅读那些材料，而是让人统统烧掉。普鲁塔克和阿庇安一致认为这个决定令罗马免于新一轮分裂，值得赞赏。事实上，这个决定也为庞培赢得了民心，所有曾不满元老院却又太懦弱不敢反抗，进而冒失地邀请塞多留回来帮他们推翻元老院的市民，现在对庞培产生了沉默而深刻的感激之情。庞培这个高明的政治举措，与成功收服韦斯卡、避免动乱相比，功劳至少一样，甚至更高，再加上收降了卡拉奥拉——虽然此城很快化为灰烬——都令庞培在罗马舆论中变成了救世主。

庞培带来和平（公元前72年）

接下来全靠庞培的灵活应变了。他把先回罗马赢得凯旋式的毫无

---

① 译者注：一个步兵大队约600人。

用处的满足感的机会让给梅特卢斯。他自己则在公元前72年剩下的时间里一直留在西班牙,并沿用当初塞多留事业起步时赢得财富的方法:为了罗马利益,他给恬不知耻而又诡计多端的敌人不久前进行的大规模殖民行为贴金,以此获得自身救赎。与西班牙人打交道时,他借鉴了守护与绥靖的仁慈思想。随着他节节胜利,他在西班牙人眼中的形象越加高大,再加上他仪表堂堂、品德高尚、举止庄重,又赢得了西班牙人的敬畏;他的克制稳重得到他们的喜爱。而且,很多西班牙人依然记得他的父亲斯特拉波·庞培(Strabo Pompée)曾在同盟者战争的战场上赐给他们奖赏,因而心怀感激地支持他。他赋予韦斯卡居民市政自由权。他在自己两度扎营过冬的地方为瓦斯孔人(Vascons)建起一座名为潘普洛纳(Pompaelo)的城市。他赋予归顺的土著人罗马公民身份,并以自己的名字庞培(Pompeius)给他们赐名,后来这个名字用遍整个国家。对于负隅顽抗者,他并不一举歼灭,而是将他们大批流放至圣贝尔特朗德科曼日皇宫(Saint-Bertrand-de-Comminges)周围,当时这里是阿奎塔尼亚小镇卢格杜努姆(Lugdunum),现在成了流放者的新城,此地通过上加龙河(Haute-Garonne)水道并入纳博讷行省。接纳新移民后,这个地方获得别名——卢格杜努姆·孔贝那鲁姆(Lugdunum Convenarum)。公元前71年初春,庞培宣布回师,此时这场已持续了八年的暴动,终于彻底平息了。

元老们的第二次皮洛士式胜利

庞培再次经过勒佩尔蒂时建起一座胜利纪念碑。他写下碑文,歌颂自己从阿尔卑斯山脚下到远西班牙尽头,一路攻克共计676座城池和堡垒的累累战功。事实确实如此，除去阿斯图勒人（Les Astures）和坎塔布里人（Les Cantabres）深山里的犄角旮旯之地，庞培平定了西班牙的所有部落。西班牙人的臣服毫无保留，再也没有起义反抗罗马。如果要为塞多留的晚节不保开脱，绝不仅可以指出他被元老院无情地放逐到帝国尽头——也是世界的尽头；更重要的是，他在鼎盛时期播撒的种子成就了后来庞培的丰功伟绩，为祖国罗马收获了众多拥护者。然而，如果有什么可以令元老院冥顽不灵的敌人获得些许安慰的，那必然是元老院权力的削弱。敌人在塞多留和拜勒拜勒纳死后并没有屈服投降，而是像奥菲底乌斯（Aufidius）一样藏身于某个蛮族村庄，在贫困和耻辱中度过余生。庞培被破格任用，这场胜利果实由他取得，相当于打着元老院旗号削弱元老院权力。自公元前72年起，根据执政官的提议，效法《尤利乌斯法》（Lex Iulia）——庞培父亲曾从中受惠——的规定，庞培将获得特权，可以把罗马的城邦作为奖赏赐给麾下将士，这就进一步削弱了元老院的威信。此外，庞培受幸运女神眷顾，返回意大利当年就参与镇压了斯巴达克斯起义，后来起义被平定，至少在表面上为他在西班牙凯旋之后又增添了一份荣耀。

第四节 斯巴达克斯起义

斯巴达克斯战争（Bellum Spartacium）

公元前73年至前71年，庞培远赴西班牙之际，意大利爆发了一场战争，史称斯巴达克斯之战。这场以起义首领名字命名的战争，是发生在罗马附近、对罗马政权构成巨大威胁的最后也是持续最久的一场奴隶战争。在数周时间内，一小撮奴隶逃到坎帕尼亚抱团起义，迅速扩散形成令人生畏的多支军队。在18个月的时间中，叛军迅速壮大，击败并斩杀数位裁判官和执政官，攻克许多城市，令整个半岛笼罩在硝烟之中，血流成河。罗马为之颤抖，就像公元前216年面对迦太基雇佣兵时一样。

这场战役成为整个古罗马时期罗马人无法抹去的记忆。这份记忆至今鲜活，像一场正义的反抗那样激励了近代革命群众，无数被压迫者起来反抗压迫者。但实际上，它是一群卑鄙下流的乌合之众的偶然起义[1]，古代奴隶制的铁律决定他们既没有力量，也没有理想，更没有纪律可言。他们的胜利令人难以置信，与其说是因为斯巴达克斯本人的天才，不如说是情势使然，叛军在挫败国家防御力量的同时，壮大了队伍，磨炼了将领，激发了嗜血的勇气。

战争的真正原因

摒弃独裁制以后，理论上元老院整体仍保留军权。但实际上，独裁官此前着手推进的意大利非军事化进程剥夺了迅速猛烈镇压起义的可能性。正常时期执政官不能再征募和训练军团；此外，对雷必达、塞多留的连年战争，以及后面将要讲到的针对米特拉达梯的战争——自公元前74年底亚细亚又重燃战火——耗尽了罗马最精锐的后备军力。其次，苏拉的殖民化进程极大程度促进了自由农耕的发展，但

---

[1] 译者注：法文原著作者在此处叙述中对斯巴达克斯起义抱有偏见。

是，由于故意忽略最贫瘠的土地，奴隶人数并没有减少，只不过是被圈在了普利亚（Pouilles）①、巴西利卡塔（Basilicate）和布鲁提乌姆（Bruttium）②大区的荒芜牧场上。这些地方后来成了斯巴达克斯粮食供应基地和起义根据地。再者，公元前1世纪的最后25年里，先后有辛布里人（Les Cimbres）战败，希腊和亚细亚沦陷，数次激烈内战，以及尽管被打压但并没有被歼灭的海盗卷土重来，为奴隶劳力走私和征集提供了便利，也进一步使这次意料之外的危险队伍壮大。最后，当时罗马掀起了对血腥残酷的圆形剧场角斗士比赛的狂热，市场上充斥的战俘使这股狂热不断膨胀，于是出现了一个令人发指的危险行业：购买或租赁奴隶、训练奴隶参加竞技场血腥角斗的角斗士老板，且这个行业日益繁荣。当马略撬开伊特鲁里亚的地牢，向被关在里面的苦命人证明武装起义是改变他们命运的有效手段时，他就为后来的奴隶们树立了一个危险的榜样。

角斗士

其实更早之前角斗士比赛就已经令罗马民众沉迷了：公元前160年，戏剧《婆母》（Hécyre）公演因角斗士比赛开始的消息而中断。原来是卢修斯·埃米利乌斯·保卢斯的子女向其父亲在天之灵奉献了一场角斗士比赛，观众得知消息后纷纷跑去观看，将剧作家泰伦

---

① 译者注：普利亚（意大利语：Puglia，拉丁语：Apulia），也译作阿普利亚，是意大利南部的一个大区。在古代只有该区北部被称为普利亚；南面则称作卡拉布里亚，被称呼为是意大利"皮靴"的脚尖。
② 译者注：即如今的卡拉布里亚（意大利语：Calabria），是意大利南部的一个大区，包含了那不勒斯以南像"足尖"的意大利半岛。

提乌斯（Térence）和演员们晾在一边。40年后，公元前122年，盖乌斯·塞姆普罗尼乌斯·格拉古（Gaius Sempronius Gracchus）推倒了贵族们为独享角斗士比赛最佳观赏视角而在罗马广场修建的看台，因此民望大增。不过，这项比赛要等到马略和苏拉时期才变成表演项目得到推广。在此之前，尽管这项活动深受喜爱，但每隔一段时间才办一次，一般都是出于某些个人的善举，或为了某位大人物的葬礼而办；这算是从伊特鲁里亚宗教传承下来的一种特殊的悲壮风格的祭祀形式。从公元前105年开始，角斗士比赛跨入年度竞技时代，所有人都希望自己挑的角斗士在竞赛中胜出。苏拉把狮子送上竞技场，这又给角斗比赛的风靡添砖加瓦，使其不仅在罗马盛极一时，还蔓延到其他自治市，深入平民阶层。公元前100年，世俗官员们以绘画形式纪念他们出资举办的角斗士比赛场景，其中有些画甚至被展示在神庙里。自那以后，角斗士学校（ludi）空前繁荣，日臻完善，甚至引起执政官普布琉斯·茹提琉斯·鲁弗斯（P. Rutilius Rufus）的重视：公元前105年，他将罗马军团派到角斗士学校学习角斗技巧。真是寡廉鲜耻又残忍的教学啊！面对这些"学生"，角斗士的唯一掣肘因素是人数对比悬殊。如果某一天，罗马军队因远征行动而对他们放松警惕，或法律放松对他们人数上的限制，那么他们自然豁出性命来挣脱悲惨境地。为了给这些毫无人性的人取乐，他们每天都有致残致死的风险，毫无逃出生天的希望。斯巴达克斯起义之所以有摧枯拉朽之势，不过是因为这些引战的命运悲惨的人曾受到残酷的战斗训练，他们一无所有，没有什么可以失去，只能抓住这个自我拯救的唯一机会背水一战了。

战争导火索

时值公元前73年夏初,克内乌斯·兰图鲁斯·巴利雅图斯(Cnaeus Lentulus Baliatus)手下的某个人在卡普阿(Capoue)运营一所角斗士学校。这里的200名角斗士被苦役折磨得痛苦不堪,决定集体出逃。他们的罢工领袖也是角斗士中的一员,这是一个习惯了光着膀子和大腿战斗的重装盾剑角斗士(myrmillo)——斯巴达克斯。斯巴达克斯原来是色雷斯(Thrace)地区的一名牧羊人——他的名字让人联想到刻赤海峡地区的潘吉卡裴(Panticapée)国王;他生就一副强健的体魄,为人慷慨,十分睿智。虽然过着极为动荡不安的游牧生活,但他聪明过人,倒更像希腊人而不是野蛮人。他曾被抓到罗马军队的一支辅助部队当兵,后来逃了出去,为了生计落草为寇,结果再次被抓,被贬为奴隶并在罗马市场上出售。就这样,他被送到卡普阿的角斗士学校。很快,他就在一同落难的兄弟中建立起威信。他的外室是本族一个占卜师,编造了大量谎言吹嘘他的功绩,并预言他会成为伟人。当斯巴达克斯的武器被收走,他以为事情败露,于是提前执行计划。他提前买通了看守,伙同73名角斗士一起逃走。他们出逃时两手空空,但在逃跑的路上夺得了武器:离开卡普阿之前,他们闯入一家烤肉店,将铁钎和屠刀抢劫一空。逃离城市时,他们又抢劫了运往附近另一个角斗士学校的车队。卡普阿的卫兵队对他们进行了围捕,被他们打败并抢走双刃剑。此时,他们相信自己已经拥有可以匹敌日后追兵的武器,于是登上了维苏威火山(Vésuve),并在山顶筑垒固守。维苏威火山正处于休眠期,坡陡路滑,上面还长满了野葡萄。罗马人开始感到不安,元老院紧急派遣资深裁判官盖乌斯·克劳狄乌斯·格拉贝(C. Claudius Glaber)率3000步兵前去铲除"盗匪"。战争戏剧般拉开了帷幕。

前期作战

在抵达需要攻克的敌营之前，格拉贝就已经意识到突袭势必要付出沉重代价，于是他只准备打围困战。可是被围困的一方并没有跟他客气，他们用葡萄枝条临时搭起藤梯，从一处人迹罕至的斜坡溜了出来，绕到敌人后方发起突袭，敌人落荒而逃。斯巴达克斯大获全胜，每个人都所料不及。数百名叛逃奴隶纷纷投奔他，还有附近的牧民、与角斗士学校决裂的角斗士们——他们的领袖是克雷斯（Crixos）和俄诺玛俄斯（Oenomaos）。很快，斯巴达克斯周围便聚起7000名士兵，其中有像他一样的色雷斯人，也有日耳曼人，还有像克雷斯一样的凯尔特人（Celtes）。在这种形势下，分而攻之一定是错误战略。然而，行省总督普布利乌斯·瓦利琉斯（P. Varinius）急于为战败的格拉贝复仇，不知不觉竟犯下这样的错误：他将军队分成多路以便快速行军，结果屡遭惨败。第一支由副将福利乌斯（Furius）率领的、由2000名士兵组成的分遣队被打得落花流水。由卢修斯·科西纽斯（L. Cossinius）指挥的第二支分遣队在位于庞贝（Pompéi）和赫库兰尼姆（Herculanum）之间的萨利纳埃（Salinae）遭遇突袭，其时将领正在洗澡，落得和第一支分遣队同样的下场。普布利乌斯·瓦利琉斯还没来得及收拾残局，斯巴达克斯便展开猛攻扑向资深裁判官。瓦利琉斯比科西纽斯幸运，捡回了一条命，但却在混乱中与侍从官走失，坐骑也丢了。他只好后撤到库迈，派遣财务官卢修斯·托拉尼乌斯（L. Thoranius）回罗马陈述事态的严重性，并申明严重的逃兵现象令形势更加严峻。元老院原本以为这次不过是略微艰难的一场军事行动，结果没想到一场大战迫在眉睫，懦弱无能的元老们一片恐慌。

突袭与抢掠（公元前73年秋）

斯巴达克斯并没有因为初战告捷而忘乎所以，反而备受鼓舞，发挥出更多机敏和军事才能。当瓦利琉斯勉强重新组建起军队时，斯巴达克斯已经悄无声息地拔营而去，撤到将坎帕尼亚与萨莫奈（Samnium）和卢卡尼亚（Lucanie）分隔开来的高地上，此处地势较高，能俯瞰塞莱河（Silarus）谷地和塔纳格罗河（Tanager）谷地。在那里，他几次出手，收复几座因位置偏远或陷入纷争而容易得手的城邦，包括坎帕尼亚大区的阿贝拉（Abella）、诺莱（Nole）和尼赛里（Nucérie）；他的英勇事迹还引来大批渴望解放的贫苦人民。奴隶们有男有女，成群结队地涌入他的军营；由于部队过度扩张，他只能发放兽皮作为军衣，以火烧硬的棍棒代替矛，用藤编的篮子底代替盾。然而，由于部队无限扩张导致粮食供应短缺，无能为力的斯巴达克斯只能眼睁睁地看着士兵偷盗农作物，不仅践踏了秋收之际硕果累累的田野，还在被占领城市里烧杀抢掠，甚至连没有防御能力的偏远村庄都不放过，比如，那莱斯-卢卡涅（Nares Lucanae）和佛洛姆-阿尼（Forum Annii）。公元前73年底，意大利饱受战乱之苦，堪比攸努斯（Eunous）和阿泰尼奥（Athénion）时期西西里地区承受的蹂躏。斯巴达克斯斥责过分的行为，想要扭转局势。他本来想趁着罗马还在恐慌中重新集结人马，越过阿尔卑斯山山口，穿过罗马帝国国境线，回到他们出生的偏远地区，并重新找回自由。但是，士兵们只想着眼前享乐，根本顾不了那么多；尤其是日耳曼人和凯尔特人，他们已然迷上对意大利半岛的抢掠，拒绝离开。克雷斯率领一万名士兵前往阿普利亚地区。而斯巴达克斯则坚持主张，率3万名士兵重新北上。奴隶大军被一分为二；这场分道扬镳相当于一场淘汰选拔，很快预示了克雷斯的灭亡，却将斯巴达克斯的事业推上了顶峰。

公元前72年元老院出征

元老院趁机大发征兵令。公元前72年，元老院将6个军团——此外还有两个正常情况下归属山南高卢行省总督的军团——分别交由当时的两位执政官以及行省总督昆图斯·阿里乌斯（Q. Arrius）率领。起初，形势似乎一片大好。执政官卢修斯·格里乌斯·普布利库拉（L. Gellius Publicola）与昆图斯·阿利琉斯联合作战，立即对敌人最薄弱的部队发动猛攻，初战中就杀死了俄诺玛俄斯，将克雷斯驱逐到亚得里亚海（L'Adriatique）边。尽管克雷斯在途中招兵买马使兵力翻倍也无济于事。他们撤退到勒蒙斯-加尔加努斯（Le Mons Garganus），在那里遭到袭击，其手下将领纷纷阵亡。这场大屠杀使普布利库拉和阿利琉斯大胆起来，他们竟敢前去支援另一位执政官格涅乌斯·兰图鲁斯·克洛狄阿努斯（Cn. Lentulus Clodianus），等到克洛狄阿努斯从罗马出发，突然出现在萨莫奈人地界向斯巴达克斯展开猛攻之际，他们就从背后突袭奴隶军。但他们的计划落空了。

斯巴达克斯借助阿布鲁佐（Les Abruzzes）的地势掩蔽其行动，将克洛狄阿努斯的军队打得落花流水，随之扑向普布利库拉和阿利琉斯，将其一并歼灭。胜利后，斯巴达克斯展现出残暴的威严。尽管克雷斯弃他而去，但他并未忘记初衷。他没有立即处决俘虏，而是从中选出400人，强迫他们在盛大的角斗士比赛中决一死战。这场角斗士比赛既是对死去的同胞亡灵的报复性献祭，又是向角斗士起义的残酷致敬。在这项事业的最后，克雷斯阵亡，而斯巴达克斯取得了胜利。此后他开始了大规模迁徙。

斯巴达克斯撤退与罗马恐慌（公元前72年夏）

罗马军队只在卢比孔河（Le Rubicon）北岸设法阻止斯巴达克斯前行。在距离摩德纳（Modène）不远处，他将山南高卢行省总督盖乌斯·卡西乌斯·朗基努斯（C. Cassius Longinus）派来与之对抗的一万名士兵击溃。随后突然放弃计划，尽管表面上看无此必要。

古人并未解释这一突然转变，但是我们可以很容易地猜到其中动机。朗基努斯虽然战败，但却安然无恙地撤出。摩德纳向胜利者紧闭城门，其他城市纷纷效仿。其次，季节尚早，粮食和葡萄都还没到收获期。最后，粮食紧缺致使斯巴达克斯无法有效统治殖民地。尽管他从巴丹平原上抢来足够多的牲畜，组建了一支骑兵部队，但是却无力养活10万人口。于是他终止了对乌合之众的招募，尽管士气尚存，还是向南折返。那里，他去年攻占的城市里有物资等着他。斯巴达克斯掉头的消息使罗马城陷入恐慌，人们似乎已经看到汉尼拔的幽灵在城墙上游荡。元老院下令让执法官格涅乌斯·曼留斯（Cn. Manlius）前去辅佐两位执政官，阻止斯巴达克越过皮西努姆。斯巴达克斯继续行进，将他们彻底打败，接着没有受到太大阻挠就抵达了卢卡尼亚的根据地。他太过谨慎，从来不曾考虑过攻打罗马，但是，罗马城与意大利各个自治市的繁荣休戚相关，其形势却并不乐观。当成千上万的奴隶、杀人犯和强盗获得自由，无论是对文化还是商业贸易来说，整个意大利半岛都不再有安全可言。即将崩塌的经济使意大利的财富持有者们不得不鼓起勇气拯救局面。

马尔库斯·李锡尼·克拉苏（M. Licinius Crassus）

公元前72年，罗马巨富中有一位最有钱的官员：马尔库斯·李锡尼·克拉苏。他出生于意大利最显赫的名门望族，拥有的庞大财富赋予他别名迪弗斯（Dives）①，这个别号在他家族之中已经延续了5代。

克拉苏的财富绝大部分来自内战。马略党被流放，致使其兄去世、其父自杀，克拉苏成为家族唯一继承人，得到十分可观的一笔遗产：180万古罗马银币，约合900万法郎。后来，克拉苏被流放西班牙，后归附苏拉。作为苏拉手下人，克拉苏在公元前82年的流放中，通过在充公拍卖中廉价收购中意的地产，将个人资产翻了10倍。尤其是在南部，独裁官苏拉委任他执掌南部大权，然而他贪得要死，上任不久便被迫结束任期。他被刚过去不久的这次失宠耽搁了政治抱负，而如今可恶的起义又来蚕食他掠夺来的横财；克拉苏对庞培的光辉成就心生妒忌，镇压起义时他找到了一个绝妙机会，能帮他追回丢失的时光并使他跻身政坛前列。面对如此糟糕的局势，竞争者们都溜之大吉，克拉苏几乎不费吹灰之力便被选中。他自己出钱征兵。因为他对此有兴趣，所以他的虔诚和顽强都有保证。尽管缺乏过人的军事天赋，但是克拉苏却具有应对关键时刻的必备品格：他乐观骄傲、明确果敢，令他在塞维安城墙的科林门之战中处于上风；他麻木不仁，使他在悔恨自己横征暴敛的罪行之后，继续推行他认为有用的暴行。贵族们为了保护自己的财产，本能地服从他；元老院秉承大家一致的意

---

① 译者注：本义是有钱人、富翁。

愿，撤销了两位执政官的绝对指挥权，指挥权由克拉苏全权拥有。公元前72年秋，克拉苏被授予行省总督的头衔，他相信战争一定很快就能结束，率10个罗马军团踏上征程，其中4个是他安排重组的，另外6个是他亲自组建的。就这样，这位富豪以狂暴之势投入这场阶级斗争之中。

克拉苏的初步部署（公元前72年末至公元前71年初）

克拉苏本来想阻止斯巴达克斯返回卢卡尼亚。他的前锋部队是由军团长穆米乌斯（Mummius）率领的两个军团，任务是前往坎帕尼亚和比瑟诺姆交界处，尾随并监督抵达那里的敌人，但并不与之交战。一开始他们违抗了命令，被敌人击溃。克拉苏立即展示个人军威：他抓来最先逃跑的500名士兵，将他们10人一组分成50组，然后通过抽签的方式每组处决一人。这种10人中抽杀一人的惩罚已经废用很久了。克拉苏冷酷地再次起用这种方式，以儆效尤。重整大军后，克拉苏亲自率军赴敌。斯巴达克斯尽管成功地聚齐一群乌合之众，但是没有能力供给口粮，无奈之下只得将其分成几个队伍。其中一万名士兵组成的一支劲旅被击败，6000名奴隶被杀，900名被罗马人俘虏。

其他奴隶起义军也依次被打散。但斯巴达克斯也意识到自己遭遇了劲敌。他在图里（Thurii）稍作逗留，强力整肃军纪，然后率军前往雷焦姆（Rhegium），即今天的雷焦卡拉布里亚（Reggio de Calabre），希望海盗船队前往西西里，并在这座作为罗马小麦主产区的岛上再次号召起义。但是，他指望的奇里乞亚海盗船队爽约了，当地行省总督盖乌斯·韦莱斯（C.Verres）手段极为老辣，懂得如何为罗马共和国也为自己解决麻烦。他将海峡防御起来,迫使斯巴达克斯逃往阿斯普罗蒙特山(Aspromonte)上林木茂密的高地避难。克拉苏不顾手下人困马乏,当即决定要在那里围困斯巴达克斯。短短几天时间里,他用一道连续的路障封锁了位于意大利"靴子尖"处的地峡,该地峡从特里纳(Terina)海湾一直延伸到斯科拉瑟姆(Scolacium)海湾,障碍前面还挖出一条深4.5米、绵延55千米长的壕沟。冬天突如其来,粮食储备已然耗尽。如果不能突围而出,斯巴达克斯就战败了。第一次突围没能走多远,试图逃脱的12000名士兵被全歼。于是,斯巴达克斯提出谈判,可他的提议遭到蔑视和回绝。就像谚语所说,饥饿的人什么都干得出来:在一个暴风雪肆虐的夜晚,斯巴达克斯趁机用土块和砍下来的树枝填平了一小段围住他们的壕沟,让1/3的部队悄无声息翻越过去。这下,克拉苏再也没有办法既维持他的封锁线,同时又追击已强行突围的部队了。为了追击他们,他只好放弃战壕,斯巴达克斯和大部队趁机突围。克拉苏失去信心,不相信仅靠自己能挺到最后。他写信向元老院请求增援,除了马其顿的步兵大队之外,他还要求庞培和他能征惯战的罗马军团派军援助(公元前71年2月?)。

最终胜利(公元前71年3月)

几个星期后,克拉苏便开始后悔求援,援助太令人泄气了,而且援助他的将军还是他最讨厌的人。敌军队伍再一次分开,加上马其顿行省总督马尔库斯·特伦蒂乌斯·瓦罗·卢库鲁斯(M. Terentius Varro Lucullus)率领麾下一部分军队在布林迪西(Brindes)登陆,足以使他获得决定性的优势。他先在卢卡尼亚东北部歼灭由甘尼克斯（Gannicus）和卡斯特斯（Castus）率领的凯尔特人和日耳曼人部队，从被突破的敌军中收回军令标，包括5柄鹰柱旗，5把束棒和26面军旗，然后便转向斯巴达克斯发起进攻。后者因为马尔库斯·特伦蒂乌斯·瓦罗·卢库鲁斯的到来而被阻截在亚德里亚大道（La route de l'Adriatique）上，于是撤退到佩特里（Pételie）附近的卡拉布里亚峡谷中去了。在最早的小型接触战中，军团长卢修斯·昆克修斯（L. Quinctius）自告奋勇前去探敌却吃了败仗，只得带着负伤的财务官特雷迈琉斯·斯克劳法（Tremellius Scrofa）仓皇而回。但是克拉苏急于给这次局部失败翻盘。得知斯巴达克斯再次向塞莱河谷地行进，而庞培已然越过阿尔卑斯山脉，克拉苏决定尽快结束战争，以防竟争对手分享荣耀。在一次总攻中，他身先士卒，在卢卡尼亚北部某地将奴隶起义军击溃。战斗刚刚打响，斯巴达克斯就大腿中箭，他跪着战斗到最后一口气。战场上尸横遍野、不可计数，人们无法从中辨认出他的尸首。为了消灭他，6个月内所调动的兵力相当于后来恺撒在8年间为征服高卢调动的所有兵力，1000名罗马士兵战死沙场。不过，公元前71年3月底，这场起义终于被平定，克拉苏本该独享这场全面胜利的功绩。

庞培的抱负

然而事实却远非如此。最后一战的幸存者向四面八方逃窜。克拉苏冷酷地扫除了大部分无力还击的部队，俘获大量俘虏，数量多达6000人。在从卡普阿返回罗马的途中，他命人沿途将俘虏钉在十字架上处死。尽管如此，还是有一支部队从他手心里溜走。这支5000名士兵的部队可能由曾经洗劫特梅萨（Tempsa）城并令维博（Vibo）城闻风丧胆的普布利乌斯率领,试图向北挺进。庞培率领其西班牙旧部一路南下,在伊特鲁里亚与他们遭遇,将其包围并全部诛杀。向罗马汇报这场轻而易举的屠杀时,他自称给了这次起义最后一击,要求得到相应的功绩,他自豪地宣称:"克拉苏战胜了敌人;而我,将他们斩草除根。"伴着迎风招展的高举的鹰旗,庞培得胜而归。

公元前70年的执政官

斯巴达克斯之战是意大利历史上沉痛的一笔,这段插曲对意大利内政的演变产生了一定的影响。这场战争的领袖是破格推选的,最终迫使体制服从于获胜的将军。元老院解散梅特卢斯的军团,导致后方空虚,所以元老院庆幸有庞培军团,避免了克拉苏发动军事政变,同时又令二人相互制衡;很快,元老院发现只有让他们同意放弃兵权才能达成自己的初衷;于是为了促使他们同意,只好屈从于他们的意图。他们为克拉苏举办了一场别开生面的小凯旋式(ovatio),又为庞培举行了凯旋式,还同意两人一起竞选公元前70年的执政官,尽管他们二人都没有这个资格。克拉苏刚卸任裁判官不到一个任期的时间;庞培则从未担任此职。或许,元老院为利用了两位候选人之间的不睦而沾沾自喜?尽管克拉苏和庞培争夺执政权,他们都看到,自苏拉让位之后,只要元老院政体根基尚在,他们就无法毫无阻碍地掌权。因此他们达成共识,推迟对自己的雄图伟略的满足,在支持他们的民众的欢呼声中言归于好,并私下盘算如何彻底推翻寡头政治。在他们担任执政官的那一年,他们将成功废除《科尔内利乌斯法》,并以重新引入民主政治为由,再次开启通往最高元首的专权道路。

第五节　寡头政治即将落幕

元老院的衰落

苏拉担任独裁官期间，曾以立法的形式为自己赢得权力；他下台后，元老院本想将这些权力据为己有，却不料在失去独裁官后迅速失去了阵地。首先，他们战胜雷必达、塞多留和斯巴达克斯的代价是亲手取消了某些条款，他们本可免遭最高统帅野心勃勃的觊觎。其次，面对一系列暴动引发的严峻局势，元老们为了方便征兵以满足自己迫切的需要，同时也为了在手头没有军力的情况下维持社会秩序，很早便被迫走上了妥协的危险道路。

执政官盖乌斯·奥莱利乌斯·科塔（C. Aurelius Cotta）（公元前75年）

公元前75年，最早给出衰落信号的，是执政官盖乌斯·奥莱利乌斯·科塔。他算是前朝遗老，受小德鲁苏斯（the Second Drusus）经历的启发，自认为已经领悟了保守妥协的精髓，并掌握了将其付诸实践并算无遗策的艺术。小德鲁苏斯在公元前91年曾与他一同担任保民官。科塔的演说风格朴实无华却极具说服力，他具有极其敏锐的头脑，渴望经营个人声望，与竞争对手结成同盟，发动一系列切实改革来避免革命发生。事实上改革已经拉开了革命的大幕。他的前任执政官格涅乌斯·奥克塔维厄斯（Cn. Octavius）和盖乌斯·斯克利博尼乌斯·库里奥（C. Scribonius Curio）费了很大力气，才使保民官格涅乌斯·西契纽斯（Cn. Sicinius）保持沉默。西契纽斯在雷必达去世一年后就开始毫无顾忌地重提旧制,并四处扬言要彻底恢复保民官制度。后来打塞多留、海盗肆虐及米特达拉梯谋反使经济瘫痪,食物价格持续飞涨,暴动卷土重来且更为猛烈。在镇压颠覆国家的暴动中,盖乌斯·奥莱利乌斯·科塔和他的同僚卢修斯·奥克塔维厄斯(L. Octavius)首先采用强硬措施。保民官昆图斯·奥皮米乌斯(Q. Opimius)胆敢要求恢复被苏拉废除的平民干预权,于是他被强拖至法庭并被判没收个人财产。参与庭审的陪审员是由内事裁判官盖乌斯·韦莱斯按照法定手续挑选并授意的。

科塔尝试调解

但是,这场生硬的判决并不足以震慑心怀不满的人。面对暴动喧嚣,盖乌斯·科塔采取了通融策略。撒路斯提乌斯复述的漂亮的演讲词记述道,公民大会上,他只字不提政府对困扰共和国的弊端所负的责任。他认为是时候给予平民阶层一点慰藉了,于是从元老院获批两项表面上看旨在降低生活成本的法令。其中第一项赋予执政官权力,让他们在监察官职务空缺时,有权自行更新市场供应。第二项法令则将西西里利里贝(Lilybée)和锡拉库萨(Syracuse)地区的农业包税权转移到罗马竞拍;以前,竞拍掌握在罗马财务官手中,且仅限于在西西里行省内部进行。这以后,执政官可以遵循监察官的相关法规,出售西西里地区除粮食什一税以外的所有税种的包税权。这两项元老院法令深得人心,因为简化了征收税粮程序,人民就能获得更多保障口粮的便利。不过,这并不意味着这法案就不受骑士阶级欢迎:第二条法令允许他们获得此前《鲁皮流斯法》(Lex Rupilia)禁止获得的某种好处;第一条法令或早或晚将重建财产审查制度,让骑士阶级有望在罗马重获亚细亚什一税市场，并从法律上重建骑士阶级地位。第二条曾因为骑士检阅章程被废除、缺少监察官执行而一度被搁置。这两项措施深得民心，盖乌斯·科塔备受鼓舞，他继续推进调解政策，出台法律，消除苏拉所造成的保民官与其他官员水火不容的局面。他认为恢复保民官名誉是刻不容缓的事，不过无须恢复他们的权力。幸运的是，他在公元前73年就去世了，从而免于看到自己算计失误。当时，他在山南高卢担任行省总督，跟阿尔卑斯山的几个部落打了几场胜仗，但就在归来参加凯旋式的前夕旧伤复发丧了命。当然，他所期望的平静的确暂时实现了；多亏如此，卢修斯·李锡尼·卢库鲁斯这个纯粹的寡头政治家才能轻松当选执政官，他在任时一直压制保民官卢修斯·昆克修斯的言论，后者宣称反对《科尔内利乌斯法》；此外，他在另一位保民官普布利乌斯·科尔内利乌斯·基泰古斯（P. Cornelius Cethegus）的帮助下，再次对米特拉达梯发动战争，并于公元前74年取得指挥权。然而，这不过是休战期暂时的平静罢了。盖乌斯·科塔为谋求团结所打的小算盘其实是并不严谨的妥协。保民官与有野心的富商因此联系了起来，导致了一系列无法避免的后果。他的本心其实是结束贵族阶级的衰落。其实，这最多不过是注定无法避免的衰落中一次短暂的停滞。关键的是第一个缺口。拉开了口子，元老院的弱势就向竞争者敞开，此后不断扩大。在将军们的支持下，元老院的竞争对手最终发起了无法抵抗的猛攻。

《特伦提亚·卡西乌斯法》（Lex Terentia Cassia）（公元前73年）

公元前73年，执政官马尔库斯·特伦蒂乌斯·瓦罗·卢库鲁斯和盖乌斯·卡西乌斯·朗基努斯不得不在大众压力下妥协，最低限度保障雷必达前不久颁布的法令得以持续贯彻，也就是说，每月按人头免费发放5摩迪乌斯（43.75升）谷物。当时虽说定了救济粮的门槛，但是他们既没有各省税收又没有国库利息，因为需要大量小麦，他们补充公共粮仓时目无法纪，以执政官名义颁布法律，强制要求西西里所有城市全部追加缴纳80万摩迪乌斯（700万升）小麦，无一例外：57个需要缴纳什一税的城邦，每个城邦征收1万摩迪乌斯（875百升）；按惯例或条约本应免除什一税的8座城邦，征收3到6万摩迪乌斯（2125到5250百升）。统一按照每摩迪乌斯3个罗马塞斯特尔斯币（sesterce）①的价格进行征收。这就补充了有偿征收的第二项什一税，保障无论何种情况，通过救济粮申请的4万名受益人每月都能分到3.3万梅迪姆内斯（médimnes）②（约合160万升）粮食。

其他让步（公元前72年—前71年）

受到援助的人本应向他们表示一定程度的感激。但现在已经不是一小块面包就能让穷人蜂拥而至的时代了。就在公元前73年，当贵族们以为用"牢饭分量的救济粮"就能买断市民的自由时，保民官李锡尼·马切尔（Licinius Macer）将他们痛斥一番。他在公开场合煽动平民阶级拒绝参与征兵，声称他们不该被剥夺"祖先为他们精心打磨的

---

① 译者注：sestertius（塞斯特提乌斯）或sesterce是一种古罗马硬币。在罗马共和国时期，它是一种小型银币，仅在极少数情况下发行。在罗马帝国时期，它是一枚大黄铜硬币。sestertius这个名字的意思是"两个半"，指的是它的名义价值是两个半阿斯（一种罗马青铜币）。
② 译者注：古希腊体积单位。

保民官武器"。面对敌人，元老院不断分裂，但不久还是批准了一项提案。这份提案出自保民官普劳提乌斯（Plautius）。在一位年轻贵族的干涉下，提案很快被各部落接受。此人正是马略孀妻的侄子盖乌斯·尤利乌斯·恺撒。通过这份法案，雷必达的拥护者得到赦免。公元前72年，元老院同意执政官格涅乌斯·科勒内利乌斯·克洛迪亚努斯（Cn. Cornelius Clodianus）出台法律，责成苏拉任独裁官期间分期买下被剥夺公权者的充公财物的买家向国库缴纳全款，否则财物将被收缴。元老们支持这两条法案或许也有苦衷：支持后者是为了充盈被战争耗尽的国库；支持前者则为了瓦解雷必达麾下将士的军心，加速他们的西班牙分裂活动覆灭。尽管同时期也出台了一部针对暴行罪的《普劳提乌斯法》（Lex Plautia de Vi），但是这两条法律就足以显露出寡头政权的让步。元老院在战场上击败叛乱的方法，是在大会上向反对派妥协。元老院如果能一直保持强硬态度反而更好。结果是聪明反被聪明误，一而再，再而三的妥协使元老院势力不断被削弱，直到被逼到权力墙角，失去了人民的信任，再也无力抵抗保民官的挑衅。此时保民官发起的反击是由骑士阶级筹划的，应该也得到了掌权者的武力支持。

恢复"保民官特权"（公元前70年）

庞培的出现撕开了保民官的遮羞布。公元前71年庞培将抵达罗马时，保民官马尔库斯·洛利乌斯·帕利卡努斯（M. Lollius Palicanus）出城与其会面。这是一位出身低微的皮西努姆人，他卑微的家庭无疑曾受益于庞培家族。作为演说家，此人不算雄辩，但十分健谈，懂得如何激起民众热忱，且从不放弃这样的机会。随他一同出城的还有为数众多的民众，他将庞培带到人群中间，看起来就像在举行一场露天公民大会。他请行省总督庞培承诺彻底恢复保民官的权力。庞培在民众的欢呼声中做出承诺，并且在当选执政官后迅速履约。上任数周后，庞培与同僚克拉苏一起出台了《庞培和李锡尼法》（Lex Pompeia Licinia），恢复保民官否决权，授予他们立法创议权。他们就这样一举摧毁了寡头政权的基石；而元老院心甘情愿地再次落入蛊惑人心的政客盘中任其鱼肉（公元前70年）。

关于贿选的新律法

此外，两位执政官希望进一步削弱元老院势力，于是在任期间不断助长其对手之势，削减其元老院特权、破坏其体制。裁判官奥莱利乌斯·科塔——此人是公元前75年在任执政官科塔的兄弟——在得到二位执政官同意后，或者说就是在他们的怂恿之下，批准了一项苏拉之前曾提出过的有关贿选的法律。根据这条法律，不论哪位候选人，一旦被发现进行不正当交易，都将被剥夺十年的竞选资格。要知道，大多数元老都是通过贿选来延续其家族荣耀的。

亚细亚什一税、人口普查、元老与骑士检阅流程

紧接着，他们突然正式启动元老选举，重启被废除19年的不信任投票，与此同时他们也预知了这项政策的后果。

这项举措导致承包税制（censoriae locationes）复活，监察官一上任就立即恢复了苏拉废除的亚细亚什一税。公元前70年，他们沿袭旧制把这项税收特许承包给罗马税吏，为骑士阶级带来丰厚利润。关键是此举还摧毁了《科尔内利乌斯法》实施后元老院因为惯性而得到的

053

自主权,再一次将元老选任权交由特设的专司负责;可是这些拥有选任权的官员自己却名节不保,选拔含金量因而下降。经过一番筹谋,庞培和克拉苏将这项至关重要的职务交给了公元前72年竞选胜出者卢修斯·格里乌斯·帕布利科拉和格涅乌斯·兰图鲁斯·克洛狄阿努斯。他们二人企图以服从性弥补自身的微不足道,扩大活动范围,提升个人专权,以此填补个人威信的缺失。他们从元老院名单里剔除多达64人,其中一位是前一年的执政官普布利乌斯·科尔内利乌斯·伦图卢斯·素拉(P. Cornelius Lentulus Sura)——一个冷酷无情的渎职者。此外还有一位前裁判官——丑闻不断的盖乌斯·安东尼乌斯·伊布利达(C. Antonius Hybrida)。这是同盟者战争后平民阶级第一次被列入罗马公民名单,而且不仅仅有城市平民阶级,还有归化意大利后从各个角落来参加人口普查的乡村平民。最终宣布市民(cives)总计90万名,比此前的统计数字一下子翻了一倍。最后,他们还举行了声势浩大的骑士检阅,执政官庞培作为最后一位骑士出场。当二人程序性地问道:"你是否按规定完成了所有工作?"庞培做派惊人,一字千金地答道:"都完成了,都是我指挥的。"庞培就是以这样矫揉造作的简洁风格,在众人掌声中完成了检阅仪式。表面上看他不过获得了虚荣心的小小满足;实际上,他获得了某种杠杆,只需撬动这根杠杆,庞培就能从元老院夺回司法权。

司法改革

常设刑事法庭重组早已势在必行。苏拉把陪审团职责交给了元老,可他们却背叛使命,失了气节,令多少仁人志士愤慨不已。这些人不仅掩饰自己阶级犯下的受贿、滥权和渎职罪,哪怕是违反公共法律的，或是杀人犯、投毒者，但凡与他们的圈子多少有些利益相关，只要落入他们的管辖范围，他们势必加以袒护或者给予脱罪。法官与罪犯沆瀣一气令人不齿，已经到了连贵族阶层自身都无法忍受的地步。两位执政官拿出恢复保民官特权提案时，贵族最听信的首席元老昆图斯·卢塔提乌斯·卡图卢斯（Q. Lutatius Katulusi）大声疾呼：但凡元老们在法庭上表现得略有操守，这个提案都不至于受到如此热情的拥护。毫无疑问，卡图卢斯使了个障眼法，以司法公正之名，行联合长老与骑士阶级共同对抗武将和平民联盟之实。但是，《庞培和李锡尼法》通过表决后，提案建议的改革却只能起到相反的效果。庞培从中看到将自己的事业与骑士事业结合的可能。早在任职前，庞培就已逐步架空元老院法官的判决权，他称元老院法官为"罗马的耻辱""行省的流毒"。一当上执政官，他就立即主持司法改革，以有利于自己的方式修改权力制衡与政治走向。

改革带来的困难

不过，击破核心十分困难。本来元老们对保民官的发迹表现出放任态度，因为他们无论何时都懂得如何在元老院节省智力；他们厌恶并拒绝任何一种没有好处、没有回报的主动放弃行为。至于平民，以前平民一致支持保民官，现在对骑士的命运却毫不关心，对任何阶层的有产者都万分冷漠甚至万分仇恨。必须出现一场大型丑闻才能镇压抵抗，撼动冷漠，这件丑闻就是：西西里人民对其前总督盖乌斯·韦莱斯的指控。

韦莱斯案

《反韦莱斯》(*Verrines*)辩词将韦莱斯像怪物一样钉在耻辱柱上,直到19个世纪之后,韦莱斯的后人仍然给塑造印度压迫者的丑陋形象带来灵感。

不管怎么说,韦莱斯不过是自罗马征服西西里以来常见的那类贪图享乐的贵族政客罢了。内战导致士气涣散,像他这种人就越来越多,他们视政府如个人封地,只想从政府那里捞钱享乐。韦莱斯本来是马略派的财务官,却于公元前82年偷偷叛变,就手带走了执政官帕皮里乌斯·卡尔波的金库。公元前79年,他又成了苏拉派奇里乞亚行省总督格涅乌斯·多拉贝拉(Cn. Dolabella)的副手,将米利都(Milet)①一座被征用的小楼卖给芬布里亚两位前副将公干。他也许不知道,买主其实是米特拉达梯安插在塞多留身边的特务,他们使了些花招,令这桩"好买卖"蒙上一层背叛阴影。公元前74年他任内事裁判官,一切裁断主要视情妇齐丽多(Chelido)阴晴不定的小性子而定;有时为了自身利益,他的判决近乎不公平。卸任后,他被派到西西里担任行省总督,于公元前73年到任。3年任期里,他像是打劫的一般,抢夺、瓜分、捞油水,打劫城市和宗教圣地,填补自己艺术藏品的空缺;他像刽子手一样操控生杀大权,连法庭判决也可以用来和诉讼人交易;他不知餍足、阴险狡诈,想尽办法从纳税人那里要钱。他管十一税,将招标权留给自己的"白手套",助纣为虐,和他们一起分上交国库后盈余的小麦,不缴关税就直接发给买家;他拒绝

---

① 译者注:米利都(拉丁语:Miletus)是位于安纳托利亚西海岸线上的一座古希腊城邦,曾被罗马帝国统治。

接收可抵税的种子，好在第纳尔（罗马货币）行情最高的时候支付，又在暴跌时以低谷价买入，悄悄从中赚取差价，再拿去放高利贷实现利滚利。

起诉

　　韦莱斯于公元前71年末离任时，西西里已近瘫痪，只余抢掠过后的满目疮痍，从此再也没能恢复如初。他前脚刚走，行省苦不堪言，立即告到罗马，揭发他的不人道管理。他的继任者、盟友、亲戚卢修斯·梅特卢斯（L. Metellus）想堵住西西里怨民的悠悠之口，但无能为力。在罗马，韦莱斯苍白地解释道：岛上有连年战争风险，暴政是为了维持秩序；横征暴敛是为了满足国家需求，既得养活军人，又要补上斯巴达克斯起义导致的意大利农业生产亏空，还要按《特伦提亚·卡西乌斯法》规定给平民供给平价或低价小麦。但他还是没逃过控诉。贵族阶层一片震惊，并非因为他的罪行，而是因为害怕招来对整个阶级的发难。可是贵族阶级已然牵涉其中自身难保，整个政府都被牵连。此时没有别的办法，唯有平息事端。贵族当中最优秀的演说家昆图斯·霍尔滕西乌斯（Q. Hortensius）同意在竞选公元前69年执政官的同时为被告辩护。可是，很快他的对手西塞罗就出现了。西塞罗已做好准备，要挫败对方企图镇压事态的手段。西塞罗9年前曾击败克里索古努斯（Chrysogonus），也震慑过苏拉。在那之后，西塞罗只是区区一介财务官；但到公元前75年，也是在西西里，西塞罗在资深裁判官赛克斯图斯·佩德修斯（Sextus Peducaeus）手下，以为政清廉闻名于世；同时他的才华也日渐凸显。西塞罗虽无显赫家世，但他背后有庞培的野心和力量支持，而且相比阿梅利亚的罗斯基乌斯（Roscius d'Amérie）事件时期，庞培的野心与力量更宏大更有效了。西塞罗最终赢得了辉煌的胜利。

控诉人西塞罗

　　西塞罗从公元前70年起就开始着手该案。首先，他展现出对市政官职位的野心；另外，在他的努力运作下，裁判官马尼乌斯·阿西利乌斯·格拉布里奥（M'. Acilius Glabrio）为给原告平反而组建的委员会公开取消了昆图斯·凯西利乌斯·尼格尔（Q. Caecilius Niger）的任职资格。此人原是韦莱斯的财务官，自称与上司交恶，出于报复心理坚决要搞垮他。通过这次提前考察后，西塞罗获任韦莱斯案公诉人——我们常把罗马庭审中的这一角色与现代所称"原告"相混淆。西塞罗获得任命一事，已经于司法改革支持者有利。这件事只有两种可能：西塞罗相信，凯西利乌斯·尼格尔不过是出于眼下的目标才与韦莱斯断交的，二人还是同伙，指控韦莱斯只是做戏给人看。尼格尔若一时犹豫，或拖泥带水兜圈子，韦莱斯的辩护任务就变得容易多了。第二种可能是，凯西利乌斯·尼格尔突然良心发现，一方面他会变本加厉地打击韦莱斯的同谋，这样的话，连在西西里走私的罗马骑士他也不会放过——正是他们的抢劫行径才使罗马城内的盟友支持率急剧下降；另一方面，这就使尼格尔的不满局限于个人仇恨。无论何种情形，只要凯西利乌斯出局、西塞罗上台，玩家们就离目标更近了。他们可以饶了骑士阶层，但他们想借韦莱斯案推翻整个司法体系，而这个司法体系最终确实走向了灭亡。

庭审

公元前70年8月5日,韦莱斯案一审开庭。此前西塞罗为自己申请了110天的调查期限,但他只用50天就完成了工作。在这段时间里,他获悉了个别人的秘密,收集了官方控词,甚至去西西里税务公司锡拉丘兹总部进行了一次慎之又慎的搜查,其用意不言自明。此去西西里,西塞罗带回一份颇重要的文档,这份文档被他明智地去掉了封皮。西塞罗想借此文件,在不牵连朋友的前提下毁掉韦莱斯,同时让整个元老院威严扫地。元老院企图反击,但没能阻止他当选市政官;西塞罗赢得漂亮,一张选票都没落下。不过5月27日,元老院还是成功运作霍尔滕西乌斯当选执政官。投票当晚,霍尔滕西乌斯当众拥抱韦莱斯,称公民大会刚刚判决他无罪。不妙的是,陪审团成员驳回权已用尽,只能寄希望于无休止的拖延,争取直到8月16日前法庭不要做出判决。这一天,一系列做戏、休会轮番上演。西塞罗控制自己不过分口若悬河,辩词说到引人入胜处时戛然而止,转而请出此前向法庭提过的证人。证人之多、气焰之足,令霍尔滕西乌斯招架不住,根本无力发问;韦莱斯本人则没等证人全部入场就先行离开了罗马。他这一临阵脱逃,法庭无须再忍,辩方律师陈词立即缩短了一大截。8月14日,韦莱斯被缺席判决向西西里人赔偿4000万塞斯特斯(sesterces)。他可以上诉,但他情愿服从判决,在平静中享受剩下的不义之财,直到公元前43年某一天,觊觎他巨额财富的安东尼,将他写入公敌宣告的处决名单中,这名单里同时也有西塞罗。

判决后续

由于贵族多方运作以求躲避惩罚,这个本应匡扶正义、具有纪念意义的判决,现在倒显得姗姗来迟。更有甚者,判决其实正有害于贵族,尽管这么说初听起来完全没道理。一审时,西塞罗简短陈词,着意渲染元老院法官过分宽容导致行省惨遭荼毒的事实,还将国家当今的绝望图景与神佑时代骑士管理财税的繁荣局面两相对比。韦莱斯逃走成了认罪伏法,正好坐实了这种说辞的严谨性。在西塞罗妙语连珠营造的氛围里,经执政官与保民官一致同意,裁判官卢修斯·奥莱利乌斯·科塔提交了取消有罪法官任职资格草案。

西塞罗不愿自己打赢的诉讼就这样陷入停滞,马上主动宣传。于是短短几周内他又奋笔疾书,完成了假想中与韦莱斯第二次对簿公堂的控词,通篇写满贵族之耻。这份预备好的诉状像政治宣传册一样传得到处都是,给公民的愤怒火上浇油。再加上诉状写得如此妙笔生花,霍尔滕西乌斯终于无力招架。西塞罗把韦莱斯视作当权阶级的罪恶化身加以控诉,并以精心计算的隐忍和看似不经意的暗示,拿掌权者与淳朴正直的骑士阶层做对比。他虽承认韦莱斯和卡皮那提乌斯(Carpinatius)同为罗马派驻西西里的港口税承包人的代表,承认二人作为一条绳上的蚂蚱,确曾明目张胆合谋转卖资深裁判官的走私品;可是西塞罗对私下吃回扣的情况绝口不提,反而直接得出结论:韦莱斯严重损害了骑士群体的利益——事实上是骑士默许了韦莱斯的种种行为!——因为韦莱斯抢了骑士的部分合法收益。这种措辞把潜在的同谋说成了可怜的受害者。西塞罗写了整整一本书控诉韦莱斯滥用职权、征收实物税,其中列举的例子都是关于谷物什一税——该税直接授权给当地收税人。但他对油和葡萄酒两种产品的什一税却只字不提,就仿佛在这两项税收上从未发生过任何错漏,尽管它们自公元前75年就已经被授权给了罗马税吏。实际上这两桩税务从公元前75年起就分给了罗马承包人。西塞罗言辞激烈，听众根本来不及反应。雄辩为他带来了选票。前70年秋，《奥莱利乌斯法》（La lex Aurelia）终于以元老占少数的混合法庭制取代元老院司法体制。

卢修斯·奥莱利乌斯·科塔司法法

从此以后陪审团成员由3种人构成：1/3由元老院花名册决定，另1/3由骑士百人团中新选任的10名骑士充任；最后1/3则从司库阶层中来。最后这部分人正是因为财富才获得财政要职，反过来他们的财富——无论是已不实行的直接税，还是如今由财务官自行支配的包税差额——又支撑其职务的履行。名义上他们在卸任后继续当官发财，上了年纪的一级骑士虽须上交马匹，但依然保有个人财富，这些人和有产者一样，在当上监察官开始捞钱以前就富得流油了。《奥莱利乌斯法》扩大了骑士阶层的话语权：骑士进入陪审团，等于在陪审团中骑士阶层从享有一个话语权变成享有两个。立法者（奥莱利乌斯·科塔）在措辞上稍加斟酌，就把刑事法庭（quaestiones）①的组成恢复到盖乌斯·格拉古（C. Gracchus）当政时的情况，同时加强了骑士阶级政治特权的经济基础。因为成为司库阶层至少应具备二级财富普查水平，即拥有30万塞斯特斯家财；且从事实来看，司库阶级与骑士阶级的社会差异亦非常小。因此这次改革是深刻的，但它又不像格劳奇亚（Glaucia）改革那样把元老从法庭中完全赶走，只是消除他们在法庭上的影响力。现在控制法庭的人是各种非元老的富人。同时这项法律基于财富评估建立起了未来财富普查制度的雏形。

---

① 译者注：罗马调查犯罪的法庭，后来成为常设法庭。

显著影响

很显然，这次改革的始作俑者卢修斯·奥莱利乌斯·科塔、教唆他的人——庞培和整个司库阶级，以及最能言善辩的西塞罗，这些人都能为改革拿出正当理由。首先，扩大共和国统治阶级能带来新鲜血液；其次，回归旧司法制度可以给所有可裁判人带来保障，毕竟保护人地位得到了提升。他们甚至引用了《反韦莱斯》中极有说服力的预测：出于对独立法官的忌惮，哪怕最寡廉鲜耻的法官也会考虑礼义廉耻，三思而后行。他们向新法案致敬，好像新法案是和平使者，能将骑士阶层扩展到广大平民，并且在刑事法庭内部达成骑士与贵族的和解。接连几周，罗马城内一片和谐，罗马人轻松欢快地向神庙献祭——神庙的重修工作由昆图斯·卢塔提乌斯·卡图卢斯主持。但几乎与此同时，另有一桩冯提乌斯（Fonteuis）案却让西塞罗的对手找到他话中的破绽，并发现他功利的乐观主义中有明显的矛盾。

真实结果

相比韦莱斯在西西里犯下的渎职罪行，冯提乌斯在高卢的罪行有过之而无不及。这位铁石心肠的总督同样违反了公平政府原则，用各种诡计横征暴敛。阿洛布罗基人（Allobroges）、沃孔斯人（Voconces）、沃尔斯克人（Volsques）、赫尔维安人（Helviens）哪怕有一丝反抗苗头，都会遭他血腥镇压。西塞罗前一年还在捍卫行省自由，这下突然改变态度。冯提乌斯被高卢人提起诉讼时，西塞罗竟同意为他的错误辩护，理由是：罗马人不应听信外国人的请愿。冯提乌斯案是令人失望的，《为冯提乌斯辩护》（*Pro Fonteio*）是蹩脚的。不过它反衬出《反韦莱斯》的潜在含义，这两份辩护的共同之处在于它们都充满矛盾：它们既服务于庞培的意愿——冯提乌斯曾是庞培的属下；同时又服务于骑士的利益——骑士阶层把冯提乌斯视作领袖。总之在公元前70年这场风波中，庞培是唯一的获利者。通过重新赋予保民官权力，庞培就能获得其选票，且有望获得至高无上的指挥权。而让寡头在税务公司面前低头，就等于释放骑士的贪婪——贪婪正是远征立业的源泉。在庞培的打击下，苏拉出台的系列法案刚刚被废止，罗马的政治舞台就已悄然改变，另一种想当最高元首的野心渐渐展露出来。

第二章
庞培的伟业

第一节　元老院发动的战争（公元前78年—前67年）

外部困难

外部困难愈演愈烈，罗马将军个个面临惨淡的未来。在意大利，元老院要打雷必达、斯巴达克斯，在西班牙，要打塞多留。东方已无力维系，和平同时到处受到威胁：爱琴海海盗卷土重来；马其顿有柏柏尔人突然进犯；在亚细亚，誓要报仇的米特拉达梯发起阴谋，先假盟友或门客之手操作，后公然撕毁盟约。从公元前80年起，本都国王米特拉达梯在科尔希德（Colchide）行省和辛梅里安博斯普鲁斯地区（Bosphore Cimmérien）——他在那里为儿子曼卡雷斯（Maraches）建立了半皇权政权——恢复了威望。此外他重新控制了本都-尤辛努斯地区（Pont-Euxin）①，这里既能令海盗藏身，又可以令侵占色雷斯时征召的加埃塔人（Gètes）、萨尔马提亚人（Sarmates）军队容身。公元前78年，他拿自己过去15年的丰功伟绩，撩拨野心勃勃的女婿提格兰（Tigrane）反罗马。但是提格兰这位亚美尼亚国王后来之所以取得胜利，更多是因为对手的衰败而不是自身的天才：米特拉达梯二世大帝死后的混乱局面削弱了帕提亚帝国（安息王朝）；公元前95年，提格兰即位后立即从帕提亚帝国抢走了索菲纳（Sophène），后

---

① 译者注：希腊语Pontus-Euxinus，即今天的黑海地区。

来又抢了格尔迪恩（Gordyène）、奥斯洛尼（Osroène）、米哥多尼亚（Mygdonie）以及阿迪亚波纳（Adiabène）。公元前83年，他趁塞琉古余部疲于纷争之际摘取了帝国最后的果实：叙利亚和奇里乞亚平原（Cilicie Plane）。

通过上述最后一战，提格兰将国境拓展到与罗马接壤处。眼下，他已是这个泱泱大国的主人，统治重心向物产丰富的南方地中海偏移。公元前78年，他决定废弃位于阿拉斯河（Araxe）的阿尔塔沙特（Artaxata），转而迁都于位置更重要的马西乌斯山麓（Masius）。新都位于哈布尔（Chaboras）与底格里斯河（Tigre）之间，距努赛宾（Nisibin）①50多千米。他以自己的姓氏为新都命名：提格拉诺塞塔（Tigranocerte）。在岳父的煽动下，他占领卡帕多西亚，逼迫阿里奥巴尔赞（Ariobarzane）子民迁往新都，不消说，沿路还顺便劫掠了阿里奥巴尔赞的村庄（公元前78年）。他的种种行为正是对达耳达诺斯和约（La paix de Dardanos）②无耻的践踏，可元老院彼时正与雷必达缠斗，分身乏术，为了不用对付他，此时元老们睁一只眼闭一只眼，考虑派出远征军对付另一拨躲在暗处的盟友——这些盟友对欧洲来说既是最大的危险，又在欧洲突袭下最不堪一击——他们就是多瑙河的蛮族西西里海盗。

色雷斯大捷（公元前78年—前71年）

我们不清楚马其顿行省总督与进犯行省的半蛮族部落的作战细

---

① 译者注：古名尼西比斯（Nisibis），是一座位于土耳其的城市。
② 译者注：公元前85年由罗马共和国的卢修斯·科尼利厄斯·苏拉和本都国王米特拉达梯六世签署。它结束了第一次米特拉达梯战争。

节，只知战事极为惨烈。比如，从公元前78到前76年，阿皮乌斯·克劳狄乌斯大败斯克迪克人（Scordisques），以战死疆场换来了罗多彼山脉（Rodope）。再如，从公元前75到前74年，斯克利博尼乌斯·库里奥进攻达尔达尼亚人（Dardaniens），大军不过多瑙河就把敌人赶到了河对岸。公元前73到前71年，卢库鲁斯的弟弟马尔库斯·特伦蒂乌斯·瓦罗（M. Terentius Varro）领军第一年就征服了贝斯（Besses），并越过海姆斯山（Haemus，即巴尔干山脉）直抵多瑙河；第二年，他横扫多布罗加（Dobroudja），摧毁阿波罗尼亚（Apollonie），后者与不时发起劫掠的部族结过盟约。他将黑海沿岸从色雷斯的博斯普鲁斯（Bosphore）到多瑙河河口的希腊城邦一个一个收入囊中，包括：卡拉蒂斯（Callatis）、奥德索斯（Odessos）、狄俄尼索波利斯（Dionysopolis）、托米（Tomi）以及西斯特罗斯（Histros）。接着瓦罗回到意大利，克拉苏正在这里与角斗士作战，他向克拉苏施以强有力的援手。从公元前71年开始，他与自己征服的希腊殖民地订立盟约，强迫他们纳贡，并接受罗马作战部队驻扎。总的来说，瓦罗（Varro）阻挡了米特拉达梯打到黑海欧洲海岸的步伐，的确是为罗马争光了。

对抗海盗

　　元老院打海盗则打得不那么令人满意。公元前78年，新任奇里乞亚总督普布利乌斯·塞尔维利乌斯·瓦蒂亚·伊索里库斯（Publius Servilius Vatia Isauricus）接到任务，要把行省内的海盗赶走，摧毁海盗建在海边悬崖上的老巢。范围是从西比拉提德（Cibyratide）——穆雷那（Murena）曾把海盗从这里赶走——直到山地奇里乞亚（Cilicie

Trachée）——这里有罗马军团和舰队，会使提格兰三思而后行。公元前77年一整年他都在对付赞尼塞特斯（Zénicétès）。这人是个胆大的，他抢走东利西亚（Lycie orientale）和潘菲利亚（Pamphylie），把它们变成自己的封地。瓦提亚仗着有舰队，沿切利多尼亚群岛（îles Chélidoniennes）岸边挑衅赞尼塞特斯，又夺走好几座海边城市，如奥林波斯（Olympos）、法赛里斯（Phasélis）以及科瑞克斯（Corycos）。接着他乘胜登陆，一直追击到敌人藏身的海峡。赞尼塞特斯放火点燃城堡，在一片废墟中窒息而死，这才躲过成为阶下囚的命运。除了他，没人抵抗得了瓦提亚的攻势。公元前76年，整个潘菲利亚海岸又回到罗马治下。公元前75年，瓦提亚起程朝北行进，翻越陶鲁斯山（Taurus），攻下特洛吉提斯湖（Trogiti）北部的瑟达萨（Sedasa），在霍莫纳德斯人（Homonadeis）、澳伦德人（Orondeis）和伊索利亚人（Isauriens）的部落肆虐一番，又夺走伊索利亚人的两座堡垒——伊索拉（Isaura vêtus）和新伊索拉（Isaura nova）。现在只剩下山地奇里乞亚没到手了，可他却自满于在名字后面冠以胜利称号"伊索里库斯（Isauricus）"，不打算继续给自己的胜利锦上添花。

马尔库斯·安东尼（M. Antonius）

艰苦卓绝的战斗虽然荣耀，实际上并没有真正终结什么。海盗在一处被打败，却在另一处重新集结，或者像公元前74年的那波海盗那样退回北部——当时他们绑架了刚从罗德岛回来的年轻的尤利乌斯·恺撒，在得到赎金之后为自己的匹夫之勇付出了生命代价。或者他们向东躲得更远，在山地奇里乞亚人迹罕至的山沟里避难。海盗就像希腊神话中的水蛇能死灰复燃，想要彻底消灭海盗，必须一次性杀光。但是要做到这一点，要么各个行省总督必须达成一致，可是跟自私的元老提要求，他们一定觉得很过分，因为他们只想着自己。而且他们对亚细亚的事儿耿耿于怀：亚细亚的马尔库斯·尤尼乌斯（M. Iunius）出于私利消极抵抗，等于削弱了瓦提亚在邻省部署的战力。要么，所有行省总督得同时放下刀戈，听命于唯一的领袖，这个人全权负责整个地中海地区的安全，好比整个地中海是一个行省。但寡头厌恶违背其原则的做法，他们发现，一旦屈服于此——比如公元前74年将昔兰尼加（Cyrénaïque）变成行省——一切就都行不通了。一方面，裁判官马尔库斯·安东尼——公元前102年征服者之子，未来三头同盟之一的父亲——拥有对全部海岸城市的三年无限管辖权，可他非常无能；另一方面，交到他手里的人和船也有限。元老院给他的主要任务是与山地奇里乞亚缔结和约，同时让他们不敢直接进犯遥远动荡的边疆。安东尼不会独自制订整体计划，人家给他提供分步计划后他才明白整体行动是什么。一开始，安东尼在利古里亚和西班牙清剿来进犯的落单舰船，可他无法时时抵御残忍突袭。后来，他全速驶向东方，停留在伯罗奔尼撒（Péloponnèse）海岸。在这里，他导致的损失简直比海盗侵犯还严重。最后他来到克里特岛。该岛对米特拉达梯奴颜婢膝，与海盗又是同伙，理应加倍惩罚。可即便他们真心实意臣服，对安东尼实现真正目标也起不到作用。更何况，他还很可悲地吃了败仗。财务官被俘，敌人把耻辱的和平条件强加给他。但他甚至没能活着见证这样得来的和平（公元前71年）。马尔库斯·安东尼被嘲为"克里提库斯"（Creticus）[①]，元老院拒绝认可他签署的耻辱

[①] 译者注：原意为"克里特（Crète）的征服者"。

条件。可是事实上安东尼面临的困境很难立即逆转局面。不过这点困难不算什么，它很快就消失在米特拉达梯发动的轰轰烈烈的第三次大战中。

第三次米特拉达梯大战的起因——比提尼亚被吞并

我们看到，这次大战从公元前78年就已初现端倪。公元前77年，年事已高的马尔基乌斯·菲利普斯在元老院发表了一次演讲，其中已预测到战争一触即发。他揭穿事实：该行省以税收滋养着共和国，可本都国王就在卧榻之侧对罗马施压，是可忍孰不可忍。到了公元前75年，米特拉达梯与塞多留联合，战端再也无法避免。公元前74年初，塞多留失利，元老院受到鼓舞，不再犹豫。紧接着比提尼亚国王尼科美德四世（Nicomède IV Philopator）突然去世，元老院接受了这个媚权的国王提出的盟约。依照约定，他将褫夺亲儿子的继承权，把王国交给罗马人民治理。不过即使元老院拒绝这项馈赠，也不意味着就能避免战端，反而会给米特拉达梯留下可轻易将战火烧到欧洲的跳板。占据比提尼亚财富，把守住港口，就是堵住米特拉达梯的来路，也可避免再次点燃仇恨之火。执政官奥莱利乌斯·科塔直言不讳，仇恨只是被削弱，并未被浇灭。亚细亚行省总督朱尼乌斯负责接管本都王国财富，他一方面派盟国卡帕多西亚的国王阿里奥巴尔赞打头阵探明情况，另一方面又挑出财宝、藏品等细软，由财务官昆图斯·庞培一概快运到罗马。得此飞来横财，罗马当局喜不自胜，立即成立专门机构负责新行省财务开发。

米特拉达梯进犯

　　米特拉达梯一听说比提尼亚并入罗马,没有丝毫预警,马上发动战争。他派副将迪欧范特(Diophante)占领卡帕多西亚及其主要据点,禁止所有奇里乞亚罗马军团通行。米特拉达梯亲率大军,从本都王国行进到比提尼亚。在奇里乞亚,接任瓦提亚的代执政官卢修斯·奥克塔维厄斯刚刚去世,军队阵脚大乱,对战时呆若木鸡,只能做出微弱抵抗。尤尼乌斯临机应变,将比提尼亚政府归到亚细亚政府辖下,但他对米特拉达梯的进犯已无力招架。比提尼亚人长期吃尽罗马共和国苦头,义愤填膺,完全不抵抗,竟把米特拉达梯视作解放者来欢迎。几周内米特拉达梯就收回了尼科美德王国——迦克墩(Chalcédoine)半岛除外,那里已经挤满了赶在他抵达前逃走的罗马人。

罗马双指挥官制——马尔库斯·科塔和卢修斯·卢库鲁斯

　　战事正酣,元老院本应打破偏见,放下小团体利益,可他们却墨守成规。虽然只有一个敌人,但他们却把大军分成两部。两位在任执政官:马尔库斯·科塔和卢修斯·卢库鲁斯都要求获得领导战争的殊荣。卢库鲁斯曾在苏拉麾下,从普通士兵逐步历练起来,在第一次米特拉达梯战争中绽放光彩。但他固执又惺惺作态,因而招来劲敌。要不是他追求基泰古斯的情妇普雷基娅(Praecia),他的当选理由哪怕再充分,也难免遭到保民官基泰古斯一票否决。现在他还接替了卢修斯·奥克塔维厄斯的位置领导奇里乞亚,并兼领亚细亚,只是尚未独揽军权。马尔库斯·科塔虽没有军事天才,但胜在立场温和,在各个阵营皆收获盟友,因此得到比提尼亚行省领导权。本来元老院已定好二位将军的职权范围:科塔承担新行省防卫工作,卢库鲁斯负责追击米特里达特。可随着事态发展，两人的职责执行逐渐走样。可以说，高层为了政治内斗而罔顾关键事实，双指挥官制破坏了战果。

科塔出征迦克墩（公元前74年夏天）

马尔库斯·奥莱利乌斯·科塔带领元老院提供的舰队，来到迦克墩；卢修斯·李锡尼·卢库鲁斯带着同样由元老院提供的精英军团启程去往以弗所（Éphèse）。两位执政官抵达目的地后本应协调行动，但高傲的科塔不肯合作。卢库鲁斯的战力本来足够攻入敌方侧翼，科塔为了不被他分功，不等友军到来就擅自发起突袭。科塔为自私和专擅付出惨重代价：米特拉达梯击沉他64条战船，杀了他手下3000人，他本人则连同残部被关押在迦克墩，米特拉达梯则在这里发起围城战（公元前74年末）。

卢库鲁斯的军事行动

还好卢库鲁斯正在赶来，把大军集结在以弗所。他除了带新招募的军团、2000名骑兵，还有第一次米特拉达梯大战后芬布里亚原驻亚细亚的两个军团，以及他从行省紧急调集的奇里乞亚的两个军团。这支多军团组成的队伍中有刚招募的新兵，也有服役太久无仗可打而士气低落的老兵，有的老兵在伊索利亚（Isaurie）艰苦卓绝的战斗后突然闲下来，对一切都失去了热情。首长很快将所有人团结在统一纪律之下，队伍整饬完毕，马上就命副将盖乌斯·萨尔维乌斯·纳索（C. Salvius Naso）领导行军——这支队伍好比年轻的恺撒在卡里亚（Carie）离开的志愿军队。卢库鲁斯把保卫亚细亚行省的任务交给第奥塔鲁斯的加拉太人（Galates de Deiotaros），叫他们既要严防本都强盗入侵,又要提防马尔库斯·马略的执意进犯。马尔库斯·马略是塞多留借给米特拉达梯的军事保民官——眼下他正由引导官开路,领着欧马克(Eumaque)军队向此地进发。他自称受罗马民主派委任,使命是将人民从罗马元老院的压迫中解放出来。接着,卢库鲁斯加快行军步伐抵达比提尼亚。

米特拉达梯在库齐库斯(Cyzique)(公元前74年冬—前73年)

卢库鲁斯行军神速,本都国王原以为自己背靠迦克墩壕沟,战争尚未迫在眉睫,因此解除围城,转向西面200千米处的库齐库斯。这是一座忠于罗马联盟的自由城,被大自然的鬼斧神工与海上岛屿隔开,是亚细亚和普罗庞提斯海(Propontide)之间的管钥之地。本都国王认为,罗马军队从迦克墩行进到库齐库斯需要的时间,足够自己在卢库鲁斯抵达前猛攻下库齐库斯;即便卢库鲁斯真的来了,迎接他的也将是自己坚不可摧的军队。可是,米特拉达梯却是自己挖坑往里跳。在卢库鲁斯封锁他的时候,他还得继续围城。没等拿下库齐库斯,他就不得不投降了。而且他也没有什么精锐部队了,寒冬、饥饿和传染病一天天大量消耗他的部队,直至将它整个摧垮。公元前73年冬,绝望的本都国王决定撤退。他本人和一部分队伍登上战舰,剩下3万多人通过陆路与之在兰普萨库斯(Lampsaque)会合。在经过冬雪融化涨水的埃塞浦斯河(Aesepos)时,他遭卢库鲁斯突袭,一万人被屠。米特拉达梯的自大与科塔的自大两相抵消,米特拉达梯在围城时不光损失了一部分舰队,还失去了大部分士兵。

罗马成为比提尼亚主人（公元前73年夏）

接下来的几个月里，米特拉达梯错失了比提尼亚。库齐库斯曾把他视为救世主，向他多番献礼，终于得到解放。如今，卢库鲁斯带着在亚细亚征用的船队从这里出发追踪本都国王。他在利姆诺斯岛（Lemnos）附近找到许多船只；与此同时，副将盖乌斯·瓦莱里乌斯·特里亚里乌斯（C. Valerius Triarius）和巴尔巴（Barba）两人则将沿途投降的城市先后收入囊中，包括阿帕米亚（Apamée Myrléa）、普鲁斯（Pruse）、基乌斯（Cios）及尼西亚（Nicée）。科塔终于敢离开迦克墩，并与他们合力包围尼科米底亚（Nicomédie）。米特拉达梯将船停在港口，想从罗马人手里抢下这座城市。但警觉的卢库鲁斯接到命令，从自己驻扎于此的船队中抽出一支，专在海湾围困米特拉达梯。卢库鲁斯的副将沃孔尼乌斯动作太慢，为了听卡贝里人（Cabires）的传说故事耽搁在萨莫色雷斯岛（Samothrace），米特拉达梯见机逃脱。尼科米底亚大败后米特达拉梯逃往博斯普鲁斯。顺便提一句，他从那里回来的过程无比曲折，一场暴风摧毁了他60条战船，他不得不在赫拉克利亚（Héraclée）寻求藏身之地。赫拉克利亚改变中立态度，与米特拉达梯同甘共苦，向他敞开大门。米特拉达梯这才得以乘租来的船，经锡诺普（Sinope）回到祖国（公元前73年夏）。

罗马征服本都（公元前73年）

卢库鲁斯已经做好征服本都王国的计划。此时科塔正在因赫拉克利亚人不理智的背叛对其进行惩罚；瓦勒留斯·特里亚留斯在忒涅多斯岛（Ténédos）附近消灭陷入混乱的本都军队；卢库鲁斯本人不走经帕夫拉戈尼亚的直达路线，他猜那里已布满路障和国王的大军。他率军深入加拉太，征用3万苦力运输补给。艰苦行军3个月后，他越过哈里斯河（Halys，即克泽尔河），无后顾之忧，继续前进在这片富饶的土地上。他欢迎临阵脱逃的士兵回来，接纳愿意和解的城市，并对军人抢劫居民的行为令行禁止。他并不直接瞄准本都国王的统治核心，即由绿河（L'Iris）河谷与利库斯（Lykos）河谷组成的帕纳雷阿（Phanarée）平原，因为这里四面都是固若金汤的堡垒：南面是阿马西亚（Amasia）和科马纳·潘提卡（Comana Pontica），北面是耶夫帕托利亚（Eupatoria）和卡贝里（Cabira）。他反而包围全国经济中心、主要市场阿米索斯（Amisos）（公元前73年秋）。米特拉达梯驻军卡贝里，以此为基地再次连拔数城，又给被敌人围困的城邦加油鼓劲，并派出军队增援。公元前72年春，由于不想从南面突袭，卢库鲁斯决定从下游溯流而上夺取卡贝拉。他必须做好掩饰，因此只带了3个军团。攻下特弥斯库拉（Themiscyra）后，他沿利库斯河逆流而上直抵耶夫帕托利亚。这里门户洞开，有沿河道路直通卡贝里。连续几周，敌对双方互相侦察。米特拉达梯粮草运输已被切断，无力阻挡从卡帕多西亚打来的敌人。由于骑兵被消灭殆尽，米特拉达梯只能半夜下令全军撤退。他的军队沦为散兵游勇，他自己也差点落到敌人手中。最后他逃到科马纳·潘提卡，并从那里前往亚美尼亚投奔他的女婿提格兰。尽管如此，显然他这一走也相当于宣布了王国的葬礼。在此之前他已派人急速发信往法尔西亚（Pharnacea）发信，通知宦官巴基德（Bacchides）将后宫嫔妃全部赐死（公元前72年）。

卢库鲁斯在亚细亚（公元前71年—前70年）

卢库鲁斯允许大军喘口气，驻扎在卡贝里的胜者城堡过冬。公元前71年春，他突袭阿米索斯，并派妻弟阿皮乌斯·克劳狄乌斯与提格兰谈判引渡米特拉达梯事宜。他把收服本都国王治下尚未投降的城市的光荣使命交给手下副将；又把与赫拉克利亚人决一死战（公元前70年）的好事让给科塔。他自己则返回亚细亚行省，在希腊人的溜须拍马中度过公元前70年一整年。宽己严人的他一面盘点自己获取的财富，一面毫不留情地压制收税官的贪婪。他将实物税定在收成的1/4，根据严格普查计算出的财产价值和拥有的奴隶数量收取银币租子。也许是为了补偿苛政，他将法定利率调低至12%，禁止债权人追索超出原则范围的滞纳金，质押权人不得占有质押物，只能按债务人收入的1/4提出补偿诉求，直到债务人重建资金流。以上意在保证公平的举措却令意大利走私分子有机可乘，这些人以高利贷支撑苏拉的战争赔款，罗马骑士阶级因为这场战争死活不愿意原谅苏拉。卢库鲁斯明知有骚动却选择无视，并用新的征伐盖过不满的声音。

胜利夺取提格拉诺塞塔（公元前69年秋）

公元前69年，卢库鲁斯率军回到向他臣服的本都王国。还有最后一城锡诺普忠于米特拉达梯，这里也是他的军港。科塔打败赫拉克利亚后班师意大利，在他的增援下，卢库鲁斯包围了锡诺普。这座城由一心死守的克莱奥夏雷斯（Cléochares）和宁愿投降的塞琉古（Séleucos）共同镇守。卢库鲁斯在帐中接见了马查雷斯（Macharès）[①]的使者，此人呈上镶有1000枚金币的王冠，聊表克里

[①] 译者注：马查雷斯是本都国王米特拉达梯六世最喜欢的儿子之一。他的父亲在公元前82年左右将博斯普鲁斯海峡王国的政府委托给他，拥有王权。

米亚总督（vice-roi）的敬意。但卢库鲁斯依然下令发起袭击。本来这次若取胜，敌人势必无法卷土重来，但卢库鲁斯刚做好作战计划，又有了一个更庞大的作战计划。由于他的妻弟阿皮乌斯·克劳迪乌斯（Appius Claudius）过于傲慢无礼，与提格兰（Tigrane）的谈判以失败告终，于是他萌生了征服亚美尼亚以俘获米特拉达梯的狂妄计划。他是这么计划的：用6000人守住本都国王，自己只带区区1.8万名士兵和3000名骑兵进行史诗般的远征。在阿里奥巴尔赞的帮助下，他穿越整个卡帕多西亚，抵达马拉蒂亚（Melitene），过幼发拉底河到托弥撒（Tomisa），趁着提格兰还没反应过来，悄然靠近提格拉诺塞塔。不过此时"万王之王"已携全部家眷和部分财宝逃跑了（公元前69年夏）。卢库鲁斯加大包围力度，到秋天，提格兰不听米特拉达梯的话，带着乱成一锅粥的亚美尼亚人、阿尔巴尼亚人、伊比利亚人（Ibères）及阿拉伯人夺路而逃。我们这位罗马将军竟放松防守，6000名步兵在他儿子穆雷那的指挥下，本应按兵不动继续围城，却对敌军发起了冲击。这样一来罗马具装骑兵开始恐慌，他们果然输了，战场上尸横遍野。卢库鲁斯给元老院提交的军事报告是用苏拉式文风写成的，其中他大肆炫耀自己如何屠杀了10万人，己方损失如何小得可以忽略不计，仅有5人受伤，2人阵亡！在阿劳西奥（Arausio）战役纪念日这一天，卢库鲁斯为元老院荣誉考虑，抹掉了这次不光彩的败绩（公元前69年10月6日）。他取得平原大捷之后，紧接着就发生了提格拉诺塞塔的陷落。

阿尔塔沙特行军（公元前68年）

提格拉诺塞塔这座年轻的都城被洗劫一空。军团士兵每人分到

3200塞斯特斯。但混居在那里的平民却被刻意饶恕。希腊农民个个拿到一小笔路费被遣返回乡，和此前的锡诺普农民待遇一样。这样的宽宏大量使得这些刚归顺提格兰没多久的人对卢库鲁斯产生好感。索菲纳和格尔迪恩两地相继毫无怨言地满足他的所有要求。卢库鲁斯以战养战，拥有全部指挥权，既不听罗马指令，也不需要罗马资助。卢库鲁斯醉心于得来全不费工夫的胜利，无视自动送上门来的帕提亚盟友。公元前68年夏季，他向亚美尼亚山区进发，目标是夺取阿尔塔沙特，提格兰已将其妻妾和钱财转移至此。

一开始幸运女神还对卢库鲁斯微笑。他顺利抵达托斯皮提斯（Thospitis，即凡湖）西岸的纳尔介基（Nardjeki）大道，翻过最高点后，在山坡另一面将提格兰遗留的粮草迅速消耗殆尽，接着剑指阿萨尼亚斯（Arsanias），打出一条路深入群山——当年万人大军（Dix-Mille）就是在这里组织了那场著名的大撤退。秋分过后转眼就是冬天，暴风雪狠狠打在士兵们脸上，河水冰冷刺骨，马儿喝水前都会充满质疑地嗅很久。士兵们身体都到了极限，焦躁难安，向卢库鲁斯请求不要再走了。卢库鲁斯则大肆渲染攻下阿尔塔沙特是何等荣光的一件事，之后有何种好处。但要知道，这座城池是罗马人的永恒劲敌——该死的汉尼拔的老巢。卢库鲁斯白费口舌，士兵们再也走不动了，也不愿再走了。他身边极亲近的一个妻弟普布利乌斯·克罗狄乌斯·普尔切（P. Clodius Pulcher）竟然鼓动兵变，还指着运送金银财宝的驼队对士兵们说，将军是利用你们的苦劳实现他自己的财富，远征那座亚细亚港口不过是为他一己私利。纵然心肠硬如卢库鲁斯此刻也不得不让步。他指挥大军向南，渡过底格里斯河后攻下努赛宾并夺取了那里的财富，聊以慰藉之前的挫败感。随后扎营结寨，在这里度过了公元前68到前67年的冬季。

卢库鲁斯之耻（公元前67年）

在这里卢库鲁斯得到消息，元老院已把他从奇里乞亚的位置上换下，代之以执政官昆图斯·马尔基乌斯·雷克斯（Q. Marcius Rex）。面对手下士兵的态度，卢库鲁斯这位被抛弃的执政官不得不低头，向自己的大本营撤退。行进到马拉蒂亚和塞巴斯蒂亚（Sebastea）——现在的锡瓦斯（Sivas）——之间时，他得知了更糟糕的消息：米特拉达梯领军8000人——其中有一半是提格兰提供的——速度快于自己，已先行回到他的王国，并在泽拉（Zela）附近酣战一场，击溃罗马占领军，紧接着又在据说是无法穿越也难以找到的塔卢拉山（Talaura）顶建起防御工事。要想赶走提格兰，卢库鲁斯只有和他迎头作战。结果卢库鲁斯前脚离开，提格兰后脚就重新占领卡帕多西亚。手下士兵根本不动，无论卢库鲁斯怎么软硬兼施。他们已经见识过卢库鲁斯丢脸的时刻了。如今士兵们早就违背誓言，在不被主动攻击的情况下，只有承诺他们不作战，他们才愿意保持队形保护卢库鲁斯。卢库鲁斯的所有梦想在一夕崩塌。他向元老院申请了10名特派专员，按照惯例，他们将协助他管理被征服的本都行省。但是当这10名专员站到他面前时，他却不得不承认已经没有什么征服可言了。米特拉达梯只用几个月的时间就从他手里抢走了战果。在6年的峥嵘岁月中，这位英雄、罗马元老院最伟大的掌舵人曾率领军队四处征战，却只得到了昙花一现的荣耀。

卢库鲁斯和元老院的冲突

　　历史对卢库鲁斯还是很宽容的，回忆录滋养了各种传说，这些传说得以流传，其中尤以普鲁塔克的传记作品最为完整。也许我们现在有必要纠正过誉的评判。卢库鲁斯无论作为政客，还是作为人本身，都无法与作为军人的他相提并论。他很有教养，对战败者奉行人道主义，但还是败给了自己的缺点，也是他所在阶层共有的缺点：不可一世的态度，对手下士兵全然冷血，支付饷银精打细算，指挥公正但苛刻。他对士兵既没有马略那种手足之情，也没有庞培从不缺少的直率，更没有苏拉强大的内心——恺撒也正是靠着强大的内心指挥队伍。贪欲影响了卢库鲁斯的作战计划，富庶的城池吸引着他，殊不知到头来一场空。这一点对他身边的将领影响也很大，正是因为他们急不可耐地想得到米特拉达梯在卡贝里的财宝，当晚才令米特拉达梯趁机逃跑。卢库鲁斯还尤其自大，他完全排斥外交手段、脾气毫无节制，以至于最终与提格兰交恶。他若拿出一点手段、摆出一点作威作福的态度，让提格兰和米特拉达梯反目不是难事。也是他的自大使安息王朝远离他；还是他的自大，令他在最后几年做出致命的决定：哪怕兴师动众劳民伤财，哪怕挑战自然规律，也无法阻碍或限制他病态的决心。卢库鲁斯是寡头军事首领中比较高级的那一类，他空有军事天才，最终招致的不过是一场灾难。他最后的失败带来的结局倒并不令人惊讶：他的势力无可挽回地被削弱，而获益的正是那些民选出来的将军。

第二节 庞培和海盗

对手卷土重来

内政很快受到外事失败的影响。卢库鲁斯捷报不断时，由他执掌的寡头政府根本没有反对者，在选举中连续掌握领导位置，当选者包括：公元前69年的执政官霍尔滕西乌斯和昆图斯·凯基里乌斯·梅特卢斯（Q. Caecilius Metellus），公元前68年的两位执政官卢修斯·凯基里乌斯·梅特卢斯（L. Caecilius Metellus）和昆图斯·马尔基乌斯·雷克斯，公元前68年夏天选出的下一年的两位执政官盖乌斯·卡尔普尼乌斯·皮索（C. Calpurnius Piso）和马尼乌斯·阿西利乌斯·格拉布里奥。只要人们还能畅想阿尔塔沙特大捷，当选者就都是元老院长老中最保守的那一派。但当战败的结局已毋庸置疑，贵族派（optimates，贵族占上风的党派）就开始自感影响力下降，预备要压制周围越来越高涨的怒火。他们立刻回想起3年前马尔库斯·安东尼的遭遇，于是突然暗地里强令克里特人交出羞辱马尔库斯·安东尼的两名首领——拉斯特恩（Lasthenes）和帕纳雷斯（Panares），并送还俘虏；最后还要求他们向意大利献上300名人质及400塔伦特银币。被克里特人拒绝后，他们派出第二年即将就任的执政官昆图斯·凯基里乌斯·梅特卢斯，给他3个军团，命他武力征服克里特。随后，为了做出与自己挑选的战败将军划清界限的样子，他们毫不犹豫地牺牲卢库鲁斯，保全自己的选举利益，委任心腹取代他。但这位继任者昆图斯·马尔基乌斯·雷克斯，却是卢库鲁斯的妻弟。所以，这次让步既胆小又犹豫，本欲平息民意，不想反而火上浇油。卢库鲁斯对亚细亚行省收税官的态度使他失去骑兵领导权。平民派靠克拉苏的税收赞助,如今马略的侄子尤利乌斯·恺撒正在为其注入一点年轻活力——他本人就是这样充满活力——于是平民派蒸蒸日上。公元前68年春,恺撒试图打消元老院对山南高卢的企图,呼吁将罗马公民权扩展到波河以北地区(Transpadane)。恺撒的说法在波河平原拉丁殖民城播下骚动的种子,他知道罗马在东方走错了一着棋,赶着在西班牙行省财务官任期结束前回去。骚乱已达一定程度,两位执政官都认为,为了预防武装起义发展成他们所担心的后果,刚招募的奇里乞亚军团应该按兵不动。公元前68年夏天,虽说保民官和商人组成的统一阵线没能在百人团会议上冲出执政官寡头统治的藩篱,但至少在部落会议上成功提名了几个自己人。这些忠诚于联盟的保民官刚一上任就开始蓄力,伺机对元老院发起攻击。

《罗斯基乌斯剧院法》(Lex Roscia theatralis)(公元前67年)

又一位保民官路西乌斯·罗斯基乌斯·奥索恢复了苏拉废除的一项法律,规定骑士在剧院里享有连在一起的特别座位,即元老座位后面正对舞台的前14排。这是对以弗所法的直接反击。卢库鲁斯想动摇富裕骑士阶层的统治根基,骑士阶层当然不会坐以待毙。骑士作为元老院的对立面及独立阶层,开始大张旗鼓重塑内部团结。

盖乌斯·科尔内利乌斯(C. Cornelius)的活动(公元前67年)

保民官科尔内利乌斯拿出一系列提案,展示他们的制度设计。他与元老院的论争引起一系列政治风波,公元前67年大部分时间里风波一直延续不断。科尔内利乌斯先是在元老院当着所有人的面,公开要求禁止对所有海外使团开放信贷。元老们长期从借贷中捞得脑满肠肥，自然认为提案多此一举，直接按下。后来他又在保民官大会上旧事重提，又是论证又是举例，搞得贵族派无法指责他人贪婪，因为他们自己就在疯狂地贪婪敛财。

关于裁判官的法令

揭露元老们的贪婪后，科尔内利乌斯又继续揭发司法不公，成功推动法案，规定裁判官一旦就职，应立即公开自己的审判依据，且无权违反。这就从法理上杜绝了法官随心所欲裁决的行为，此前他们已多次在利益的驱使下犯错了。

关于贿选以及豁免权的提案

最后科尔内利乌斯直接瞄准元老院的人员选任。他在元老院里提出一项关于惩罚贿选的动议，一旦通过将有效抑制腐败，不光贿选者10年内被禁止担任元老院职务，参与暗箱操作的同谋，即那些到处撒钱为他们拉选票的人，也要一并追究。为顾全体面，元老院不可能拒绝这项提案；但为此牺牲自己的选举代理人，他们一定大为光火。于是，元老院裁定，执政官应基于科尔内利乌斯提案精神，对其进行检视和必要修改后保证其在选举前表决通过。元老院此举有利于自己，却违反了《弗非乌斯法》（Lex Fufia）禁止在选举期间对选举规则进行变更的规定。科尔内利乌斯提交了第二份提案作为反击，一看便知针对的正是反对第一条提案的元老院决议，指出该决议无效。这份提案建议，除非依现行法律由人民决定，否则任何人都不应游离于法律制裁之外。元老院差点被迫通过提案，好在被贿赂的保民官普布利乌斯·塞尔维利乌斯·格罗布鲁斯（P. Servilius Globulus）行使了一票否决权。大会主持人要在公民大会上当场念出提案，格罗布鲁斯却让他闭嘴。科尔内利乌斯做出自己要读的样子，盖乌斯·卡尔普尼乌斯·皮索则激烈反对此种"对保民官神圣否决权的侵害"。不过，人群的咒骂声马上淹没了他的声音，执政官命令禁止大喊大叫，冰雹般的石子转而向他劈头盖脸扔来，皮索的护卫手里拿的束棒都被人抢去折断了。最后时间仓促，科尔内利乌斯只来得及宣布休会，好避免流血事件发生。接着，双方达成妥协：皮索以暂停参选为代价，换来关于贿选的法律按他的修改版本通过。根据新通过的《卡尔普尼亚法》（Lex Calpurnia）①，候选人违反该法的，政治生涯从中断10年变成终身禁止，其同谋则免受法律制裁。不过换个角度看，科尔内利乌斯总算是通过了这项提案，无论违法者是谁，元老院都无法为其免罪——除非至少200名元老签字表决。但还有一条，任何人都不能阻止平民自由意志，对元老院表决进行重新审核通过或否决。初看来，我们很容易忽略这些流程论争的意义，但仔细一想就会意识到，科尔内利乌斯从法理上使特殊措施合法化，阻止元老院做出或战或和的决定。在东方，元老院将各行省管辖权分配给在任官员，允许同一人在东方行省不间断担任总督长达6年，仗着特权不断违反元老院法律，这就是他们的治理方式，自然是与帝国政策水火不容的。从今往后，

---

① 译者注：全称为《阿西利亚·卡尔普尼亚法》（Lex Acilia Calpurnia），是公元前67年罗马共和国制定的一项法律，规定在选举腐败的情况下，候选人永久排除公职。该法律由当年的执政官马尼乌斯·阿西利乌斯·格拉布里奥和盖乌斯·卡尔普尼乌斯·皮索通过并命名。

就由公民来把这些人赶下台，把自己青睐的官员选上去。

奥鲁斯·盖比尼乌斯（A. Gabinius）

在这场针对寡头集团的大反击中，手段最激烈也最巧妙的一位是保民官奥鲁斯·盖比尼乌斯。他被庞培暗中收买开展一系列行动，庞培则作为他的保护人从中获益。表面上看，这么做单纯是为了帝国安全考虑，实际上他只用了几周时间，就把庞培的帝权（imperium），作为事实上的君主制，嵌入千疮百孔的共和国宪法框架内。

关于比提尼亚行省的法律

盖比尼乌斯最早似乎是支持卢库鲁斯的，他支持公元前70年以来亚细亚一直实施的法律，并通过特殊保民官动议，拒绝债权人对债务人提出的高于12%的年息诉求。这样一个人，后来竟提出动议，缩短退职执政官行省总督的任期，取消亚细亚军团对其将领卢库鲁斯的所有义务，还建议把比提尼亚和本都合并为一个行省，交马尼乌斯·阿西利乌斯·格拉布里奥（M'. Acilius Glabrio）管辖。元老院对此无法提出异议，因为表面上看，盖比尼乌斯的提案和元老院的最新指令是相符的。其一，对于撤掉卢库鲁斯一事，元老院整体持顺从态度；其二，元老院提名了在任执政官格拉布里欧，正如公元前69年他们任命昆图斯·凯基里乌斯·梅特卢斯、公元前68年提名昆图斯·马尔基乌斯·雷克斯一样。可是，盖比尼乌斯看似温和的提案之下却暗藏毁灭的力量。选定一名在职法官，就等于让苏拉法"只有卸任官员才能担任行省最高长官"的规定形同虚设；让公民大会参与提名行省总督，就等于再一次从寡头集团那里夺走权力——马略就曾如此这般，从寡头手里篡权并获益。盖比尼乌斯向公民大会提名人选做得十分巧妙，是贵族派不反感的某贵族，但是，人选上暂时的让步，换来的却是平民选举总督及决定战和的权利。庞培从元老院抢走这些权力后，立马趁海盗卷土重来、意大利陷入疯狂和恐慌的时机反过来对付元老院。

海盗卷土重来（公元前69年—前68年）

事实上，焦头烂额的卢库鲁斯行军至底格里斯河对岸亚美尼亚贫瘠孤寂的高原，离地中海也越来越远。此时海盗正在重建老巢。有了米特拉达梯的支持，正如有突厥大帝支持的野蛮人那样，海盗如今发达了，他们拥有1000条战舰，其中最高级、速度最快的三桨座战船早代替了"坚果壳小老鼠"（海盗船），任何季节都能在海上航行。他们先是在爱琴海地区活跃，后又把罪恶的勾当拓展到特鲁里亚海（Tyrrhénienne）。他们先将克尼德（Cnide）、科洛封（Colophon）、萨摩斯岛（Samos）洗劫一空，又席卷爱琴娜岛（Égine）及毁于第一次米特拉达梯战争的提洛岛（Délos），最后，他们终于在意大利现身了。公元前74年，他们在亚细亚绑架了恺撒，公元前68年绑架了克劳狄乌斯。他们在欧洲庇护塞多留，支持斯巴达克斯，还直接到海滩度假别墅入户绑架罗马人，其中包括安东尼娅（Antonia），即公元前102年其征服者的女儿，以及执法官塞克斯蒂利乌斯（Sextilius）和贝利努斯（Bellienus）。他们还去加埃塔（Gaète）的米赛诺角（Misène），染指亚壁古道。最终，他们直接敲响罗马的大门，缴获停靠在奥斯蒂亚（Ostie）休整的一整支舰队。没人敢从他们地盘上通过，生怕落入海盗手里，被他们一边嘲讽一边扔到水里。贸易暂停，相伴而来的是生活物资也停止运送。公元前67年初，罗马人陷入极度不安，为飞涨的物价愤怒无比，又在饥饿的阴影中颤抖。正是在强烈的焦虑气氛包围之下，盖比尼乌斯向元老院提交了一份革命性的提案。

盖比尼乌斯提案

为了一次性解决令人忍无可忍的海盗之苦，盖比尼乌斯请元老院从所有执政官里选出一名资深长官，此人将被赋予3年最高治海权，其管辖范围是：从博斯普鲁斯、叙利亚到海格立斯擎天柱（Colonnes d'Hercule）的全部海岸线向外扩展50海里（70千米）的所有海域。此人有权自行从已卸任的裁判官中任命15名副将来辅佐自己，有权调集200条战舰，征集所需军队，还可动用据阿庇安考证高达6000希腊塔伦特币（相当于20世纪初的1.6亿法郎）的战争准备金。

真实特点

毫无疑问，盖比尼乌斯可以援引过去的类似法律——不是公元前100年通过的有利于马略的法律，它带来的更多是障碍而不是机遇，更何况这条法律也没能执行下去——执行的是另一条法律：元老院赋予马尔库斯·安东尼·克里特库斯（M. Antonius Creticus）所谓"五月指挥权"，不过这次尝试完完全全地失败了。毫无疑问，盖比尼乌斯本人并没有具体提名某个人，似乎他自愿放弃了选择，由元老院来挑选。元老们自然看不清他的真实意图。此时已有一个名字在所有人嘴里呼之欲出：庞培。所有人意见如此统一，仿佛庞培是个解放者。从本质上看，盖比尼乌斯的动议形成了颠覆性的、巨大的多重影响，它从元老院拿走了提名驻行省特使的权限，并将其任期从1年延至3

年，彻底打破行省中"高级官员"与"指挥官"之间的权力分离——本来是为了避免出现无上统帅的根本教条，现在整个意大利乃至距离海洋16海里（23千米）的罗马都要向权力毫不受限的资深执政官低头。两个世纪以来，罗马皇帝们一直在努力避免意大利走向这样的命运。如果这条动议得到通过，整个共和国确实将被置于一人权威之下，庞培将至少稳坐君主之位3年，并将不受约束地剥削元老院和平民的特权、自由和财富。

元老院的抵抗

只有一人除外，那就是财务官尤利乌斯·恺撒。他暗自高兴，君主制终于渐渐成型了，哪怕获利的不是他而是别人。恺撒内心深处认为，罗马人民的福祉及所有的征伐战功都寄托于君主制的形成。他自然不想错过这个绝佳机会，期冀既能展现被唾弃的寡头政权的反对者形象，又能成为共和国的英雄。元老们要么像西塞罗那样保持沉默，要么起来反对盖比尼乌斯。比如昆图斯·卢塔提乌斯·卡图卢斯及昆图斯·霍尔滕西乌斯。一开始，二人在平静中慢慢显露自己的反对态度；接着，执政官卢修斯·卡尔普尔尼乌斯·皮索语带威胁："如果庞培想当罗穆卢斯，那他就等着落得和罗穆卢斯同样的下场吧。"说完这话，愤怒和咒骂如潮水般向保民官涌来。盖比尼乌斯好像别人要他命一样，冲上讲台要所有人为他作证，看看他本人这位神圣不可侵犯的保民官承受了怎样的暴力，元老院里被激起阵阵尖叫，他则在激烈的暴动中宣布大会解散。

通过《盖比尼乌斯法》（公元前67年1月）

现在元老院无计可施了，只能阻止大会通过盖比尼乌斯提案，如果它还能做到的话。这份提案比之前提交的措辞更加严厉。这一次，保民官直接点出庞培姓名，并且给他更多权力：副将数量从15个增加到25名；舰船数增加到500条；陆军数量扩充到20个军团，12万步兵，五万名骑兵；最后，为了维持这支队伍，庞培有权对所有降国及盟国进行军事征用，并随意支配罗马及行省包税人的财政收入。辩论刚开启没多久大会就宣告结束。庞培虚伪地请求，不要将如此大任和沉重负担强加在他的肩上，大会表示抗议。可是元老院没那么好骗，卡图卢斯使出下作手段，并没有质疑已被大家誉为"伟大人物"的庞培的成就，而是决定利用庞培的声望来反对法案的结构。他提出问题："如果哪一天你们失去了庞培，又有谁能代替得了他呢？""你。"大家异口同声回答。随后，大会庆祝开辟新局面，与过去做个一刀两断。盖比尼乌斯开始为所谓的"特别措施"找理由。他警告大会：巨大危险正在对元老院穷追不舍，且即将来临。霍尔滕西乌斯跳出来反对盖比尼乌斯，可他空有巧舌如簧，却没有得到任何回应。夜幕降临，提案尚未表决，但投票结果已没有悬念。第二天，元老院企图援引"平民干预权"应对即将到来的结果，但十名保民官中仅有两名赞成。卢修斯·罗斯基乌斯·奥索（L. Roscius Otho）出两根手指，表示他希望庞培的治权有另一人共享；但在人群的谴责声中他不再坚持己见。卢修斯·特雷贝利乌斯（L. Trebellius）投反对票，发誓除非庞培从他尸体上踩过去，否则别想得逞，盖比尼乌斯马上要求大会宣布逐出这名有辱使命的同事。特雷贝利乌斯已被逐16次，看来第17次被逐几乎也是板上钉钉了；此时他突然忘记自己信口开河的誓言，撤回了反对票。自此，元老院失败，提案变成法律，从此以非独裁形式给罗马世界带来一位新主人，此人很快就会成为最高统帅[1]（公元前67年1月）。

表决结果刚公布没多久，小麦价格就下降了，和丰收过后一样。庞培本人还在位于阿尔巴诺湖（Albano）边的别墅未回罗马，静静等待投票结果，可他的名字已经带来新的希望。商人放下恐慌，补足供应短缺，速度之快如有神助。庞培等到夜深才赶往罗马，他说是为了躲开"大白天进城一定会引发的热情"。他并没有把自己被赋予的权力用到极致，只装备了270条战船，选了13名副将，就带着与生俱来的理智判断和细致入微平静地投入了工作。

战斗部署

抛开体量不谈，庞培战胜海盗的方式，和第一次世界大战中盟军将领打败潜艇部队的方式是一样的。他将地中海分成几个海域，每个海域配备一名副将指挥追逐舰队，日夜不停地巡逻，且几位副将之间保持联系。路西乌斯·曼留斯·托夸图斯（L. Manlius Torquatus）负责巴利亚利群岛（Baléares），提贝里乌斯·克劳狄乌斯·尼禄（Tiberius Claudius Nero）负责西班牙水域，卢修斯·阿提利乌斯（L. Atilius）则密切关注科西嘉和撒丁海域。公元前70年的几位监察官负责意大利各处：卢修斯·格里乌斯·普布利库拉镇守伊特鲁里

---

[1] 作者注："最高统帅"这个从苏拉时代起就带着令人望而生畏的独裁意味的词语，其含义在历史上有个演变过程，并被译成希腊语。关于最高统帅的权力，没有人会误解，其实就是君权。

亚，格涅乌斯·兰图鲁斯·克洛狄阿努斯守亚得里亚海；庞波尼乌斯（Pomponius）则在南高卢和西利古里亚，奥鲁斯·普劳提乌斯·瓦卢斯（A. Plautius Varus）拱卫西西里；马尔库斯·特连提乌斯·瓦尔罗（M. Terentius Varrò）保卫奥特朗托海峡（canal d'Otrante）与基克拉泽斯（Cyclades），格涅乌斯·兰图鲁斯·马索林罗斯（Cn. Lentulus Marcellinus）守苏尔特（Syrtes）；卢修斯·科尔内利乌斯·森纳（L. Cornelius Sisenna）把守伯罗奔尼撒岬角；卢修斯·罗利乌斯（L. Lollius）负责半岛和亚细亚行省从罗德岛直到达达尼尔（Hellespont）的海域，马尔库斯·普皮乌斯·皮索（M. Pupius Piso）以马尔库斯·波尔基乌斯·加图为副手保卫普罗波恩蒂斯海与黑海地区；昆图斯·梅特卢斯·尼波斯（Q. Metellus Nepos）则在位于叙利亚和昔兰尼加之间的爱琴海南部巡逻。庞培把最重要的海域留给自己及副将卢修斯·奥克塔维厄斯，即在镇守克里特岛行动中夺取的整个奇里乞亚地区——他声称这场行动是他领导的。庞培计划在这里发起决定性的战役。在持续不断的监视下，海盗们处处掣肘，他们所经之处皆有追兵，所有通道都设有关卡，所有港口都被封锁，注定要跌入庞培天衣无缝的大网中——正是为实现瓮中捉鳖，庞培才高瞻远瞩地在全部海域设下这张大网。

庞培的闪电战（公元前67年3月—5月）

巡逻在通航前就开始了。海盗们躲过这一劫却难逃下一劫。40天内，从直布罗陀海峡到墨西拿（Messine）海峡，整个特鲁里亚海的海盗被清理得一干二净。粮草护卫队得以一路向奥斯蒂亚前行无阻。庞培亲自来高卢，中途盖乌斯·卡尔普尼乌斯·皮索阻挠其招募桨手的计划。为了挫败他，庞培在罗马逗留了几天，后在布林迪西带60条战船出发。他先向雅典行进，在那里参加献祭仪式并向人民发表讲话。他还收到言辞夸张的赞美诗：

你越懂得为人，你就越像神！

接着他去了罗德岛，在那里向哲学家波西多尼乌斯致敬。船队不动声色，却不断俘虏越来越多的海盗。海盗们害怕毫不掩饰凶残的副将们，又信了庞培精密计算的怀柔政策，带着妻儿来向他投诚。庞培原谅了他们，条件是说出负隅顽抗者藏身何处。就这样，他得手的俘虏人数太多，大家怀疑他简直要不战而胜了。但是海盗是打不完的，他们又在科拉凯西乌姆（Coracesium）岬角筑起了防御工事。庞培继续追击他们的防线，清除岛上和奇里乞亚港口的残部，毁掉海盗在利西亚的克拉果斯（Kragos）和安提克拉果斯（Antikrago）的避难地和堡垒，摧毁卷土重来的一切可能。东方如从一场噩梦中苏醒，终于重获呼吸。胜利者所到之处，人民都向他们表达感激之情。庞培骄傲地细数战功：缴获846条战船，占领120个村落，处死一万名、囚禁两万名海盗，而且获得这样的胜利他只用了3个月。

庞培和梅特卢斯的矛盾（公元前67年夏秋）

然而没过多久，其胜利光辉就遭到损害。庞培与昆图斯·梅特卢斯（Q. Metellus）因琐事而发生了流血事件。昆图斯·梅特卢斯完成了在克里特岛的使命，但他的所作所为残暴可怕。克里特人知道庞培代表更高权力，于是遣使者去潘菲利亚，打算向庞培而不是梅特卢斯投降。庞培援引《盖比尼乌斯法》，私下要求他将岛上权力交给副将卢修斯·奥克塔维厄斯。可梅特卢斯认为自己的功绩与庞培不相上下，对此一概不听，反而继续推进战事，变本加厉地残忍折磨岛民。森纳很快带着伯罗奔尼撒地区招募的人马与卢修斯·奥克塔维厄斯会和，后者与仍在抵抗的克里特人已是同一条战线了。但森纳突然意外去世，无能为力的卢修斯·奥克塔维厄斯只好放弃在耶拉派特拉（Hierapytna）打一场实力悬殊的仗，庞培和梅特卢斯的斗争这才没有升级成内战。昆图斯·梅特卢斯平复了克里特岛，虽然庞培不情愿看到这一点；但此举客观上巩固了庞培迅速积累的优势，虽然这一点反过来并非出自梅特卢斯本意。

海洋和平的缔造者庞培（公元前67年末）

古人这场战争中最可钦佩的是什么，是快速攻城略地，还是几乎有幸毫无伤亡？还是此后两个世纪里延续并占主导地位的和平？弗洛鲁斯写道，对于我们现代人来说，当然是庞培部署战争的方式令我们窥见他的智慧与人性的最高理想。他不虐待囚犯，反而同情使他们沦为海盗的绝望处境。他将最温顺的战俘送往被提格兰毁掉的城里，比如奇里乞亚、阿达纳（Adana）、马鲁斯（Mallos）、艾比法尼亚（Epiphania）和索利（Soloi）境内的各座城市。人们看到，由于战俘们的努力，废墟之上又竖立起一座名为庞培波利斯（Pompeiopolis）的城市。剩下的俘虏送往西方的迪美（Dymé）和阿哈伊亚（Achaïe），甚至远及卡拉布里亚。维吉尔在加莱赛河（Galèse）岸边遇到一位科瑞克斯的老人，他写道——

我看到一位科瑞克斯老人，他拥有几英亩荒芜的土地。

老者正是一位金盆洗手的海盗，是庞培的殖民城将他从卑鄙的强盗改造为随和的养蜂人。庞培给海盗分配土地和工作，令他们对自己的老勾当感到恶心，而他们则以满腔热情把意大利最贫瘠的土地变为良田。庞培使他们脱离苦海，过去的大盗成了老实巴交的农民。在新的土壤里他们没有种下恐怖的种子，反而只是传播自己的文化与信仰——如果说密特拉教（Mithra）真是他们传到半岛上的话。①公元前67年夏秋之交，"伟人庞培"是最恰如其分的称号，庞培将安全的贸易与制海权还给罗马，以仁慈的和平使者形象出现在世人面前。

第三节　庞培和东方战争

针对元老院的异动

此时元老们起来反对奠定庞培地位的法律——正是它使寡头和海盗同时垮台。不过，庞培的胜利让他们的努力付诸东流。公元前67年的选举中，政府职务要么落到温吞吞的二流贵族手里，比如执政官马尔库斯·埃米利乌斯·雷必达和卢修斯·沃加提乌斯·图鲁斯（L.

---

① 作者注：他们很有可能在奥林匹斯山上建了一座密特拉教神龛，直到普鲁塔克时代此神龛仍存在。

Volcatius Tullus），要么落到政界新人头上，比如未来的裁判官西塞罗。西塞罗有条件打破元老院的团结一致，也能驰援他的朋友、胜利者庞培，还有办法令他背后的大金主商人满意。至于当选的保民官，像去年一样，内部依然有服务于平民派并忠于庞培的骚动制造者。新一任保民官履新没几天，当中就有一位盖乌斯·马尼利乌斯·克里斯普斯（C. Manilius Crispus）再提其前任科尔内利乌斯未能推进到底的一项法案：获得自由身的奴隶从今往后应在其主人部落拥有投票权。他避开了12月29日，即当年最后一天晚上的投票仪式。次日，即公元前66年1月1日，元老院以提案形式不合规为由取消了投票，因为他们不能容忍将议事会中的多数席位拱手让给公民中的下层民众。毕竟法案一旦通过，原先固定于4个城市部落的被解放的奴隶将被分配到各个部落并享有投票权。元老院对此忍无可忍，以提案形式不合规为由取消投票。表面上，曼尼里乌斯确实没有遵守从提案到大会讨论之间硬性规定的17天最短期限①，但如果他真的想坚持提案，本可以借口称提案不过是对科尔内利乌斯提案的旧事重提。或者，他可以在之后的大会上再度提案，可是他却没有这样做，也没有用这个借口。他好像底气不足，只敢借助克拉苏的威望为自己辩护，还承认自己是在后者的唆使下行动的。可事实上，曼尼里乌斯内心深处根本就不在乎这个议题，他演这场闹剧，不过是为了向大众抛出克拉苏这个名字，进一步扩大《盖比尼乌斯法》（Loi Gabinia）为海盗战争总司令（庞

---

① 作者注：西塞罗得出的结论是最短期限不是17天，而是24天。但显然他是错的，因为曼尼里乌斯赴任到提案之间已经过了几天时间，所以提案与12月29日大会之间最多不超过16天。

培）开启的操作空间，并在此过程中逐步消解克拉苏长期以来对庞培的敌意。

曼尼里乌斯提案（公元前66年1月）

在解放奴隶问题上，曼尼里乌斯竟然忍辱负重接受了失败，但他紧接着公布了另一项提案，此提案和前者毫无关系，但揭露了其真实想法：他坚持不仅应授予庞培对米特拉达梯和提格兰海战的无限期最高指挥权，还要求将亚细亚—奇里乞亚（Clicie Asie）及比提尼亚—黑海两个行省纳入庞培管辖范围。这两地本来是分别授予马尔基乌斯·雷克斯及马尼乌斯·阿西利乌斯·格拉布里奥二人的。此外，庞培应该拥有根据个人意愿缔结盟约、展开战事或签署和约的绝对权力，该权力由他一人拥有，无固定期限，也无任何监督。这将使庞培的君主统治永远延续，而且把一整块大陆的统治权给了他。

公民大会上的论争

哪怕只是看一眼这个提案，当权者都能感觉到帝国正从自己脚下被偷走。他们做出垂死挣扎，企图挫败提案。公元前66年1月公民大会上，霍尔滕西乌斯提出，假如放任共和国落入一人手中，那这个人只能是庞培。不过紧接着他又宣称，共和国如果交到一个人手里就一定会死掉，不论这个人是谁。卡图卢斯则更加激烈：如此明目张胆地破坏祖先旧制是绝不可接受的。如果人民不惩罚这种破坏行为，那么配得上公民二字的人就只好躲到山洞里，才能保住自由。但是这些慷慨激昂的大话在人群中却未引起丝毫回应。声称绝不妥协的贵族屈服于以庞培之名缔结的反贵族联盟，其中有平民派首领、骑士阶层，也有因骑士战功而与他们团结一致的元老院领袖。

恺撒和西塞罗联合支持马尼利乌斯（公元前66年1月末）

平民派中只有克拉苏会保持沉默，这是出于对公元前70年执政官同事的个人情感。他的副将、前财务官尤利乌斯·恺撒则发声支持提案。恺撒此时对庞培的善意并不多于他对元老的，他只是利用这个绝佳机会再一次咒骂无能的元老院，并第二次为君主制开出一条路来。他已经在做自己当皇帝的美梦了。他慷慨陈词的内容未得到保存，无法向后人展示，但我们却可以读到西塞罗的演讲。著名的《最高统帅庞培》是西塞罗存世最早的政治演讲。这篇演讲对庞培进行了华丽的讴歌，大大弥补了西塞罗前一年所保持的沉默。随后对反对者的论点进行了驳斥，尽管辩驳相当无力。西塞罗没有试图否认庞培无上治权（imperium）的君主性质。他只是声称，这种做法符合罗马的传统，比如马略曾获针对朱古达和辛布里战事的特别指挥权，而这又是遵循了小西庇阿对迦太基与努曼西亚的特别指挥权的先例。他认为，除了盖比尼乌斯法当时引起的反对声音外，人们提不出其他任何反对意见，而经验刚表明这种反对是徒劳的。最后也是最重要的，西塞罗的雄辩产生了微妙的效果：既导致元老院内部分裂，又为护民官的政见拉拢了一部分元老——有些元老早就不满于停滞的时局，不满于东方国王令亚细亚陷入无政府状态导致税收锐减。他至少拉了四位官员到自己阵营：公元前79年，执政官普布利乌斯·塞尔维利乌斯·瓦蒂亚·伊索里库斯；公元前76年，执政官斯克利博尼乌斯·库里奥；公元前73年，执政官盖乌斯·卡西乌斯；以及公元前72年，执政官格涅乌斯·兰图鲁斯·克洛狄阿努斯。他提出的理由主要是金融困境，声称政府和收税官的收入都深受其影响。他说自己每天都收到海外骑士的警报信——收税是骑士的主要工作——信中提到其事业成功与国家繁荣正面临危险，而这两者又是息息相关的。必须要用解决海盗的方式一劳永逸地解决米特达拉梯与提格兰，兹事体大，关乎罗马人的荣耀及其在盟友面前的尊严，更关乎大部分罗马公民的财富，他们若破产会引起难以想象的乱局，导致整个国家破产。西塞罗在公民面前捍卫庞培的事业，正如他在韦莱斯及冯提乌斯案中为商人辩护一样。他总是以整体利益为借口，粉饰对这些人钱袋子的捍卫；他认为在他提倡的与一部分元老的联盟关系中，存在某种跨阶级的和谐，这使他无论是在元老院还是在公民大会，都能从中离间出贪财的大多数人，这些人对骑士阶级偏爱的首领也愿意顺从，换句话说，就是对战时的庞培以及他本人顺从。他本人会在和平岁月里协助庞培，正如从前拉埃柳斯（Laelius）辅佐小西庇阿那样。虽说大会看不到这么远，但是他们认为这个法案特别好，能使已成为当世偶像的庞培获得更大权力；况且恺撒和西塞罗也在争先恐后地维护这个法案。就这样，执法官曼尼里乌斯提出的革命性法案在全部35个部落当中一致表决通过了。

庞培被告知此条法律（公元前66年2月）

　　这条法律遂了庞培的心愿，因为提出法案的盖乌斯·马尼利乌斯·克里斯普斯其实就是庞培的人，他肯定是私下与庞培达成一致后起草的法案。可是庞培的精明配不上自己的强大，勇气配不上野心。两周后，庞培在亚细亚行省南部海边过冬时收到委任状，他装出惊讶而苦恼的样子，眉头紧皱，生气地拍大腿。他说自己早就厌烦了没完没了的战争，宁愿寂寂无闻也不要战争给他招致嫉妒和批评，连和妻子享受生活享受乡村风光的时间都不给他留。当然，他身边没有人真的相信这套虚伪说辞，庞培很快忘了自己过分虚伪的谦虚，急不可耐地将他的新权力用到极致。

卢库鲁斯和庞培在达纳拉会面

从腓尼基到博斯普鲁斯，每隔一段距离，庞培都部署了驻军和舰队，保卫重新获得的和平。此后第一件要做的事就是与卢库鲁斯会合。丢了颜面的将军与其继任者的会面发生在位于加拉太的特罗克米人（Trocmes）地盘，一个叫作达纳拉的不知名小地方。一开始气氛是对的，甚至是友好的，卢库鲁斯的侍卫官把绿色的月桂树给庞培的侍卫官，让他们装饰束棒，两位首领互致欢迎辞。不过一提到人员问题，和谐就被打破，卢库鲁斯想把众多士兵带回意大利以彰显胜利，庞培则希望将尽可能多的士兵留在自己身边。依据《盖比尼乌斯与马尼利乌斯法》（Lois Gabinia et Manili）赋予他的权力，他私下命令卢库鲁斯将除1000名老弱残兵之外的全部军队移交给他。为了进一步牵制对方，庞培公开给出最后期限，打破所有约定。卢库鲁斯在武力面前只好屈服，但他是带着伤痛骂骂咧咧地离开的，因为庞培就像混战之后抢食战场死尸的秃鹫那样偷走了他的战功。

实力对比

不可否认的是，由于卢库鲁斯导致敌人遭受战损，庞培的难题大大简化，筋疲力尽的米特拉达梯最后只能集结30000名士兵和2000名骑士。由于拥有瓦勒里安（Valériennes）的两个军团、奇里乞亚

（Cilicie）的两个军团、比提尼亚的两个军团以及卢库鲁斯的3个军团残部，再加上从海盗战争远征军当中抽取的3个军团，庞培大军有着压倒性的数量优势。直白地说，庞培手下一共有六万多名军士，其中包括四千多名骑士。

庞培与帕提亚人

但庞培天性谨小慎微，从不相信自己足够强大，也从不忽略对手的任何优势。卢库鲁斯则一心要打败敌人，对任何事都漠不关心，也从来不和敌人谈判。而庞培则用花言巧语将米特拉达梯哄得晕头转向——这些话庞培是从梅特鲁法内斯（Métrophanès）那里学来的。接着庞培又用外交手段孤立米特拉达梯。提格兰突袭卡帕多西亚，他那娶了帕提亚（Parthes）公主的儿子却起来对付自己父亲。庞培于是和小提格兰的岳父——"万王之王"弗拉特斯三世（Phraate Ⅲ）泰奥斯（Theos）暗中会面重修旧好，早先苏拉就曾代表罗马人民向帕提亚人民致以友谊的问候。庞培煽动国王支持小提格兰而与老提格兰反目，并支持国王对亚美尼亚国王采取报复行为，还含混地许诺以幼发拉底河作为城邦边界。帕提亚国王被说服，拒绝米特拉达梯的支援请求而与罗马结盟，并占领了大亚美尼亚。

米特拉达梯被赶出王国（公元前66年夏季）

这时米特拉达梯尝到了苦果：既被陷入暴动的老提格兰抛弃，又被罗马收买的"万王之王"背叛，他是不是应该立即放弃这场实力悬殊的斗争？他向庞培派去使者求和。作为条件，庞培要求押回叛逃者。消息刚刚在队伍中传开，马上就引起了动乱，叛徒根本不想被遣返,而其他人又担心失去一同作战的伙伴。为平息叛变,米特拉达梯不得不发誓绝不与罗马缔结和约,既不违背叛徒的利益,也不会弃他们而去。无论和平还是大战,他都求而不得,只好打游击战了。公元前66年,庞培占领小亚美尼亚,他紧随其后,不是和庞培正面作战,而是企图扰乱庞培的补给线。可是他自己的补给却令人眼馋。行伍中逃兵越来越多,哪怕竖起十字架堆起木柴震慑逃兵也不管用。庞培故意令战略走漏风声,实际是给对方骑兵设埋伏,要打得他们一个不剩。失去骑士的本都国王就和瘫痪了一样,他占领距利库斯河6千米、附近水源充足的陡峭高坡,此地距离达斯忒拉山(Dasteira)很近,他把军队驻在这里进行消极防御。庞培处理完事务得出空子,在幼发拉底河边设立前锋,又从阿西里森(Acilisène)运来所有军需物资。他带着大军绕着敌军位置拉出一条长达120斯塔德①的反支援线,想等敌人弹尽粮绝时不战而胜。围城第45天,足智多谋的米特拉达梯悄悄逃走,真是昙花一现的胜利啊!第二天庞培开始追击米特拉达梯;第三天,在米特拉达梯撤往幼发拉底河的路上,庞培已经赶在他前面了;第四天晚上,他抓住了带着一小撮人逃命的米特拉达梯。几小时后,本都国王的大军被包围,全军覆没。米特拉达梯失去一万人马,也失去了拖延战事的希望。不过至少他又一次逃脱——他带着3000名步兵抵达和亚美尼亚交界的西尼奥利亚(Sinoria)城堡。他本希望像上一次一样获得女婿老提格兰的庇护,可是后者自己由于逆子和帕提亚人合谋而麻烦缠身,只想取悦罗马。老提格兰绑了本都国王

---

① 斯塔德(stade),古希腊长度单位,1斯塔德约合180米。120斯塔德,相当于今天23千米长。

使者送给庞培,并说,谁要是把岳父的头给他送来就赏100塔伦特。走投无路的本都国王向北一直逃到位于高加索山脚下的黑海边,位于科尔希德的蒂奥斯库利亚斯(Dioscurias)。他再也不能重返王国,也不能再指挥他的军团作战了。庞培只用了半年时间就将米特拉达梯赶出了亚细亚。

亚美尼亚臣服(公元前66年秋季)

至于老提格兰,庞培只用了几周时间就把他打得跪地求饶。在达斯忒拉山,庞培允许士兵稍作歇息。为了纪念胜利,他在这里建起希腊化城市尼科波利斯(Nicopolis)。之后他对小提格兰发出的请求做出回应,穿越幼发拉底河,下到阿拉斯河谷,向亚美尼亚首都阿尔塔沙特赶去。不久前,老提格兰保住首都不受卢库鲁斯(Lucullus)肆虐,赶走了自己的儿子及与其结盟反抗他的帕提亚人。但是,在听到庞培距此仅15里[①]的消息后,他为首都的命运而颤抖害怕,于是他毫无尊严地臣服了。他将首都大门向罗马驻军敞开,亲自去庞培大营求饶。到了门口,引导官要求他下马,他就立即双脚着地。将军报上他的名头后,他摘下王冠向庞培鞠躬。庞培深表同情,搀他起来重新给他戴上冠冕,安慰他,还向他保证,他不会失去王国,反而会获得罗马人民的友谊。庞培邀请提格兰共进晚餐。第二天早上提格兰才弄清这一天的代价究竟是什么。总指挥官当着他儿子的面,明确告知他的世袭王国已被占领,他不仅要支付6000塔伦特战争赔款,还要撤出所有已征服土地,包括卡帕多西亚、叙利亚(Syrie)、腓

[①] Mille,古罗马的里,1里相当于1472.5米。

尼基（Phénicie）以及索菲纳。对于前面3块领地，庞培并未说明欲如何处置，索菲纳则分给了小提格兰，当然，要从中减去国王存在那里的财宝，如果国王想和罗马人民算清总账，那他必须把这部分给吐出来。小提格兰表示抗议，拒绝这种安排。庞培把他关起来，并待押解罗马了事。"万王之王"对这样的待遇提出反抗，要求送还女婿，并要求庞培对他的幼发拉底河边境给出正式保证。庞培毫不客气地回答给国王送信的使者：小提格兰首先是属于他父亲的；稍后他本人将公平确定罗马帝国和帕提亚帝国的边界。他的用词一点也不像去年春天那般客气。从那时到现在局势早已改变。由于米特拉达梯逃亡，庞培已不再害怕敌人，虽说他的宽容对提格兰来说代价高昂，但至少保证了老提格兰继续与罗马结盟。亚美尼亚国王非常高兴被赐予这种盟友关系，他完全出于自愿在庞培要求的进贡基础之上又添一笔，奖赏征服了他岳父、绑了他儿子以及巩固他王位的军团：每位士兵50德拉克马（drachmes，即250法郎），每个百人团1000德拉克马（5000法郎）[1]，每个军事保民官10000德拉克马（50000法郎）。就这样，罗马将老提格兰变成自己的封臣，令弗拉特斯三世不敢造次，当时机成熟，庞培即可听凭个人意愿决定亚细亚从高加索到埃及的命运。

对阿尔巴尼亚的第一场战争（公元前66年冬）

换作以前，庞培是一心想抓米特拉达梯，无论抓死的还是抓活的。随着战事发展，他来到蒂奥斯库利亚斯，在格罗吉亚山脉北部沿赛瑞斯河（Cyrus，即库拉河）右岸建起冬季营地。春天一到，他就

---

[1] 译者注：书中出现的法郎，是本书法语原著出版时（1936年）的货币名称。

沿着山谷抵达法兹（Phase），并重下黑海。但是高加索山脉的蛮族受小提格兰支持者——也许还有米特拉达梯的使者——唆使，坏了他的计划。公元前66年12月17日，4万名阿尔巴尼亚人在首领欧罗阿泽斯（Oroizès）带领下，突然渡过赛瑞斯河，利用罗马军队分成3个营地且彼此距离较远的情况，突然袭击了距河最近的营地。昆图斯·梅特卢斯·凯莱尔（Q. Metellus Celer）作为该营指挥官负责关押囚犯小提格兰。正在庆祝农神节（Saturnales）的士兵们立即暂停庆祝活动，迅速集结成战斗队形击退突袭。企图占领卢修斯·瓦勒留斯·弗拉库斯（L. Valerius Flaccus）营地的强盗堕入陷阱，被屠杀殆尽。只有庞培的营地未被袭击，逃敌企图渡过赛瑞斯河，他穷追不舍，追上后大开杀戒。欧罗阿泽斯主动求和。庞培一点也不想在大冬天翻过高加索山脉去追赶阿尔巴尼亚人，于是宽赦了野蛮人，而且附加条件也很简单，只要他们不再影响他的军事行动就好。

米特拉达梯逃往刻赤海峡（公元前65年春季）

春天一到，庞培就向西进发。居鲁士河谷上游被伊比利亚人控制在手里，历史上曾附庸于阿赫美尼人（Achéménides），因而保留了高度等级化的封建组织。他们的国王阿托科斯（Artokès）向庞培送来礼物，背地里却准备偷袭，只不过被庞培抢先一步夺下了临河堡垒阿莫兹科（Harmozikè）。野蛮人还没做好战争准备，他就来到赛瑞斯河南岸绕到敌人后方，在佩洛尔河（le Pélore）的狭窄处与敌人短兵相接，以白刃战突入敌军弓箭手方阵。夏季突然来临，河水干涸，罗马人脚都没湿就过了佩洛尔河，阿托科斯（Artokès）走投无路，忍辱负重给庞培送去金床、金桌和金王座，并把王子送与庞培做人质。自此，科尔希德这条路向罗马洞开。几周后，庞培抵达法兹入海口，赛尔维利斯带着黑海的一部分舰队在那里等着他。但他还是晚了一步。米特达拉梯得知阿托科斯失利，已先行离开蒂奥斯库利亚斯，但他留下话，去往刻赤海峡的路上，他要重新征服儿子马萨雷斯的王国，这话听上去是疯了。因为这条路在绵延4000斯塔达（将近600千米）的高加索山脚下，布满了悬崖沼泽，埋伏着野蛮部落，要走这里肯定是不切实际的。高加索山曾吓退过鼎盛时期的本都国王，无论这次他是死在疯狂的征途中，还是计划实施成功——尽管这不大可能——他都不再令人害怕了。因为他失去了舰队，也失去了能用来重新造船的森林，无可争议的海洋霸主罗马人有办法堵住他去黑海的路。但可以确定的是，无论如何时间站在他这边。庞培任他自生自灭，在给赛尔维利斯下完指令后，就起程回去了。

向里海进发（公元前65年夏秋）

庞培本可以把所有军团都带到本都，但他更想利用夏末时节教训一下阻挠行军的野蛮人。下到赛瑞斯河河谷之后，他对欧罗阿泽斯张开大网，并提醒军团注意，白白送死的阿尔巴尼亚人就要到来。阿尔巴尼亚虽有超过6万人，但武器装备很差，只有兽皮做防卫。罗马士兵唱着复仇者的歌曲《哦，农神！》，毫不手软地消灭了他们。庞培用标枪刺穿了首领的弟弟克西斯（Cosis）的身体。为了使记录更精彩，我们待会儿会说，阿马宗人和阿尔巴尼亚人是如何混战在一起的，我们又如何在战场上找到他们的靴子的。庞培从神话中汲取战功，他说寓言故事中对这个偏远地区有诸多记载：卡斯托尔与波鲁克斯兄弟（Dioscures）、阿戈尔英雄（Argonautes）、普罗米修斯的石头等，最后他还要和他的楷模亚历山大大帝试比高，学他从希尔卡尼亚（Hyrcanie）沿里海向南去。但是随着大军深入这个内陆海，行军变得越发难以为继。痢疾使士兵大批死亡，蝎子又咬住他们不松口。从西岸出发后3天，他停下脚步，命大军重走本都古道。他自然不想让士兵多受不必要的罪，而且现在他已在行军距离上打破卢库鲁斯的纪录；同时他不希望暴露自己的失策，况且他早已将想象付诸实践，对此他很满意，毫无疑问他也在商道上收集了所需的情报。这条路从黑海通里海，且一直可通往印度。奇怪的是，庞培这一路似乎只考虑自己的名誉以及他的商人朋友的利益。此后他回到亚美尼亚，并在那里度过了公元前65到前64年的冬天。

庞培在阿米索斯（公元前65年到前64年冬）

庞培忙于摧毁负隅顽抗的几个城堡，它们地处古老帝国山区，这里是地理隔绝的天险。比如尼奥利亚，米特拉达梯自己逃跑前将心爱的女儿德莉佩提娜（Drypetina）交给宦官照看，没想到宦官刺死她后献城而出。还有辛弗利昂（Symphorion）城被王后拱手让出，条件是罗马人饶她和儿子西法雷斯（Xipharès）不死。但王后不知道西法雷斯早已回到刻赤海峡，米特拉达梯发誓定要报复王后的背叛。还有塔卢拉（Talaura）城，这里藏有大量精工细作的床、镶宝石的盔甲、玛瑙和黄金杯。最后还有新堡（Château-Neuf）——米特拉达梯收藏秘密文档的地方。罗马人可能找到了一堆乱七八糟的东西，有他的私人情书、梦境笔录、药典药方以及国王毒害过的好友及其子嗣的名单。盘点清理结束后，庞培动身前往阿米索斯，在那里确立了被他征服的本都的地位，"举行了一次名副其实的国王会议"，并准备入侵叙利亚，计划把叙利亚从王国变成自己的行省。

与帕提亚决裂

庞培与弗拉特斯三世的关系一直在恶化。他在位于小亚美尼亚的冬季行宫中欢迎以利买（Elymaïde）和买迪（Mède）行省总督，唆使他们闹独立。12位国王齐聚阿米索斯，帕提亚国王却只屈尊寄出一封信，庞培恼羞成怒，故意在回复中拒绝以"万王之王"称呼对方。得知弗拉特斯和老提格兰争夺格尔迪恩的消息后，庞培马上派卢修斯·阿弗拉尼乌斯（L. Afranius）占领这片位于底格里斯河河谷高处的争议土地，当然，又把它分给了老提格兰。另外他命副将赶到叙利亚海岸，穿过美索不达米亚与幼发拉底河，此举践踏了过去的承诺，引起"万王之王"的愤怒。在这种情况下，庞培如果让正在变成敌人的盟友得到已经独立并被削弱的叙利亚，似乎太不谨慎。对于叙利亚，罗马人只能要么还给老提格兰，要么自己占有。庞培选择了后者。他觉得封锁叙利亚海岸很有必要，就和必须封锁被贝都因强盗劫掠的陆上商道一样。庞培不仅受远期利益诱惑，还被"占领"这两个字诱惑，占领叙利亚，就能使整个地中海变成罗马的，埃及除外，它所谓的独立不过是有了个影子政府。公元前64年夏，庞培几乎不战而胜，实现了他的计划。

占领叙利亚（公元前64年）

一方面，卢修斯·阿弗拉尼乌斯不辱使命，已控制阿玛努斯山（Amanus）山道，肃清肆虐的强盗。另一方面，阿拉伯的埃梅塞尼王朝（Émèse）君主萨姆斯基拉姆（Sampsigeram）赶走最后一任塞琉古君主，卢库鲁斯为了挫败老提格兰，理论上承认他拥有其前任安条克十三世（Antiochos XIII l'Asiatique）的王国。最后，刻赤海峡围城战确实削弱了胜利者、弑子者米特拉达梯，他成了赛尔维利斯的阶下囚并被迫主动求和，不过他的乞讨行径被羞辱性地拒绝了。

庞培再没什么好害怕的了，前方道路畅通无阻，方向明确。他派奥鲁斯·盖比尼乌斯和财务官马尔库斯·埃米利乌斯·斯考鲁斯（M. Aemilius Scaurus）朝大马士革（Damas）的方向打头阵，自己则带着大军离开阿米索斯，穿越卡帕多西亚去往安条克（Antioche）。经过泽拉战场时，他给3年前战死的后备兵（Triarius）尽了一份虔诚的义务，命人埋葬了这些可怜人曝于荒野的尸首。抵达塞琉西亚皮耶利亚（Séleucie de Piérie）后，他宣布这座城市为自由城，因为在老提格兰与罗马为敌时这座城曾拒绝臣服于他。他还送还了安条克人送来的人质。庞培喜欢月桂树林的枝繁叶茂和流水淙淙，于是进城后，他把土地分给当地人民作为礼物，以扩大森林面积。公元前64到前63年的冬天他都在这森林里休整，也是在这里，在宣布塞琉古失守之后，他郑重地将叙利亚列为罗马的行省之一，整个过程根本都没用得上他动武。

治安行动（公元前63年初）

公元前63年初，庞培针对抵抗城市和阿拉伯动乱展开了一系列治安行动。在奥龙特斯河（Oronte）河谷，庞培将犹太人塞拉斯（Silas）从利息阿德（Lysiade）城赶走，夺取并荡平了阿帕米亚。到黎巴嫩后，又把以土利亚人（Ituréens）从他们的城堡中赶走，利用这座城堡他可俯瞰整座海滨城市，还可打劫商人护卫队。在的黎波里（Tripoli），他下令斩首狄俄尼修斯（Dionysios），还砍了以暴政统治朱拜勒城（Byblos）的辛尼拉斯（Kinyras），并强迫哈尔基斯（Chalcis）君主梅内斯（Mennaeos）的儿子托勒密（Ptolémée）赔偿1000塔伦特，接着又越过了哈蒙峰（Hermon）来到大马士革，用自己的方式解决犹太人问题。

罗马人与犹太人

罗马人与以色列产生联系是整整一个世纪以前的事了：公元前164年，元老院派遣到东方的代表盖乌斯·苏尔皮基乌斯·伽卢斯（C. Sulpicius Gallus）写信给犹太人让他们写请愿册，他将亲自转交安条克四世（Antiochos Ⅳ）。3年后，犹太人与罗马人签订两国相互保证在他国侵略时保持中立的和约，并分别在公元前141年和公元前133年重立和约。犹太人利用罗马人动摇叙利亚国王的统治，而罗马人同样利用犹太人削弱这个长期以来令其生畏的亚细亚强大君主王朝。

在与这个王朝作战时，罗马支持民族独立运动，其对唯一神的坚定信仰激发了民众顽强的爱国主义精神。突然间，罗马取代了塞琉古王朝。其当下的利益在于推翻塞琉古的政策，在不寻求吞并（吞并曾使其陷入困境）的情况下，分裂和削弱这个从此成为他邻居的国家。为了达到这一目的，庞培毫不犹豫地将哈斯蒙尼王朝（Asmonéens）内部发生的冲突升级，盖比尼乌斯和斯考鲁斯（Scaurus）一抵达大马士革就被卷了进来。最后一任犹太国王亚历山大·詹尼亚斯（Alexandre Jannée）及王后亚历珊德拉（Alexandra）的两个儿子争夺王位。海卡努斯（Hyrcan）说自己是嫡长子，亚里士多布（Aristobule）则相信自己的力量和智慧。与此同时，强大的法利赛人（pharisiens）宗教组织要求取消王权，以大主教为首领的祭司体制取而代之，这就进一步加剧现有矛盾。应庞培的邀请，三方势力都派代表来见。海卡努斯乐观天真，尽力为自己辩解。亚里士多布则许给庞培500塔伦特金葡萄藤。庞培当然不会害自己，他立即对无害的海卡努斯有了好感，但他完全不表露心迹，拒绝对此事进行任何形式的干预，借口称要立即赶往外约旦（Transjordanie）惩罚佩特拉（Petra）城内的纳巴泰人（nabatéens）君主、强盗头子亚哩达三世（Arétas Ⅲ）。他沿约旦河河谷前进，装作真的要去执行计划一般，事实上他想不被怀疑地靠近耶路撒冷，并且一旦抵达圣城边界，他就要在那里呼风唤雨了。

围攻和夺取耶路撒冷（公元前63年夏秋）

抵达耶利哥（Jéricho）后，庞培的口气变得不容置疑。他把亚里士多布叫到大营，要求其同意罗马军队驻扎耶路撒冷，并要对方赔款。可当奥鲁斯·盖比尼乌斯伫立城外的时候，市民却对他紧闭城门。亚里士多布早被留在庞培身边，此时被庞培立即关押。得知这个消息后，海卡努斯及其支持者重夺耶路撒冷，并对罗马士兵敞开大门。他的政治对手呼吁人民反抗，并把大多数人带到位于摩利亚山（Moriah）山顶固若金汤的耶和华圣殿内部。这里与城市建筑鳞次栉比的西侧山丘中间隔着泰罗边谷（Tyropéon），地理条件足以抵御任何敢于渎神的入侵者。他们毁掉通往泰罗边谷的桥，切断唯一的交通要道。由于北部防御地形较弱，他们挖出深深的壕沟，建起高高的哨塔。庞培却一点也不着急，他一贯料事如神，此时依然以恰如其分的悠游行事。他命人从推罗（Tyr）①运来围城工事，切断对方一切补给。安息日当天——他知道这天根本不用怕对手会有任何行动，因为律法规定当天禁止一切军事活动——他从局部攻击开始，先毁掉对手的防御工事，打开一个缺口。至此，围城3个月后，苏拉儿子带领的先遣部队终于攻入。军团士兵手持刀剑一拥而上，对付筋疲力尽的驻军。几个小时后，他们毫发无伤，对手却几乎被消灭殆尽，神圣庭院里瞬间堆满12000具犹太人的尸体。庞培进入至圣所，当着藏身于此的神父的面宣示罗马主权。大屠杀的恐惧没有令神父停止唱诵神圣诗篇。不过，庞培注意不向神龛伸出亵渎的手，装出来的克制展示出罗马多么懂得尊重他人的宗教！因此，在这个有纪念意义的日子里，庞培成功终结了犹太人的政治角色，但又避免了在犹太人与罗马人之间生出无可救药的宗教极端情绪。

米特达拉梯的死讯宣告纳巴泰远征结束（公元前63年秋季）

庞培围困耶路撒冷，埃及国王向他派来使者，提出只需除掉纳巴泰君主亚哩达三世，就能给这次军事行动画上圆满句号，罗马的威名就能远达埃及了。征服犹太人后，庞培立即带军前往佩特拉，重回耶利哥大营，再从那里去外约旦。对庞培来说，游牧部落臣服与否很重要，因为榨干从波斯湾和阿拉伯沙漠取道印度去红海的过往商旅的，正是他们。庞培强烈希望由罗马收税官来管控这条重要商道及其利润。抵达耶利哥后，庞培得知米特拉达梯的死讯，他因此无法再继续前进了。原来，海上封锁大大压缩了米特拉达梯到手的财富，

---

① 译者注：现为黎巴嫩南部行政区中的城市，名苏尔，又译泰尔、提洛、提尔。

米特拉达梯无法突破封锁，他迫不及待地计划着，要调动分散在60支队伍里的36000名陆军后军，沿黑海西岸前行，沿途夺取萨马尔提亚与巴斯塔奈（Bastarnes），并在蛮族盟友协助下，尝试经潘诺尼亚（Pannonie）省多瑙河段突袭意大利本土。这个宏大的计划听上去十分疯狂。本都国王军队的重装防御部队由罗马叛逃者构成，一经他们煽动，军士们都不愿服从。于是纪律渐渐废弛。米特拉达梯离开前，强行要求法纳戈里亚（Phanagoria）的希腊人同意他的军队驻扎——这里是亚细亚河流进入刻赤海峡的门户之城——罗德岛的卡斯托尔（Castor of Rhodes）拒绝了，此时本都国王甚至有一支队伍一哄而散（公元前64年夏天）；另一支，本来是负责护送与斯基泰（Scythia）国王们联姻的公主——这都是事先说好的——却杀死随行宦官，亲手将公主交到罗马将军手里（公元前64年—公元前63年冬天）。在米特里达提斯唯一在世的儿子法尔纳斯（Pharnace）的号召下，军队集体起义。这位王子既不愿像他的4个被交给罗马人的兄弟一样失去王位，更不愿像其他4个兄弟一样被老苏丹冷酷处决，失去生命。他所驻扎的城池潘吉卡裴已与叛军同进退，法尔奈克一仗都没打就被拥立为王。米特拉达梯被自己的士兵和臣民抛弃，躲到深宫之中吃下毒药，要求贴身侍卫、高卢人比图伊托斯（Bituit）刺自己一剑以求速死。可后者磨蹭了半天才行动，米特拉达梯刚刚咽气，法尔奈克派来杀他的人就突然出现，极其野蛮地乱刀乱剑将他尚有余温的尸体刺成了筛子。

庞培回到阿米索斯（公元前63年底）

公元前63年秋末，庞培在耶利哥宣布了本都国王悲惨的结局。在临时搭建的讲台上,他向充满喜悦的军士们讲了自己刚刚收到的报告。说"结局"没错,因为对他们来说,米特拉达梯的死就意味着战争的结束。可庞培不想也不敢告诉他们真相。他给元老院写信汇报,后者以执政官西塞罗之名义,决定举行为期10天的献祭活动以感谢列位神祇。庞培放弃了对亚哩达三世的远征,后者正沾沾自喜,毕竟他只付出300塔伦特就保住了自己的地盘。庞培把叙利亚托付给马尔库斯·埃米利乌斯·斯考鲁斯,并拨给他两个军团,自己原路返回阿米索斯。在这里,法尔奈克将带着米特拉达梯的骨灰臣服于他;也是在这里,庞培终于可以巩固自己的胜利果实了。

战争强人庞培

庞培再度拿起武器已是14年后的内战时期,那一次他输了,将自己战无不胜的记录终结在耶利哥城。没有哪一位将军像他这样荣耀等身,或得到他曾经拥有的幸福,或踏上如此辽阔的土地,或在更短时间内获得更多胜利。虽然很难评估他的战略,因为他仅和无组织的阿尔巴尼亚军队打过真正的大仗,但我们依然确信他的才干一定配得上这样的好运气。当然不是指他天才的想法,也不是所谓胜利的勇气,像汉尼拔在特拉西梅诺湖(Trasimène)和戛纳(Cannes),或像尤利乌斯·恺撒的战争那样。我们相信的是他的严谨和专注,甚至可以说是某种极为职业化的诚信。庞培从不听凭运气行事,除非遇到人类不可能抵抗的情形。除非必要,他从不威逼士兵疲劳行军或做无谓牺牲。一旦他觉得代价或风险与成果不成比例,一定会停止付出。最后一点,他从不小看异国的战争艺术。由于以上因素,他所面临的军事困境常常迎刃而解。如果在今天,庞培会是一个好的殖民者。可以说，像蒙森（Mommsen）[1]那样，试图将他比作有勇无谋、只知冲锋陷阵的将士实在有些不公；实际上庞培更像一名最可钦佩的军师。在他身上，"帅才"的那一面总是充实并超越"将才"的那一面。

第四节　庞培带来和平

亚细亚地位

事实上，庞培最大的成就是在没有元老院协助的前提下，根据《马略法》公开赋予的权力，确定了亚细亚的法律地位，从而确定了此后好几个世纪罗马在东方的命运。

新行省比提尼亚和叙利亚

公元前67年以前，罗马在亚细亚大陆上仅有两个行省，且并不接壤，均由外国领土包围。一个是始建于公元前133年的亚细亚行省，另一个是始于公元前102年的奇里乞亚省。由于肃清了海盗，庞培将奇里乞亚行省扩大到南弗里吉亚（Phrygie méridionale）、吕卡奥尼亚（Lycaonie）和潘菲利亚，他还着手将相邻的塞浦路斯岛纳入帝国版图。4年后，一介保民官克劳狄乌斯兵不血刃地做成了这件事。而且他还成功将另外3个行省收入罗马囊中：克里特岛——行政区划上由昔兰尼加管辖——以便更好地分裂与监督埃及。比提尼亚——由原

---

[1] 译者注：德国史学家，著有《罗马史》。

尼科美德城邦以及本都最繁荣的地区组成。如果我们把赋予阿米索斯的所谓自由当真的话，那么比提尼亚的国界止于哈里斯河。如果要把阿米索斯也算在罗马帝国内，那么该省可延伸至绿河岸边。最后一个行省是叙利亚，该省由于巴勒斯坦海滨地带得到拓宽，北至迦密山（Carmel），南达加沙。如果不算上直到克劳狄一世（Claude I）在位前都保持名义上独立的利西亚城市联盟——之所以保有独立，不过是由于他们在苏拉掌权时代支持了罗马——自此埃及已被全方位包围，庞培一下子就一箭双雕：从黑海一直到西奈山，将罗马在亚细亚的领土连成片，不被异国领土阻隔；同时，还把此区域内所有内陆海整体变成罗马帝国的内湖。

多个王国置于罗马保护之下

通过此举庞培可保这些行省安全。受到攻击时，各块领土间不仅可以互相驰援，还可以从罗马帝国——所有海路无可置疑的主人——那里获得所需的支援部队。大陆方面，庞培以保护地的形式树起又一重保障。庞培给予这些保护地表面上的独立，不过是为罗马免去昂贵而低效的管理方式。这些城邦各自独立时，每一个都过于弱小，又数量众多且过度分散无法形成联盟，现在都被打包在一起。他们此后的生死存亡系于某个大国力量，所以只能把这个大国视作其内部争端的裁判。虽然庞培获得批准褫夺老提格兰的王位，可他宁愿老提格兰继续统治亚美尼亚，如今亚美尼亚已经被削弱，由于恶邻虎视眈眈而不得不与罗马结盟——恶邻正是庞培处心积虑一手扶植起来的。在北方，庞培结结实实地教训了一回阿尔巴尼亚人和伊比利亚人，确保他们真的屈服后，又把科尔希德交给自己挑的君主阿里斯塔克斯

（Aristarchos）来管。米特拉达梯家族不认识这位君王，因此他绝无可能与被派往辛梅里安博斯普鲁斯的法尔奈克暗通款曲。种种做法等于封锁了阿尔巴尼亚和伊比利亚通往黑海的道路。在西北部，庞培把迪约塔罗斯（Déiotaros）的领土翻了一倍，此人是托里斯波波伊的加拉太人（Galate Tolisboboïe），他让庞培在卢库鲁斯之后又体会了一把什么叫忠诚。庞培在他的世袭领土之外，又分给他哈里斯河西部的特克托萨日（Tectosages），以及法尔西亚和特拉布宗（Trapezus）。与此同时，庞培扶植起加拉太的特罗克米人国王——布罗基塔卢斯（Brogitaros），把本都王国南部直到米特里达提翁（Mithridation）的土地都给了他，小亚美尼亚显然也给了他。在帕夫拉戈尼亚山区，庞培还新建了两个和加拉太人一点关系都没有的王朝。他在以上每一个王国都公开表示，今后将把卡帕多西亚阿里奥巴尔赞国王的领土，以及科马基尼的安条克国王（Antiochos de Commagène）的领土向东扩张。这样一来，老提格兰就被这些王国的领土与罗马帝国隔开，力量也将被制约；再加上他已与本都决裂，反过来又能起到制约本都国的作用。

转头对付帕提亚

庞培对于帕提亚国王的态度前后有所变化。一开始，他好像同意弗拉特斯三世的想法，考虑将幼发拉底河视为罗马和帕提亚的天然国界；后来米特拉达梯失利、提格兰臣服，他又对此提议既不拒绝也不实施。显然，此时他已计划日后将建立起复杂的王国体系，也就是说：并不把罗马统治扩张到幼发拉底河高地的左岸，但同时又不允许右岸被"万王之王"占领。格尔迪恩可制霸底格里斯河源头，被划分给提格兰,索菲纳给了阿里奥巴尔赞。位于萨姆萨特(Samosate)对面的幼发拉底河畔的塞琉西亚(Séleucie)则被分给了科马基尼的安条克国王。至于阿拉伯领袖阿克巴二世(Agbar Ⅱ)得到的奥斯洛尼,则被承认为独立领土;起于阿迪亚波纳的底格里斯河段、哈布尔河支流南部的幼发拉底河还属于帕提亚人。但是这时候,庞培刚开始意识到沙漠不是远攻的天然屏障,于是他沿叙利亚建起紧急情况下能阻挡进攻的一连串王国或行省,即:阿玛努斯山的塔孔迪莫图斯(Tarcondimotus)王朝、哈尔基斯的托勒密,埃米萨(Émèse,即今天的霍姆斯Homs)的萨姆普西格拉姆省(Sampsigeram),大马士革的纳巴泰省,加达拉(Gadara)的迪米特里奥斯(Demetrios)省。

从某种意义上说,"万王之王"无论是在自己王国周围,还是在罗马帝国的前哨,都已被这些彼此间隔的政权包围了。很显然,庞培这么做等于直接抢走了对方一直觊觎的土地。在"万王之王"看来,这一定是极为丑恶的行径,他大概率会进行强烈反抗。不过庞培早做好压制准备,也早料到帕提亚某天定会入侵行省边境,于是在幼发拉底河之外,分散部署了几个前哨城市,有利于侧翼反击;而臣服于罗马的亚美尼亚高地则提供了正面攻击平台。庞培将这条防卫线设计得如此科学,直到恺撒时代依然可堪使用;直到3世纪,亚美尼亚依然作为罗马抵御波斯人的走廊发挥作用。虽说提比略(Tibère)吞并了卡帕多西亚,韦斯巴芗(Vespasien)收服科马内基,图密善(Domitien)把艾米萨变成附属,图拉真(Trajan)将大马士革变成罗马领土,奥斯洛尼行省及统治他的阿克巴们却在长达几个世纪中,一直是例外般的存在,坚持保护叙利亚不受北部万王之王的弓箭手和具装骑兵侵犯,还有什么比这种长期保护更好的方式向庞培的远见致敬吗?

神权政治和市政机构

仅仅依照罗马的需要分裂这些国家，尚不能满足庞培，他还要持续对其进行削弱。庞培利用宗教和市政机构来达到目的。他以宗教之名剪除犹太王室，从今往后犹太人首领变成了大神父。他将科马纳·潘提卡地区并入加拉太省，此地在玛神［战神贝罗纳（Bellone）］大祭司阿基劳斯（Archelaos）的领导下建立起神权国家。庞培规定，新的希腊城邦拥有自由，这就使它们成了罗马影响下的飞地，罗马在这里赢得了世袭国王们失去的一切权威。这些城邦包括：巴勒斯坦的德卡波利斯（Décapole）、刻赤海峡的法纳戈里亚（Phanagorie）、迪约塔罗斯邦国边境上的阿米索斯。现有的城市还不够多，庞培大举建新城：庞培波利斯（Pompeiopolis）建在帕夫拉戈尼亚；曼纽波利斯（Magnopolis）建在原先欧帕托利亚的位置上；尼波利斯（Neapolis）建在本都中；帝奥斯波利斯（Diospolis）建在卡贝拉（Cabira）；开塞利（Mazaca）建于卡帕多西亚；尼科波利斯建于小亚美尼亚。（希腊化的城市）尼科波利斯取代了（原始的）达斯忒拉，他在这里重启佃农招募，不仅招城里的希腊人，还接受老兵及退役兵。庞培还记得自己在东方与海盗交战的结果，于是在这里也种下了文明的种子。

庞培不仅将罗马统治扩展到任何一位征服者都未曾企及的疆域，还使这些地方变成沃土良田。他在这些城邦和行省颁布的宪法，直到公元2世纪小普林尼（Pline le Jeune）时代依然在实施。通过这种方式，他将自己在这里创造的一部分繁荣引向罗马和意大利。

罗马的富强

这些城市（ville）是自由的——也就是说有自主行政权，可是这些因庞培才富起来的城市却未能获得像罗德岛或库齐库斯那样的特权。它们要向罗马进献一部分税收，在以前的君主治下它们是不用交税的，或者说并未这样做。税赋之外，不仅要加上以前的王室土地产出的农产品——现已被罗马帝国视为罗马人民的公有产品，而且由于这些国王是由罗马承认或扶立的，因此还得上贡以表臣服。这样一来，由于新建地区赋税的汇入，庞培在给军队分配价值达3.84亿塞斯特斯（相当于本书①发行时的3.84亿法郎）的战利品、上交公共财政4.8亿塞斯特斯后，还将国库收入从两亿提高到了3.4亿塞斯特斯。于是每年分给包税人的收益也就水涨船高了。骑士阶级可以享受庞培在外征战带来的巨大利益，而庞培本人也大有理由为自己做成的一番事业而骄傲。

新的征程与君主制度

从未有哪个军事统帅曾打下这么大一片江山，或聚集过如此多的财富。庞培的成功使他有理由施行独裁，且令他永远有这样的理由。说到底，整个罗马有谁能与拥有如此多权力与财富的他相抗衡？而且，成功必然使他一人手握大权，这已经体现在大规模远征里，纳入到他为促进统一而建立的体制中。他刚刚吞并或臣服的东方土地几百年来早已习惯这种专制，而且也可以说从不知道有别的体制；这些城

---

① 译者注：此处指本书法文原著。法文原著出版于1936年。以下同样情况不再加注。

市深受希腊文化的浸润，毫不费力地将其市政自由与保护其安全的国王对宗教的尊重相协调。最后一点，由庞培扶上王位或者恢复王位的君主与他都建立了私人关系。罗马当局只能通过更换一年一选的行政长官人选来冲淡这种联系。但正是君主制使庞培用最小代价获取最大的征服。反过来这种征服又以自身的保守性维持着君主制。

站在十字路口的庞培

庞培有没有意识到自己的行动会带来这样的后果呢？不太确定。他的一切行为倒如新嘉士伯美术馆（Ny-Carlsberg）所藏庞培胸像那样——细腻甚至微妙，狡诈近于阴毒，没有深度，骄傲大过野心。而且庞培过于细致警觉，过于虚伪，抓不住事件要害。他太自满，无法想象超乎寻常的荣耀最终会离他而去。他满足于外省的富足生活，满足于新获取的华贵身份，没有想到把超乎寻常的荣耀以宪法形式确定下来——正是法律帮他获得并永远拥有财富。如果他想放纵自己的秉性，想在回罗马后继续专制，不引起一场内战是不可能的。他不在罗马时，就已经有人在他脚下一点点地蚕食地盘——这人正是恺撒。他已经蚕食了元老院，令各党派四分五裂，动摇了时局，以至于庞培日后不得不与他分享，又不得不向其出让权力。这位政坛新秀先是支持盖比尼乌斯，后来又支持曼尼里乌斯，这两次他都从历史发展的必然态势中获得了实力，并已经通过法制的阶梯向上攀登了。

第三章
恺撒的崛起

第一节　恺撒及其时代

恺撒登上舞台

　　曾帮助庞培获得治权的恺撒,迅速利用庞培不在的好时机主导罗马事务。从这时开始,不管他是来到台前还是退至幕后,操控幕布的线都在他手里,由他来引领戏剧走向结局。罗马正有一出好戏向他拉开帷幕,共和国此时所处的政治和伦理环境也令他看出,一场革命势不可当地来了。

东方式骄奢淫逸

　　首先,随着罗马军团的一次次胜利,来自东方的奢华风气盛行一时,占据了整个罗马并使其沉溺其中。贵族不再对政治感兴趣,除非政治能维持或提升他们生活的奢华水准。卢库鲁斯虽不再有资格参选官职,但他展示过去在位时得到的桩桩件件聊以自慰。其同僚当然毫不犹豫地指责他,图贝罗(Tubero)叫他"穿托加袍的薛西斯(薛西斯是波斯国王)"。他的妻弟小加图尖锐批评他过于软弱。庞培和西塞罗则拿他的精致开玩笑。可是他们自己也希望共享这种精致生活,而且对自己的这一想法他们一点也不生气。他们丝毫不嫌弃与卢库鲁斯在所谓"阿波罗厅"共进晚餐。无论宾客多少,菜肴总是以镶嵌宝石的盘子呈上,舞乐齐鸣,没有哪顿饭花费少于5万第纳尔(合

22.5万法郎）。庞培虽然相对淡泊，生活也较为简朴——对此人们一直交口称赞——可他从亚细亚夺回大量黄金后，其生活排场亦令同僚叹为观止。此前他早就以赫赫战功和美轮美奂的建筑叫人咋舌，甚至被其党羽嘲为"萨姆斯基拉姆"——艾米萨国王的名字。庞培与这个名字挂上钩，很显然是因为从他那里学来了东方的骄奢淫逸。至于西塞罗，他的信件通篇讲述着对金钱的需求以及钱财上的困窘，讲自己购买和装修位于图斯库鲁姆（Tusculum）、阿斯图拉（Astura）、庞贝、波佐利（Pouzzoles）的度假别墅所需的巨额开支。诉讼胜利后间接支付给他的代理费并不够用，他就签借贷合同。可以确定，这位自由斗士一旦陷入这种困境，就会保护商人的利益，其选择政治立场时也就和他处理诉讼案件时一样身不由己了。至于智慧的小加图，在和马西娅（Marcia）离婚后，又毫不脸红地与她复婚，因为在二人离婚期间她改嫁了，于是小加图在自己的财富之外，又获得妻子死去的前夫霍尔滕西乌斯的财产。此外我们还注意到，他在塞浦路斯的财富管理过于遵纪守法，已引起诸多怀疑。最后一点无人不知：公元前56年，严格古板的布鲁图斯竟屈尊通过代理人斯卡普提乌斯（Scaptius）借给萨拉米斯人（Salaminiens）53塔伦特（约143万法郎），利息高达48%，作为其增加收入的手段。6年后，他冷血地要求对方偿还本金及利息共计200塔伦特（540万法郎）。相较于原本应还的205塔伦特（553.5万法郎），只打了一个微不足道的折扣。其对己方片面有利的债券似乎使他有资格获得这笔钱，而不是他的债务人们只能向他提供的106塔伦特（286万法郎），后者是贷款条例迫使他满足的额度。贵族阶级贪恋财富至此，当年苏拉退位、共和国重建时他们弹冠相庆，如今却把共和国变成了一个笑话。即便他们还以语言称耀它，却已经无可救药地毁掉了共和国的精神。

道德崩塌

与此同时，自私的贵族阶级毁掉了自己的一切基础。骄奢淫逸的生活瓦解了这个大家庭的组成部分。发轫于100年前的马特瑞斯（matron）母神觉醒运动，令尚可称健康的公元前2世纪出现了一个个完美女人的形象，她们既知性又敏感，既精致又单纯，有教养又有良知，既谦虚又高雅。其中就有格拉古兄弟的母亲科涅莉娅（Cornelie）。但是觉醒运动是在彼时混乱的道德准则中前行的，如果去掉某些罕见的例子，比如梅特卢斯·西庇阿（Metellus Scipio）的女儿科涅莉娅——庞培的最后一位伴侣，她既有德行，又有知识、懂艺术——那么这种觉醒运动只不过引起了大规模腐败而已。罗马妇女纷纷从丈夫的管理下解脱出来，无夫权婚姻越来越普遍。《沃孔尼乌斯法》（Lex Voconia）不禁止女性拥有祖先遗产，因此罗马女人自己管理个人财富，或负债，或投机，或走私。所以西塞罗在《为凯基尼亚辩护》（Pro Caecina）中把凯基尼亚归到她的银行家（前夫）和代理人一类里。还有的女性带着女人天生的狂热投身于政治斗争，给丈夫出主意，对情人耳提面命。比如普雷基娅，就是因为她，卢库鲁斯才与前对手基泰古斯成为同伙。更有女性渴望独立行动，违背女性职责，比如塞姆普罗妮娅（Sempronia），虽出身高贵，门庭光耀，却参与喀提林的勾当。再比如克劳迪亚（Clodia）[1]，本来西

---

[1] 作者注：克洛迪亚最初被称为克劳迪娅，但她决定像她的兄弟普布利乌斯·克洛迪乌斯·普尔彻一样加入平民，并根据流行的发音更改了她的名字，删除了克劳迪娅的双元音-au-。

塞罗寻求她的支持，后来却发现她为人轻薄，被称为"40个苏就能买的女人"。罗马历史开始出现类似东方最糟糕的那种仅存一年的短命王朝；史上第一次，罗马的长篇丑闻故事里章章都少不了这位姑娘。传统家庭价值观也堕落了。在时间久远的关于汉尼拔战争的库里亚大会（Curie）上，元老们唾弃斯普利乌斯·卡维利乌斯·鲁加（Sp. Carvilius Ruga），因为他妻子并未违背夫妻美德，他却敢与她分手，唯一借口就是她不能生育。对妻子毫无理由的厌弃现在变得越来越稀松平常。通常贵族的妻子都比孩子多，在苏拉时代之后，庞培、西塞罗、恺撒、加图等根据各人政治立场、财力，或者竟随心所欲，每人都至少离过一次婚。只不过，正室的地位并不能抹除此时随处可见的交际花的地位。喀提林、克劳狄乌斯、马尔库斯·安东尼都豢养着演员和舞女，以德行著称的西塞罗在公开场合强烈谴责他们恬不知耻，私下里却和这些人的情妇快活地共进晚餐。精英阶层肆无忌惮地享乐，这样他们不仅在公众中失去了威信，而且当某个领导人出现时，也失去了抵抗压迫的能力。

希腊影响

来自希腊学派的观念，以及罗马所承继的王室宫廷中酝酿的情绪，正悄无声息地为一人独大的政体做着思想准备。在艺术、文学、哲学方面，东方的希腊就代表着时尚，而这样的希腊，正是由亚历山大大帝死后夺权的将军们塑造的。

艺术

庞培回归罗马后，艺术从自由复制苏拉时代转向拙劣模仿。庞培为了将自己的战绩镌刻在石头上，花了一部分税收，用了好几年，在战神广场以南——正中央是今天彩绘洞穴（Grotta pinta）广场的位置——建造了一系列大规模建筑，而且他竟敢在罗马建一座永久剧院，其中有直径160米的三层圆形剧场，上面是层叠的多立克柱、爱奥尼克柱和科林斯式柱。舞台正面是四边形空地，长180米，宽135米，设计成花园的形状，树与树之间以笔直的大道辟开。空地被一圈游廊包围，有4排立柱撑起穹顶，可供游客躲雨。此外还有几间会议室，主会议室在公元前55年敬献仪式之后即用于元老院大会，那是庞培发起建立的库里亚大会堂。地窖之上有4个重要性略低于元老院大会的神龛，分别敬献给荣誉之神（Honos）、美德之神（Virtus）、丰产之神（Felicitas），最后一位也许是胜利女神维多利亚。胜利女神庙于公元前52年敬献，用于祝圣在她脚下延展的这片欢愉之地。这些娱乐设施的方方面面都反映出庞培对东方艺术的偏好。他从清新的瑞香花（Daphné）中汲取美好回忆，用于游廊的整体设计。他在墙壁挂上了著名的亚历山大画派大师安提菲乐（Antiphile）的作品，画中再现了欧罗巴与卡德摩斯（Kadmos）的形象。至于大理石剧院的设计，他则希望能重现密特里尼剧院的比例——他曾于莱斯沃斯岛（Lesbos）主持了音乐大赛，且沉醉其中。至于装饰品，他没有放上他命科波尼乌斯（Coponius）征服的14个国家君王的肖像以彰炳亚细亚战功，也没有把他在世界各地看到的奇迹制成雕塑，比如从大象肚子里生出来的阿力皮（Alippé），艾登（Tralles）的欧提吉斯（Eutychis）和他的30个孩子，但历史偶然留给我们的遗珠，是卡比托利欧博物馆的潘神（Pan）雕像，及现藏于梵蒂冈圆形展厅（Rotonde）的赫拉克勒斯（Héraklès）金色铜像，要么由东方工匠打造，要么由他们在亚平宁半岛的学徒制作。和收藏于新嘉士伯美术馆的大将军塑像一样，这些作品以"希腊自由主义"的温润精神打造，完全没有继承意大利雕塑传统。尤其是赫拉克勒斯像，太像叙利亚钱币上的人像了，我们不可能不以为它是希腊美学的一部分或是对后者的复制。无论是建筑还是平面美学，不管是技术还是风格，一定诠释了神话，或解读了寓言，或讲述了传说，罗马艺术越来越和来自外省的颇具影响力的最后一波也是最繁荣的一波希腊艺术相融合。

文学

与此同时，罗马文学从东方希腊文学中汲取的是技巧，而不是主题上的启发性。从上一代人开始，罗马人就以像掌握母语那样掌握希腊语为荣。贵族能用希腊语流畅地阅读和交流。公元前81年，罗德岛委派使者到罗马元老院捍卫自己利益，他无需翻译就能将意思传达给元老院。罗马的教师不能用希腊语以外的语言教授演讲学，好学的年轻人争先恐后去往遥远的城市，向最知名的希腊学教授求教。西塞罗曾在雅典学过修辞学。后来，恺撒先随叙利亚的狄米特律斯（Démétrios）学习，后师从罗德岛著名的莫隆（Molon）学习。这些演讲者学成回罗马后自豪地公开自己属于什么流派，没完没了地讨论起各个学派的优劣来：亚细亚的雄辩、雅典的简洁，还有西塞罗青睐的罗德岛的兼收并蓄。诗人们善于欣赏外国作品，比如安条克的阿基阿斯（Archias）。罗马城里，人们诵读外国诗歌，沉迷于外来作品。在公元前1世纪上半叶，无论在罗马城内还是意大利北部平原地区，各处都建立起文学社群来，其中的小团体无论是围绕卢尔乌斯（Licinius Calvus）还是瓦勒留斯·加图（Valerius Cato）展开讨论，

129

都不无骄傲地以希腊语将自己命名为：νεώτεροι[①]，都声称所作亚历山大体诗歌从类型、主题、韵律方面均向拉丁语追根溯源，以彰显文风之鹤立鸡群。人们全然抛弃史诗、讽喻诗和悲剧题材，转向微型史诗、警句与挽歌。每个人都和他的偶像较劲，看谁懂得更多，谁更技高一筹。不过罗马的滋养力依然强大，仅卢克莱修（Lucrèce）和卡图卢斯（Catulle）二人就足以打破陈规，扫空成见，竖立起一座座丰碑杰作，其力量和魅力后人无法超越。但卡图卢斯对莱斯比亚（Lesbie），即为了凯利乌斯（Caelius）背叛他的善变的克劳迪亚的激情源自他自身这段被扼杀的爱情，是他诗歌中重音的灵感源泉。卡图卢斯的作品中处处爆发着重音，如暴风雨般直击人心。但这不会使我们忘记作品本身的复杂性与碎片化，以及其中充斥的矫揉造作和过分抒情，他从偶像那里学来的这些东西反而破坏了他的作品。阴郁的天才卢克莱修为不朽的文学贡献了当时最伟大的诗歌，这正是因为他战胜了恩尼乌斯（Ennius）[②]式的语言贫瘠，并向作品中注入大量真实感。这种真实感，来自他以新人的热忱接收自希腊伊壁鸠鲁派无名作者们的创作。这些人的作品早已佚失，阅读他们的作品令卢克莱修热血沸腾。而且，卢克莱修和卡图卢斯虽有分歧，但他们对生活的看法却有相似处：由天性主宰，向快乐而生。因此虽然二人各自承袭了一套文学遗产，却都赋予拉丁文学一种独特的、属于他们所处时代和社会的表达方式。

[①] 译者注：希腊语，意为更年轻的。
[②] 译者注：罗马共和国诗人、作家。

哲学

希腊思想的浸淫，使思想界也义无反顾地跟着这股引领世界、瓦解城市的力量随波逐流了。前辈哲学家们质疑后辈，以至于禁止他们表达，对他们采取驱逐策略，可他们依然自由自在地从希腊思想中提炼出两种哲学。虽然表面看来其学派多元，可最终还是殊途同归地来到两大方向：一个是物质主义和怀疑派，另一个则是迷信派和神秘派。所以，西塞罗在罗马先师从纯粹的伊壁鸠鲁派学者费德鲁斯（Phaedros），后来又跟带有毕达哥拉斯式优雅的斯多葛派的迪翁多图斯（Diodote）学习。在雅典，他聆听了柏拉图学院领神拉里撒的费隆（Philon de Larissa）的演讲，费隆是一位或然论者（probabiliste），他颇具消极倾向的大胆言论使其学生望而却步。后来西塞罗去了罗德岛，听从阿帕米亚的波希多尼（Posidonius d'Apamée）的教诲。此位先师借口要帮助斯多葛派（Portique）摆脱卡尔内阿德斯（Carnéade）的攻讦，违背自己的原则，提出了身体与精神、自然与上帝之间的超越二元论。他的个人经历可以总结整个世纪的历史进程，在这个时代，对哲学的理论研究只留给人两个选择：要么走向教条式的自私，要么就是神秘教派走到极致。叙利亚的希腊人，比如阿帕米亚的波希多尼、阿什凯隆的安条克（Antiochos d'Ascalon），推罗的安提帕特洛斯（Antipatros de Tyr），卡纳的阿特诺多鲁斯（Athénodore de Kana），把守了哲学上的所有道路，哲学越来越偏离理性和独立发展。对于卢克莱修，哲学或许是宗教的对立面；在尼基迪乌斯·菲古勒斯（Nigidius Figulus）那里——他在罗马建立了真正的毕达哥拉斯教派——哲学或成了宗教的附庸；或者像瓦罗（Varron）那样，必须小心谨慎地以遗嘱形式为自己规定奇怪的土葬方式，而且还要详述葬仪：陶土打造的棺材放置于黑杨木制成的床上，这种葬仪也是毕达哥拉斯式的。这两种思潮将精英分成两派，挟裹大众或走向欲望的自私满足，或面对不可知的真相打击，总之是通过不同的道路，带人偏离单纯的公民义务，而共和国的存在却正依赖公民义务的行使。

宗教

正因为哲学界这样的局面，传统万神庙变得空无一人，只留几个真神依然存世，如：维纳斯，卢克莱修曾为之歌唱；幸运女神维纳斯（Venus Felix），苏拉声称她是自己最偏爱的神祇；母神维纳斯（Venus Genetrix），恺撒称自己是她的后人。虽然有诸多称谓，但这同一位女神所代表的依然是武力和欲望，欢乐与成功。另一方面，哲学使外国宗教布道纳新变得便利，扩大了它们的吸引力。比如西塞罗和阿迪库斯（Atticus）就接受了来自埃莱夫西纳（Eleusis）的教仪。公元前54年，执政官阿皮乌斯·克劳狄乌斯·普尔切为两位希腊女神建起一座门厅以表敬献，在神龛废墟中我们找到了敬献词。第三次米特拉达梯战争中，卢库鲁斯的副将沃孔尼乌斯，情愿吃败仗也不愿错过萨莫色雷斯岛宗教仪式。所有证据都显示，为了与冥界交流，预测未来，普布利乌斯·瓦提尼乌斯（P. Vatinius）和撒路斯提乌斯（Salluste）狂热地加入了尼基迪乌斯·菲古勒斯的毕达哥拉斯兄弟会。普罗大众则希望通过外来宗教寻找心灵慰藉。移居到意大利的海盗和亚细亚腹地归来的士兵带来的密特拉教，此时正在吸纳第一批信众。区伯利教也在扩张，以至于公元前56年4月4日，由平民市政官克劳狄乌斯主持的渎神教仪引起全城愤怒与恐慌。西塞罗认为自己必须在《论法律》(*De Legibus*)中承认,"大母神"(Grande Mère)的信徒具有独一无二的乞讨权,除此之外的乞讨情形,在他看来,在这楷模般的国家都应禁止。伊西斯崇拜(Isiaque)最早可追溯至苏拉时代,传教活动曾得到多方支持,元老院为之大震。在公元前58年、前53年、前50年、前48年,元老院四次欲下令拆除庙宇,毁掉在罗马城传播的该教宗教画像,可提案均无人回应。"狄俄尼索斯(Dyonisos)的追随者们"觉得没必要偷偷摸摸集会,于是他们在庞贝古城墙、"神秘别墅"(Villa Item)以及荷马之家(maison d'Homère)画满信仰符号和宗教仪式。不过对此大家还是慎之又慎的,因为这些人的狂热比别人的冷漠更有害。伊壁鸠鲁派只关心自己的福祉与清静,对政治完全不感兴趣,还享受观看政治闹剧的快感。对他们而言,这就像有先见之明,稳稳当当地站在干岸上欣赏狂风暴雨激起大浪。被所谓神迹洗脑的虔诚信徒什么也不盼,无论这一世还是下辈子,只求救世主降临人间。各种事件一环套一环地发生和发展,决定了君主制必将产生,于是君主制刻在人思想中,来到人心里。恺撒的天才之处,在善于抓住并整合时代思潮。他像苏拉一样也是个伊壁鸠鲁派,顺应人民追寻幸福的直觉,而人民的幸福又取决于帝国的维持。他也顺应自己作为强大主人的直觉,向全体罗马人发号施令。只不过,他比苏拉更坚信必须建立罗马秩序和希腊文化。此时罗马秩序已然掌控全世界,希腊文化也已蔓延到世界各处。他懂得如何革命性地回归拉丁人自古以来民主的宗教原则,以全局野心谨慎处理不可或缺的新神秘教派的支持。

恺撒的天赋

君主制这个计划恺撒是在30岁左右想出来的，其时身边竟无一人有所察觉。作为年轻人，铺张浪费更大地改造了他的天性和野心，也使计划进行更加容易。只有苏拉看透了这个与他类似的灵魂，他给朋友们的警告却并未受到重视。"小心这个连腰带都不好的年轻人，他以后能顶好几个马略。"没人听苏拉的话，因为年轻的恺撒一点也不招大家反感。恺撒到处掉书袋，可他的话并无一人当真。恺撒无论到哪儿，见人就吟诵欧里庇德斯《腓尼基妇女》中的诗句："如果一定要不公平，那就为了统治而不公平吧！否则，请君常含仁爱之心。"人们根本不信这个大受妇女追捧的地主、登徒子竟有造反野心。他们和西塞罗一样，都没看出这个年轻地主的阴暗内心，因为他如此专注外表，挠头都只肯用一根手指头！恺撒寻欢作乐，花钱如流水[1]，一会儿编俄狄浦斯悲剧，一会儿赞颂大力神赫拉克勒斯，一会儿又胡诌打情骂俏的打油诗。看似任性无恒心的表象之下，其实隐藏着他给自己定的目标，以及实现目标无所不用其极的手段：第一，他有能经得起任何一种考验的体力。他的部下都嫉妒这一点。恺撒强健的身体只在50岁才开始变弱，可以归咎于"神圣之病"癫痫病。第二，他既清醒又自律，令他总能在限期内完成事务，而他同辈的醉鬼和吃货一般都无法守时。第三，他有雄辩之才。如果他要屈尊自称演说家，那么没有谁的雄辩名声能超越他。他又是一个精细的通才，有着堪比拿破仑的强大记忆力，讲话和写作都如行云流水。如果没有

---

[1] 作者注：当上财务官前恺撒已经负债1300塔伦特（相当于3500万法郎），其主要债主就是克拉苏。

其他事务绊住他，他能连续给书记员口述7封信。他的智慧广而深，他既充满活力又机敏，料事如神，有勇有谋。他相当强大，又变化多端。他能在战场上突然爆发出巨大能量，也能在公元前78年被海盗绑架后冷嘲热讽、镇定自若；公元前63年，他能从容面对专等他从元老院出来好和他算账的骑士；公元前49年，他在皮亚琴察（Plaisance）也能面对叛变的士兵泰然自若；公元前44年3月15日，他被同伙攻击，怎么挨打都不祈祷也不喊叫。要完整描述恺撒的秉性，还得加上他对友情模范般的忠诚；对敌人，他又是自发自愿地宽容，这里面既有对个体敌人的轻蔑，又有种种算计，还有天生仁爱。时不时地还有一种对生命的尊重，使他像其他强者一样发现，死亡说到底就是没有任何补救没有任何希望的毁灭，于是他们停下复仇的脚步。我们一致同意，恺撒有着无与伦比的天赋，远超他同时代的所有罗马人。

恺撒的爱国心

恺撒最过人之处在于，政治上他不跟派系，没有贪念，也没有仇家。他有自己的理想要追随。而且在他的内心里，这些理想的实现与一种合适的体制有关，这种体制能让他不后悔，并避免不好的结果；同时，他之所以有实现这些理想的使命，并不仅仅在于他天赋过人，更是由于他靠天赋在这些理念中发现了某种真相的力量，经验告诉恺撒现在必须做出选择，是要罗马共和帝国，还是共和国？共和国原本是为一个城市而设计设置的，罗马征服世界后它已变得不合时宜，早就不足以保卫征服成果了。不过，就罗马人用来使其征战合法化的逻辑而言，假如我们能像卡尔内阿德斯一样对其进行质疑，我们就会发现这些逻辑是最好的，但这仅仅是因为它们是最强的，而不是因为它们是最正确的。如果罗马人不再继续践行这些逻辑,那么很快罗马人和罗马就会陷入混乱和痛苦。因此,受国家荣誉的直觉驱动,更受到理智的驱动——理智向他展示了这种重要情感的必要性——恺撒发誓要为更伟大的罗马献出他无尽的热忱。公元前81年恺撒躲避苏拉迫害,但刚抵达东方他就自愿忘掉对手施加的迫害,与他们并肩作战一致对外,并听命于苏拉派的总督马尔库斯·米努基乌斯·特姆斯(M. Minucius Thermus),甚至由于奋勇夺取密特里尼立下战功,还从后者那里领取了平民头冠的奖励;6年后,他因寡头势力回归而退居罗德岛生闷气,又中止勤勉学习的乐趣,与寡头派将军卢库鲁斯联手,自费召集一支偏军去往亚细亚,把米特拉达梯的将领赶走,并将摇摆不定的异见城邦一并招致麾下;公元前50年夏季,内战风云乍现,恺撒的野心乃至存亡在此一战,庞培声称需要他协助对抗帕提亚,于是他将两个军团送回意大利,可实际上此时帕提亚人还在半岛根本没动。恺撒的光辉之处正在于,哪怕他的贪婪再缺乏节制再不道德,他也总是能够将个人短期或长期的野心甚至生命,置于他所认定的国家最高利益之下。

恺撒向往君主制

人民利益当前时,恺撒常常忘我,把个人际遇抛在脑后,可他以陈腐的政治组织方式向罗马帝国献祭的决心却冷血至极。目前罗马机构溃烂,国家既无法发展也无法御侮,现有权力组织方式除了使城邦士气低落、使子民陷入不幸、使国家终究沦陷之外,全无任何好处。正如苏拉早早打算的那样,恺撒也想以君主制拯救罗马人民的"帝国"。恺撒20岁时就宣扬,持续独裁只会使罗马人更好地治理世界。

他嘲笑苏拉退位,说他连基本常识都不懂,竟然自动放弃超级权力。恺撒喜欢君主制,这就是为什么在公元前67和前66年,他作为新人虽不好觊觎权力,但已致力于暂替庞培争取君主制,庞培正是得益于恺撒才成为共和国首席执政官,统领与海盗、与米特拉达梯的所有战争,其权力可达所有海洋与大部分陆地。恺撒这时已经希望为他谋求君主制,而且从内心深处希望自己将来也能得到这种权力。我们知道他常说,由俭入奢易,由奢入俭难。两则流传甚广的趣闻逸事让我们得以管窥他的野心。公元前69年冬天,恺撒刚刚被选为财务官,正星夜兼程赶往远西班牙行省赴任。在阿尔卑斯山一个贫困的村庄,他见到居民为争夺可笑的领导权不遗余力地激烈斗争。恺撒指责身边讥笑他们的同僚,声称若是自己,也宁愿在这个野蛮小村庄当鸡头,而不要在内城当凤尾。几个月之后,也就是公元前68年春天,他在加的斯(Gadès)带着无限绝望,欣赏亚历山大大帝的雕像,发出痛苦的低吟,因为在这位马其顿国王完成伟业的年纪,恺撒自己还什么都没开始做。从那以后,恺撒为了自己的利益,开始利用军事力量谋求苏拉曾得到过的绝对权力。但是,这种权力他要从平民当中获得,而不要像苏拉那样践踏平民。而且他十分明智,早早就将权力建立在宗教力量的基础上,相比之下,苏拉只是后期才寻求宗教力量,而且很快就失败了。

恺撒的民主制

因为家庭传承的缘故,恺撒站在了平民派一边。但恺撒和平民的纽带远不止亲缘关系或者盟友关系那么简单,他还有对公平正义的追求,这就足以为他的行为平反;同时也有对成功条件的现实认知。很明显，他一定厌恶在平民面前自降身价。比如公元前49年，他就曾把高低贵贱当作武器，强扔到皮亚琴察叛变将士的脸上。人永远天然地被分为两个完全不平等的群体：有些人生来是顺从臣服的，有些人生来是发号施令的。但他也不喜欢降低平民地位，在这位思想开化的贵族看来，平民享有获得公平的权利，否则任何权力基础都不会稳固。被统治者的平等权被资深执政官和收税官践踏，尤其是罗马平民的权利，元老们变本加厉地否认罗马平民派的政治权威和社会进步，以至于在选举竞争中对其伺机挫败，这就更深刻地毁掉了平民的平等权。因此恺撒将自格拉古兄弟以来平民一直不断重申的诉求内化为自己的诉求：不仅要帝国壮大，保民官特权全面恢复，以荣耀他们自己，同时还要扩大公民权，分配小麦和土地，要求遵守公民上诉权，这项权利历来被视为公民自由权的保护神；另外，要保证尊重公民大会及其通过的法律，还要给予外省公民平等权利等。恺撒一开始就公开表明了自己的原则，而且此后一直不离不弃。他是认真的，因为他的原则之间的冲突将在某种体制内得到解决。在这种体制中，君主是所有臣民的最高裁判官，他将调和罗马城平民的诉求、行省的需求与行省和平三者的关系。恺撒的原则也是出于信念，只有阶级自私与完全没有未来的衰退才能打败他的原则。但最重要的是，恺撒是出于利益信奉这些原则的。苏拉失败后，恺撒不可能无视这一点：寡头不可能轻易把他梦寐以求的指挥权交给他。但是他也很清楚，平民受到他的宣传鼓动，被他的奖赏诱惑，被他的成功和天赋吸引，终有一天，他可以不用要求，平民就会主动投票给他，帮助他达成心愿。根据正常的全民公投程序，恺撒一旦获得军事力量以及能带来财富的赫赫战功——钱正是战争和民主改革的动力——只需通过新的投票来加固他的统治权，使之无限期延长就好了。因此恺撒热情地支持人民主权。恺撒正是以完美的手段处心积虑，并以不容置喙的逻辑利用着人民主权。恺撒发现，只要将人民权力利用到极致，就能从中获得一切特权，包含所有他梦想的领导权，法律与公民将被他牢牢把控在手里，他甚至可以从形式上将其废除。可以说恺撒开创了能够跨越时间的"恺撒主义"，可是恺撒的恺撒主义只属于他的时代，因为恺撒深思熟虑到最后，想以神秘主义为其基础——他同时代的人大多深受神秘主义影响。但这种神秘主义今天已经不存在了。

恺撒的宗教信仰

来自东方的希腊思想早已渗透古代世界各处，以新形式将罗马权力的概念回归到对其起源的超自然解释上。根据这种解释，神话时代人民推选国王，后来在重要的历史时期推选其继任者，即执法官，选的其实不过是天命之人，也就是能掌握上天旨意的人。共和国的领导人虽然由占卜产生，但却并不满足于征询老天的意见、获得老天的批准，当投票变成令人不齿的贿选和讨价还价时，他们就觉得更有必要将自己权力的合理合法性与神的旨意联系起来。不管是虔诚的信徒还是无神论者，都在以下信仰上不谋而合：为了得到人民的服从，当选者必须在迷信的大众眼里更多地代表神性精神。西塞罗在他的哲学对话当中提到但并不认同加图关于肠卜僧（古罗马根据牺牲的内脏占卜的僧人）的一句话：这些人互相大眼瞪小眼时都会忍不住笑出来；还是这位西塞罗，却高兴地对部落大会历数他注定成为执政官的光荣神迹与征兆。他虽然驳斥神学理论的一切学派，却认为人民的好公仆若是通过出身或天赋而形成与神的联系倒是一件好事。瓦罗则更进一步，他认为，位高权重的人想象自己是神明的后代，若能使内心获得这种信念的安慰，获得更大的勇气和力量去行动，在成功的时候有更大的幸福，那么这样想就是非常有用的，哪怕这只是想象。恺撒并没有忘记这一课，他比任何人都更清楚宗教思想的力量，虽然他自己并不信教，但好在恺撒对自己有不屈不挠的信念，得以与自己的质疑和解。恺撒相信自己生来高贵，天赋异禀。他决心好好利用这一点。他这样一个人，无论面对恼人的神迹还是渎神行为都不会退缩。为了自己的野心，他不仅要求保护普通凡人，而且还要求保护他与臣民间父子般的关系。公元前68年初，他在远西班牙第一次任职时就立即放出消息，称自己在梦中与母亲有不伦的拥抱，这个梦令他害怕。解梦时，加的斯神庙神父向他保证，他即将拥有命运早已为他准备好的权力，某一天这种权力将覆盖全世界。几个月之后，他从财务官任上提早回到罗马，这些谣言已经先他一步传到那里，而且传得更为离奇，毕竟谣言来自世界尽头。他利用婶婶茱莉亚的葬礼这个契机，公开他对元老院的仇恨，同时也公开了他超人的野心。恺撒带着马略的肖像，走在葬礼上的至亲队伍最前面，此举无异于违反了终身流放马略的法律。这算是对元老的公然挑战，正是他们逼得辛布里征服者马略走向衰败。当他为马略遗孀的去世祈祷时，竟敢借赞颂她，骄傲地说起自己这一世系多么不凡，多么杰出。"像我的母亲一样，我的婶婶茱莉亚也是国王的后代；她和我父亲一样，都与不朽的神祇有关系。她母亲的名字正是来自马尔基乌斯·雷克斯家族，而这个家族又是安古寺·马奇路斯（Ancus Marcius）国王的后代。我们尤利乌斯家族则是传承自维纳斯女神。这就把国王作为人中之主的神性与神的宗教相连，而国王本身又源自这些神。"这些话他是用拉丁语说的，就好像在念"信经"①一样。其实这种润物细无声的反复吟诵，相比他同时采取的反叛举动，反而能更好表明他的野心和目标。小马略之后的苏拉、苏拉之后的庞培都被认为由罗马万神庙中最受敬爱的神祇维纳斯庇护，恺撒却一下子超越了他们，把自己直接安插进神的队伍里。站在自己历史使命的分岔路口上，恺撒真正发现命运给自己安排的目标是宗教性的、王权性的，他知道只有通过武力征服才能达成目标。10年后，他通过高卢战争、摧毁寡头终于赢得这样的赫赫战功。清楚这一点后，恺撒很快就坚持观点，并把源源不断的丰富资源投入这项事业中。

第二节　庞培回归后喀提林的阴谋
（公元前65年—前61年）

恺撒的策略

公元前66年，恺撒的野心虽还只是一个遥远的梦，但它已面临两大现实挑战：一是元老院。虽然此前元老院势力早已被动摇，但它依然和庞培一样令人望而生畏。二就是庞培。庞培在东方迁延多年，早已无力挫败恺撒。一次又一次的外交和军事胜利虽不断增强他的实力，但由于他远离意大利罗马，势力早已瘫痪。恺撒知道，他必须不惜一切代价削弱这两股力量，才能为自己清空路障。一方面，他在这两股势

---

① 译者注：拉丁文credo，原意为"我信"，古经文常以此开头。

力达成一致的问题上对它们同时发起攻击；另一方面，恺撒很清楚，二者水火不容，所以又设法使其鹬蚌相争。他使出浑身解数，不断使用这种策略，终于在二者之间杀出一条通往梦想中最高权力的小路。

公元前66年举行下一年官员选举

公元前66年为前65年举行的选举于寡头的对手有利。寡头领袖马尔库斯·李锡尼·克拉苏被推出来和卡图卢斯一起任监察官。恺撒作为克拉苏的副手、债务人被任命为市政官。最重要的一点是，恺撒一派中的两个多面手被任命为执政官：第一位是普布利乌斯·科尔内利乌斯·苏拉（P. Cornelius Sulla），虽然他和死去的暴君有亲缘关系，却从未改变对恺撒的忠诚。比如公元前57年，他就在自己坚固如城堡的家中藏匿恺撒的使者普布利乌斯·克劳狄乌斯，后来又在法萨罗（Pharsale）指挥胜利大军右翼。第二位是普布利乌斯·奥拓尼乌斯·帕埃图斯（P. Autronius Paetus），一个唯恐天下不乱的寡廉鲜耻的浪荡公子。此人在公元前63年终因参与喀提林阴谋而付出流亡伊庇鲁斯（Épire）①的代价。毫无疑问，一旦这些不怕死的人真的进入罗马共和国权力中心，他们便会急于将法制束之高阁，保证自己阵营的主导权。此时连最温和派的元老也觉得是时候走到台前了。为免受屠戮，他们采用了与恺撒相似的手段。路西乌斯·曼留斯·托夸图斯和法庭改革者奥莱利乌斯·科塔援引最新的《卡尔普尔尼乌斯贿选法》（Lex Calpurnia de Amb），发起针对新选任官员的贿选弹劾案，令他们受到质疑走向政治失利，并最终取代他们成为执政官（公元前

---

① 作者注：古希腊语：Épeiros，意思是"大陆"或"旱地"。

66年11月）。

执政官出局，克拉苏反击（公元前66年12月5日）

事情发展的全过程非常激烈，由于足够新颖，甚至可称为"革命性的事件"。事情一发生，克拉苏立即想以武力镇压政变。公元前66年12月5日前后，他除了把一直以来的合伙人尤利乌斯·恺撒召至家中开会，还叫了他的债务人当中最为活跃的一批；因为有债务关系，他有十分理由要求这些人成为自己的同谋。来的有：家道中落的贵族盖乌斯·安东尼乌斯·伊布利达、来自尼塞里的有趣的普布利乌斯·西提乌斯（P. Sittius），以及只想找刺激、超脱世俗偏见的贵族格涅乌斯·卡尔普尔尼乌斯·皮索（Cn. Calpurnius Piso）。这些人缺钱，不得不受债权人摆布。还有最后一位：苏拉派的叛徒卢修斯·塞尔吉乌斯·喀提林，他从某件事情之后突然疯狂反对寡头。①那一次正当竞选，在任执政官以他在阿非利加省任资深裁判官时实施暴行为由，指控其卷入渎职案因而不配参选，建议将他从公元前65年执政官名单中剔除。这一小撮人走到一起，制造了撒路斯提乌斯所称"第一次喀提林事变"。其实如阿斯科尼乌斯（Asconius）和苏维托尼乌斯所承认的，应该按其幕后主使和最终金主的名字，将它命名为克拉苏事变。②

---

① 作者注：西塞罗佐证了伊布利达与喀提林确实参与其中。其他人的参与之所以为我们所知，归因于事件中的各自分工。
② 作者注：今天的历史学家喜欢用"政变"这个词。

公元前65年1月1日事变

这伙人不愿意在前65年1月1日亲眼看着所谓的"执政官"上台，要在卡比托利欧山行刺元老，其中包括意图救下路西乌斯·曼留斯·托夸图斯及莱利乌斯·科塔的元老。一旦把篡权者杀死，获胜的执政官普布利乌斯·奥拓尼乌斯·帕埃图斯（P. Autronius Paetus）及普布利乌斯·科尔内利乌斯·苏拉将重掌元老们从他们那里大费周章夺走的权力。等他们权力稳固，就一致把克拉苏推上独裁官的位置。苏拉将保留最终认可与支持喀提林来年参加执政官竞选的态度，还将视恺撒为骑士阶层首领，并命他以此身份远征吞并埃及。与此同时，此前仅任财务官的格涅乌斯·卡尔普尔尼乌斯·皮索将得到远、近西班牙的特命指挥权，普布利乌斯·西提乌斯将动用他与毛里塔尼亚国王博丘斯二世（Bocchus Ⅱ）及博古德（Bogud）的银行业务往来，跨过赫拉克勒斯之柱在海峡另一边征兵，并把非洲全境纳入独裁政府统治。通过这个完美计划，大人物克拉苏希望使胆战心惊的元老臣服于自己，又一劳永逸地解决掉已被隔绝在西方权力之外的庞培。可是，自大与仇恨使克拉苏盲目，他很快就不得不打消这过于荒谬和自傲的计划。

阴谋失败（公元前65年2月）

虽然计划严谨，但还是走漏了风声。警觉的元老院下令为执政官托夸图斯和科塔配备贴身侍卫。甚至在刚收到警报的时候，元老院几乎要进行调查，要不是忠诚于平民派的一位部落成员援引"平民干预权"的话，此事将直接变成一桩轰动全城的公案。公元前65年1月1日一整天相安无事地过去了。由于政变者推迟计划，元老们暂时安心，委派卡尔普尔尼乌斯·皮索至近西班牙执行任务，此举与其说是宣示自己暂时安全，不如说是为了摆脱此人。伊比利亚半岛有许多庞培的恩客，皮索刚抵达就遭突袭[1]，他的死亡直接导致西提乌斯中止在非洲的军事行动，也间接导致政变计划未执行的部分被放弃。恺撒表面上为克拉苏做了很多中间人的工作，可他和克拉苏既不同仇敌忾，也不一样天真。况且他不希望自己的舅舅奥莱利乌斯·科塔成为大屠杀的第一批牺牲品，于是他想办法推迟血腥计划。本来该在新年第一天起事，随着2月的流逝被推迟到更晚。恺撒预计，皮索将导致西班牙起义，同时，因为他在科莫湖（Lac de Côme）地区对阿尔卑斯山南人宣讲了一番，山南地区也会发生暴乱。皮索的死正好给他不行动的借口。举事这天，也就是公元前65年6月5日，恺撒竟"忘记"交给他们一小块袍子上的布料——这本是大家约定的行动暗号，等他交出布料一齐向敌人发起攻击。这一来，表面上恺撒是执行了克拉苏针对元老院和庞培的斗争，却也在予自己方便时破坏了斗争。恺撒非常满意，他胆大包天把贵族吓得不轻，又以个人智慧拯救了城邦，他以自己策划的和平结局抹杀自己最初的罪恶妥协，这时他威望大增，已准备好为自己的利益重拾卓有成效的计划，虽然此前不人道的领袖鲁莽地将暴力袭击作为计划方向。

埃及事变（公元前65年）

首先，恺撒让保民官提案，这样一来，他就进入克拉苏的视野，

---

[1] 作者注：撒路斯提乌斯对此做了几种不同的推断，其中最重要的说法是庞培党对克拉苏派进行的报复。

这给他带来希望，给他特派官员权力，赋予他"改写"埃及命运、把它变为罗马行省的使命。托勒密十二世奥勒忒斯（Ptolémée XII Aulète）不顾托勒密十一世·亚历山大二世（Ptolémée XI Alexandre II）的遗嘱（无论真假），以及更早的托勒密八世费思康（Ptolémée Physcon）真实无误的遗嘱而登上王位，尽管他做出了努力，却始终无法获得罗马元老院在法律上的承认。托勒密十二世做了诸多努力，却从头到尾都没让罗马元老院承认其合法性。恺撒觉得，是时候翻翻旧账强调一下罗马法律了。兼并埃及，罗马就将战功圆满，其触角可伸入这个至少在理论上唯一保持独立自主的地中海大国，还能平衡庞培的影响力，因为一方面兼并埃及的功劳与庞培在亚细亚的功勋不相上下，另一方面，此举必然从尼罗河带来数不胜数的财富，恺撒会把财富所有权上交给民主派，后者自然希望做成这项事业。达成这样的目标，恺撒希望得到相应的荣誉，不过他过于明显地将罗马的伟大事业和自己的野心联系起来，立即引起某些人的反应，这些人既有反对领土征服的元老，也有忠于庞培的骑士。这项提案一下子就把恺撒放在了庞培的对立面，成为对寡头的羞辱，遭到贵族派激烈反对，也遭到骑士阶层代言人西塞罗的精妙打击。西塞罗应该正是在这种情形下发表了今天已经轶失的演讲《论亚历山大大帝》（*De Rege Alexandrino*）。提案在保民官的敌对态度中流产了。

克拉苏迂回图之，他宣布将以监察官名义把埃及税收纳入罗马国库，遭到卡图卢斯一票否决。于是克拉苏不再迂回解决埃及问题，平民大会已经正式降低这个问题的优先级了。他改变策略，采用了恺撒的另一个方案，目标是直接令波河平原以北居民完全归化。

波河平原以北问题以及《帕皮乌斯法》（Lex Papia）（公元前65年）

克拉苏想尽办法，既然自己位高权重，那就把它直接转化为行动。他公开了将波河平原以北拉丁地区纳入罗马帝国的野心，卡图卢斯再次从中作梗。作为报复，克拉苏对卡图卢斯的一切提案都横加干预。监察官职务暂时中止，两位监察官不得不同时辞职。民主派想坚持计划，只需把波河平原以北问题拿到公民大会上讨论就好，市政官尤利乌斯·恺撒刚刚因为安排赛马庆祝而收获人群欢呼爱戴，此时由他提出要求再巧妙不过了。他把自己越来越高的威望用于支持波河平原以北问题，这样就平衡了各派力量对比。但他还没来得及支持保民官，虽然他们十分听话，且毫无疑问准备要劝犹豫不决的克拉苏下决心发起全民公投，就有其中一位保民官盖乌斯·帕皮乌斯（C. Papius）被元老院收买，跳出来做绊脚石。他利用罗马公民的自私心理，指出人口多到不可忍受会带来影响。公民大会竟批准了他的提议，要求罗马赶走住宅处于意大利国境之外的所有移民，这就意味着从具体层面消弭了归化措施的政治影响，因为无论如何，由卢比孔河确定的半岛疆界内的外邦人将被禁止在内城（Urbs）居留。恺撒于是把内心最重要的想法深深埋藏，待他成为主人的那一天再迅速而高效地实现。他绝不愿因一时头脑发热坏了大计。他情愿推迟也不想逆流而上，况且这股洪流的力量在帕皮乌斯法风波中他已见识过了。因为深刻的改变暂时没有发生，他只好满足于短期成就，雷声大雨点小，也掀不起什么大风波。不过在接下来的几个月中，这些操作使他惹恼甚至激怒了贵族，同时他自己还提升了大众名誉和威望。

尤利乌斯·恺撒离奇的高光时刻（公元前65年秋季）

在公元前65年举行的执政官选举中，喀提林没能获得最高长官职务。而且在阿非利加人民的要求下，他未能避免贿选控诉。指控人是其同谋小普布利乌斯·克劳狄乌斯。他的控告力度较弱，对喀提林不利的证据他也不加利用。西塞罗知道喀提林要参加公元前64年公民大会竞选，于是想出计谋，要和他一起组成竞选集团。在贵族首领针对前任执政官科尔内利乌斯的叛国罪提案中，西塞罗懂得避免正面交锋，结果为被告辩护成功，还得到公民大会完美赞扬。于是他毛遂自荐为喀提林辩护，如此一来，喀提林自然会感激他，西塞罗自己也能提高在平民面前的威望，因为现在喀提林算是平民派最青睐的政客之一。不过西塞罗付出了代价。第二年，西塞罗就要和喀提林竞争——虽证据确凿，喀提林还是被法官赦免了——而且西塞罗再也不能指望他大发善心了。

一出出戏码上演，一个个选举组合形成又取消，闹得无休无止；与此同时，恺撒内心深处的计划也在继续实现。在他任市政官的这一年，人们称赞他的举措，可到最后却害怕起他举办的活动来。他本来满心希望人们喜欢他在市政官任上办的节庆演出。公元前65年9月的竞赛和演出被他搞得有声有色，简直前所未见。为了凑够钱，他和同事——同为市政官的马尔库斯·卡尔普尔尼乌斯·毕布路斯（M. Calpurnius Bibulus）一起掏腰包，可是两位官员共同举办美轮美奂的演出，大家最终却只感激恺撒一人。面对无法挽回的不公平对待，毕布路斯十分苦闷："进献给卡斯托尔和波鲁克斯孪生兄弟（Gémeaux Castor et Pollux）的神龛从来不会单独称卡斯托尔神龛，恺撒和毕布路斯两人操办的比赛也不应单独称恺撒大赛。"确实，恺撒自己拿主意给美好的仪式增加了巧思,可借口是要向父亲的在天之灵做虔诚的特别献祭。他在传统的罗马节大赛基础上增加了自己都没看过的角斗士比赛,他带来的角斗士太多,就好像带军团来作战,搞得元老们坐立难安,急命恺撒限制角斗士数量。恺撒不得不召回几组人,但最终依然保留了320组角斗士。恺撒慷慨地给所有角斗士统一配银盔甲,让他们银光铮亮地齐齐站在舞台上,这个纪录至今未被打破。极致奢华的表演令观众沸腾。不过,某天早上,有人发现恺撒违反规定,连夜将马略的战利品置于卡比托利欧山。卡图卢斯在元老院对恺撒大发雷霆也无济于事。恺撒暗地里破坏政权,光天化日之下也敢藐视法律。卡图卢斯要求追究恺撒的法律责任,可元老院不敢下令,甚至都不敢推倒那些战利品,那可是激发恺撒叛逆野心的标志物。最终,马略的雕像稳立于基座,恺撒也没有受到惩罚。贵族竟已衰败至此,区区一个平民偶像市政官就能令其瑟瑟发抖。

公元前64年为下一年准备的选举

　　此时恺撒年仅36岁,根据法律,还需要等两年才有资格成为高级官员候选人。但他不知羞耻地挫败他人仕途,自己却还无权享有权力,那么就搞破坏,让别人也无法享有。他用手段和暴力,还带着一点被宠坏的孩子的嬉闹劲儿,似乎激怒贵族就为了好玩。一会儿拿官司当杂耍,一会儿嘲笑官司不合法,一会儿把平民推到贵族的对立面、把祭司推到世俗官员对立面,一会儿煽风点火,加剧元老之间的不信任,一会儿又挑拨离间元老和庞培。恺撒教唆广场上的小喽啰制造混乱,都要把罗马帝国弄分裂了。恺撒既寡廉鲜耻,又从不出错,玩火却不担心引火上身。他是混乱的制造者,享受释放混乱,但又有及时掌控一切的把握,他希望建立自己所向往的新秩序。从公元前64年夏天开始,公元前63年官员竞选虽风波不断,却令时局朝有利于恺撒的方向发展,同时加重了共和国政权的恐慌。

恺撒对抗流放派(公元前64年春)

恺撒必须在公元前63年执政官大选前夕挫一挫对手的锐气,唤起他们关于苏拉禁令的悲惨回忆。虽然涉事杀人犯当时已被独裁官苏拉豁免,但其中最凶残的两个还是被恺撒告上了刑事法庭:前百夫长卢修斯·卢西乌斯(L. Luscius),他手上至少沾着3个人的鲜血;还有卢修斯·贝利叶努斯(L. Bellienus),苏拉命他刺杀卢克莱修·欧费洛(Lucretius Ofella)。根据规定,出于健康或其他原因无法继续任职的裁判官,可以为法庭主席一职物色自己的替代人选。恺撒作为前市政官被任命为刑事法庭审判员,主持法庭辩论,禁止两位被告人缺席这场辩论。最终恺撒做了有罪判决。这是个高招,一方面,这样做等于向和最恶毒的杀人凶手搅在一起的贵族发起斗争,触及人民心中永远敏感的一块,将尊重公民生命安全放在一切法律之上。另一方面,虽然还看不出来,但这招毁了卢修斯·塞尔吉乌斯·喀提林这个新晋门徒当选执政官的机会。恺撒曾当众支持卢修斯·塞尔吉乌斯·喀提林,但实际上恺撒内心对他应当是持鄙夷态度的。喀提林因为克拉苏的缘故假装成民主派,又为了苏拉杀死马尔库斯·马留斯·格拉提迪亚努斯(M. Marius Gratidianus),整个罗马城惊恐地看着他如何提着被处决的流亡者的头颅,从贾尼科洛丘(Janicule)漫步到阿波罗神庙。虽然他的过去如此可怕,恺撒还是为了让克拉苏高兴而假装支持叛徒的活动,因为这个叛徒已成为他们的工具了。但他一点也不讨厌用以前对其他流放派也用过的手段来让喀提林落选。所以公元前64年夏，部落多极端厌恶喀提林，情愿投票给新人西塞罗和贵族安东尼乌斯·伊布利达。喀提林的政敌因为他的失利而更加大胆，也开始在刑事法庭提到他公元前82年犯下的杀人罪。卢修斯·鲁克乌斯（L. Lucceius）元老跳出来指控，他一定自豪于以诉讼割裂了喀提林和平民派的盟友关系。喀提林亏了他一班民主派朋友相助才脱罪，尤利乌斯·恺撒则在受牵连后进化出令人害怕的手段，保持他服务苦难人民的权力不受影响。这一次，恺撒的全身而退与此前所经受的严峻后果形成鲜明对比，展现出强大的力量。

西塞罗参加竞选

虽然贵族派已经看到自己在保民官选举中失利，但他们既不能求同存异，又分赃不均，所以在未来两位执政官的提名问题上根本无法达成一致。他们从情感上和经济上分别支持4位候选人：一位是贵族、一位是保民官，这两人无论在个人生活还是仕途上都因作风严谨而闻名，但都缺乏经验，同时过于严谨，这一点对他们很不利。他们就是普布利乌斯·苏尔皮基乌斯·伽尔巴（P. Sulpicius Galba）与昆图斯·科尼菲西乌斯（Q. Cornificius）。还有两位平民派（plébéiens），虽然名气小些，但同样也是名门之后，其中盖乌斯·李锡尼·萨凯尔多斯（C. Licinius Sacerdos）根本没有个人名誉，只有匹夫之勇；另一个卡西乌斯·朗基努斯简直就是个无赖，其懒惰和愚蠢比其直觉更为糟糕。我们已经可以预见到，这4个可怜的贵族阶级竞选人差异大，人又多，定无入局机会；大多数选票会投给他们的对手即平民派举荐的候选人：卢修斯·塞尔吉乌斯·喀提林及安东尼乌斯·伊布利达。这两位像克拉苏一样，都曾是苏拉派，但后来幡然悔悟，又因为欠克拉苏的巨额债务而转向他的阵营。但这二位太不值得推荐了，其他人又太平庸了，还有另一位候选人口才上佳，学识和商界人脉足以补足他缺失的高贵出身，他就是马尔库斯·图利乌斯·西塞罗。西塞罗最终入局并成功夺魁。

没有人会指责西塞罗竟和寡头混在一起，虽然他根本不属于这个群体。他出生在阿尔皮诺（Arpinum）的一个骑士家庭，从家庭出身来看，他显然更靠近城市中产阶级而不是身处罗马高位的贵族。他的某些观点，比如支持阿梅利亚的罗斯基乌斯，或者反对韦莱斯，都反映了对贵族统治的反对，这使他大受欢迎，但还没有到受到所有城市平民都信赖的地步，因为比起高谈阔论，这些人更关心战场或选举大会上的流言蜚语。但最重要的是，我们看到西塞罗彻底奉献于他的阶级，骑士阶级的赞助者们将他看作自己的律师，为他提供奢华的生活，也为他的荣誉之路开道。为了骑士阶级利益，他先是反对元老院，为庞培争取由《曼尼里乌斯法》授予的特命指挥权，后又为元老治理平反，为冯提乌斯辩护。他的政见从根本上来说都是过渡性的，这让他没能获得贵族派平民派任何一方的支持，但他能轻松审时度势，利用他们的支持，时而跟这一派在一起，时而和另一派在一起，必要时出人意料地与某一方拉近关系，获得更多选票。而且两面派与多变的立场也符合他的天性，他灵活敏感，但除了口才没有别的天赋，又极为自大，这反过来影响他的天赋，有时甚至令他头脑发蒙，本就微弱的才智也受到影响。元老院位高权重的官二代们对他敬而远之，这令他的自尊受到严重伤害。想要成为执政官的野心完全占据了西塞罗，他一点也不耻于从平民那里获得支持和成功。为此，他在公

152

元前66年接受了前部落长科尔内利乌斯的庇护，并于公元前65年沉着冷静地考虑与喀提林合作。但对他来说，处理法律文书不如阻止选票更为重要。当他前进的步伐被克拉苏和恺撒阻挠，他就毫不犹豫地寻求敌对势力支持来助自己一臂之力。

《如何竞选执政官》（*De Petitione Consulatus*）（公元前64年春）

从一份奇怪的证据中，我们能看出西塞罗的天真与狡诈。那是由信件改编而成的一本教学小手册——《如何竞选执政官》。信中似由其弟弟昆图斯对他的行为举止进行指导。西塞罗对此自然是有所贡献的，如果这本手册是在他死后由一个阴险或笨拙的人辑录到他的书信中的，那么它很可能是在他参加竞选初时写给身边人看的，指导他野心实现道路上的辅助者，让这些被迫见证他小伎俩的人读来一笑。这份完美候选人的随身手册中有竞选成功的秘诀，对任何时代都有效。这就属于这本言辞激烈、充满争议的小册子当中的喜剧部分了。但历史学家对它感兴趣，因为西塞罗在书中不动声色地解释自己的诡计，将自己向往的幼稚的梦想展露无遗。我们这位主角，一开始竟指望手下一群乌合之众创造奇迹。对于这些人，他不加区分地全部称为"朋友"。"朋友"协助他的事业，他则为他们安排不同的专职：专司拜访者、陪同拜访者、陪伴回程者与书记员。于他最紧要的一件事是不要让任何人感到震惊。首先，自然不应让明目张胆宣称与之为敌的人警觉到什么，他们每个人都受自己弱点的限制；其次是称兄道弟的假朋友，还有涂脂抹粉的演员，西塞罗这种长期逆来顺受的形象极易引起这些人装模作样的趋附。西塞罗的想法是将分散各处的支持者拢在一起。我们只要看看他向之许诺的都是些什么人，会意识到其中包含这个国家的各个群体：意大利城邦居民、勤奋的青年学生、骑士、平民、元老、庞培的仰慕者。作为候选人的西塞罗首先将自己完完全全地奉献给了所有人。

《身着候选者白袍》（*Oratio in toga candida*）及西塞罗当选（公元前64年7月29日）

但西塞罗这一招却完完全全地失策了。因为克拉苏和恺撒不好哄，他们摔掉西塞罗伸过来的橄榄枝。为了对付西塞罗，他们对喀提林与盖乌斯·安东尼的联合表现出令人不齿的慷慨大度，元老院只得在最后一刻加重针对贿选的法律惩罚。另有一位保民官昆图斯·穆修斯·奥雷斯提努斯（Q. Mucius Orestinus）跳出来干预元老院这项决议的执行。此时前任行省总督西塞罗要求发言——他的即兴发言今天留存的仅有只言片语——西塞罗对援引"平民干预权"者十分恶毒，称他为"小偷""粗人"，又把他背后可悲的保护人安东尼称为"十恶不赦的坏人、角斗士、车夫"，还有喀提林这个"通奸者、渎职者、杀人犯、渎神者"。西塞罗表达了冗长的谴责，言辞激烈堪称粗俗，以上似乎就是西塞罗穿着白色候选人袍子发表的演讲原话。乍一看，我们很容易认为这样破口大骂是无用的，因为这最惊心动魄的演说已经被保民官一票否决权先行击破。但如果再想一想，我们会发现这满含愤怒火焰的话中含着某种决定性的行动。西塞罗词句的力量，使元老院几乎上下一致和这位敢于直面敌人的新人统一起来，因为西塞罗是在捍卫元老院。因此，《身着候选者白袍》就好像最后一刻压上来的砝码，全盘逆转局势助西塞罗夺得胜利。几天后，百人团大会

（Comices Centuriates）将压倒性的多数选票投给西塞罗，35个部落无一例外。盖乌斯·安东尼远远落后于西塞罗，且仅比喀提林多拿了几张选票而已（公元前64年7月29日）。平民派联盟被击破，但恺撒内心应该非常高兴，他看到西塞罗的平民派假面具掉了下来；而且，在被苦涩吞噬、渴望复仇的喀提林面前，新任执政官根本施展不开，因为职务由两名执政官轮流担任，刚刚过去的斗争使得其中一位在面对另一位时汗毛直立，两人现在成了暂时相互妥协的敌人。

《塞尔维利乌斯提案》（Rogatio Servilia）（公元前64年12月10日）

盖乌斯·安东尼在幕后指挥者的唆使下和某些部落暗中勾结，并承诺尽己所能帮助其实现民主方案。首先就是一项土地法案，如果得到通过无疑将使共和国上下为之震惊。西塞罗一得知计划就想办法找背后指使者，可他们躲避一切会面。新保民官履职当天，即公元前64年12月10日，其中一位保民官普布利乌斯·塞尔维利乌斯·茹卢斯（P. Servilius Rullus）来到公民大会上，穿着邋里邋遢的穷人衣服，当堂读起了他的提案。这一长篇宏论很快就被张贴在集会广场上，西塞罗此时是被任命但尚未赴职的执政官，他急忙派秘书获得一份副本。甚至在他就职当晚，也就是公元前63年1月1日，西塞罗还在向元老院揭发提案的革命性内容；紧接着第二天，他就毫不犹豫地在人民面前加以抨击。我们现在只能通过西塞罗的反击了解茹卢斯的立场。虽然西塞罗把他的提案打得粉碎，但从这一地残渣中仍有可能重建整个提案。虽说提案署名人是茹卢斯，但从其涉及概念之广、细节之真、逻辑之缜密、文字之简练，都能看出这份演讲上满是狮子锋利的爪印，而这头雄狮正是恺撒。恺撒确实是提案的幕后指使者，而且之后他还更进一步强化了提案。

提案内容

提案发起一场规模宏大的严肃行动，要对所有公地进行重新分配：意大利境内特鲁里亚海边的高卢山区、亚得里亚海的加尔加诺山区，连躲过苏拉和格拉古兄弟一劫的私有地都没放过。提案还罗列了一系列应进行土地分配的行省：西西里、西班牙、马其顿、阿哈伊亚（Achaïe）、昔兰尼加，还有阿非利加，甚至连古迦太基的禁忌之地都算在内。最后，对于新吞并的比提尼亚与黑海行省，提案明确要求对原国王领地进行重新分配；至于对奇里乞亚，要求分割法赛里斯、奥林波斯与安塔利亚（Attalia）一带的土地。仅有3处例外：苏拉规定其部下老兵和被保护人占领的意大利境内土地；西西里新近开始种植的农田；公元前75年执政官科塔以罗马人民名义承认由耶姆普萨尔（Hiempsal）国王自由享有的阿非利加省土地。第一种情况，是出于对社会和平的合理向往，第二个则是为了拯救韦莱斯苛政导致的西西里农业生产急剧下降，而第三个是出于对契约的尊重。三者都反映了立法者的政治精神。但这些都不影响财产所有权规定：苏拉手下的这些土地拥有者需要交税；西西里和非洲农民不管条件如何，每个人都应按时上交什一税。

法案也预见到，有些土地由于位置偏远或过于贫瘠，并不吸引人，因此应当出售，除了农业收入要上缴之外，大将军们还要额外抽取银钱。当然此前庞培没有做过此种要求。收上来的钱一部分用于购买更有吸引力的土地提供给其他受益人，按照他们的自身意愿分配；

另一部分则用于购置农具。

土地将分配给所有无家可归的贫穷公民。首先就是城市平民,因为解决城市多余人口的生计和贫困问题非常重要。应立即在新占领的土地上建立市政自治机构,由百名十夫长、10名巫师、5名祭司构成。各个地块应根据殖民城市宪法实行按需分配。分配到卡普阿地区的移民人数应减少到5000,每人获10罗马亩(iugera,一罗马亩约合2675.6平方米)土地。执法权由民选的十人团享有,唯一的限制是,不接受不亲自到场的竞选申请,至少不会以正常形式接受;像古时候选举大祭司那样,按《多米丢法》(Lex Domitia)规定,由17个部落抽签后再唱票。十人执法团任期5年,对于土地分配与买卖,对于集中制、法律运行公共财政基金的处理以及殖民地的组织方式将拥有自由裁量权。他们将收到由国库负担的差旅设施、帐篷、马匹、餐具;还将获配用于职务差遣的人员,包括神职人员、文书、信使、会计、建筑师及200名土地丈量师。最后也是最重要的一点,他们拥有库里亚大会通过的、法律赋予的、绝对无可置疑的权威。从本质上讲,这就是以土地改革之名行十人专制之实,而这就是提案建议对罗马、意大利乃至整个罗马帝国实行的改革。

茹卢斯失败(公元前63年1月)

茹卢斯如果成功就可以一举多得。首先是消灭元老院,因为他所谓的十人执法团是从元老院手里夺权,使元老无以为继;本来元老院通过的土地分配方式是禁止占领坎帕尼亚地区的。其次,榨干了骑士阶层的收入来源,因为各行省的土地分配将取消收税公司对土地的拥有。再次,可以羞辱庞培,因为该提案禁止不到场者参加十人委员会竞选，这种人还没被提名就被排除在游戏之外了。在这样的条件下，如果说这个提案在社会层面上理由充分——毕竟当时罗马衰败、人口过多①；但在政治层面上却伤害了太多人的利益，而且这些人力量太强大，提案不可能通过。恺撒自然不可能天真到相信提案会成功通过，也不会天真地希望别人抢占先机控制国家。他急于建议采取行动，根本等不到执政官的束棒落入盖乌斯·安东尼讨好的双手。这就揭示了他内心深处的真实想法。他只想着要去拷问舆论，之后他确实这么做了，而且是以他的名义，在有利于他、于他便利的时间做的。现在，他只需要给无产者系上铃铛，找出他们最自私的人性弱点之所在，再把寡头钉在这个位置，顺手把西塞罗也拉下水。西塞罗这次被击中软肋，一头扎进别人给他设的陷阱里。他竟4次发表长篇大论反对提案，但在听众这里，他的口才反而对他不利；在听众内心深处，他的形象一样在下滑。在《论土地法案》（De Lege Agraria）中，西塞罗确实让大家看到他的所有缺点：他的懦弱，躲在茹卢斯背后不敢揭发给保民官撑腰的大人物；他的虚伪，向大众发言和向元老院发言时用的是两种语气；还有他败坏的道德，一边接受土地法的好处，一边既不接受茹卢斯的提议也不拿出自己的提议，面对敌人时他的道德败坏更为明显。他说塞尔维利乌斯提案专权、过于绝对，并对此进行了一番完美论述，时而狡称迦太基和卡普阿地区将受巨大损失，时而又针对平民的本能欲望发出令人不齿的呼吁。显然，平民若回归农业劳动，他的选票、收入与生活享受一定会随之锐减。这名刚刚登上执政官大位的"新人"，竟哗众取宠地捍卫最反动的观点，而且为了获

---

① 作者注：公元前86年的人口普查结果显示46.3万居民挤在500公顷的内城里。

得掌声他就可以让步，屈身服务于贵族。其实，他要真想保持沉默是非常容易的。很快一位保民官援引平民干预权，再加上公民大会有心偏袒提案，竟以一票之差决定不予干涉。就这样，茹卢斯失败，土地改革提案被束之高阁。在这场不必要的斗争当中，西塞罗虽然持反对意见，但并未完全排斥提案，因此失去了他最好的名声。

西塞罗无用的胜利

恺撒十分有恒心，很快又给执政官西塞罗安排了一场伤敌一千自损八百的皮洛士式胜利。这是一次稀松平常的政治抗议，于路西乌斯·罗歇斯·奥索有利。此人因提议在剧院里为骑士阶层留出最好座位，而在人群的嘘声中如坐针毡。他回到自己的位置后，西塞罗立即对他发表连珠炮式的即兴独白，引来掌声一片。恺撒为西塞罗准备的事件还有更重要的——执政官盖乌斯·卡尔普尼乌斯·皮索案。皮索担任纳博讷行省总督期满回罗马后，遭恺撒指控受贿和滥权。而西塞罗此时又自降身价，从罗马帝国最高领导人之位回归律师身份一整天，兴高采烈地代表他面对法官裁决。①他没有意识到他的辩护又一次与《反韦莱斯》中的慷慨陈词背道而驰，将使他彻底失去纳博讷行省人民的感情，这是一个罗马化并与半岛关系紧密的行省。西塞罗沉醉在自己转瞬即逝的激情中，他的辩词与其说是来自理性思考，不如说是得益于他的能说会道。恺撒则对小打小闹的礼节性问题置之不理，这么做也的确为他带来了好处。更何况他的事业才是正道，虽说胜利暂时迟到，但似乎不会永远缺席。

---

① 作者注：无法确定庭审的确切日期，但很可能是发生在公元前63年初的某天。

恺撒参与竞选，企图取代梅特卢斯·皮乌斯

很快恺撒就觉得元气十足，要对未来走向发起一劳永逸的大攻势。大祭司梅特卢斯·皮乌斯刚刚去世，恺撒从公元前73年起就担任15位祭司之一，现在他一心只想成为大祭司的继任者。当然，如果按照苏拉治下的法律，由大祭司团来提名的话，恺撒定会错失良机。有一位保民官知道他内心想法，想助他实现愿望。这位保民官提图斯·拉比埃努斯（T. Labienus）发起议案，要根据《多米丢法》所确定的，将大祭司提名权交还给人民。恺撒近期授意茹卢斯提出十夫长选举议案，也着力重新吸引大众视线，他仅请来17个事先抽签确定的部落参加投票。面对混进队伍当中的竞争对手，如曾举办凯旋式的普布利乌斯·赛尔维利乌斯·瓦蒂亚·伊索里库斯和元老院大长老卡图卢斯，恺撒不为所动，依然递上了竞选申请。①没有哪一场选举比这次更贵。因为根据规定，候选人直到最后一刻都不知道投票单位将如何组织，就不得不无一例外地买通35个部落，而不是要在35个部落获得多数选票——那样的话竞争者们只需要买通35个部落中的18个就够了。也没有哪一场选举的职位如此古老又如此众多。竞争国家最高领袖，一般来说最能带来美好的前程，从公元前212年开始，这样的好事从没落到过一个小小市政官头上。对恺撒来说，这是他必须迎接的挑战，哪怕他有可能陷入绝望而贻笑大方。选举当天，恺撒悲壮地向母亲道别，他说：今天晚上，您就会知道我究竟是大祭司，还是大逃犯。

---

① 作者注：恺撒当上大祭司是在公元前73年，当时他取代了舅舅科塔。奥古斯都当选大祭司是5月6日。但奥古斯都等到5月6日——雷必达死后好几个月——才抢走雷必达的位置，仅仅是因为5月6日是他的养父当上大祭司的周年纪念日。

也就是说，他早已知道自己参与的这场豪赌可能通往什么样的深渊。但他还是赌了，而且赢得很漂亮：他的票数高出所有候选人在各自部落选票相加之数的总和，一举夺魁成为大祭司。

大祭司恺撒

　　政治新人战胜城市元老的这场大祭司之争，对恺撒是一次自尊心的极大满足。现在恺撒已经知道自己在公民心中的地位了。同时这给了恺撒一个杠杆，其力量他自己心知肚明。在政治风波和政治领袖一年一次更迭的动荡中，唯有大祭司拥有永恒而不可动摇的权力，超越人们任性善变的选择。因为大祭司是人民投票选出来的，所以恺撒的权威更合法合理，这个职位就好比不可侵犯的庇护所，在这里面他能以神权的名义，建立自己至高无上的权威。当选第二天，他就搬离了位于埃斯奎利诺山（Esquilin）的祖屋，并把镇宅神搬到了公房（domus publica），他后来在这里一直住到死去。这里距离贞女之家（Maison des Vestales）很近，在神圣大道附近，属于雷吉亚（Regia）延伸地带，雷吉亚原先是努马国王（Numa）王宫，后来改成了神庙。恺撒看似稀松平常的一个搬家举措，却不但让他接近了国王的住宅，更接近了当国王的条件。恺撒好像有意展露自己内心想法，写了一本关于自己神秘祖先尤利乌斯的传记。书中恺撒严肃对待神话传说，他将自己的祖先与埃涅阿斯（Enée）和克瑞乌萨（Créuse）之子——后从特洛阿德（Troade）被带到意大利——相提并论。他讲述埃涅阿斯与第二任妻子拉维尼亚（Lavinie）生下的小儿子西尔维乌斯（Silvius）从父亲那里继承王位，年轻的主人公阿斯卡尼俄斯（Ascagne）如何改名换姓，以大祭司身份成为第二位拉丁国

161

王。旁征博引的虚构故事饱含重要暗示。恺撒曲解国民神话，令古老主题在他任大祭司职务期间逐渐发展出新概念。我们能想象，此举势必使贵族极度惊恐。恺撒窃取大祭司一职，等于改变了这个职位的性质，同时他也为遥远但已依稀可辨的目标积蓄了力量，好落实他的王权野心。很快他就利用大祭司职务带来的远超其他高级职务的权力，针对元老院和执政官打响了毫不留情的战斗。

拉比利乌斯案（*Rabirius*）

公元前63年春季，大祭司授意保民官提图斯·拉比埃努斯突然起诉元老盖乌斯·拉比利乌斯谋杀。公元前100年，他曾亲身参与对萨图尼努斯和格劳基亚腥风血雨般的打击报复。拉比埃努斯的叔叔曾在这场斗争中丧生。现在他公开指控拉比利乌斯杀死萨图尼努斯，是为了从政治上报复未经人民审判就迫害死罗马公民的罪恶行径。面对已过去37年的破坏公民自由的犯罪行为，拉比埃努斯觉得无法引用任何法条，除了一项古老的叛国罪能匹配这样的罪行。拉比埃努斯和恺撒二人与拉比利乌斯确无个人恩怨：这个老头的历史很模糊，他是否有罪已不可考。这两人只不过拿他杀一儆百。他们毁了他，就等于毁掉危急时刻元老院赋予法官的生杀予夺的最终决议权。支撑二人意图的法律依据是叛国罪法律程序，它最后一次启动还是在公元前249年。但无论是曼留斯案，还是卡西乌斯或年轻的贺拉斯（Horace）的案子，关于其诉讼过程的记录都已消失在历史的迷雾中。选择如此过时的手段，本身就说明原告根本不想深究，也不想让八十几岁的拉比利乌斯真的伏法于束棒之下或绞刑架上。这条古老刑罚过于严苛，有悖于恺撒想获得的仁爱之名，所以他对这个指控绝不是认真的。不管苏维托尼乌斯说恺撒当时表现得如何狂热，那都不过是表演而已。正如事件发展所证明，他显然也为自己留了后手，好救拉比利乌斯一命。这就要归功于公元前249年发生的事件了，当时德雷帕纳（Drépane）的手下败将普布利乌斯·克劳狄乌斯·普尔切在最后一刻获益而活下来。对恺撒来说，判决的执行远比不上判决本身重要，它就像在元老们面前立起可怕的警告牌，专门针对那些胆敢打元老院最后决议的幌子耀武扬威的人。

政治动荡与低谷

同样是出于政治原因——不过却是相反的诉求，西塞罗希望判决能进行到底。他满怀信心指望拉比利乌斯能被免责，因为这样就等于确认元老院多次下放给执政官的大权是合法的。但是从公元前121年到现在，人民既未批准也未反对这种权力。这样前后矛盾的态度使当事人的儿子十分疑惑，今天我们也很难厘清头绪。事情的发展大概如下。由于拉比埃努斯十分反常地提起了诉讼，前执政官卢修斯·瓦勒留斯·弗拉库斯显然与他意见一致，没有想拒绝他，人家怎么给他的他就怎么接受，而且，据说卡米耶（Camille）死后由图鲁斯·荷提利乌斯（Tullus Hostilius）法开创的先河他也遵守了，对于这个援引叛国罪的新案件，他决定交由双法官（duoviri）判决。一般情况下，只有高级叛国罪才交由双法官共同审理。至于这两个人选，他交给命运来选择。他从明显被操纵的选票中，抽出了执政官卢修斯·尤利乌斯·恺撒（L. Iulius Caesar）及其表兄弟、新晋大祭司恺撒的名字。双法官一经确立，二人威武庄严，当堂朗声念出古代残忍的法律，紧接着就判拉比利乌斯有罪。西塞罗想推翻无情的判决却失败了，不仅

163

因为两位法官的任命本身就有内情,且违背传统——法官本应由公民大会的大多数选票决定;更因为其中一位裁判官的意愿本身就符合平民干预权,等同于他所有同僚的意愿,也等同于他的上级、两位执政官的意愿。不过事情发展发生了急剧变化。元老院支持了西塞罗的提议,但西塞罗跟老贺拉斯一样,希望民选双人法官。西塞罗此举无异于莽撞地把敌人追到早就埋伏好的"司法体系陷阱"旁,还想逼他们跳进去。

结局与影响

西塞罗的诉求一经提出就立即引出管辖权问题,应该向哪一级大会申诉呢?是拉比埃努斯所主张的公民大会——因为它是唯一具有部落统治权的组织,还是西塞罗所主张的百人团大会——因为它代表全体人民,而且在更古老的岁月里,百人团大会一直执行公民上诉权。双方都不得不向对方让步。拉比埃努斯接受了百人团大会的主张。西塞罗则接受半小时的律师辩护时限。昆图斯·霍尔滕西乌斯首先代拉比利乌斯陈词。他辩称拉比利乌斯是无辜的,他没有杀死萨图尼努斯,因为他是死在斯开瓦(Scaeva)的手下,这个奴隶还因为做下这桩勾当获得了自由身。西塞罗则把辩论升级,辩称拉比利乌斯有权杀死萨图尼努斯。因为既然元老院请求两位执政官不惜一切代价保护罗马人民主权,并呼吁合格的好公民拿起武器,那么大家都不应该逃避责任,无论是马略、斯考鲁斯、斯凯沃拉(Scaevola),或是克拉苏的祖先,还是庞培或恺撒本人。一开始西塞罗讲到言辞激烈处,人群中起了些闲言碎语;可到最后听众都被说服了,受到鼓舞的执政官西塞罗大胆断言:假如再来一次暴乱,他会像马略当年那样制服暴乱。

这样一来，西塞罗就为自己的金主以及拉比利乌斯所代表的元老院事业赢得了有利选票。正在此时，出乎所有人的意料，各百人团竟选择不投票而休会。因为他们突然看到，战神广场上红色旗帜降落了，这旗帜就像伊特鲁里亚围城时一直升到贾尼科洛山顶的那面红旗一样，标志着大会成员神圣不可侵犯。大会主席觉得红旗下降等于将他们暴露给了假想敌，所以没得出结论就解散了大会。迪翁（Dion）认为，这个奇特结局是为了使拉比利乌斯免受最后的折磨。但是做出有罪判决的裁判官昆图斯·梅特卢斯·塞勒（Q. Metellus Celer）有很大可能不会依执政官心里意思办。①我们既不要忘了他妻子是恺撒派的普布利乌斯·克劳狄乌斯的妹妹，同时他弟弟昆图斯·梅特卢斯·尼波斯（Q. Metellus Nepos）作为庞培——他们二人的妹夫——的高级信使刚回到罗马，这就等于说他是元老院可疑的潜在敌人，我们也不要忘了，我们对他的行动的了解来自考据学，来自可信度很低的历史。这样的结局倒是与这出荒诞悲剧的开头非常匹配。恺撒登台表演时，他想达到的目标就已实现。他对这条过时的法律的遵守底下却暗藏不敬，搞得大家措手不及，救了拉比利乌斯但又没赦免他。这样恺撒就在西塞罗头上悬了一把达摩克利斯之剑，元老中谁敢以元老院最终决议来压制暴乱、清除对手，这把剑将一直悬在他头顶。这就好像是恺撒对接下来的危机的某种预警，他先下手为强，提前使执政官职权陷入瘫痪。

---

① 作者注：应由安东尼主持大会，但他不在场。作为被告律师的执政官西塞罗，以及裁判官卢修斯·瓦勒留斯·弗拉库斯均被取消主持大会的资格。

公元前63年选举前62年执政官

罗马城已经开始骚乱起来，每年选举将至都是如此。贵族派在部落大会中闷声不响地把煽动者的凶狠敌人——马尔库斯·波尔基乌斯·加图（M. Porcius Cato，也被称为小加图）安插到对手当中。[①]但由于小加图的不妥协，事情进展又被抵消。小加图秉持的原则与平民派事业相符，他沉迷于过去的辉煌和美德，乃至忘了眼前状况。其次这也是一场官位之争。大祭司恺撒已参加竞选，3次失败和被取消资格的喀提林今年再次冲击执政官位置，这一次他比以往要来势汹汹。和去年一样，他今年依然遭遇劲敌，因为和他一起竞选公元前62年的执政官的，不仅有塞尔维乌斯·苏尔皮基乌斯·鲁弗斯（Servius Sulpicius Rufus）——他是个沉浸于法律学习，对大众根本不了解的资深法律专家；还有德基姆斯·尤尼乌斯·西拉诺（D. Iunius Silanus）——一位受人尊重和同情的贵族，其财富足以为他的竞选大战提供充足弹药；特别值得一提的是，还有一位卢修斯·李锡尼·穆雷那（L. Licinius Murena），去年他在自己管辖的行省纳博讷高卢巧妙地为税务承包人提供服务，受到骑士阶层青睐，而且他的战功也盖过所有的竞争对手。穆雷那先是在父亲的参谋部做军官，接着又在阿米索斯围城和提格拉诺塞塔时期担任卢库鲁斯的副将。他在东方表现勇武，在亚细亚也赢得无数勋章及财富。他将其中一部分钱花在了公元前65年的竞选上，剩下的则大手笔地用在此次竞选中。面对劲敌，喀提林调动撒手锏，那就是某些人觊觎他残存财富而存有的盲目的效

[①] 作者注：参考公元前62年的保民官选举资料和保民官名录，小加图当时是克劳狄乌斯反对喀提林阵营的盟友。

忠之心，以及民主派纲领中最触动大众心灵、最唾手可得的部分。这个降级贵族高举平民大旗，反对元老院，呼吁小人物抵抗贵族，穷人反对富人。一方面他承诺要进行债务重组，抑制贪婪的债权人，还要进行土地改革，从公地上赶走懒惰的大地主，取消世袭特权，因为在欺骗式选举的掩盖之下，只有一小撮家庭能够享有特权，而且总是同一拨人获得官职、指挥权和司法权。

恺撒的双重游戏

平民派领袖要想拒绝协助恺撒，只有进行自我否认。因此他们支持恺撒，且支持得如此大张旗鼓，乃至几个月之后人们将之指责为恺撒的共犯。不过他们依然不信任恺撒，暗地里给自己的表面文章拆台。比如，克拉苏一定借了钱给喀提林，但是与此同时，只要不被指责朝秦暮楚——既然执政官有两个席位——他又声称支持穆雷那。而恺撒显然也表现出类似的热忱，可是同时他又想办法使事情逆着他的意愿来发展。竞选正当时，他撺掇保民官拿出一份提案：恢复流放者子嗣被苏拉剥夺的政治权利，因为苏拉根本无权这么做。没有比这更公平公正的举措了，毕竟拿父亲的罪过来惩罚儿子是一种野蛮行径。对此西塞罗在演讲中持反对态度。演讲原文已佚，但普林尼和昆体良（Quintilien）二位对其大加推崇。演讲强调机遇的重要性，声称，当此国家团结被内部敌人动摇之际，现行法律作为一个整体不可触动，哪怕是最有必要的原则上的改变也必须推迟。由于这个意见有利于大众福祉，所以提案被撤回。西塞罗只不过能再次感受一下自己天赋的力量，对于这样一个考验良知的结果，他没什么好骄傲的。但他之所以这么做，唯一的解释就是，他的心态像是买了充公财物又不想付钱

167

给合法产权人。西塞罗此举加剧了不公,而在过去他是反对不公的。以后他就该又羞又悔了。只有恺撒一石二鸟。本来就不受欢迎的执政官因为藐视法律,引起种种负面影响,因而更不受欢迎;罗马人还开始厌恶喀提林,再次回忆起苏拉时代的流放者留给共和国的血淋淋的教训。还不仅如此,两位执政官很快又要上演好戏了。恺撒显然一直韬光养晦,等时机合适再打他们个措手不及。到目前为止双方都在互相监视互相打击,可突然之间他们却达成和解了。西塞罗在公民大会前发表演说,让大会见证自己淡泊以明志——这一次的演讲并不比上一篇保存得好多少——他宣布放弃自己一再连任的行省职务,将它让给竞争对手。公元前64年竞选开始前,元老院根据《森普罗尼乌斯法》(Lex Sempronia)及《科尔内利乌斯法》(Lex Cornelia),把山南高卢和马其顿指定给卸任的执政官。两位官员一旦开始履职,其剑拔弩张的关系就会令和解无法达成,所以为了改变双方势均力敌的僵局,两位当选者将求助于抽签方式以确定行省分配。盖乌斯·安东尼乌斯抽到山南高卢行省,西塞罗抽到马其顿行省。西塞罗为了拉拢也为了消灭安东尼乌斯,和他互换行省,这自然是对方所乐见的。山南高卢行省根本没有税收大部,目力所及也没有什么军事征伐可以带来油水,于是在公民大会——本次交换与和解的保举者、见证者——面前,西塞罗拱手把马其顿让给了对方。马其顿城邦与政府结盟,根据协议须交纳贡赋;而且不用说,在马其顿很容易找到理由发起军事行动而获取战利品,这就能保证资深执政官在此任上获得油水。很显然,盖乌斯·安东尼乌斯的贪婪无度与西塞罗矫揉造作的正直名声足以让我们想象二人交易的具体条款,但其间种种安排,更多是来自克拉苏和恺撒对他们的代理人——盖乌斯·安东尼乌斯不可告人的耳提面命。克拉苏和恺撒不动声色地加强了法律权威，而且像去年那样，再一次使关注点聚焦到流放者问题上。恺撒不出面，就给自己找到了保险，以防某一天喀提林失控，超出自己对他的行动与贪婪程度的预计。

喀提林竞选失利（公元前63年9月）

喀提林确实再也不担心他的合作伙伴了。他从泄气变得自大、虚伪但又冒失，骗别人也骗自己。他成了自己直觉的猎物，狂热地投入战斗，似乎宁愿和罗马废墟一起被埋葬，也不愿与执政官一职失之交臂。他的竞选看起来非常有革命性。当着公众的面，他爆发出仇恨的怒吼，不光是恨元老，还恨所有的富人，不论是谁。他向穷人灌输起义的观点，俘获了一群像他一样的破落贵族，点燃了他们眼中的希望之光。他承诺，等自己获得权力会和他们共享成果。7月初就有风声说，他和亲友搞了一个秘密委员会，他在会上公开说了煽风点火的话。小加图要求他对此做出解释；他则出言不逊，说国家是由两个部分构成的，其中一个是脆弱的，由风雨飘摇的一群人领导，也就是贵族；另一个部分则是平民，充满活力，只是缺少能令它强大的领袖。克拉苏和恺撒面对令人不安的比喻，只是做做样子轻轻鼓了鼓掌。总之他们尽量不去阻挠执政官的反抗行动。7月底，执政官将选举大会推迟到了9月。克拉苏和恺撒放任他自由使用赢来的时间，他先努力说服各部落通过《西塞罗贿选法》（Lex Tullia de ambitu）。这项法律旨在处罚贿选者，加剧了《卡尔普尔尼乌斯法》引起的政治无能，还把惩罚延伸至竞选代理人，甚至包括无正当理由而不履行审判职责的法官。此外，西塞罗又令元老和平民共同决定授予卢库鲁斯凯旋式——这件事足足被庞培派拖延了3年。为了举办仪式，他们还将1600名老兵引入罗马城，等于他们多出1600张选票投给中意的候选人，也就是说都是反对喀提林的票。连续4年以来，喀提林第4次被击败。由西塞罗所主持的大会，像是他柔软袍子下的坚硬盔甲，更青睐西拉诺和穆雷那而不是喀提林（公元前63年9月）。表面上看是西塞罗和元老院战胜了喀提林，实际上如果没有克拉苏和恺撒的秘密合谋，这结果绝不可能实现。尤其是恺撒，无懈可击地上演了这么一出扣人心弦的戏码，同时保持个人威望在保民官中不受影响。几天之后，在公元前62年执政官选举时，38岁生日刚过两个月——也就是刚过法定年龄——的恺撒当选了。

第二次阴谋（公元前63年9月）

喀提林厌烦不断结盟，这一次失利又无可挽回，他发疯了，发誓要用拳头和火焰复仇，哪怕将整个罗马拖入他点起的大火，也要暴力夺取刚刚过去的选举中没能获得的权力。长期以来他已经失去善恶判断力，过于冲动、充满激情，很快就不辨虚实了。他觉得，如果再有二十几个像他这样的人协助自己，再去城里和意大利军营招些落魄恶人，就一定能在庞培和他领导的大军回来前，以一己之力完成公元前65年他的盟友们没能完成的事业，并用谋杀与第二次阴谋制造恐怖，建立自己的统治。他亲身经历过的流放岁月充满血腥记忆，由他在阴森的愉悦中流下的血构成；又充满财富和享乐记忆，血腥味和奢华的味道同样诱惑着他。就是处于这种集体性的幻觉中，他和一群贵族准备发起内战。这些人同他一样债务缠身、名誉扫地，疯狂幻想奢华生活，构成了我们今天所称的喀提林竞选委员会。他们发誓，将像效忠于自己的平反事业与地位名望那样，全身心投入喀提林疯狂而残忍的事业当中。利用和自己一样的失望和贪欲，喀提林把贵族的希望与自己紧紧相连，连最显赫的家族也不例外——有些贵族因为穷奢极欲或违法乱纪已到山穷水尽的地步，比如：公元前66年两位执政官科尔内利乌斯·苏拉与普布利乌斯·奥拓尼乌斯·帕埃图斯（P. Autronius Paetus）被免职；卢修斯·卡西乌斯·朗基努斯（L. Cassius Longinus）因为之前的选举花光了所有的钱；昆图斯·库里乌斯（Q. Curius）臭名远扬，元老院为之蒙羞，这个人连同伙都卖；还有残暴至极的科尔内利乌斯·基泰古斯，连他驻扎西班牙的手下将领梅特卢斯·皮乌斯都为之心寒；还有卢修斯·卡尔普尔尼乌斯·贝斯蒂亚（L. Calpurnius Bestia），因为破产转而支持平民，刚刚被任命为保民官；还有公元前71年的执政官科尔内利乌斯·兰图鲁斯，他在公元前70年被赶出元老院，现又设法回归元老院并担任当年裁判官之一。除了误入歧途的贵族，还有生意上陷入窘境的骑士、最高雅或德行最败坏的妇女，比如塞姆普罗妮娅，害怕困境使她跌入深渊。他们在各个城市中产阶级里都有线人，他们寄希望于翻天覆地的大变革，这样就能逃脱司法制裁或破产命运。比如克罗托内（Crotone）的提图斯·沃尔图修斯，卡梅里诺（Camerinum）的赛普提米乌斯（C. Septimius），泰拉奇纳（Terracine）的马尔库斯·赛帕里乌斯（M. Ceparius），阿雷佐（Arretium）的盖乌斯·弗拉米尼乌斯，还有菲耶索莱的福利乌斯，特别是还有曼留斯。他们深入城市妓院和赌场招募人手，找的是什么都干的地痞流氓，需要时这些人能煽动并控制一群无赖。另外，他们还接收破产者、无业者和穷人，许诺把富人的钱分给他们。在乡下，尤其是在伊特鲁里亚，他们找苏拉手下的老兵们，这些人抵押田地而不种植，又在公元前88到前81年兄弟相残的战争当中染上偷抢的习性，这就导致他们急于解决掉自己的债权人，好将债务一笔勾销。现代人努力尝试搞清楚西塞罗所列举的分别都是什么人，以图了解喀提林究竟葫芦里卖的什么药——他的事业光听名字就可使罗马共和国如坐针毡。有的说他这属于社会主义；有的说这是反向煽动，把新贵从他们强占的职位上全部赶走，又在无产阶级的肩膀上施加破落贵族的压迫。事实上，如果拿撒路斯提乌斯的杰作和《反喀提林》在罗马文学上的地位，与喀提林阴谋在罗马历史上的地位作比，那是太看得起他了。说到底无非就是一群心怀仇恨的贪婪之人、一群黑帮成员，想通过大规模暗杀和鸡鸣狗盗的勾当来掀翻政权，一群很可能祸乱朝纲的地痞流氓，他们既配不上享有权力，却又不肯放弃权力。

西塞罗的误操作（公元前63年9月23日）

竞选大会失利的第二天，喀提林暂停了其夺权计划，以最高的保密程度将任务分配到他的副手们那里：曼留斯和盖乌斯·弗拉米尼乌斯回家乡——在那里苏拉的土地改革导致伊特鲁里亚人满为患，二人将煽动不满情绪，待时机成熟，要把征兵扩展到阿尔卑斯山以南地区。赛普提米乌斯将在皮西努姆进行招募，尤尼乌斯则在阿普利亚。最后，科尔内利乌斯·苏拉将尝试教唆因表演集结在卡普阿地区无所事事的角斗士。喀提林疯狂幻想意大利在他的怒吼中震颤，普布利乌斯·西提乌斯和他通信，并从毛里塔尼亚给他搬来救兵。可是在开始行动前喀提林就确信有人背叛自己了。临近9月20日，其中一个阴谋分子昆图斯·库里乌斯为了安慰从他那里得不到礼物的愤怒的情妇福尔维娅（Fulvie），将阴谋细节全部向她抖搂出来。对方立即自称爱国，要回报他，但更有可能的是，她想从执政官那儿获得更多的好处。她直接把这一切告诉了西塞罗，此后库里乌斯和情妇就成了西塞罗的挂名线人。9月23日，西塞罗觉得，是时候把自己收到的情报汇报给元老院了。可是元老们呢，有的觉得没必要为此事离开自己的避暑胜地；有的感觉被打扰，一点也不相信执政官竟能获得线报同时线人还无性命之虞。因此，元老院没有对任何动议进行投票就休会了。要不是以守时著称的盖乌斯·奥克塔维厄斯（C. Octavius）元老竟然迟到——此举震惊了其同僚，这段历史记录我们本来根本看不到，他解释说当天早晨家里有新生儿降生——此婴孩日后以"奥古斯都大帝"之名闻名海内。其实相比以往，西塞罗并未获得任何进展，他操之过急的行为对喀提林没有造成任何威吓，反而使对方开始警觉。

克拉苏与恺撒联合对付喀提林（公元前63年9月20—23日）

一个月之后，由于克拉苏和恺撒伸出援手，执政官西塞罗才走出孤立无援和无能为力的困境，这两位平民派首领在选举组合当中利用喀提林，叫他当代理人，或者可以叫作"指定对象"，但在针对元老的斗争中又把他当稻草人使。从根本上说，他们没有帮过喀提林，现在他们既不打算在意大利煽风点火令喀提林伺机上位，也不想和离谱的暴动发生或远或近的盟友关系，如果暴动胜利，唯一的结果就是克拉苏的财富将成过眼云烟。而且，庞培将更快从东方返回，他会对喀提林派实行独裁，就像过去苏拉对马略派那样。当他们感到内战的大火就要燃起，并确切地知道，喀提林将下令，命10月27日开始驻菲耶索莱的曼留斯宣布进入反叛状态，并独立领导军队，知道喀提林计划

28日暗杀西塞罗，11月1日占领帕莱斯特里那（Préneste）时，二人立即与他断绝联系，并采取一系列行动让他走向毁灭。

10月20到21日夜晚，克拉苏与马尔库斯·克劳迪乌斯·马凯鲁斯（M. Claudius Marcellus）及梅特卢斯·西庇阿（Metellus Scipio）一起，紧急来到西塞罗的住处，将他叫醒。克拉苏将一位陌生人留在他门房的一沓书信交给西塞罗，收件地址是克拉苏及他的几位朋友。他只打开了写给自己的那封信：这是一封匿名信，信中请他暂离罗马，以躲避即将发生的流血事件。克拉苏认为有义务提醒执政官。第二天早上，也就是10月21日，西塞罗召集元老院大会，展示了信件，但没说信是如何到他手中的。他请求所有的收信人——从克拉苏开始——高声读出信的内容。大家再也不能罔顾事实及应对危险的紧迫性了。元老院最终决议宣布罗马进入暴乱状态，要求展开调查，并将大会未完成事宜推迟到第二天处理。10月22日，西塞罗再次对元老们发出警告，并通报了伊特鲁里亚的动荡局面。看起来是恺撒在给他更新相关情报。恺撒似乎没有回应他的呼吁，为揭露叛乱幕后主使人必然需要采取紧急政策，恺撒不想与之沾上关系。在他缺席的情况下，昆图斯·阿里乌斯顶替他，无人不知他与大祭司的亲密关系，后来在公元前60年他被视为恺撒的竞选代理人。此人确认了执政官的说法，他宣称，曼留斯在菲耶索莱已引起不满情绪，还私通罗马谋逆分子。据恺撒的朋友阿里乌斯所言，似乎是恺撒本人站出来作保，证明执政官的报告属实，面对他假惺惺的前所未有的援助，元老们终于振作起来，鼓足勇气——不是亲自指控喀提林，而是鼓舞西塞罗，让他拿出对抗流放之人的勇气。为了阻止罗马继续陷入慌乱，遏制对共和国的侵犯，他们以元老院终极决议授予执政官全权指挥权。

西塞罗的弱点

　　从此以后，西塞罗就拥有了独裁权，他只需要严厉打击谋反者，必要时进行逮捕与处决，就能在几小时内扑灭刚刚诞生的暴乱。可是他缺乏冷静。面对镇压大任他退却了，这样的暴乱或早或晚会令他经历巨大的政治挫折，拉比利乌斯早已向他证明，走出这样的挫折有多难。目前，他的行动仅限于在罗马之外组织抵抗运动，资深执政官们早来到城门外等着渔利，西塞罗请这些人带他们的兵甲离开。昆图斯·马尔基乌斯·雷克斯应回到伊特鲁里亚，昆图斯·梅特卢斯·克里提库斯则回到阿普利亚。他命两位裁判官在需要时招募部队好维持秩序：昆图斯·庞培·鲁弗斯被送往坎帕尼亚；梅特卢斯·凯莱尔负责皮西努姆，他是庞培的连襟，这层关系令募军更简单。本来西塞罗在罗马什么都可以做，但他却什么都没做，只是加强警力。元老院把剑送到他手里，他却急着把剑收回剑鞘。而且，他贸然放任卢修斯·埃米利乌斯·保卢斯以《普劳提乌斯法》（Lex Plautia）为依据，采取强制措施对抗喀提林，这种做法只有在严重骚乱时和很长时间后才可能有效，其本意是实施打击，却反有利于邪恶行动。喀提林表示自己是无辜的，没有抗拒法庭传唤。他目中无人地向昆图斯·梅特卢斯·凯莱尔以及西塞罗本人提出让人来接自己的要求，在被拒绝后，他接受某个同伙保护，很快此人家里就成了他的阴谋总部。但这种假装出来的乖顺骗不了人。公权力无动于衷，人民开始害怕了，停止享乐，闩上大门，停止交易付款，以至于元老院被迫接受自动建立起来的债务暂停状态，并祝贺他们中的某些成员，比如昆图斯·孔西迪乌斯就承认他的债务人有暂时不还钱的权利。这时喀提林决定打破局面，11月6日到7日晚间，他逃离被迫藏身之所，到马尔库斯·波尔基乌斯·雷卡（M. Porcius Laeca）家主持了一场真正的战争大会。这一切必须结束：他本人将离开罗马去伊特鲁里亚指挥曼留斯的队伍，并在这支队伍的簇拥下以主人翁姿态回归罗马。只不过，在此之前执政官必须死。元老卢修斯·瓦尔贡泰乌斯（L. Vargunteius）和骑士科尔·内利乌斯将在第二天晚间去西塞罗住所求见，并见机杀掉他。这伙人因为首领的狠毒而振奋，大家同意了计划，也接受了各自分配到的任务。分手时他们都确信计划会成功。可惜其中有昆图斯·库里乌斯。而且执政官的情报机构一如既往正常运作。11月8日天亮前，当杀手按照指示敲响执政官的大门时，却发现这里戒备森严，二人被赶走。几小时之后，在佑护神朱庇特神庙紧急召开了元老院大会，会上西塞罗完成了生命当中最重要的一幕戏，那就是向阴谋团伙掷出第一波雷霆：《反喀提林第一篇》。

《反喀提林第一篇》（公元前63年11月8日）

西塞罗甚至没有下令逮捕持刀前来行刺他的人，这本来算是合法的防御手段。可见他是真的执着于所有罗马公民适用的人身保护原则，再加上拉比利乌斯案动摇了他本来就有限的勇气，害怕使他更坚守原则。也许是出于信念，但绝对也有对安全与政治前途的考虑，他陷入了自由政府的永恒难题，这就像是恶性循环，暴力被释放出来，等着向自由政府发难。从法律上说，自由政府只有在侵害开始（法律术语，犯罪行为的开始）时才能采取行动对付阴谋。但实际上，当阴谋开始实施，自由政府往往已不存在，因而无法镇压阴谋。在这样的条件下，虽然事件发生18天以来，元老院已用最终决议将西塞罗豁免于法律追究之外，但守法到一字一句的他此时剩下的唯一资源，就是逼迫阴谋者放下伪装，逼喀提林陷入疯狂，让他在元老院的空气中窒息，让他未等成功刺杀执政官就毫不犹豫地离开；令喀提林刺杀失手，无法离开罗马去菲耶索莱与叛军会合。这就是西塞罗紧急召集元老所要达成的目标。他一贯惊人的能言善辩确实帮他达成了目标。不过他兜了好大一个圈子，所以我们看不出这曲线救国的办法有什么巧妙之处。演讲一开始，执政官西塞罗就给喀提林来了一记当头棒喝："还要消磨我们的耐心到什么程度？"（Quo usque abutere patientia nostra?）西塞罗对他的罪行了如指掌。他明察秋毫，犯罪细节本来差点和犯罪者一起成为永久的秘密，现在都被他抖搂出来，在他的猛烈攻势下，叛徒开了口，向我们讲出了可怕的阴谋，喀提林于是渐渐势弱。西塞罗以语言的魔力把元老院从冷漠当中唤醒。愤怒情绪在不断上升，敌人的气势则直线下降，这个敌人他必须打败。他觉得可以询问元老院将喀提林逐出罗马是否合适。如果元老院同意，喀提林将被流放，但严重侵犯罗马人身保护令的责任却不会落到西塞罗一人头上。可是元老们统一保持沉默，礼貌修养使他们压制自己的指控。换作别人只怕要大为震惊，可是西塞罗太了解他们了，怎么可能不预知他们的态度呢？西塞罗迅速拿出对策，改变话术："卡图卢斯，难道您一点也不赞同把他逐出罗马？"这下元老们以元老院主席的名义达成一致了，他们统一发出愤怒的呼喊。这时，胜利的西塞罗转身面向喀提林，感慨着眼下的激愤与刚才的沉默。西塞罗要求喀提林满足元老院的愿望，净化被他的存在玷污的罗马。公元前60年，当西塞罗公开发表《反喀提林》时，西塞罗模糊了这场转折性运动的界限，他显然认为"与其恭维死去的狮子不如恭维站着的幼狮"，于是把在此期间已去世的卡图卢斯（Catulus）的名字换成普布利乌斯·赛斯提乌斯（P. Sestius）和马尔库斯·马凯鲁斯（M. Marcellus），事件发生时这两位刚刚步入仕途，他们对西塞罗毫不吝惜敬仰与忠诚。但在狄奥多罗斯（Diodore）修改过的手稿内容里，依然透露出他作为"议事会老手"的手腕，这为他赢得彻底胜利。正如两千年之后贡斯当（Constans）部长用计，确知布朗热（Boulanger）将军在布鲁塞尔上了火车后，在他桌上留下他本无权发出的逮捕令，好事者都能看到。喀提林被顷刻间包围他的无声的恨意吓坏了，毫不反抗就妥协了。11月8日当晚，他自动离开罗马，与曼留斯军队会合。撒路斯提乌斯给《反喀提林第一篇》下了彪炳青史的公正判断：这是一篇精彩而有用的演说。他的意思是，它远高于一篇精彩的演说，是真正有用的，仅以言辞之力就把阴谋计划挫败了。

《反喀提林第二篇》（公元前63年11月9日）

西塞罗是赢了，可他一点也不会利用这场胜利。本来他应该采取行动，但他只是辩论。只要喀提林与曼留斯的结合没有完成，执政官就没有阴谋证据，也正因为没有证据，他就害怕引起谋反者警觉，他越害怕，后者就越坚持否认罪行。曼留斯从菲耶索莱给资深执政官昆图斯·马尔基乌斯·雷克斯派来说客，辩称自己意图纯粹。喀提林在离开罗马前，给卡图卢斯留下一封信，把妻子奥瑞斯提拉（Orestilla）交给这位议事会主席保护。信中他表现得像个受害者，说自己没有其他目的，只想走得远远的，以免整天被人威胁。走的时候，他授意朋友散布谣言，说他走的是海边的奥列里亚大道（Voie Aurélienne），根本不踏足陆地；但是他走的明显不是去菲耶索莱的路，而是去纳博讷高卢的路。他说希望在这里找到一个安全的避难所，躲避可恶的迫害者。此地是罗马人民盟友，但又不属于山北高卢，在马赛享有治外法权。对于这样的低级谎言只有愿者上钩。不过西塞罗仍旧使用其辩才驱散谣言。从11月9日开始，他召集公民大会，提醒他们小心，一方面让大家继续见证他头一天展示出的有益能量，另一方面也让大家知道，他完全有能力对喀提林留在罗马城的忠实信徒展开斗争。对这些人他只给两个选择：要么随流亡者一起谋反，如今他们已是司马昭之心路人皆知了；要么留在罗马，老老实实待着，因为事实不容无视：执政官机敏谨慎，元老院有勇气有手段；罪犯一旦走进监狱，大门就会毫不留情地关闭，祖先们建立监狱就是来惩戒这种人的。话说得确实硬气，也给《反喀提林第二篇》增添了勇气。但是他话虽说得漂亮，却依然推迟了字里行间似乎宣布要实施的镇压。

人民公敌喀提林（公元前63年11月中旬）

喀提林可等不了。步行两天后，喀提林终于在约定好的时间抵达塔尔奎尼亚（Tarquinies）西部奥列里亚广场（Forum Aurelium）与其随从会合。其实他并没走奥列里亚大道，而是走了阿雷佐。途中他在盖乌斯·弗拉米尼乌斯·弗拉玛（C. Flaminius Flamma）家中停顿，召集这里为数众多的原苏拉部下并重新整编，带着他们到了曼留斯位于菲耶索莱城下的营地。公元前62年11月中旬，他像检阅军队的皇帝般庄严，由侍从官开路进入菲耶索莱城。事情发展印证了西塞罗的预测，促使他开始行动。在他的推动下，元老院宣布喀提林、曼留斯及其军队为人民公敌，并请执政官盖乌斯·安东尼乌斯领导作战，其实此前早已宣战。又过了15天，负责保卫城邦安全的西塞罗身负挫败谋反的任务，与被谋反者不断滋扰的伊特鲁里亚起义部队达成密约。

《为穆雷那辩护》（公元前63年11月底）

说实在的，这么一场动乱也不足以使元老院各派间的斗争平静下来。斗争使元老院的任务变得复杂，元老们更倾向于不表决。小加图的朋友塞尔维乌斯·苏尔皮基乌斯·鲁弗斯选举失利，加图在这个糟糕的时间点宣泄愤怒，和他约定联合行动，借刚颁布的《图留斯贿选法》的东风，发起针对执政官穆雷那的贿选指控。这个控诉显然是公正的，但若只是为了匡正司法，那么应该同时控告另一名选举胜出者西拉诺才对。这位买起选票来可不比穆雷那小气。可是加图却没有拿西拉诺开刀，因为他是自己同父异母的妹妹塞尔维利亚（Servilia）的丈夫。他把所有狠劲儿都撒在穆雷那身上，因为他恨平民派首领尤其是克拉苏与穆雷那的友谊。小加图与加图家族达成妥协，但他却一点也不愿意把个人恩怨让位于家族的政治利益，他以对方道德败坏令人震怒为借口提起诉讼，公报私仇，不过就算成功也只能引起反效果：也许他得接受本身就是贪污犯和叛乱分子的喀提林控诉别人贪腐——因为他被贪腐行为波及，承受了某些后果，要求恢复自身名誉，也就是说喀提林自己虽身败名裂，眼下却正手持凶器准备败坏别人的荣誉呢。不过可以肯定的是，这场诉讼一定会引起新一轮的选举骚动，在内战威胁下，新一届执政官可能会职务空缺。总之事件的后续发展可能会变得不可理喻。于是西塞罗放下官员身份，以个人名义为穆雷那辩护。他强调道，原告不顾后果，争取法官判决被告豁免，因为共和国毕竟得有体面，这就要求对被告进行免责。其实这些努力根本都没必要，是不是有了克拉苏和霍尔滕西乌斯的帮助，西塞罗已提前不战而胜，所以他的打法才如此迅捷自如呢？无论如何，到今天只怕没有谁的辩词比他的读起来更赏心悦目了。演讲者西塞罗不费吹灰之力，剥掉加图斯多葛派的严谨外衣，即塞尔维乌斯·苏尔皮基乌斯·鲁弗斯法理合法性的教条；而且既没伤到小加图也没伤到鲁弗斯。他气势如虹、灵巧自如，达到了为穆雷那脱罪的目的，同时悄悄给多数派和政府制造了一场危机。这场辩论的确很有可能引起危机，正是有他在公元前63年11月底给的结论，执政官权力才得以延续而不受任何动荡影响。喀提林卷土重来的一切计划都流产了。元老们也终于统一战线，一致对抗国家公敌了。

罗马密谋

11月的最后几天，盖乌斯·安东尼乌斯离开罗马，准备领导元老院主要军队。12月头几天里，留在罗马城的密谋者推动阴谋发展，此前西塞罗一味退让，现在已到除武力别无其他解决方式的地步。3天来，谋反者细致地实施毁灭性的计划，11月6日到7日晚间，他们在雷卡（参与喀提林阴谋的一位元老）家谋划已定，计划大致如下：因为不想在喀提林使所有公民动摇之前大做文章，所以他们要等到12月6日起事。这天正是农神节前夕，6天前已担任部落保民官的卡尔普尔尼乌斯·贝斯蒂亚将召集大会，声称西塞罗逼得无辜的人流亡，因此谋反责任要算到他头上。接着，12月16日到17日晚间，卢修斯·卡西乌斯·朗基努斯（L. Cassius Longinus）、卢修斯·斯塔蒂利乌斯（L. Statilius）及普布利乌斯·盖比尼乌斯·辛博尔（P. Gabinius Cimber）将火烧罗马城。为了实施疯狂的毁灭计划，他们事先已将罗马城分为12个区。基泰古斯负责占领西塞罗家并杀死他，同时负责屠杀大多数元老。最终，在恐怖的血海火海中，裁判官兰图鲁斯将与喀提林会合，两人将以主人翁姿态回到罗马，而此时罗马将是废墟一片，但他们却声称这么做的目的是"更好地进行改革"。

阿洛布罗基人

为抵御这次可怕的阴谋，西塞罗不惜一切代价做准备。已经出现的种种征兆让他一步步找到对策。但是只要阴谋没有真正实施，想在此之前对喀提林党羽或对喀提林本人行使元老院最终决议赋予的震慑性权力，他依然是束手束脚的。他要等谋反者不小心露出马脚泄露罪行，同时拖延时间。究竟是因为紧张还是愚蠢？总之他们总算及时露出马脚了。

一位阿洛布罗基使者近日到罗马向官员告状。在公元前69年，纳博讷地区最有活力的高卢人就曾把冯提乌斯告上常设行政法庭。这一次他们要告的是公元前64年总督穆雷那，状告他和帮凶普布利乌斯·克劳狄乌斯·普尔切一起，对高卢人民横征暴敛。阿洛布罗基使者的结局不太好。因为掌权的执政官西塞罗专长于为施迫者辩护，先是冯提乌斯，后来是卢修斯·卡尔普尔尼乌斯·皮索。这位执政官穆雷那此前刚因西塞罗的辩护洗清贿选罪名，当然这么做也是因为穆雷那在高卢地区成功收回了坏账。阿洛布罗基人被元老院请了出去，大发怨言甚至语带威胁地走了。他们的小声嘟囔被兰图鲁斯听到，刺激他找他们帮忙。通过商人普布利乌斯·温布雷努斯（P. Umbrenus）居间介绍，兰图鲁斯得以与阿洛布罗基人对上话，并在塞姆普罗妮娅家里与他们见面。兰图鲁斯以喀提林的名义称，如果他们答应辅佐喀提林夺权，尤其是答应提供喀提林所需的骑兵支持，就把他们的债务一笔勾销。高卢代表被提议诱惑，不过他们还要再考虑考虑，还要听领袖昆图斯·法比乌斯·桑加（Q. Fabius Sanga）的意见。后者则向穆雷那透了口风，穆雷那又告诉了西塞罗，西塞罗建议他在对方给的和约上签字。上了当的谋反者把自己的印章摁在写字蜡板上，上面清清楚楚写着双方的诉求与承诺。12月2日到3日晚间，被克罗托内的提图斯·沃尔图修斯遣往纳博讷的阿洛布罗基使者随身带着兰图鲁斯、基泰古斯及斯塔提留斯毫无戒心签下的诺言，经菲耶索莱，绕纳博讷离开罗马。但执政官知道他要走。12月3日凌晨4点，使团抵达米尔维奥桥（Pont Milvius）时，遭遇了卢修斯·瓦勒留斯·弗拉库斯和盖乌斯·庞培提努斯（C. Pomptinus）埋伏的警察。提图斯·沃尔图修斯立即被擒，使团被包围，包裹被缴获。西塞罗现在终于手握谋反证据——他一直企盼又一直害怕的证据。这个发现令其陷入困境，矛盾不已，巨大的喜悦与巨大的不安同时存在。要么让谋反者活，共和国死；要么处死谋反者，自己承担随后牺牲的风险。

《反喀提林第三篇》（公元前63年12月3日）

为了能全身而退，西塞罗必须分散责任。12月3日早晨，西塞罗将写控诉信的人秘密召至家中，命人趁他们不在家搜查他们的住宅，然后带他们到康考迪亚神庙，元老们已在他的召集下在此汇聚一堂。他当庭念出签字合约，并通报在基泰古斯家中发现了武器，搞得这些人措手不及。几位最德高望重的元老组成委员会负责记录他们的招供词。西塞罗在人群中散发实时笔录，并大声宣告所有在场者一致同意的命令：撤销兰图鲁斯的裁判官职务，他及同伙一体被视为菲耶索莱的人民公敌，此外还要逮捕他们，这次当然不是以愤怒的《反喀提林

第二篇》为牢笼，而是把他们押在元老的住所，令其接受元老荣耀的监督。具体安排如下：兰图鲁斯被关在斯宾特尔（Spinther）家；基泰古斯被关在昆图斯·科尼菲西乌斯家；斯塔提留斯被关在恺撒家；盖比尼乌斯被关在克拉苏家。逃跑的赛帕里乌斯被抓住，被囚禁在特伦蒂乌斯家。这相当于暂时保留他们的性命，不确定他们的命运。为了掩盖踌躇不定，元老们相互庆贺，并对完成使命的官员大加赞赏：他们称赞裁判官把守住了米尔维奥桥；称赞执政官盖乌斯·安东尼乌斯虽未到场却极为忠诚，未与密谋者同流合污；尤其是称赞作为解局者的执政官西塞罗的远见卓识。奥莱利乌斯·科塔像对待凯旋的将军那样，专门运作为他办了一场感恩献祭活动。卢修斯·格里乌斯·普布利库拉则为他争取到一项平民桂冠。卡图卢斯以祖国神圣之父的名义向他致敬。来自各方的敬意令西塞罗沉醉，却无法令他放心。天已经黑了，但是没关系，他召集大会，让自己被更多的来自部落的掌声淹没。此时他发表了第三篇反喀提林演说，它更像是对自己的辩护而不是赞颂。他想让人民相信喀提林党羽罪孽深重，相信因此而采取的措施都是必要的，相信这些举措早已获得拥护，不光是国家最重要的大人物支持，神迹也显现出支持态度。散会后他令军队占领卡比托利欧山，显然，12月3日到4日晚间他是在军队的护卫下过夜的。而且有如神助一般，一年一度的善良女神节在有治权的官员家中举办，这个节日不允许男性在场。这个情况使得西塞罗当晚自然而然地不能在自己家中过夜。

《反喀提林第四篇》（公元前63年12月5日）

第二天，也就是12月4日早上，元老院继续调查。奖赏告密者后，调查没得出结论就休会了，直到12月5日在卡比托利欧山召开的大会上，元老们才回答这个问题（西塞罗本可以一个人做决定，但他更希望把问题抛出来）：怎么处理众多囚犯？德基姆斯·朱尼乌斯·西拉诺作为当选的下一年执政官首先回答，他坚称这些人必须处死。与之相反的是，轮到当选的执法官们回答时，尤利乌斯·恺撒先渲染了一下谋反者阴谋之可怕，然后带着疑虑提出：死刑是另一种罪恶，因为死亡能带走一切恶。这里他重申自己一直信奉的教条：施加没有法律规定的刑罚，没有比这么做更与罗马政体精神背道而驰的事了。如今为了惩罚真正的犯罪分子，竟要废除公民生活的公正保障，这样做等于开了先例，今后若发生政治阴谋，会有无辜者被仇恨与政治激情吞噬，他们将因这种先例而无法享有公平保障，这是极为有害的后果。因此，恺撒建议没收谋反者财产，并永远将其关押在军队人数最多的城市。恺撒提起的罗马人身保护令足以动摇元老们的决心。提贝里乌斯·克劳狄乌斯·尼禄建议休会。西拉诺违背最初的宣言，而且一点也不为此脸红。昆图斯·西塞罗批准了恺撒的请求，他的兄长——执政官西塞罗此时干预进来，不过态度十分温和而窘迫，以至于撒路斯提乌斯都不屑于提第四篇反喀提林演讲。虽然演讲事后经过润色，但西塞罗在其中表现出的悔恨、踌躇不定仍令人震惊。西塞罗作为法律的守护者，不会感谢恺撒给谋反者罪行打上深深的烙印。他以恰当词汇赞扬恺撒发扬了某种观点——这个观点反映了服务于共和国的长期愿望。当然，他自己一点也不认同这个观点，甚至还要努力加以驳斥。他辩称应实施死刑——此时他依然无比温和，恺撒十分欣赏——不过此举只能使敌人吓破胆，罗马公民肯定无动于衷。因为其中掺杂的诡辩成分削弱了他的论述，使他看起来非常做作。他声称，自己向元老院提出的两条建议中排除掉了恺撒的,因为这条建议给他个人带来的不便更少,但他作为执政官,要在国家安全面前牺牲自己的安全。不过他的说辞没有取得效果。在他所称的美妙保证之下透露出一种他挥之不去的隐忧,他的最后一句话透露出他谨小慎微的真实想法:赋予元老院审判权,只留给执政官集体执行权。

加图坚持处死喀提林党派

自从其同僚离开,西塞罗就一直是政府名副其实的主人,可他却急着把权力交到元老院手中。元老院担心发生人民运动,不愿执法。他们可能因此倾向于妥协和拖延——毕竟这样做更为方便。代表公众利益的加图勇敢劝阻。他反对西拉诺朝秦暮楚,批评恺撒的仁慈有害,况且他很怀疑恺撒的动机。他辩称,谋反者供认犯了如此可怕的罪行却还有活路,这就等于加强了喀提林在伊特鲁里亚的党羽力量,等于放虎归山到意大利城邦,重燃内战之火。他说,这些人是意图令国家陷入困境的强盗,是煽动高卢复仇的叛徒。匪首已带兵毫不留情地朝罗马进发。他们自信已准备好在罗马杀人放火,实施最惨无人道的罪行;他们已招供,在光天化日之下犯下足以杀头的罪行,依祖先法度必须处死。恺撒企图反驳,但加图却将听众对明天的担忧扼杀在摇篮里,他说服大众,如果掉以轻心,将立即招来杀身之祸。元老们对他报以欢呼,按照他的指示一字不差下了命令。

代表们走出会场,骑士们在他们辩论时早已加强卡比托利欧山警卫,因为恺撒的陈述引起场外人群的愤怒,他们在人群中以目光寻找恺撒,找到他之后几乎要把他团团围住。西塞罗看到卫兵们的剑和满腔热忱,本来元老院的投票已令他宽心,现在又记起打铁需趁热，于是命令给狱警提供一切便利，保证夜晚来临前一定行刑。他自己则去帕拉丁山（Palatin）的斯宾特尔家里找兰图鲁斯，将他带往监狱。与此同时，总督们也把基泰古斯、斯塔提留斯、盖比尼乌斯和赛帕里乌斯押往监狱。黄昏时分，5个喀提林党羽在潮湿、逼仄、阴暗的地牢里被绞死。在这里，朱古达曾经受同样的命运，维钦托利（Vercingethorix）也将如此。元老院的意愿还没完全达成，西塞罗就开始为自己论功行赏。他一收拾完阴森恐怖的结局就来到罗马广场，在蜂拥而至打探消息的人群面前，用足以使犯罪同伙吓得血液凝固的可怕词语说道：他们活过（vixerunt）。接着，五位随从被分派给西塞罗以表彰其荣誉。西塞罗在他们的簇拥下回到家中，所到之处，家家门上点亮灯火，妇女们在院子里摇晃火炬，向他表达感激与欣悦之情。

公元前63年12月5日欺骗事件

人民嫌恶恺撒，却把西塞罗当成救世主，向他致敬，这就是12月5日发生的事情，这一天是罗马共和国"嬉乐节"。事实上，只有像西塞罗那样天真自大的人，才会相信自己将永远受欢迎，相信自己行动高效。恺撒的提案被搁置，假使通过，其始作俑者将极为尴尬。提案没有被否决仅仅是因为加图向大家展现出情势的必然压力。12月3日被捕的喀提林党羽如加图所愿"活下来"了，但是没人敢援引元老院终极决议，拿他们向国家和平献祭，哪怕是加图也不敢，更不敢再给他们罪加一等，也就是死刑势必附带的财产没收——在这一点上西塞罗与恺撒意见一致，使罪犯的家族免去没收财产这一条惩罚。执政官面对判决颤抖不已，害怕其突如其来的严厉和可疑的合法性在大众中引起无法扑灭的怨恨情绪。与之相反的是恺撒，他表面上输了，却达成了所有目的。他从暂时围绕他的非难之中脱身，获得了在原则问题上绝不妥协的名望。恺撒在10月采取的行动断了喀提林党所有后路，到了12月，他虽高声斥责喀提林党羽的罪恶行径，其慷慨大方的态度却得到不幸的无知群众感激，恺撒吸引他们，靠的就是夸大罪行。这一整年里，他玩弄执政官和贵族，就好像猫玩弄老鼠一样，不给他们喘息之机，他们的斗争决心一会儿被恺撒激起，一会儿又被他浇灭。最后，当拖延和踟蹰使他们的弱点暴露出来，恺撒又把他们逼到墙角。迟早有一天，恺撒要让判决落到他们头上。喀提林以行动给整个共和国敲响了丧钟，就算阴谋得逞，元老院、罗马和意大利的战火也只会在一段时间内燃烧。而且庞培只要带着残军从亚细亚回到半岛就可以实施独裁并救火。元老院政府假惺惺而微弱地抵抗阴谋，这就揭示了他们不可救药的无力。但是，西塞罗幼稚自大，他拒绝承认这次阴谋的影响力有限，拒绝承认他的胜利实在渺小，他似乎把胜利当成自己的杰作，喋喋不休、毫无节制地炫耀，凭借可比肩甚至超越庞培的自大，在他与最高统帅庞培之间，在元老院与庞培之间种下不信任和不满的种子，令元老们与庞培决裂。公元前63年12月10日召开公民大会时，昆图斯·梅特卢斯·尼波斯就表态要尽早召回庞培，要在意大利重建秩序与法律。秩序自然是针对喀提林党羽而言，虽然他们在罗马已失势，但在伊特鲁里亚依然活跃。法律则是就践踏公民自由权的贵族而言。12月29日，还是这位保民官一票否决了执政官为自己卸任后续写赞歌的希望。部落大会让西塞罗免去长篇大论，代之以简单誓言。不过他的誓言过于短小精悍，只写明：任职期间拯救了共和国。这次事件令西塞罗对庞培的副将尼波斯产生深深怨念，他本应该有点远见,把一部分怒火分散到恺撒身上,因为显然是恺撒在背后影响了尼波斯。而且恺撒不停地惹元老院担忧,现在他觉得元老院已经式微,可以转移火力了,伺机令元老院与庞培生出只能由他出面解决的嫌隙。

第三节 从庞培回归到恺撒成为执政官

庞培带来的阴影

从公元前63年米特拉达梯的死讯传来开始,罗马就明白,庞培所有目标均已达成,随时可以回国了。庞培回归给喀提林的反叛事业蒙上一层阴影。为了做准备,叛党加快了谋反的进程,元老院也抓紧进行镇压。元老院想一劳永逸地解决叛乱者在伊特鲁里亚保留的军事力量,也是为了给东方征服者减少急返意大利、在意大利驻军的理由。面对当下可怕的情况,最重要的是搞清楚:庞培返回意大利究竟是来掌控国家还是继续为罗马打天下?每个人都会根据这个问题调整各自的应对之道。贵族想解除大统领的武装,庞培的朋友则鼓动他采取行动,恺撒会在庞培耗尽元老院气力之前站队庞培,因为到时恺撒再不出手,庞培很可能就要永远获得某种恺撒本人梦寐以求的权力了。

恺撒的伪装(公元前62年1月1日)

公元前62年1月1日恺撒当选裁判官那一天,他没有去见执政官,而是径直来到罗马广场，在人民面前传唤卡图卢斯，因为卡图卢斯没能如期完成卡比托利欧山的重修工作。发起控诉之后，恺撒又要求惩罚他工作迟滞，要以伟大的、荣耀的庞培之名代替无能的元老院主席的名字，铭刻在祭坛上。卡图卢斯感到话锋针对自己，赶紧乖觉地开脱。恺撒拒绝让他登上讲坛，又为了羞辱他，逼他站在最靠后的讲坛发言。卡图卢斯大势已去，在一群反对恺撒的元老簇拥下进入会场，恺撒假装刚刚看见他，装出十分震惊的样子。恺撒不再坚持，放弃后续的演讲与提案。表面上恺撒是为庞培而战，实际上他觉得做做样子就够了。

尼波斯失败与逃亡（公元前62年1月3日）

两天后，恺撒以言语及行动支持昆图斯·梅特卢斯·尼波斯的提案。这份提案建议召回庞培，重建国家秩序。1月2日到3日晚间，保民官尼波斯提前安排角斗士和奴隶聚集在广场以震慑贵族，并在必要时以武力助推提案通过。在提案提出后的3周时间里，元老院在小加图的鼓吹下做出第一项决议，揭露提案不合法，对此恺撒竟无动于衷；元老院又颁布第二份决议，取消特伦提亚·卡西乌斯法对贫民小麦分配的限制，以此换来大众善意的中立态度。同时，救助金领取人数从3万多提高到十几万人，年救助金发放额达到750万第纳尔。这是个巨大的财政窟窿，但是对小加图来说，民主制就是比君主制优越。此举使他进一步从人民那里获得了期望的结果。尼波斯一伙人占领广场上的好位置，他本人在卡斯托尔神庙中央广场上紧邻恺撒而坐。加图和马尔库斯·米努基乌斯·特姆斯站出来时，尼波斯对二人推推搡搡，但并没有什么用。是的，他们第一次抢到了对手们的座位，但后者依然占住上风，尼波斯反倒在对手的反击之下害怕了，节节败退（公元前62年1月3日）。当天晚上，元老院赋予两位执政官最终决议权，并认定当天的混乱局面因保民官尼波斯和裁判官恺撒而起，暂撤二人职务。尼波斯气势汹汹地逃离罗马，大声喊道他要去找庞培，庞培很快就会复仇的，因为对他本人的打击就是对平民庄严权利的打击。这种说辞显然是恺撒授意的，因为公元前49年，恺撒用同样的借口挑起内战，但是恺撒清楚庞培性格懦弱，他并不抱有同样的"希望"。恺撒对元老院决议表示尊重，以此对舆论施加影响，把自己关在家中，安抚到他门口围堵的不满人群，并于几天之后在人们的赞扬中重获职务特权。

恺撒的决心

但是，恺撒的行为是一种高傲的委曲求全，是精心算计的消极被动与示弱，没有人看不透这一点。恺撒还是意见领袖，街头巷尾的主人。从他的双拳如何对敌展开攻击，我们能看出敌人的反击是消极的，无法使他在短暂的失利中真正被挫败。尤其是，元老院安排负责给喀提林党羽告密者分发奖金的财务官诺维乌斯·尼格尔（Novius Niger），竟纡尊降贵到要去收集额外的密报。有些告密者提前听到风声，想借机捞钱：比如昆图斯·库里乌斯就夸口曾听到喀提林指定恺撒为心腹之一；维提乌斯（L. Vettius）则拿出恺撒写给喀提林的一封密信。复职的裁判官恺撒刚刚昂着头回到元老院，就因这些假消息又被严惩。他邀请西塞罗帮他公开作证，证明他于事件有功，证明他是主动向西塞罗提供情报的，这就够他撇清干系了。恺撒请求元老院不要给骗子昆图斯·库里乌斯奖金，接着他又传唤已领到奖金的维提乌斯，当着公民大会的面，逼迫他交还奖金，否则就要对他动用私刑。一边是受私刑，一边是牢狱之灾，况且他已到老迈之年，挨打是根本吃不消的。最后恺撒命令把诺维乌斯·尼格尔同库里乌斯一起关了起来。尼格尔的罪行是，作为财务官，在未获授权的情况下告发长官。库里乌斯、维提乌斯、尼格尔等人没想到判决结果这么便宜自己，都高兴坏了。所有人都在恺撒面前瑟瑟发抖，他的威严在众人的软弱和事态发展下与日俱增。

克拉苏逃跑

克拉苏作为平民派名义上的领袖，已被尼波斯吓破了胆，可以预见自己必遭对手庞培报复。在他的想象——可能还得加上其副将的想象中，庞培的报复是毫不留情也是近在眼前的。于是克拉苏悄悄转移家人和财产，一口气跑到了马其顿。克拉苏毫不光彩的逃跑让恺撒在己方派系内获得足够空间，反过来也突显了恺撒的强大实力。从此他就是民主派硕果仅存的领导人了，可以自由自在、高枕无忧地采取行动。我们必须承认，庞培回来得太晚，给恺撒制造了相当大的便利。

喀提林战败身死（公元前62年1月下半月）

公元前62年1月下半月，喀提林党羽失利，庞培失去尽快返回罗马的理由。谋反派最后的这点力量消灭起来相当容易，也证明了喀提林阴谋多么微不足道。具体情况如下：喀提林和曼留斯在菲耶索莱征召伊特鲁里亚地区土地改革动荡中产生的流民，组成军队。苦难的人陷入绝望，抱团取暖，他们中少数几个曾经是该地区的地主，大部分是苏拉殖民时期的掠夺者。有人说，喀提林为了扩大小得可怜的队伍，在最后一刻甚至允许逃跑的奴隶参军。即便如此，这支军队最多也就两万来人，其中只有1/4——分布在两个军团——拥有武器。喀提林率军向罗马进发，于公元前63年12月5日抵达罗马，支援罗马叛军。当他得到同谋被判有罪的消息，立即掉转大军朝波河平原行进，希望从那里抵达阿尔卑斯山北，并对政府军形成人数压制。但很不幸的是，他的路线早早就在地图上给人标出来看了——这条路和今天佛罗伦萨到博洛尼亚穿过亚平宁山脉沿雷诺河谷（Vallée du Renus）的铁路线是重合的。昆图斯·梅特卢斯·凯莱尔在皮西努姆地区招募了3支军团，取道艾米利亚大道（Voie Émilienne）赶来，在博洛尼亚附近堵住喀提林的去路。喀提林竟浑然不觉，他当然不想和对手硬碰硬，对方人多，且多是健壮农夫，指挥官本人也曾在高加索山脉证明其实力。于是喀提林绕路南方，接近执政官安东尼乌斯奉命追捕他的队伍，虽然这支队伍规模大于凯莱尔的，却不那么令他害怕，因为士兵多是城市无产者，指挥官又出了名地无能。可是撤退途中他的队伍被打散，两军交接时仅剩不到3000人。喀提林用心良苦，蓄意选择有利地形以补其短板，但还是无济于事。他选择的是皮斯托亚（Pistoria）的一片狭窄平原，因为确信敌方大军在此地绝不可能施展开。这个地方很有可能位于提佐罗平原（Campo Tizzoro），如撒路斯提乌斯所描述，被亚平宁山麓紧紧包围，其北面是马雷斯卡河（Rio Maresca）及临河的悬崖峭壁，南面有巴德罗那河（Rio Bardelone）。也许他驻军于此是希望安东尼乌斯能知难而退。可是在此期间，后者正在谋求于卸任执政官后获取行省总督的治权，他主动向喀提林发起进攻，而且心情畅快地——自然不是因为跟他有旧交，而是出于对自己无能的清醒认知——打起了持久战，这样就能在战事初期进行职务交接了。他的副将马尔库斯·佩特列乌斯（M. Petreius）是一位裁判官级元老，此人由西塞罗年轻的朋友普布利乌斯·赛斯提乌斯协助，接替他指挥战争。佩特列乌斯的队伍毫无经验但信心满满。他率军开向喀提林前线。在前锋猛攻之下，中军得以突进，两翼接踵而至。胜者毫不留情，曼留斯第一批被杀，喀提林被发现时还有一口气，他倒下的位置比部下更靠近前线，身边堆满敌军尸首。这可算得上弗洛鲁斯所称"死得光荣"了——如果他是为国捐躯的话。只不过，贪图享乐的喀提林追寻的是可怕而虚幻的魔鬼，他英雄的结局却帮了他无比痛恨的元老院一个忙，让其明白：贵族要想靠武力战胜内部敌人，其实无需庞培插手。此后元老院赐安东尼乌斯一次感恩献祭，并授予他"统帅"头衔。

庞培中途停留

与此同时，庞培时不时从昆图斯·梅特卢斯·尼波斯处得到战报，并保持警觉状态。要么，他已想出办法安抚敏感又蠢蠢欲动的元老院；要么，他觉得冲突在所难免，只求尽量延期。他把从阿米索斯回罗马的时间推迟到公元前62年春，后又无限延长行军过程，好像要把这最后的甘醇一滴不剩地饮尽——一路上，一个个希腊城邦都向他表达赞美、提供享乐，这就是庞培所享受的甘醇。他先在列斯波斯岛停留，密特里尼人（Mityléniens）为他准备了盛大庆典，感谢他带来自由——这全得益于他们的好同胞、好伙伴、历史学家西奥帕尼（Théophane）。庞培还亲自参与在这座充满文化素养的城市举办的传统诗歌大赛，并兴致勃勃地命人绘制剧院平面图，今后好在罗马仿建一座更大的。接下来他去了罗德岛，在这里，他沉迷于诡辩学派，他们的教化令这所学术大都市光辉闪耀，每位老师都从庞培那里获得一个塔伦特作为奖赏，其中最伟大的波希多尼乌斯（Posidonios），得到了庞培最感人肺腑的殷切对待——他生病，庞培去看望他，还不允许随从官通报，正如老普林尼（Pline l'Ancien）所说，庞培"在哲学的地盘上放下帝国的束棒"。波希多尼乌斯则以礼相报，虽然感冒严重，他还是在病榻上给统帅讲授早已准备好的课程，好像病魔根本不曾侵犯他的智慧。课程中有个主题是讨论正直与利益的一致性，这堂课似乎在庞培身上埋下了一颗反对暴力的种子。接下来庞培重回以弗所，主持大军集结、检阅并分配金子作为战利品：每位士兵6000塞斯特斯，每位百夫长12000塞斯特斯，军事保民官每人100万，财务官及18名军事将领每人500万，共计4.2亿塞斯特斯，相当于本书出版时的4.2亿法郎。从未有哪个罗马将军对士兵如此慷慨大方，并获得如此巨大的情感回报。此后庞培全速从以弗所赶回雅典。轮到雅典的修辞学家们体验他的慷慨了，庞培在这里留下50塔伦特用于重建历史遗迹。最后，冬季将至，他终于向布林迪西进发。他自问即将在所有罗马人唇上脱口而出的那些问题：他会解散军队吗？还是带着军队回到罗马？他会像苏拉那样接管整座城市吗？

庞培的第二选择（公元前62年12月）

庞培的梦想很可能是窃取整个国家、获得政治认可；如有必要，他还想让元老院成为与他绑定的代理人和永远忠诚的信徒。可是在危机中，无论是西塞罗这样的温和派，还是小加图这样的激进派，一想到要面对庞培的暴政就激愤不已。当然，元老院对他不吝赞美，本来嘛，说漂亮话也不用负什么责任。为了给他荣耀，米特拉达梯死后，元老院在执政官西塞罗的请求下，表决通过举行为期十天的敬神仪式。公元前62年3月，元老们在接受总体战报时又再次下达同样的决议。之后为了让庞培的副将马尔库斯·普皮乌斯·皮索能及时赶回来并当选，他们还推迟了执政官大会。但是他们对每一次表面上的让步都在内心深处加以限制。比如说，他们给马尔库斯·普皮乌斯·皮索安排的同僚是仇视个人权力的马尔库斯·瓦勒留斯·梅萨拉（M. Valerius Messalla）。庞培的战功虽为他赢来两次敬神仪式，但庞培不会上当受骗，他知道这不过是表面客气而已。在恺撒的唆使下，保民官提图斯·安皮乌斯·巴尔布斯（T. Ampius Balbus）、提图斯·拉比埃努斯向公民大会建议延长第一次敬神仪式时间，并批准庞培终生穿着镶边托加长袍、头戴金冠代替王冠在公共节庆活动上露面。显然提此建议时恺撒想到了自己，他是在透过别人想象自己得到不同寻常的荣耀。可是他们的动议遭加图抵制，抵制虽无害但毕竟造成了点响动。至于第二次敬神，效果全被西塞罗写给庞培的一封信给毁了。信是在提议发起之初写的，西塞罗在信中指责大统领，抱怨对方太冷淡，并指责他的友谊太廉价。公元前62年5月，元老院为了激怒庞培，把对海盗的胜利荣誉转移到他的劲敌昆图斯·梅特卢斯·克里提库斯身上。为了平息事端，一位保民官不得不明确指出，克里特岛的主要海盗头子帕纳雷斯与拉斯特恩无论如何都必须留给最高统帅最后的凯旋仪式。也许，这种小打小闹的敌对行为终于使庞培如梦初醒，让他别无选择，只能如梅特卢斯·尼波斯建议的，以武力对付贵族政府；要么只能遵守元老院定下的法律，在返回罗马前遣散部队。但他始终抱有幻想。终于，在12月末的布林迪西，他觉得自己有了解决两难困境的办法。庞培将利用他的个人不幸把加图吸引到自己阵营中来。

穆西亚（Mucia）的拒绝和加图的坚持

在回程途中，庞培风闻了关于他第三任妻子穆西亚的糟心事。公元前79到前77年，穆西亚在和庞培共度的这两年半时间为他生下3个孩子。但是对她来说，男人不在身边就是错。丈夫离开后，她很快有了新欢，其中似乎还包括魅力无法阻挡的尤利乌斯·恺撒。庞培听到这些事，还没踏上意大利土地，就从大本营派人给不忠的妻子送了一封休书，他甚至都没有屈尊动念想这封信如何措辞。一到布林迪西，庞培就请来加图的好友穆那提乌斯（Munatius）谈自己的新婚计划。如果我们以现代感情来判度庞培就错了，因为到目前为止庞培只不过把婚姻关系的结成与解除当作一种统治工具罢了。他的第一次婚姻——与总督之女安提斯提亚（Antistia）——使他完整地获得了岳父斯特拉波的财产，庞培遗产的规模由此定下。和艾米莉亚（Aemilia）的第二次婚姻使他获得其岳母第二任丈夫苏拉的青睐。而与穆西亚的联姻则使他成功与凯西利乌斯家族达成和解，并在他们的帮助下促成残暴的独裁者苏拉退位。现在既然他已离婚，就很自然地希望第四次婚姻能与加图家族结成，并为自己的野心觅得最合法最勇敢的左膀右臂。他把想法透露给穆那提乌斯，为了更好地解释这次结合背后的巨大意义，还给了他两个选择：要么是加图的两个女儿之一，要么就是他的两个侄女之一。可是两位侄女在不久之后就分别嫁给了穆那提乌斯本人及他的大儿子。加图对这个计划自然受宠若惊，很显然他希望能与某种政权联姻——哪怕是违心的——并与其中主事者成为最亲近的盟友。所以加图委托穆那提乌斯向庞培重申了自己的意愿。不过他并不属于能用女人搞定的那类人：加图表示，他绝不会同意把人质交给庞培来对抗自己的国家！此话怎讲？公元前61年1

月，西塞罗对阿迪库斯说，穆西亚被休一事，在罗马城中引起了针对庞培的诸多恶评。我们能想象对此贵族阶级有多得意：休妻事件不仅没使庞培和加图走到一起，还在庞培和穆西亚的两个同父异母兄弟——昆图斯·梅特卢斯·凯莱尔以及脾气火暴的梅特卢斯·尼波斯之间造成嫌隙。事到如今，庞培在布林迪西，身边只有自己的部下，真正成了孤家寡人一个，只余下他自己的荒谬可笑。

庞培解散东方部队（公元前61年1月）

如果庞培要求部队跟随他到罗马，军队很有可能会听命于他。但他对此已经没有什么幻想了：执政官玛尔库斯·普皮乌斯·皮索已经被其同僚架空，如何帮他？元老们如今同心同德，很可能要做庞培的拦路虎；至于梅特卢斯家族，则很可能搞一场人民骚乱来反对他。在这样的情况下，还不如立即发动内战，还需要什么纲领什么党争做借口做导火索？对如此高风险的决定，庞培却退缩了。公元前61年1月初，庞培遣散军队，并与他们约定，元老院和人民必定要授予他凯旋式，到时候罗马见。在古代，这种将自己利益置之度外的做法很受推崇。3个世纪后，身上带有贵族传统的迪翁·卡西乌斯（Dion Cassius），带着庄严虔诚的感情举出此例："我现在要说出庞培的一件事，这比我们认为他所具有的所有美德还要伟大，其荣耀只归于他一人。他虽在陆地和海洋享有至高无上的权力，拥有战争中积累的、俘虏酬付的赎金等数不清的财富；在他征服的或因其善心而归顺的土地上，几乎所有的国王和王朝都与他结下友谊；他完全可以将意大利收入囊中，将罗马的所有权力集中到自己手里，可他不愿意这么做。"迪翁·卡西乌斯对庞培的退位称羡不已。可在19世纪，庞培的做法却令蒙森倒胃口，他认为这是软弱的表现。这位德国历史学家将他与迪穆里埃（Dumouriez）相提并论，后者因为在决定性的时刻犹豫要不要做叛徒而与成功失之交臂。"命运从未像青睐庞培那样青睐过一个人，可是对于没有勇气的人，神给他再多天赋也是枉然。"容我大胆断言，在我看来，庞培：

> 既配不上这样的过誉，也不应受此责备。

他的追求与失败全然不是来自内心。庞培少智，没有政治见解，也不善党派纷争，不知道什么是根本，什么是改革。他想要的与其说是共和国政府，不如说是赞美、特权与声望。所以很自然地，他不想为争夺一个官位而流血牺牲——既然似乎没人是他的对手。他自大到以为自己能永远占据这个位子。从布林迪西到罗马的亚壁古道，他越来越相信这一点。所到之处，意大利人民看见伟大的庞培出行时竟不带军事仪仗队，仅有三五好友相伴，他的伟大之下竟藏着如此的简朴，实在令人惊异。他们在庞培面前欢呼雀跃，如此一来，他的"仪仗队"倒是一点一点地壮大了，直到抵达罗马时，庞培好似被真的军队簇拥——至少普鲁塔克是这么说的。很显然庞培也是这么相信的，直到他在罗马遭遇第一次挫折。

克拉苏与庞培同时回到罗马（公元前61年1月）

第一桩失望事就是在罗马见到克拉苏。9个月前，在大统领的阴影之下，克拉苏逃离罗马，他只要觉得庞培的罗马势力仍在就不敢回去。在庞培的人被罢免之后，他重拾信心，飞快返回罗马，发誓一定要让手无寸铁的敌人为他们的举动付出惨重代价。

善良女神节丑闻（公元前62年12月—前61年1月）

对庞培来说，另一个残忍的事实是，其同胞的注意力已经从自己身上转移到一件丑闻上。几周以来，一切讨论都围绕这个丑闻展开。公元前62年12月的达米亚女神节（Damia），也就是善良女神节夜宴——每年的这一天，妇女们必须在拥有治权的官员家中，在没有任何男性在场情况下庆祝节日。这一年应在裁判官尤利乌斯·恺撒家中举办节庆——而且他还是大祭司。节庆在苏拉的小女儿、恺撒6年前迎娶的第二任妻子庞培亚（Pompeia）的主持下举行，却因某个男人的亵渎而中止。此人竟敢违反禁令，化装成女竖琴师来见自己心爱的美人。他竟成功逃脱视线，来到大祭司居住的公房中，向某在场女性打听，奥拉（Aura）——女主人的女仆之一——在哪间屋子等他。可是他没有伪装好声音，泄露了性别。所有参加仪式的女人立即因震惊愤怒而颤抖。恺撒的母亲奥蕾莉亚下令暂停仪式，藏好圣物；狼狈不堪的入侵者被拿住，遭人们羞辱并被赶走。女人们大半夜回到家中，各自对丈夫讲述了这个登徒子令人无法忍受的无耻行径。第二天早上，到处都在传这个人是普布利乌斯·克劳狄乌斯，都说他是因为爱慕恺撒的妻子才做下丑事。人们不禁要问，庞培亚到底是全然不知情，抑或也是这桩丑陋罪行的共犯呢？恺撒对此充满疑虑，但他更珍视的是自己的妻子和名望，他情愿这事就这样不清不楚。元老们虽没有气他、取笑他，也没有要求他与克劳狄乌斯断交，但却不断表示惋惜，并在昆图斯·科尼菲西乌斯的申请下，把这事儿拿到元老院里说。马尔库斯·普皮乌斯·皮索为了避免进一步招致庞培的仇恨，试图安抚这位严守戒规的虔诚派——昆图斯·科尼菲西乌斯。可是另一位执政官梅萨拉（Messalla）和加图却鼓励他大胆去做。最后，虔诚派胜利了，元老院宣称确实存在渎神情节，将案件向负责调查的祭司提起上诉，并下令重新举办善良女神节。同时规定，罪犯如果落网，将因乱伦罪被起诉，审判团成员将破例由裁判官选定，而不再循惯例抽签。恺撒住宅被官方认定遭到污染，为了维护荣誉，恺撒只好悄悄与庞培亚离婚（公元前61年1月中旬）。

克劳狄乌斯洗清罪名（公元前61年5月）

在一系列充满激烈争吵的冗长流程后——其中还有说不尽的云谲波诡——针对普布利乌斯·克劳狄乌斯的庭审依法进行。在保民官昆图斯·弗非乌斯·卡莱努斯——他是恺撒的小喽啰——的安排下，此案再度引入陪审团抽签制。公元前61年5月15日，案件开庭。被告称自己无罪并拿出物证；他的一位密友盖乌斯·考斯尼乌斯·斯科拉（C. Causinius Schola）作证，说当天普布利乌斯·克劳狄乌斯在他位于因泰兰纳（Interamna）的家中。克劳狄乌斯的奴隶有几个被他送到住在希腊的兄弟阿皮乌斯（Appius）家中，其他的被送到管家第奥奇尼（Diogene）位于山北高卢（Gaule Transalpine）的家中，因而没能被传唤。女仆们说确实看到一个男人，但没有认出是谁。恺撒的母亲奥蕾莉亚及姐姐茱莉亚也没看清楚。克劳狄乌斯制造的不在场证明似乎挺站得住脚。这时西塞罗发言了。这位大演说家首先说明，自己很讨厌被无端卷入与自己无关的案件——而且案件背后的意图也不体面，无论对国家还是他个人来说。西塞罗知道普布利乌斯·克劳狄乌斯易怒，不想煽动更多的怒火；况且不得罪梅特卢斯·塞勒符合他的利益，塞勒的妻子克洛狄亚正是被告的姐姐。但西塞罗的本性很快占了上风，赶走了小心谨慎。其实在当年2月，弗非乌斯·卡莱努斯发起讨论，西塞罗就情不自禁地附议过克拉苏对元老院的溢美之词。这一次，他表现得像是站在贵族这一边，一起声讨克劳狄乌斯。如果我们相信普鲁塔克的推断，西塞罗的妻子特伦提亚（Terentia）怀疑他饶了克劳狄乌斯不过是因为克洛狄亚美丽的双眸，很可能是妻子的醋意大发，唤醒了他最后的廉耻。但也许这位传记作家过于相信传言了，西塞罗不就是被自己错误的算计欺骗了吗？他被易如反掌的胜利诱惑，觉得克劳狄乌斯输定了，所以才指控他的。最终，西塞罗在法庭上摧毁了被告的辩护：他拿出了被告在善良女神节期间并不在因泰兰纳停留的证据，声称正是在这一天，被告来到帕拉丁山自己家里问好谈事。要不是尤利乌斯·恺撒立即跳出来削弱证词的效果，那么被告一定早就被问得措手不及了。恺撒作为大祭司，因为礼仪规定当天不能回到家中，他表示对于法庭所要检视的情节完全不知情。"那么，"公诉人这时提问他，"你为什么要休妻呢？""因为，"他回答道，"我不允许家人被怀疑。"说完这句反驳的话，恺撒带着无可辩驳的高傲离开。结果，25名陪审官希望判处克劳狄乌斯有罪，31名投出早就准备好的无罪票。

恺撒的西班牙行省总督地位加强（公元前61年5月）

宣判时场内一片愤怒。克劳狄乌斯拿被陪审团蔑视的西塞罗取乐。"事实与此相反，"西塞罗反驳道，"有25人认定你有罪，所以这25个人相信了我。另有31人不愿相信你，他们收了你的钱才给你脱罪。"年迈的、此后不久就去世的卡图卢斯，还有气力冲向其中一人并大发雷霆："你们何必请卫兵保护元老院？怕有人偷走你们收的第纳尔吗？"他和他的支持者完全有理由震怒，因为他们以相当的愚蠢，把一桩风流丑闻上升为国家大事，经过如此奋力抗争依然得到负面结果，反过来令事件本身显得荒谬可笑。无论庞培还是克拉苏都没公开参与事件，也因此没理由庆祝什么；西塞罗却毫无必要地失去了梅特卢斯·凯莱尔的同情，招致克劳狄乌斯莫名其妙的恨意。唯有恺撒变强大了：事关荣誉上，他是毫不妥协的，哪怕大手一挥休掉妻子又如何？他势必得到某个人的无限感激与甘心奉献，他恺撒一句话就可以毁掉这个人，却还是救了他。其实恺撒几周前就应该动身前往远西班牙（Espagne Ultérieure）就任，他已通过抽签分配方式被指定为远西班牙行省总督。但他不愿在克劳狄乌斯洗清罪名前离开，现在既然尘埃落定，他就立即赴任，行使他终于获得的治权。可是他的债主都不让他离开。在克拉苏一笔巨额借款——830塔伦特（比今天2200万法郎还多）——支持下，恺撒使债主们打消了念头。如此巨额借贷看似使恺撒任债主鱼肉，实际上却令克拉苏与他的未来关联更紧密。此外，庞培也无法因这笔借款而怨恨他，因为虽然恺撒与他的敌人关系近了，却远离了罗马。恺撒一回到老巢，就带着挑衅心理给罗马贵族们的朋友、国王朱巴一世（Juba I）一直要求引渡的努米底亚王子马辛达（Masintha）提供庇护。恺撒比任何时刻都信任自己的财富，他已经开始认为，庞培在6个月前还是时代的主人，现在，用不了多久他将被迫臣服于自己。庞培的确处境尴尬：西塞罗出于嫉妒谴责他，加图因为原则仇视他，克拉苏和两位梅特卢斯家族成员与他有新仇旧恨，政客们厌恶他、抛弃他，人民大众对他无动于衷。在历经长达一年的困境与斗争后，庞培无法指望维持其威信了，除非恺撒回来插手其中。

庞培与执政官位置

要论起来，公元前61年后庞培肯定有权参选执政官；其实他只需要跟部队发句话，或者从巨额战利品中慷慨地散一部分出来，就可以保证一定获得职务。由于他第一个执政官任期在公元前70年12月29日才结束，根据苏拉法律的规定，并遵守其要求的十年间隔期，他必须再等一年才能申请第二任期。现下他不得不为某个属于他阵营、因为他才排得上号的人作嫁衣。他毫不费力地通过运作使其前副将卢修斯·阿弗拉尼乌斯当选。可是公民大会对他存有恶意，将另一个执政官指定为他的敌手昆图斯·梅特卢斯·凯莱尔，两人闹翻就是最近的事，此人尤其积极反对庞培（公元前61年8月）。庞培仅仅能控制罗马共和国最高权力的一部分，虽说元老院不敢、人民也不想拒绝授予他与赫赫战功匹配的荣耀，但他期待获得更实质性、更长期优势的野心则遭遇贵族和平民先后或共同的阻挠。

庞培胜利

加图到处说，庞培对海盗与米特拉达梯的战争不过是小女孩的游戏罢了。不过他的话并没有什么用，大部分的公民都一心期待着胜利的喜悦。元老院已宣布要举办两次敬神仪式，如果要推迟或反悔，必然招来一片反对与鄙夷声。定于初秋举行的盛典连办两天，这可能是罗马城里最盛大奢华的一次仪式了。

第一天（公元前61年9月28日）

公元前61年9月28日，敬神盛典以大游行拉开序幕。人们举着演出节目牌走在罗马街头，牌子上还列出此次庆祝被征服的分别是哪12城。仪仗第一梯队从凯旋门开始，经马克西穆斯竞技场（Le Grand Cirque）与韦拉布罗区（Vélabre）走向神圣大道，领头的是高级官员和元老们。紧随其后的是油画队列，绘制的是被征服各国城舆图，以及被褫夺王位或臣服于罗马的22位国王带名字的肖像。接着就是抬着战利品的轿子了，丰富的战利品耗时30天才清点完成，有各类武器、战舰撞角、镶满珠宝玉石的巨型陈设、玛瑙杯、足够摆9桌宴席的纯金餐具、33顶珍珠王冠。还有各种奇珍异宝：亚里士多布王进献的、估价500塔伦特的金葡萄藤；巨大的棋盘；珍珠镶缀而成、三角楣处配时钟的缪斯神庙模型；据称属于叙斯塔斯佩斯（Hystaspe）之子大流士（Darius）的卧榻。还有各种价值连城的艺术品：锡诺普征服者法尔奈克一世青铜雕像；贵金属制阿波罗、战神及密涅瓦（Minerve）女神雕像；巨型纯金米特拉达梯胸像，比两年前卢库鲁斯战利品中那件雕像还要大一倍。最后还有精致的小珍珠做成的庞培塑像。这就是敬神仪式上的宝物了。

第二天（9月29日）

第二天是9月29日，也是庞培45岁生日。这一天大家上街游行，彰显征服者的无上荣光。庞培的马车后是全副武装的军人代表、骑马行进的骑士们。他们前面则是324名不戴手铐脚镣的俘虏与人质，其中我们可以看到米特拉达梯的5个儿子、两个女儿、他的骑士首领老底嘉的米南德（Ménandre de Laodicée）、小提格兰、柯尔克

（Colques）国王、犹太王亚里士多布、斯基泰王后们、海盗、拉斯特恩和帕纳雷斯。昆图斯·梅特卢斯·克里提库斯不得不把抓住最后这两名克里特匪首的功劳，让给《盖比尼乌斯法》确立的统帅庞培。一幅幅油画、肖像画画着死去的或不在场的敌人，他们的身体语言都极力配合颂扬罗马之战：战舰毁坏、军心涣散、士兵恐慌、米特拉达梯自戕、后宫妃嫔全部被缢死。白马拉的车上闪耀着璀璨的宝石。庞培出现了，身穿他从米特拉达梯的衣柜中拿走的露肩斗篷。这件短袍原本由科斯岛人进献给本都国王，最早是为亚历山大大帝织的。庞培所经之处一片欢呼赞叹。庞培沿卡比托利欧山祭坛拾级而上，循例向朱庇特进献祭物和人牲。第二天，在他的关照下，小提格兰乘坐私人马车被送到弗拉维乌斯家里。其余战俘则由政府出资遣返，走时甚至都领了礼物。统帅庞培并未大宴百姓，但却广散资财；他从战利品中抽取一部分，用于在大马戏附近建造密涅瓦神庙和赫拉克勒斯神庙、庞培纪念剧院、凯旋门、胜利女神维纳斯神庙，此外还给国家财政净结余5000万第纳尔（相当于本书出版时的2.25亿法郎）。

没有未来的日子

可以说，庞培的胜利无论在财富上还是在辉煌程度上，都超过了西庇阿家族、埃米利乌斯·保卢斯和苏拉。他把錾刻银器、安塔利亚布料带到意大利，还让罗马人见识了不一样的奢华生活，比如玛瑙杯和珍珠制品。他使罗马人获得终生难忘的、深入灵魂的美妙震撼。但是，这并不会给庞培的真正实力增添一分一毫。统帅越是像亚历山大大帝，越是自比赫拉克勒斯，人们反过来越挑战他的暴政。公元前61年9月29日，就人类所能企及的伟大程度来说，此时的庞培已登峰造极。但他很快就陷入危机，而唯一能解救他的，并不是他所沉醉其中的荣耀，而是他早已失去的实力。

庞培最看重两项政治优势：行动的全面合法化，也就是说他强加给东方的政治地位；以及他许诺给自己部下的土地分配。但是很可惜的是，企图获得这两项政治资本的行动一个接一个地失败了，公元前60年的开端对他来说除了耻辱没有别的。

庞培的困局（公元前60年第一季度）

他似乎真心高兴和感激于元老院态度的改变，元老们向他提供的支援使部落势力被削弱——部落是属于克拉苏派的富人势力范围。由于元老院的帮助，大多数公民认为庞培的见解是合理的。但无论如何他还是被嫉妒和政敌包围。所有保民官中，仅有一位毫无保留地忠于他，那就是提图斯·弗拉维乌斯（T. Flavius）。执政官昆图斯·梅特卢斯·凯莱尔既神秘又活跃，只想着怎么挫败他。而与他感情很深的卢修斯·阿弗拉尼乌斯，因为出身卑微，且文化素质低下，只能引起或同情或惋惜的讥笑。在元老院，西塞罗时而为获得凯旋者的赞美而欢欣鼓舞，时而又因为没有得到赞美而收回前言，正如他当时在《反喀提林》修订版中所写的那样，他确信"如果说庞培的功绩与功德如日中天，无疆无界"，那么他的部下也会有一席之地，其美德与功劳可与他比肩，甚至在他之上，"与其让那些为罗马而战的人在胜利后有一个可以返回的家园"，不如"为罗马开辟通往新行省的道路"。我们看到，西塞罗对庞培采取任性的、逃避式的做法，他的个人信件中处处显示其态度的摇摆。西塞罗对庞培，从悄无声息的恶意，变成了有条件的、居高临下的支持，况且这态度来自这么一位没打过仗的律师，一定使伟人更为烦恼。至于加图和他的集团，他们一贯对庞培充满恶意，以针对庞培为乐。这一次，要么就是他们有这份野心——不过无法将其进行到底——把反对落实到司法层面，一举以渎职罪起诉审理克劳狄乌斯案的法官；要么就是他们假装听不到对收税公司把控的土木工程招标进行修改的呼吁。从头到尾他们都在针对庞培和他的党徒，想尽一切办法排斥他所有重要的提案。

提图斯·弗拉维乌斯的土地改革案

公元前60年1月初，保民官提图斯·弗拉维乌斯开始倡导一项土地改革。今天我们只知道这项提案要求给庞培的老兵分配土地，另外，提案内容较为谨慎中庸。3月份，相关讨论仍未获得进展。西塞罗对已提交的法案进行补充，并用交易手段使其更易通过，他借机删除了其中实质性的一部分内容，并重开讨论。大会上，执政官昆图斯·梅特卢斯·凯莱尔对待提案者提图斯·弗拉维乌斯十分粗暴，后者认为在自己神圣不可侵犯的职位上受到了羞辱，下令监禁前者。要不是纳博讷战场的负面战报突然适时传来，使元老们决定执政官应该立即共同治理高卢领土，冲突很可能会发展成流血事件。阿尔卑斯山北被分给了凯莱尔，提图斯·弗拉维乌斯放弃反对凯莱尔赴任，并在庞培同意后撤回了提案。

困难重重的庞培法案

庞培暂时放弃这项法案，但他坚持他授予亚洲的地位应得到批准。但是在这个议题上他并没有得到更多好运气。卢修斯·卢库鲁斯要找自己的继任者报仇，指责对方抢走自己的胜利果实。他直说：不明就里地批准庞培的所有提案是不可接受的，难道庞培是主子？他的话是命令？有的提案若不花时间研究，甚至会伤害庞培自己以资深执政官身份全力打下的基业。加图以及还未动身翻越阿尔卑斯山脉去自己的指挥所的梅特卢斯·凯莱尔也坚持同样的意见，认为应当对庞培的提案一桩一件地进行深思熟虑的审视。西塞罗态度不清不楚，做起了和事佬。克拉苏突然站到加图一边，给庞培的提案有力一击。很显然，只要庞培的对手因为嫉妒他而结盟，他就不可能成功。只有一个人对克拉苏有影响力，能打破这个联盟：尤利乌斯·恺撒。庞培很幸运，公元前69年夏天刚刚开始，大祭司恺撒就从西班牙行省总督任上返回罗马，这时他的钱包也满了，经验也长了，还带着在地球另一端赢得的战功凯旋。

西班牙行省总督恺撒（公元前61年—前60年）

直到当上总督之前恺撒一直默默无闻，开大会时不过是个跑腿的。他从治理远西班牙开始，就从坚不可摧的反对派闹事者，摇身一变成了政府大员，绝对权力已唾手可得。他展现了改革能力，并第一次展现出令后人称奇的军事天赋。8年前他曾在西班牙充任下级财务官，所以刚刚抵达行省就与罗马子民水乳交融，并立即根据他们的社会阶层，有针对性地施展个人权威。

恺撒对行省的治理情况

对于几座仅有一点点罗马化的城邦，恺撒表现出明显的宽厚仁慈。他平息钩心斗角，努力从当地人的生活习俗中去除令他们受苦的最后一点野蛮残余。他懂得适时取消和减轻过重的税赋促进经济发展,以一丝不苟的公正治理行省,适时减轻私人债务,以重建阶层和谐。他的行政创新展现出最令人钦佩的特质:怜悯穷人,厌恶贪婪的商人,对当地人实行人道主义。为了使当地土著更加罗马化,他如待罗马化公民一般看待他们。等他们真正罗马化后,他就立即把他们用在身边,比如他对巴尔布斯。恺撒好像从不区分这两种人的忠诚。但他同时也展现出人格中不太好的一面:在他伟大的人性中,自私常常玷污他最高贵的梦想。他曾大发善心对待过某些和平城邦,有时他会收受它们的好处,它们或多或少自愿赠与的礼物填补了他的债务亏空。有时他又做出扩大分裂的行为,不是为了解决问题——安东尼后来在他的葬礼上纪念他、赞美他的此类行为,说他这样做加强了秩序——而是为了增加他的支持率与个人财富。

恺撒远征作战

恺撒表现得对乖顺的子民福祉多么关心,对谋反或疑似谋反的农民就有多么残暴。他本可翻手为云覆手为雨,对惹恼他的翁布里亚强盗进行大清理,接着尽情享受应得的平静。可他更喜欢在惩罚够了强盗之后,把无辜的人逼到极限,他们的唯一过错就是引起他的潜在忧虑。他不断扩大压迫战争,本来这笔军费大可不必花。之后他精明地在高卢地区进行招募,把步兵队从本来正常的20人配置上升到30人,带着这支队伍去赫米纽斯山(Mons Herminius,即埃斯特雷拉山脉),命令当地人迁移到平原地带,被坚定拒绝后,他杀掉所有人,还一直追杀山上的居民到海边。由于一部分人藏身于柏兰加斯岛(Berlenga)及邻近的岛屿,他就从加的斯人那里征了一条船,乘船追踪。接着他又从海上抵达加利西亚,在布里甘蒂〔Brigantium,即拉科鲁尼亚（La Corogne）]下船。士兵们对他有宗教般的忠诚，似乎他能以最小伤亡代价带领众人走向胜利。这里地处偏远，因此战功的重要性显得更为突出。恺撒率军翻山越岭，时而路过涨水的河面，时而穿越不知名的沼泽。值得一提的是，他的军团第一次朝向大西洋进发，军营帐篷里，士兵们相互讲述着神明向恺撒微笑展示的神迹，又虔诚又惊讶地说起恺撒那匹除了他无人能驯服的战马，马蹄上钉着人脚状的开口马蹄铁，就像亚历山大大帝神乎其神的战马布西发拉斯（Bucéphale）一样。当恺撒从朋友那里得知罗马的乱局，立即决定回罗马，把军队带给他的事实上的大统领职务正式合法化。恺撒远征带来了巨大利益，合适的宣传令利益更显神秘，到公元前60年6月底7月初，他好比天降神人一般悄然叩响罗马大门，几天之内就终结了乱麻般的时局。

恺撒回归

现在的局势回落到公元前71年的状态，那时克拉苏和庞培都不愿忍受寡头治理，宁愿达成和解。现在他们再次翻脸，这就为贵族提供可乘之机。克拉苏出于报复心与元老院修好，他早晚要失去行动独立性及个人力量。他排挤庞培，早晚他自己也会被排挤。恺撒远在西班牙，却看出二人都因走错一步棋而陷入僵局。快到罗马城时，对胜利荣耀的巨大野心阻止恺撒入城。他努力说服克拉苏和庞培改善关系，巧舌如簧地令他们相信，这么做既符合他们的利益，又符合他自己的利益。在去西班牙行省之前，他从克拉苏那里拿了钱，而这并未影响他与庞培的关系，因为他马上就离开了。但是他无法再无限期地让两个敌人在罗马保持势均力敌，这两人对他来说都很重要。恺撒因为个人原因忠于克拉苏，庞培早晚都会恨他。如果恺撒想利用庞培的同情心，那克拉苏最后一定会与他决裂。总而言之，恺撒一定会成为这场间接决斗的受害者，两个竞争对手也会筋疲力尽。

前三头同盟（公元前60年7月）

要终结现状，恺撒有两个选择：要么，令克拉苏和庞培明面上达成和解，让他们时隔10年再度共同成为执政官——法律规定同一任的两个执政官任期必须间隔10年以上，所以他们今年正好都有资格申请。在这种情况下，恺撒就要同时成为他们的经理人与代理人。要么，恺撒就想办法自己当上执政官，手握令他们默契和解的工具。古人对第一种方案未着笔墨，虽然其可能性确有事实体现——如利益相关者考虑过这个方案——但没有任何事实证明有此考虑。况且，恺撒根本不缺说服自己绕过这个方案的办法。比如，这样做就得要求他们做出对自尊心过于残忍的牺牲，或者得公开否认存在分歧。更何况，上一个（公元前70年）类似的解决方案失败了，当时两位合作伙伴的和谐根本好景不长，那么类似的小修小补自然并不会更长命。因此，从各方面看，第二个方案都更理想，既尊重二人敏感的自尊，也能限制恺撒的野心。最终第二种方案占上风。自然，大家在郊外的公屋举行的一次次会面中就此方案进行了磋商。据惯例，前西班牙资深裁判官在这里等待凯旋仪式申请批准，而从表决通过的那一刻起，就开始了我们现代人模棱两可地命名为"前三头同盟"的时代。事实上，两次三头同盟仅名称类似而已。公元前43年形成的后三头同盟是指安东尼、屋大维及雷必达，在法律框架内建立的三方治理、共同掌管宪法国家的公开组织方式。前三头同盟与之不同，它是由尤利乌斯·恺撒促成，是他与克拉苏和庞培组成的三人同盟，该同盟并没有组织机构，是3个人在政府之外组建的私人团体，旨在小心翼翼地管理三巨头私人协议的影响及后果，将其笼罩在令人生畏的沉默之中。3人发誓为领导共和国，凝聚各自影响力一致行动。正如提图斯·李维（Tite-Iive）所暗示的那样，这是一种长期同谋关系，或者更像迪翁·卡西乌斯所说，这是一个暗中结成的选举集团，其目标是获得执政官职务，也因此在后期不可避免地变成一种执政集团。

恺撒当选执政官（公元前60年8月）

我们不禁要问，三头同盟关系可以上溯至何时？显然我们无法提出具体日期，协议是这些人暗中缔结的，隐藏得很深，直到公元前59年春季投票结果大白于天下时才暴露出来，以至于公元前59年1月西塞罗收到第一批情报时根本没有采信。虽然维莱伊乌斯·帕特尔库鲁斯及苏维托尼乌斯持完全相反的断言，但毋庸置疑，根据提图斯·李维、普鲁塔克及阿庇安的公开保证，这一同盟发端于公元前60年7月下半月的竞选，当时恺撒突然参与下一年度执政官的竞争。当然，很难解释在公元前60年7月末或8月这场心血来潮的竞选中恺撒怎么就获得闪电般的胜利。元老们支持的候选人一位是加图的朋友马尔库斯·卡尔普尔尼乌斯·毕布路斯，另一位是庞培的同时也是西塞罗的朋友卢修斯·鲁克乌斯。元老们都被蒙在鼓里——因为一方面他们没有将选举大会提前——苏拉制定的法律规定竞选者必须年满41岁，如果选举提前，公元前101年7月13日出生的恺撒会被自动取消资格；另一方面，元老院收到了恺撒的不在场竞选申请，也就是说，恺撒既不越过城界来参加竞选，也不放弃参加凯旋式。要不是毫不妥协的加图鼓励保民官发出反对声，元老院本来就要答应恺撒的请求。最后仍有选择权的恺撒——他绝不是为了镜花水月放弃到手猎物的那种人——放弃了凯旋式，在最后一刻提交申请。他的政敌压根没把申请当真。有了暗中结盟的克拉苏与庞培的支持，伪装未除的恺撒迷惑了所有人，他和毕布路斯同时当选执政官，可谓赢得漂亮。一当选，恺撒就暗下决心，要为了自己，也为了背后的赞助人治理这个国家。三人联手，三头同盟一定所向披靡：克拉苏有钱；庞培有人，有显赫战功；恺撒有才干，有神性光环，还有民众的偶像崇拜。只要他们三人精诚合作，就没有任何一条法律、任何一股反对势力或个体能抵御得了。想不到共和国逃过庞培的显性独裁，却陷入庞培以执政官尤利乌斯·恺撒之名，和他及克拉苏一起施行的隐性独裁。没人注意到，共和国自由刚刚在个人权力下走到尽头。只是在事后，共和国公民们才承认，老天早已向他们预告这场灾难，只不过，当神迹以一场"自然的瘟疫"——台伯河大洪水——的形式表现出来时，他们完全没有感觉。公元前60年9月，苏布里齐桥（Pont Sublicius）被洪水淹没，这座木桥为方便罗马的节庆表演与船只停靠而建。奥斯蒂亚码头的船只也悉数被淹，令人们终于睁开眼的，不是神迹，而是执政官恺撒的暴政。

执政官恺撒的第一批提案

恺撒如履薄冰，避免过早暴露本来面目。他十分狡猾，努力让舆论陷入沉睡。政敌批评他的革命倾向：首先，他一上任就宣称自己尊重传统，将之从多年来被遗忘的故纸堆里寻出来。根据他所说的"传统"，两位执政官每月轮值一次，以排除设立职务特权的可能，但会保留与职务相应的基本地位。恺撒被批"革命"还因为他的仪仗队伍由一位导引官和不拿束棒紧随其后的几位礼仪官组成。对手批评他专制，他好像专为驳斥此言论一样，立即要求最大限度地曝光他所参与的所有讨论，无论是元老院还是公民大会的会议记录，必须在会议进行时做好，会议结束即分发。我们能在他的行动中同时看到远见和狡诈。他在自己执政当月恢复执政官随时拥有礼仪官的权力，表面上看是给毕布路好处，其实是给自己保留了持续不断展示权力的机会，哪怕轮到对方执政，他也可以等到逼得同僚只能待在家中什么也干不了时利用这个机会。同样地，他公开元老院提案与罗马公报，满足公众好奇心，像是主动接受监督，事实上他却第一次实现了对元老院与官员的监督。没有人比他看得更远，他的两个创举，元老院几乎无人注意，而这两招正是为元老院量身打造的。

司法改革

恺撒首先命人做了一件事，那就是攻击贵族最脆弱的地方——他们的司法权限。保民官普布利乌斯·瓦提尼乌斯站出来推动一项法律，明确什么情况下原告与被告可以对陪审团提出疑问。而由裁判官昆图斯·弗非乌斯·卡莱努斯提出的法律规定：由于每个陪审团都由三方组成，大多数选票的判定并不依据人数，而是依据顺序。这一来就等于在所有法庭内部加深元老与非元老法官之间早已存在的鸿沟。并在每一次判决中强调处于领导地位的贵族们的顽固立场与巨大责任。

《尤利乌斯行政法》（Lex Iulia De Repetundis）

恺撒亲自干预另一个阵地。在这个领域他所代表的基本利益与元老利益有显而易见的冲突。为了减轻行省负担，他提交一份法案，主题选得适时，文字精简合理，其中提倡的大部分规定后来被查士丁尼一世收录在《学说汇纂》（*Digeste*）中。这份提案规定出整个帝国运行治理者与被治理者的关系，涉及官员、卸任官员及其代表与代理人、法官……总而言之，它涉及每一个罗马公民，只要他享有或者参与国家的一部分权力，那么他就在这项提案的管辖范畴内。该法意在取消缴纳给治理者的超一万塞斯特斯的捐税，要求将税收的用途写出3份来展示——每个行省选两座城市张贴，另一份在罗马被张贴在金库墙上。这就杜绝了一系列玩忽职守的行为，不光是滥权和受贿，还有由此引发的举报或瞒报，或者因为叮当响的金钱利益而做不公判决或作伪证等。该法禁止不道德占有财产，也就是说，禁止以这种方式攫取财物为己方合法财产，不论事实占有期多长。该法还赋予被强取财产的受害人申请补偿权，权利终身有效，甚至自其死亡之日起，其继承人在一年内还可提出此种法律诉求。这项法律极大打击了非法侵占行为，违者支付4倍补偿金，必要时相关人还可能被驱逐出元老院。该法在惩罚制度上是公正而严苛的，原则上是无可指摘的，不啻一场深刻的政治改革，因为它令贵族获取影响力的重要来源枯竭——一代又一代的贵族，早已习惯用这种方式把选举中花掉的钱找补回来，甚至还不够，有时还要把未来的选票钱提前赚回来。

第一部《尤利乌斯土地法》（Lex Iulia Agraria）

恺撒被元老院的消极被动鼓舞，公元前59年3月初，他又将一份农业法案提交到元老院。这个提案既是为了满足他的改革需要，也是为了满足庞培的老部下。他的社会观点和社会倾向在提案条款中展露无遗，比如，恺撒禁止分配收益的官员在20年内对土地进行转让；另外更体现在，恺撒呼吁，原定的地块不光分给老兵，还要分给找不到工作、无法在拥挤城市中生存的失业无产者。可他真正的政治意图还隐藏在背后。和4年前他植入茹卢斯提案的条款不同，这次他正式把坎帕尼亚地区排除在土地改革之外——那里贵族所有权最为根深蒂固。为了弥补因排除此地而导致的土地短缺，他建议把庞培的金库盈余拿出来，以合适的方式用于购买待分配的土地。为了避免被批评专制——茹卢斯所设计的特别执行委员会就曾遭到这样的批判——恺撒提前把自己排除在委员名单之外，并把名额从10名扩充到20名，其中不包括西塞罗——他早就以能力不足主动请退了。恺撒不光提名了他的妻弟马尔库斯·阿提乌斯及伟人庞培本人，还有像代执政官马尔库斯·瓦勒留斯·梅萨拉这样的几个竞争对手，以及几个政治倾向不被诟病、无可非议地拥有农业才干的人，比如瓦罗的朋友格涅乌斯·特雷梅留斯·斯科罗法（Cn. Tremellius Scrofa），瓦罗在《农业志》（*De re rustica*）里提到后者农学经验丰富。最后，恺撒带着虚伪的尊重，请求元老院支持并批准自己的法案，还邀请他们对条款进行补充或调整。

法案提交到元老院

可是，恺撒的动机如此强烈，提案写得如此得心应手，元老院既无法全部拒之门外，也不可能击败他，只能想些奸计，或用些手续来拖延时间。讨论到达尾声那天，加图作为前任保民官有权要求对自己的反对票进行阐释。随着论述展开——根据元老院大会规定，任何人不得打断——人们发现，与其说他想说服听众，不如说他想一直占据话头到太阳下山，到那时执政官将不得不休会。恺撒觉得演讲人的阻挠意图无法忍受，命人抓住他关进监狱。接着，他解散大会，直接威胁道："我让你们来当提案的法官、裁判，为的是你们中若有人认为这提案应该修改，元老院好走个征询流程，之后再拿到公民大会。既然诸位不屑于此，那就让公民大会单独决定好了。"恺撒冷冷地冲撞了元老院，后者陷入自己犯下的错误中；恺撒很快通过提案，并提交给公民大会。

法案提交到公民大会

毕布路斯和加图在公民大会上想尽一切办法阻挠提案。加图刚开始咒骂恺撒，就被人从讲坛上拖走；毕布路斯也激起诸多反对声音，朋友们担心他往后日子不好过，赶忙把他拉到佑护神朱庇特的神庙避难。恺撒一赶走这两个讨厌鬼，就公开支持提案，此前他不过在暗处出谋划策。克拉苏用简短几句话表达支持，本来不是发言人的庞培发表了长长的演说，逐条检视并批准了法案。很快，会场内掌声盖过他的演讲声。恺撒趁势问庞培是否会对法案支持到底，并请求平民申请对伟人庞培的保护。庞培虽然已不担任行政职务，但人民及执政官仍需要他协助，他沾沾自喜，把早就说过的溢美之词又说了一遍，并最后陈词：谁要是敢反对，我会毫不客气地举起盾牌。面临这样的挑战，毕布路斯认为自己依然可以对法案行使一票否决权。"只有当我毕布路斯同意的时候，"他叫嚣着，"你们才能通过这个法案。准确地说，今年你们别想了，我才不管你们多希望通过。"当他在3位保民官格涅乌斯·多米提乌斯·卡尔维努斯（Cn. Domitius Calvinus）、昆图斯·安卡留斯（Q. Ancharius）及盖乌斯·法尼乌斯

（C. Fannius）的帮助下登上庇护神神庙行使平民干预权时，对手以暴力控制局面，他的束棒被打断，他和两个同伴都受伤倒在泥潭中。

土地法通过（公元前59年3月）

没有了战士，战斗随之结束。法案按照恺撒的意见原样通过，还加上一条由萨图尼努斯和格劳基亚更新的额外规定：元老们必须在有限的时间内服从这条法律规定的禁令，违者剥夺公民权利。没有一个元老敢于违抗，连最固执的梅特卢斯·凯莱尔、法沃尼乌斯（Favonius）也不得不服软。加图掂量了自己的良知——良知要求他起来抵抗，和女眷们的抱怨之后——妻子妹妹个个哭哭啼啼求他妥协，终于也与西塞罗意见一致。西塞罗说，哪怕你不需要共和国，但共和国是需要你加图的，尤其是在挫败类似克劳狄乌斯阴谋时。因此加图违背真心，说出相反的誓言，但只有这么说才能救他一命。至于对元老院消极懒怠感到恶心的毕布路斯，他害怕牺牲自己，不愿意听加图诉苦，把自己关在家中，直到任期结束都没出来。也就是说，事实上到年底前仅有一位执政官在履职，那就是恺撒。元老们在恺撒面前只得认输，他们现在终于明白过来，通过土地法，又有克拉苏和庞培的左右提携，恺撒已经拥有了至高无上的权力。

盖乌斯·安东尼乌斯案

从此以后恺撒再也不受这些人掣肘，反过来拿出种种手段对付他们。资深执政官盖乌斯·安东尼乌斯·伊布利达刚刚从马其顿行省卸任归来，因为非法收受好处，害了罗马在黑海的盟友，之后又被人出卖吃了败仗，已臭名远扬：他在色雷斯被达尔达尼亚人打败，在西斯特罗斯城下又被斯基泰人和巴斯塔奈人大败。因他节节败退，庞培与恺撒的拳拳爱国之心在滴血，他们把年轻的马尔库斯·凯利乌斯·鲁弗斯（M. Caelius Rufus）派往可怜的失败者克劳狄乌斯处，前者对后者发起了大不敬诉讼，他的起诉书——昆体良留给我们一份极为模糊的摘抄版——对总督之无能大书特书。也是他活该，野蛮人都打上门来了他还在狂欢。盖乌斯·安东尼乌斯对此哑口无言。但凡他拿出一点点说辞，西塞罗可能都不会对他的案子那么感兴趣，可他在共同执政期间一直加害和欺骗西塞罗；况且这位大师喜欢演讲，他发现有望在这事上恢复旧日辉煌。于是西塞罗错误地捍卫过去的同僚，要知道西塞罗是第一个知道对方的恶习与问题的。西塞罗还犯了一个更严重的错误，就是将辩论矛头指向早已不再宽容忍让的恺撒。因未能阻止被告被判流放凯法利尼亚岛（Céphallénie），当天西塞罗就向恺撒发起闪电般的回击。到中午西塞罗还在辩论，下午两点，恺撒作为大祭司，在征求了作为祭司的庞培的意见后表态：支持由年轻平民普布利乌斯·冯提乌斯领取普布利乌斯·克劳狄乌斯的贵族身份；下午3点，他以执政官身份，拿出库里亚法律的相关规定，这样一来，瞬间降为平民的普布利乌斯·克劳狄乌斯就能在下一次部落大会中获得保民官职务，在下一年中，他就可以利用握在手中的保民官权力，向敌人发起摧枯拉朽的攻势。继毕布路斯和加图之后，现在轮到西塞罗颤抖了。如今，恺撒要以令人畏惧的声望通过所有的提案，无论是他自己，还是他的两个合伙人，一个接一个地破坏了元老院的权威。

恺撒与骑士

上一年，元老们曾拒绝修正政府工程投标制度，恺撒动用个人权威,将收税公司应上缴国库的钱减了1/3,这样他就获得了骑士阶层的同情,因为骑士中的商人因此增加了收入,这也等于拍了庞培的马屁——庞培是支持骑士的。这个举措对克拉苏也有利,克拉苏利用假人头,投了很多钱在公用土地上。最后,此举也间接减轻了行省税费负担——行省的命运一直牵动着恺撒的心。

庞培军事活动合法化

元老们和卢库鲁斯对庞培任资深执政官时的军事征伐抱持敌意,一直和他讨价还价。恺撒设法让卢库鲁斯明白,如果他不放弃反对,即使他有赫赫战功,也不能幸免于司法诉讼;因为他玩忽职守、高傲自大又穷奢极欲。对于卢库鲁斯来说,害怕贫穷就是智慧的开始,他过于自大,不可能改口,放任元老院在他眼皮底下通过自己强烈批评的法案。事情极为复杂也极为现实,他不得不听从恺撒的严正警告。他宣布自己再不问国事,通过深思熟虑后的明确放弃姿态,他保住了自己来之不易、格外珍惜的奢华生活。很快,东方的地位在执政官的请求下得到元老院的确认,而且是原封不动地按照庞培的用词。

正式承认托勒密·奥勒忒斯

到目前为止,元老们都像躲马蜂窝一样拒绝托勒密埃及的诱惑。公元前65年,元老院阻止克拉苏和恺撒将托勒密王国并入罗马版图,埃及托勒密君主们真假难辨的誓言似乎是原因之一。但是,元老院一方面不能削弱罗马人民在尼罗河谷理论上的权益,另一方面也避免自己日后被迫干预其中,所以一直拒绝承认埃及托勒密·奥勒忒斯(即托勒密十二世),哪怕他拿钱来求都不行。突然间,恺撒把埃及变成殖民地，强行扔到元老院脸上；一直做缩头乌龟的元老院，竟在恺撒的建议（其实也等同于命令）下授予这位无足轻重的埃及君王"罗马人民的朋友与盟友"称号。一直以来，埃及国王无耻剥削其臣民，不断成为他们暴乱的目标。表面上看恺撒是放弃了吞并政策，实际上，要和亚历山大市民结成新的盟约，不久的将来一定会引出乱子，这就使军事干预有了动机，等于还是支持了自己的政策。况且，恺撒此举还让合作伙伴变得更有钱：为了奖励恺撒的作为，奥勒忒斯给庞培和恺撒6000塔伦特（1.62亿法郎），这笔钱二人共享，当然这样一来作为恺撒债主的克拉苏也就有好处可得了。

恺撒的第二部土地法（公元前59年4月）

元老们之所以接受恺撒的第一部土地法，仅仅是因为该法尊重他们在坎帕尼亚的所有权。如今元老们被削弱了，也被吓怕了，于是恺撒伺机通过了第二部土地法，取消第一部土地法中规定的例外，随心所欲将元老们从最肥沃的土地上赶走，削弱他们的社会与经济力量，毁掉元老院的最高权力。这个时候元老们一个字都不敢说，在元老院大会上一个接一个被击败，卸任后除了行省总督职务什么也没有，还被人从乡村祖地上赶走……元老们看到败局已经相当明显，终于屈服了。

庞培与茱莉亚成婚（公元前59年4月）

三人之间的联盟公开后，仅用两个月的时间就清理了元老院最后一点残余势力。似乎是为了打消他们重建主导权的想法，二人以一门政治联姻加强联盟关系。在公元前59年5月1日前某一天，恺撒娶了盖乌斯·卡尔普尔尼乌斯·皮索的女儿，同时把独生女茱莉亚嫁给了比自己还大5岁的庞培。先前茱莉亚与凯皮欧（Caepio）的婚约就因这次临时起意被故意解除了。这次联姻使恺撒得到合作伙伴对普布利乌斯·瓦提尼乌斯革命性提案的投票支持。

《瓦提尼乌斯法》（Lex Vatinia）（公元前59年4月）

公元前60年夏，就在下一任执政官大选前几天，元老院本应遵循《森普罗尼乌斯法》和《科尔内利乌斯法》，给几位卸任的高级官员分配行省。但此时元老院早已看清恺撒的用意，害怕他的狼子野心，于是给即将卸任的执政官分配了两个极不重要的行省："森林"省与"小路"省——两个意大利南部不起眼的贫困省。森林省（西尔维省）可能位于卡拉布里亚边缘地带，小路省（卡莱斯省）则可能在布林迪西附近。程序合法性十分可疑，这样的分配则荒谬可笑。瓦提尼乌斯建议公民大会取消令人无法接受的法令，提议专门给恺撒分配山南高卢与伊利里亚两个行省，并破例给他连续5年自由选择副将及建立罗马人聚居区的权力。另外，还要配给恺撒3个军团组成军队，其理由非常合理：第二个行省的某些地区已陷入无政府状态。由于庞培和克拉苏支持，这个革命性的公投未遭反对就通过了。元老们还能怎么办呢？反抗法律，防止共和国陷入恺撒导致的君主制危机？保护元老院唯一拥有的罗马帝国海外征服地的合法权益？他们中也许有几个表达出了这种意愿，尤其是加图，如果我们还记得他在百人团大会上所制造的事端。加图反对无耻的"女儿交易"，称其背后的阴谋实际上是卖政府和行省；一会儿又骂元老们瞎了眼引狼入室，主动在罗马城扶立暴君。只不过，大部分元老还在此前经历的打击中没有缓过来，他们害怕无谓的反抗引来致命一击。所以他们立即为名望牺牲利益，为原则牺牲事实，反倒主动将《瓦提尼乌斯法》提上日程，不是要否决它，而是为了附上建议来强化它：元老院以纳博讷行省总督昆图斯·梅特卢斯·凯莱尔突然去世——可能还以国际局势变化——为由，把山南高卢与另一个行省纳入未来资深执政官治下（公元前59年4月末）。这真是傻子为免淋雨，干脆先跳到水里！有几个元老觉得，这下面子得以保住，大张旗鼓的示弱也为将来保存了实力。但最清醒的人不可能搞错，恺撒的所作所为已经像一位君主了。西塞罗在私人信件中破口大骂皇权的坏处。此时此刻，他觉得换换空气才是更稳妥的选择：从公元前59年4月到7月的整整3个月里，他不得不淡出政坛，遍览群书，或在他名下的度假别墅不停踱步聊以度日。

恺撒的王权

既然已被三头同盟委任至执政官位置上，恺撒就撕破一切伪装，静悄悄地在众目睽睽之下以主人自居。他任期的最后几个月是这样度过的：一边狡猾地冷眼旁观对手最后的无力挣扎；一边使用政府机构之外的个人手段，让自己可以事实上永远控制共和国，这些手段虽然有时很恐怖，但绝对高效。现在，政府已然成了一个空壳。恺撒还没有军队可统领，他四处为自己招揽代理人，与他们通信，而且信件都是加密的；他以书面合约、口头誓言的形式，将他们与自己的财富绑定起来。他践行恐怖的马基雅维利主义，既监督朋友，又揭发敌人，让他们在自己的语言暴力中处于下风；他巧言令色，将暴力行动在公众面前包装得合情合理。他的意志无法抗拒，一切都在他面前让步。恺撒把自己邪恶的代理人普布利乌斯·克劳狄乌斯安插在公元前59年为下一年选举的保民官中，恺撒不在场时，只有他能压制庞培、欺压元老院。在公元前59年10月18日的森都利亚大会（comices centuriates）上——虽然毕布路斯下令推迟大会，但无济于事——恺撒还是把下一任执政官人选安排妥当：一个是庞培的心腹，奥鲁斯·盖比尼乌斯；一个是他的新岳父皮索。毕布路斯反击得毫无头绪而又相当愚蠢，恺撒一笑置之，毕布路斯只能把自己关在家里，不停叩问苍天，希望能感知恺撒日后失败的确切预兆，或者看到某种神迹，令恺撒露出司法程序或形式上的漏洞——理论上讲，如出现这类问题，恺撒的提案就会失效。既然恺撒在公开场合还披着大祭司一丝不苟的庄严外衣，那么他就应当配得上这种尊严，不得不谴责这种严重亵渎解读征兆权力的夸张行为。他故意放任可怜的毕布路斯在罗马城墙写满没有任何执行可能也没有具体目标的规章制度，借此，恺撒可以对这些规章制度发起夸张反击。

过分的媒体

西塞罗细细品味这行云流水般的咒骂文字，称赞毕布路斯是新时代的阿尔基罗库斯（Archiloque）①。贵族们被迫屈服于暴君，只敢拿粗鲁丑陋的污言秽语来咒骂恺撒。大家衣服下面都藏着批判小册子，特别是瓦罗作的《特利卡拉努斯》（*Tricaranus*）或称《三头鹤》（*Grue à Trois Têtes*）——里头都是对三头同盟的尖锐讽刺。骇人听闻的说法流传甚广，比如一个叫奥塔维乌斯的半疯子——正因为

---

① 译者注：阿尔基罗库斯（前680年—前645年），古希腊最早的抒情诗人，以善写讽刺诗闻名于后世。

精神错乱他才获得了最大的言论自由——他把庞培叫国王，恺撒叫王后。对三头同盟或刺耳或粗俗的暗示已进入戏院，成为保留剧目，要么由演员表演出来，要么体现在观众的掌声之中。库里奥父子和加图发表了前所未见的恶毒言论攻击三头同盟。10月末，加图差点因为把庞培叫作独裁者而遭极刑，不过库里奥父子二人却什么事也没有。老库里奥是公元前76年的执政官。儿子后来做了公元前50年的保民官，二人从公元前59年春就开始散播粗俗言论攻击恺撒，说他道德败坏、违背天理，说出诸如"尼科美德的假牙""比提尼亚的走廊"之类的话，影射恺撒与最后一任比提尼亚国王的"爱情"。他们对庞培则像鄙视没羞没臊的阿伽门农那样，因为庞培刚迎娶了埃癸斯托斯（Égisthe）的女儿，此人曾羞辱过甚至可能阴谋策划刺杀他。其言辞之激烈，令人怀疑库里奥父子之所以相安无事，可能因为二人只是鹦鹉学舌般重复别人授意的话——换句话说，他们可能是恺撒的人。如今，媒体有些过分言辞反而可能使名誉扫地的政府更强大；当时，恺撒也从这严重失实的小册子中受益：往恺撒身上泼脏水的人，反而自己更脏了，恺撒却没被抹黑；况且这么做波及了贵族所厌恶的庞培——对贵族来说，庞培是叛徒，其恶劣程度远超恺撒。恺撒一直是贵族的敌人，致力于令庞培越来越不受欢迎。庞培不受欢迎就是从当年春季开始的，当时西塞罗给他写信，对他又是敲警钟，又是冷嘲热讽，还给他起外号，叫他"阿拉巴兹"（Alabarches，亚历山大的犹太行政长官）和"萨姆斯基拉姆"（Sampsigeram，艾米萨尼王朝的开国祭司国王）。这是对他独裁的讽刺。①这种情况一直持续到七

---

① 译者注：这两个称呼意在讽刺庞培为来自东方的独裁者。

月,庞培在公民大会的嘘声中甚至对敌人都大发慈悲。这段特殊时期有两个时间点不明:公元前59年春小库里奥与西塞罗会面,以及几个月之后疑窦丛生的维提乌斯事件。我们不禁怀疑,和普布利乌斯·克劳狄乌斯关系亲近的库里奥父子,从此时开始,自觉或不自觉地成了恺撒底下专唱白脸的人?

恺撒的急先锋库里奥

公元前59年4月19日,刚从安提乌姆(Antium)回来的西塞罗在阿庇安大道上的3间酒馆驿站遇到了小库里奥,这似乎纯属偶然。小库里奥立即向资深执政官分享了普布利乌斯·克劳狄乌斯参选保民官的消息,还补充道,他的朋友之所以觊觎这个职务,不为别的,就为了明年阻止恺撒通过任何提案。"那恺撒怎么说?"西塞罗不敢相信自己的耳朵。"恺撒,"库里奥回答道,"对克劳狄乌斯十分愤怒,他甚至否认自己曾经同意克劳狄乌斯被平民家庭收养。"但这个年轻人继续说道,"盖乌斯·曼密乌斯(C. Memmius)和昆图斯·梅特卢斯·尼波斯两人对恺撒恨之入骨。"西塞罗错把主观意愿当客观事实,毫不犹豫地跳入别人准备好的陷阱。他丝毫不怀疑对方的诚信,热情地拥抱他,还主动提出如果有必要的话,可以告诉他庞培在安提乌姆跟他说过的话,包括庞培未卜先知般协助恺撒把克劳狄乌斯从贵族变成平民的证据。显然,库里奥的胡话里面一句真的都没有,却加剧了西塞罗对恺撒的怨怼。为了让恺撒知情,克劳狄乌斯一定会向恺撒通风报信。

维提乌斯事件

还不止这些：有个低级间谍叫作维提乌斯，他曾卷入喀提林阴谋，当过元老院线人。事情可能是这样的：前59年9月末的大会上，此人突然佩剑来到讲坛。被抓之后，他承认自己想刺杀庞培。元老院立即下令调查。维提乌斯声称，杀人是小库里奥和他的一伙年轻朋友教唆的，有卢修斯·埃米利乌斯·保卢斯、卢修斯·兰图鲁斯及马尔库斯·布鲁图斯；由赛普提米乌斯提供凶器，而这人正是毕布路斯手下。指控听上去不像真的，没人相信，因为毕布路斯一直是正派人，两天前还提醒庞培小心，现在倒要杀他？小库里奥指控维提乌斯作伪证，大家都信小库里奥，更何况被指控为刺杀团伙一员的保卢斯人还在马其顿。维提乌斯不过就是个骗子，元老们对他的厚颜无耻愤怒不已，下令立即关押他，并且禁止在暴行罪诉讼前释放，而判决确实很快就到来了。

恺撒与维提乌斯

尽管如此，第二天，恺撒还是把维提乌斯从图利亚努姆监狱拉到讲坛，要求他把所知悉数告诉人民大众。维提乌斯在执政官恺撒面前怕得发抖，为了取悦他，把"供词"中此前交代的名字替换以恺撒政敌的名字，分别是：卢修斯·多米提乌斯·阿赫诺巴尔布斯（L. Domitius Ahenobarbus）、卢库鲁斯，以及一位惯会说漂亮话的、现任执政官的某邻居。直到听到这里，西塞罗才意识到说的是自己。执政官不动声色地命人把维提乌斯带回监狱。几天之后，狱卒发现他死在狱中。有人说是刺死的，也有人说是毒死的，西塞罗后来说是瓦提尼乌斯干的，普鲁塔克还说是庞培命令瓦提尼乌斯干的，苏维托尼乌斯则认为是恺撒下的令。无论哪一种情况，都对三头同盟有利。维提乌斯只不过是拿钱干活的卑鄙小人，被小库里奥和克劳狄乌斯诱骗来当工具，公元前62年初，他就曾经为了钱，说恺撒和喀提林的谋反有关，这次又抖出新密谋。他还以为干系不大，因为针对的并不是只手遮天的执政官本人。但这样的阴谋诡计在特定的际遇下，在他修改计划朝着有利于恺撒的那一刻开始，已对他本人不利。在这桩肮脏的交易里，他背后的秘密显然令世人大为震惊，他本该把秘密带到坟墓里。显然，他太早就表现出愿意出卖自己，价高者得。在最后他想的很可能是：时隔4年，以最后一搏报复恺撒。迪翁·卡西乌斯认为他这么做时早已没有愤怒，也并不着急，只是想在最恰当的时机、最出其不意的时刻，以一种神秘的方式，使得人们既无法预知其结果，又无法揭发其罪行。

事情有变后，没人能指责恺撒杀死维提乌斯了，可是人们却因此更加怀疑是恺撒做的。这次事件加深了他留在人们心中无可匹敌的黑暗势力印象，对手的决心全凉了。几天后，西塞罗为卢修斯·瓦勒留斯·弗拉库斯辩护，用演讲表现沉重地笼罩在共和国之上的诽谤与挑衅气氛。在执政官选举后他向弟弟坦言，共和国从上到下从里到外全毁了："我们已经从根儿上失去了共和国。"

向君主制发展

恺撒当选执政官之日，就是共和国倾覆之日。在这个国家，由3个权力无所不至的人控制的政府建立起来。三头同盟中，恺撒俨然是老大，因为3人中唯有他拥有至高无上的治权。被认为最强大的伟人庞培，却给他让路，成了他的女婿。恺撒在自己制造的混乱中开始看到目标逐渐清晰。5年后他才终于心愿得偿。现在他拥有意大利境内至高无上的权力、唾手可得的军队，及已进入视线的一场战争。公元前59年最后一天，新上任的保民官们令毕布路斯闭嘴，就像公元前63年最后一天梅特卢斯·凯莱尔让西塞罗闭嘴那样；与此同时，恺撒则提前让卢修斯·多米提乌斯·阿赫诺巴尔布斯、盖乌斯·曼密乌斯和卢修斯·安提斯提乌斯公元前58年的努力付之东流。这些人要么想阻止他离开，要么想召回他，要么想截获他的财务官和财产。他在罗马确实是一人执政，根本不与人分享，也就是说他作为至高无上的主事者已执政8个月。他令庞培和克拉苏依赖他的军团及党羽，又让加图与西塞罗处于克劳狄乌斯的威胁之下。他来到高卢行省进行军事征伐，并以此积蓄力量，使自己在三头同盟中第一个成为君主。在《瓦提尼乌斯法》通过后的第二天，恺撒就直言不讳，宣布此法律授予他凌驾于所有人之上的权力。他自此一脚踩在所有人头顶上。公元前59年，他调动自己的政治奇才和强大资源，从小打小闹到威胁恫吓，从积极改革到武力打击，还用了低端的幕后打手，无所不用其极。种种手段助他建起三头同盟并在其中形成垄断。在接下来的时间里，他的军事天才将使三头同盟渐渐消失并被一人专制代替。现在他已为此铺好宗教基础。此时此刻，恺撒真正的"王权"才刚刚开始。

第四章
三头同盟及征服高卢[①]
（公元前58年—前49年）

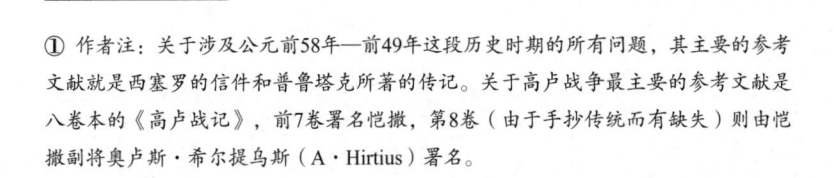

[①] 作者注：关于涉及公元前58年—前49年这段历史时期的所有问题，其主要的参考文献就是西塞罗的信件和普鲁塔克所著的传记。关于高卢战争最主要的参考文献是八卷本的《高卢战记》，前7卷署名恺撒，第8卷（由于手抄传统而有缺失）则由恺撒副将奥卢斯·希尔提乌斯（A·Hirtius）署名。

第一节　高卢称臣

恺撒与战争

　　通过《瓦提尼乌斯法》及元老院最终决议的补充，恺撒终于拥抱了这样的现实。事实正如他自己一再重申的那样，"它（这种现实）为我提供、保持和增加权力，又与我的权力互为条件"。一方面，他有钱了，足可支撑一支军队；反过来，这支军队又使他不断积累更多财富。当然还有一个前提：他的士兵得有仗可打，不能整日把武器往脚边一放。士兵必须打仗，如果没有愉快的仗可打，那么至少要有"以小牺牲换大回报"的仗可打。恺撒从对手苏拉那里学到，君主制若不披上宗教外衣，就无法在罗马建立起来。再加上某种不可抗拒的神秘力量宣称他将打胜仗——后来证明确实如此——所以从公元前59年春季开始，恺撒就决心发动战争。与庞培政治联姻、教唆保民官瓦提尼乌斯发起提案，无非是想加强同庞培家族的联盟关系，确保自己卸任执政官、拥有至高无上的治权之后，还拥有战争手段。有了治权就等同于要发起战争，暗示战争势必发生。不过，《瓦提尼乌斯法》既没有明确以何处为战场，也没有定义目标；而恺撒则是在看到两个巨大前景来到眼前时才选好讨伐对象的。

恺撒在西方徘徊不决

恺撒暂时把东方排除在外。庞培在东方旗开得胜还没多久,其东方政策也已获批,整个黎凡特地区只剩下埃及和有待征服的波斯尚未被兼并。征服其中任何一个都令恺撒魂牵梦萦,只不过眼下时机未到。埃及显然注定会像熟透的果实那样,轻轻一摇就落下来。但这能带给三头同盟的好处,并不会超过目前处在他们监护之下的埃及国王纳贡的财富。波斯会使其征服者深陷泥淖,庞培已经历过了:庞培因远征长期不在意大利,他的捷报在意大利越家喻户晓,其影响力就越逐日递减。只有在罗马实现无可争议的统治,恺撒才能经年累月远离罗马打一场大战而无后顾之忧。目前,恺撒想出征,又不想削弱自己的力量,那就必须选择西方,以人员众多、物产丰富的山南为跳板;成了这里的主人,就等于成了整个亚平宁半岛的主人。到这一步,又有两条路同样在恺撒面前展开:向东打,有伊利里亚,但远征马其顿行省将异常艰苦,且这里的混乱状态威胁波河谷地安全;若向西,则有独立的长发高卢[1]对忠诚的纳博讷构成威胁。这片广袤的土地像猎物般吸引着征服者,也像避难所般吸引着反叛者。不过,无论怎么选,恺撒都懂得,为国家服务的同时也要服务于自己。

布雷比斯塔(Burebista)王及达契亚告急

看到《瓦提尼乌斯公决》(Plébiscite Vatinien)初稿的措辞提到伊利里亚,大家就都明白了,三头同盟肯定已经一致同意,尤利乌斯·恺撒将首先剑指东方。不过这里的局面没什么好担忧的。散居

---

[1] 译者注:指部分高卢地区,其居民留长发。

于多瑙河右岸及亚得里亚海海岸的部落自然没什么好担心的,他们分别是:喀斯特高原(Carso)上的亚皮德斯人(les Iapudes)、定居于萨瓦河(la Save)流域的塔乌里斯契人(les Taurisques)、往东一点的斯科迪斯克人(les Scordiques)。尽管公元前36年到公元前9年,屋大维带官兵多次征战此地才获长期和平,但不得不说,目前各个部落早被打得只有防守之力:公元前135年,塞尔维乌斯·弗拉库斯(Servius Flaccus)和马尔库斯·科斯科尼乌斯(M. Cosconius)出征;公元前129年,森普罗尼乌斯·图迪塔努斯(Sempronius Tuditanus)出征;公元前119年,卢修斯·梅特卢斯取得大捷,并获"达尔马提库斯"(Dalmatique)光荣称号;公元前115年,马尔库斯·埃米利乌斯·斯考鲁斯再次兴兵讨伐。公元前113年以来,马其顿总督们不断廓清行省边界,蛮族被困在山区,再不敢来侵犯朱利安阿尔卑斯山脉(Alpes Juliennes)脚下的罗马村镇或罗马化的村镇,如达尔马提亚(Dalmatia)海岸线上的阿奎莱亚(Aquilée)、伊阿德尔(Iader,即现在的扎达尔)及萨罗纳(Salone)。但是,这种平静状态完全依赖外部军事干预。干预足够强,则能控制部落;又够巧妙,则让他们苟延残喘,并有机会卷土重来。公元前63年,身陷绝境的米特拉达梯还曾指望这些人协助自己终极一战。本都国王一死,其计划落空,色雷斯伊利里亚人大量涌入,有人担心死灰复燃。伊利里亚人本来聚居在普鲁特河(Pyretus)以西、蒂萨河(Tisia)以东——今特兰西瓦尼亚(Transylvania)地区,现在却开始活络起来。20多年来,在天才的蛮族国王布雷比斯塔的推动下,他们严密组织起来。布雷比斯塔自称曾受最高神祇扎尔莫克西斯(Zalmoxis)天启,大国师德凯诺斯(Decainos)与他形影不离,其手中卜骨就是国王诏谕的依据。布雷比斯塔知道如何驯服子民,如何对他们开示。他纠正国人酗酒的毛病,禁止饮酒、禁止种植葡萄;他把永不言败的精神传递给子民,并向他们保证战死沙场可获得永生。他强力执行纪律,鼓励大家皈依信仰——蒙森将他们的信仰比作伊斯兰教。至公元前61年,他对帝国的追求令子民大为振奋。毫无疑问,当年及下一年,他都带着军队越过了蒂萨河,把波伊(Boïens)国王艾维利塔西罗斯(Evritasiros)在巴拉顿(Balaton)湖边建的凯尔特城驻军打了个落花流水,并把他们永远从这片土地赶走,只剩"波伊沙漠"几个字独留在这段历史中。他们很快就占领了施蒂里亚(Styrie),在他们面前塔乌里斯契人无处逃遁。如果继续下去,恐怕只要几周时间就能打到伊阿德尔(Iader),或敲开阿奎莱亚大门。瓦提尼乌斯很有可能就是看到闪电战势头,才与三头同盟达成一致提出法律草案的。如果只看恺撒最早的作战计划,他的目标是保护意大利北部和达尔马提亚免受侵犯,并从侵略者手中夺回萨瓦河与德拉瓦(Drave)平原。恺撒预测了阿格里帕(Agrippa)和提比略的作战计划,此迟来一役终于把伊利里亚变成罗马行省,把罗马世界的国界线直推到多瑙河天堑。这样的军事行动意义不言自明,好处也无法忽略,罗马城邦没人看不见比哈儿(Bihar)山肥沃土地的生产力,及达契亚巨大的金属储量。达契亚人是阿伽杜尔索伊人(Agathyrses)的后裔,世代沿河居住,河水里不断喷涌出金砂。尽管如此,恺撒表现得像是被迫采取行动似的。他的第一批作战地点满是路障,且贫瘠不堪,给作战带来许多不确定性;而且,为了要直击达契亚心脏地带,他必须越过多瑙河,深入无人踏足的峡谷,而那时的地图甚至还没能将多瑙河的流向绘制清晰。因为距离遥远,与罗马政治核心保持联系也将越来越困难、越来越不可知。在收到某条消息后，恺撒才真正松了一口气，是这个消息使他的作战计划不得不突然做出改变。

另一处危险（公元前59年四月末）

首先，罗马城中都听说布雷比斯塔斯并未追赶塔乌里斯契人及诺里克人（Noriques），而是先与特兰西瓦尼亚同胞会合，并在第二年春季从那里出发去了相反的方向（公元前59年3月），往草原进发。接下来的几个月，布雷比斯塔斯在草原上击败了巴斯塔奈人（Bastarnes），踩着军士们的尸体，一不做二不休赶到奥尔比亚（Olbia），这是黑海北部的原希腊殖民地；布雷比斯塔斯围城并夺下城池后又大肆焚毁。接下来，显然人们几乎同时收到消息，纳博讷的所谓和平占领是有问题的，倒不是因为其内部起义——最近一次发生于公元前61年，阿洛布罗基行省总督盖乌斯·庞培提努斯发出严正警告，外援赶到后就立即镇压了阿洛布罗基起义——而是因为人民运动使整个长发高卢为之震动，要不是及时逮捕，定会动摇整个行省——其实此地早被独立的凯尔特在各个方向上包围。这里地处塞文山脉（Cévennes）南部，靠近卡斯特尔萨拉桑（Castelsarrasin），北部也一样，处于里昂与维也纳之间，与凯尔特地区并无天然屏障，仅以理论上的国界做出划分。人们毫不怀疑，一定是出于期待移民，且担心早晚会出乱子，三头同盟才要求元老院延长任期，而元老出于内部策略的糟糕考虑，急急忙忙提交了《瓦提尼乌斯公民大会议案》。

阿里奥维斯图斯（Arioviste）和凯尔特人

接下来的事之所以发生，其首要外在原因是日耳曼人部落首领阿里奥维斯图斯征服和劫掠的野心。公元前72年以来，阿里奥维斯图斯叫凯尔特人和罗马人见识了他的贪婪与残忍。他精力过人，诡计多端，带着强大的苏维汇人（les Suèves）处处施展作战才能。日耳曼人第一次登上历史舞台是在勃兰登堡（Brandebourg），此后他又带着子民徙往施瓦本（Souabe），现在这个地名还总让人想起他们民族的名字。接着又打到内卡河（Neckar）河谷和美因河（Mein）河谷，并将这两块地方全盘占领。公元前61年起，他们就伺机渡过莱茵河，趁高卢分裂之际窃取其财富。辛布里人刚刚如潮汐般退场，聚居于中央高地的阿维尔尼人（Arvernes）就领导着独立高卢凯尔特人，一段时间内保持联合状态。其首领凯尔提耶（Celtill）是一个有胆识有远见的贵族，指挥着他们作战。可是，阿维尔尼人以窃国罪判处凯尔提耶死刑后，凯尔特人立即开始反对阿维尔尼人的霸权——凯尔提耶的权威也是被这种霸权毁掉的。独立高卢因此回归混乱。阿维尔尼人想重振雄风，先是与汝拉山（Jura）山区的塞夸尼人联合对付居住在讷维尔（Nivernais）和莫尔旺（Morvan）的埃杜伊人（Héduens）；之后又在塞夸尼人向阿里奥维斯图斯要来的苏比雇佣兵多年帮助下打败敌人，自己倒没获益多少。战败方位于索恩河河畔的城池、人质和贡赋只献给塞夸尼人，但塞夸尼人失去的实际上比得到的多。阿里奥维斯图斯曾借给他们15000名步兵，他要求分给自己1/3领土。塞夸尼人不愿意，找来阿维尔尼人和埃杜伊人帮忙。公元前61年秋他们第一次吃败仗，公元前60年，又和埃杜伊人一起大败于马格托布里加（Magetobriga），胜者获得整个上阿尔萨斯地区（Haute-Alsace）。罗马焦躁不安地关注着这场战斗的起起伏伏，担心大败的凯尔特人来犯，又担心胜利的苏维汇人入侵。元老院得知战争毁灭性的结果之后，决心忠诚于盟友，并命令两位执政官负责高卢行省的整治工作：山南行省交给卢修斯·阿弗拉尼乌斯，山北交给昆图斯·梅特卢斯·凯莱尔。两人都准备好以武力保护罗马不可侵犯的领土。对于野蛮人来说，罗马自然盛名在外。罗马方面嘴上叫嚣两句，就使阿里奥维斯图斯止步不前，不敢争取最后的胜利。公元前60年初夏，西方一切似乎回归秩序。春天，昆图斯·梅特卢斯·凯莱尔还迫不及待想出战，到了6月就收了苏维汇人一路送来的礼物，自恨胜利良机已失。公元前59年，尤利乌斯·恺撒任执政官，为了奖励日耳曼人突然的克制，他让元老们加封其首领为国王，并授予"罗马人民挚友"头衔。

恺撒的算计

危险没有消失，只不过推迟了。要么，阿里奥维斯图斯会带着军队卷土重来；要么，凯尔特人会寻求报复。无论如何，独立高卢一定会在不久的将来重新陷入可怕的混乱。现在该轮到罗马的主人们出马了，绝不能错失控制高卢的时机。恺撒是懂得如何抓住时机的，他的表里不一是与生俱来的，这一点令人生畏；他懂得如何制造恐怖，把高卢人和日耳曼人玩弄于股掌之间。他还擅长适时引起冲突，利用苏维汇人的愤怒和贪婪控制独立高卢，消灭阿里奥维斯图斯。最开始，仅他一人相信并希望征服凯尔特世界，因为此举可保他以君主身份稳坐罗马江山。

日耳曼危机是众多危机中最严峻的一次。直截了当地正面对峙可以斩草除根，但这也意味着要和机动性大得可怕的敌人奋战到底。敌人占领辛布里人地盘时就已引起恐慌。同时还意味着要调动意大利需独立维持的军队，这个巨大的财务负担很是让人头疼。恺撒尽可能拖延，尽可能韬光养晦，希望抢占苏比国王的先机，以此拖延危机爆发；恺撒希望夸大高卢人损失，掩盖罗马一方的危急程度。但是高卢人的损失远不如罗马损失严峻；而且仔细想想，高卢损失势必意味着罗马也有损失。恺撒玩的这手游戏虽不诚实但极为高效，他成功分化了罗马的潜在对手，借力于俯首称臣的最弱小对手，打败最强大的对手。

奥杰托里克斯的阴谋

凯尔特人一贯的疏忽大意倒便利恺撒实施其阴谋。他们害怕勇敢的阿里奥维斯图斯，所以防御准备十分仓促。最晚在公元前60年第二个季度，他们中最有胆识的一批人就酝酿起政变来，还谋划结成联盟，好在对敌时统一指挥、一致行动。埃杜伊人在有分量的大人物杜姆诺里克斯（Dumnorix）建议下，与塞夸尼人走得更近了；在塞夸尼人这一边，被废黜的王子卡斯蒂克开始与奥杰托里克斯谈判，他钱多，门客也多，能巩固在赫尔维蒂人（les Helvètes）中的影响力。赫尔维蒂人是分布在汝拉山、罗尼河、莱茵河及雷蒂亚山（Alpes rhétiques）的多个部落的总称，既与拱卫日内瓦的纳博讷相接，又是苏维汇人的前锋。在奥杰托里克斯的鼓动下，也得益于杜姆诺里克斯的斡旋——这个赫尔维蒂人把女儿嫁给了卡斯蒂克。塞夸尼人卡斯蒂克、赫尔维蒂人领袖奥杰托里克斯，以及埃杜伊人领袖杜姆诺里克斯达成共识：3人将根据各自利益，在各自领土重登王位；在3人友好联盟的绝对权威领导下，各自军事力量将统一于坚不可摧的共同战线，一致对苏维汇人。只是，随着谈判细节推进，埃杜伊神父、杜姆诺里克斯的兄弟狄维契阿古斯（Diviciac）却同步把信息汇报给了罗马。因为狄维契阿古斯被罗马文化渗透，不愿与塞夸尼人妥协，也不愿向身居高位的兄弟低头，于是离开家乡去了罗马。此后不久，赫尔维蒂贵族对奥杰托里克斯的阴谋有所警觉，后者要么是为免于痛苦的火刑——本来贵族有权判决觊觎王位者火刑，要么是因计划败露而痛苦，总之他先行自杀了（公元前59年？）。整个悲剧中都不见罗马幕后操纵的影子，但很明显，罗马当权者无法容忍高卢脱离他们的控制。罗马当局十分虚伪，一边使高卢人泄气，一边在罗马公民中散布对赫尔维蒂人"丑恶行径"的质疑，虽然事实上赫尔维蒂人不过是在合理合法地防御罢了。

赫尔维蒂人出走及恺撒之战

这还没完，奥杰托里克斯的死早晚要把贪婪的日耳曼人吸引到赫尔维蒂地盘上来。事实要么像萨洛蒙·雷纳克（Salomon Reinach）所认为的那样，阿里奥维斯图斯已调集几十万大军严阵以待；要么他们打算防御，拖慢对方前进步伐，方法是在敌人面前唱空城计。公元前58年春分前不久，风声传到罗马，说赫尔维蒂人做出了绝望而勇敢的举动，将城市、村庄付之一炬，总计12400座村镇以及所有带不走的物资毁于火中。他们还准备携三个月粮草，率所有民众向长毛高卢西部大出走，在莱芒湖（Léman）北部会合；队伍中有其他凯尔特人，比如一直在诺里克山遭布雷比斯塔国王镇压的波伊人、聚居在孚日山（Vosges）和阿勒河（l'Aar）的劳拉奇人（Rauraci），甚至还有几个日耳曼部落，比如扩张到巴德大公国（Bade）后长期遭压迫的苏维汇人，即14000名拉脱维亚人和36000名图林吉人（Tulinges）。大体来说，恺撒声称共有368000人进行迁移，不过他一定夸大了数字。这其中包括妇孺；92000名男子携有武器。这次集结距离日内瓦近几千公里，大家发誓要在这座城市过桥，越过莱茵河，并在阿洛布罗基地界越过山北界限。恺撒立即定好下一步棋。他镇压赫尔维蒂人，不惜一切代价保护纳博讷高卢地区，瓦提尼乌斯法附带的元老院最高决议赋予他守卫该地区的责任。恺撒一路追到了独立高卢，战事结果将决定独立高卢的命运。在恺撒心里，不确定性不再给作战计划带来压力，一系列捷报消解了不确定性，胜利最终将如恺撒所愿，引向高卢被兼并的结局。恺撒已经计算过其中无数的好处。南至比利牛斯山，北到北海，西起大西洋，东到莱茵河畔的这片土地，是抵抗日耳曼人劫掠的坚不可摧的整体，未来会成为罗马帝国最为富饶、幅员最为辽阔的行省之一。

长发高卢的实力

不知是通过个人经验还是阅读，尤利乌斯·恺撒对整个高卢地区十分了解：已经拉丁化的山南地区，归化十几年来已成为罗马的跳板之一；纳博讷高卢——也称托加高卢（Gallia togata）——恺撒曾分别因担任财务官与西班牙总督职务4次走遍这片大地；长发高卢（Gallia comata），又称独立高卢，半个多世纪以来，意大利与马赛商旅在这里展开竞争。当时最伟大的学者——阿帕米亚的波希多尼亚对独立高卢进行了研究与描述。独立高卢人与托加高卢人关系十分亲密，他们连钱币都模仿后者的。公元前61年，为躲避阿洛布罗基暴徒的残忍侵犯，维也纳的拉丁人不愿躲到地中海岸或翻过阿尔卑斯山，倒更情愿藏身于塞广尼人的地盘，也就是独立的卢格杜努姆（里昂地区）。恺撒对这片土地的构造和规模了解得很透彻，其边界囊括了今天的法国、德国莱茵河中游地区及比利时全部地区。广袤无垠的土地正好匹配恺撒的野心，也令他以此为舞台进行的征服更加伟大。此外，在恺撒眼中，这片土壤蕴含丰富资源，且几乎取之不尽、用之不竭。在西部和莱茵兰谷地，一块块麦田以灌木隔开；在塞纳河地区，条带状田地倾斜而下，每一块大小一致，只是种植的作物不一样，其种类取决于究竟是个体家庭还是公社经营。无论何种方式，其农耕手段都十分精巧，工具至臻完美——比如带轮子的犁，或某种"联合收割机"，一台的收割效果等同于好几把镰刀同时工作。这里有大量森林，砍伐后可形成空地，供任何一种手工业利用。从遍布养蜂场的森林边缘，到落满橡果与山毛榉、有数不清的猪群吃草的金雀花和蕨类灌木丛；从炭火炉冒着烟的森林空地，到一旦扔出长矛、标枪或射出弓箭，就有各类野兽惊吓奔跑的平茬矮林，再到树木高大的森林——在这里，伐木工人用斧头砍下圆木，用于制帆船桅杆和建造房屋。到处都是繁荣的手工业：毛纺业、织造业、钣金业、金属锻造业；大块的铁矿原石出口到日耳曼地区，一块块的金疙瘩能让一个家庭、一片废墟甚至整个村庄一夜暴富；尤其重要的是，这里无可比拟的丰富人力资源使高卢成为古代奴隶贸易主要市场之一，因此长发高卢自然而然地成为人口最为密集的地区。森林或沼泽边缘处的小屋内、一望无际的麦田中的村庄里、桥梁和河滩上、大路两旁，或辛布里时代建起堡垒的高地城市中，或挤满木石结构、或圆或方的小木屋的山坡上，我们估计一共居住着少说也有一千万人，这个数字已接近散居在庞培并入罗马帝国的东方各地的人口总和。

长发高卢的弱点

凯尔特部落及独立高卢人口众多，并英勇善战，骑兵队又兵强马壮，本应足以抵御任何外侮。只不过，他们人口虽多却是分散的，人们只有热情没有纪律；虽气势强大，一直以来却缺少协作与持久力。贵族在每个部落里牢牢把握着忠心不二的所有门客：从军中好友到债务人，再到手底下拿钱办事的人都一样。敌对部落之间为了某种昙花一现的权力而斗争，或没完没了地争吵，或以武力见分晓。这里存在着两支敌对的政治势力，一方支持寡头，一方倾向于建立——或说重建——君主制，两方斗争逐渐白热化。最后一点，部族间充满怀疑、嫉妒与隔阂。这里有多个高卢国家，又分属3个不同族群：中部塞纳河与加龙河之间是纯粹的高卢凯尔特人，或简称为凯尔特人；加龙河以南是阿奎塔尼亚凯尔特人，他们受伊比利亚人基因的强烈影响；塞纳河以北则是混合了日耳曼人血统的凯尔特人，人们称之为贝尔盖人。3个高卢民族——凯尔特人、阿奎塔尼亚人、贝尔盖人虽然有同质性，堪使其与其他族区分开来，但其内部和谐却是脆弱的，民族间的厌恶远大于友爱和语言、宗教与文化的一致。凯尔特人持有一种德鲁伊信仰，其祭司团成员虽分散各处，但他们的影响力和团结均未被削弱或破坏。这些人无论在英吉利海峡两岸、不列颠还是高卢都优先享受同样的尊重。如果他们更加坚韧，有更好的组织形式，本来可以巩固分散的权力，并将它在信仰的坩埚中熔铸一体。他们是神迹降临的代表、天意的阐释者。德鲁伊信众净化了宗教仪礼，只对触犯公共法律的罪犯执行人祭。他们将信仰贵族化，传播永生思想，令人相信，根据不同的个人德行，人们死后要么投胎轮回，要么直接升上天界。他们指导和教育各处精英青年，向其授以单纯的虔诚心，传递荣耀的最高理想。但他们的影响力是纯粹道德上的，没能触及政治，也无法平息冲突。过去，内战频仍的高卢人教给他们，大节庆期间，比如神圣的采摘槲寄生仪式那一天，必须进行短暂的休战。该节日在冬至月的第六天，大家都穿一身白，在卡尔努特人（les Carnutes）的森林中用金镰刀庄严地收割槲寄生。而现在呢，他们的精神权威在积累的财富与荣耀之下受到抑制，他们越是伸长手干涉眼前利益，妥协于当前事务，就越不擅长遏制民族和党派争端。我们现在最为熟悉的其中一员，其形象在恺撒的笔记、西塞罗的私人信件中都有粗略描绘——西塞罗与他有过交流，并在驳斥后者时语带讥刺，这个人就是埃杜伊的狄维契阿古斯，他不像是虔诚的救赎人心者，倒像是有一颗"野心勃勃的心"，以法国为例，则像18世纪枢机主教伯尼斯（Bernis）或罗昂（Rohan）等远超前于时代的真正先驱——他们曾耽于艺术爱好，制造出种种奇闻趣事，使古代教廷因之赧颜。我们这就明白了，在危急时刻，德鲁伊派无法克服令整个凯尔特世界分崩离析的那股离心力。虽说他们在高卢人内心深处打下同一个民族的烙印，却无法建立真正的、统一的民族国家。对于长发高卢凯尔特人，家乡不过意味着共同的文化，他们越英勇，人数越众多，恺撒就越有望光荣地将其征服；在他们的土地之下、心智深处，越是埋藏着生产力潜能，臣服就显得越有用。同时，由于他们处于分裂状态，且恺撒在他们眼中代表着更高等文明，削弱高卢、镇压凯尔特人也就更加易如反掌。

第一次交战（公元前58年3月底）

赫尔维蒂大军集结预定在公元前58年3月28日，即儒略历3月24日。部落首领留出时间清点人数，他们应自4月初开始大规模行军。罗尼河提供了两条大道给他们选择，都可以通往因古老部落友谊而建、位于海边桑通人地盘的临时驻军地：一条路走右岸，可免去横穿罗马领土，但汝拉山和罗尼河谷路段非常狭窄，车马不能并排，只能一辆辆鱼贯通过，头顶上就是崇山峻岭，有罗谢高地（Plat des Roches）及大克雷多峰（Grand Credo，属汝拉山脉的一座高峰），这里一夫当关万夫莫开，但凡敌方一人占领高地，就能彻底阻断他们的去路；第二条路走罗尼河最窄处，须从流域内日内瓦湖附近的一座桥过河，这样走能轻松抵达左岸，但这样一来他们就得穿过已是罗马行省的阿洛布罗基地区。他们如恺撒所料，早就决定走第二条路，哪怕恺撒没有明说我们也完全可以这么相信。恺撒不惜一切代价阻止他们经过。3月中旬，恺撒把罗马事务安心交给三头同盟的两位合伙人，又命自己的邪恶代理人克劳狄乌斯监视他们，之后就急匆匆离开罗马，快速穿越阿尔卑斯山南与山北地区。恺撒在提图斯·拉比埃努斯的陪伴下来到莱芒湖，统领驻扎于此地的第十军团。刚一抵达，他就下令切断罗尼河上的桥梁，并在整个纳博讷地区招兵买马。与此同时，赫尔维蒂人并没有快马加鞭将计划付诸行动——这是唯一能避免失败的办法了。相反，他们向恺撒派去使者，向他保证己方意图和平，请求准许他们穿过行省，并保证在罗马境内短暂的停留过程中绝不造成任何损失。

恺撒玩弄赫尔维蒂人（前58年3月28日—4月13日）

恺撒假意表示，他们的请求可以研究，但需要时间，要他们4月中旬再来听消息。赫尔维蒂人此时还保持被动——显然这也证明，与恺撒所确信的相反，他们的意图的确是和平。赫尔维蒂人很自然地接受了这个期限，资深执政官也很自然地用这段时间积极准备应付接下来的抵抗。恺撒令人在莱芒湖到维阿什山所有常走、易走的道路上，每隔一段距离就建起地堡和战壕。①公元前58年4月13日，赫尔维蒂使者如约而至，恺撒却只说罗马人民的传统不允许任何一支军队通过罗马领土，如果他们坚持，他只好认为他们在与罗马作对。恺撒一边戏弄赫尔维蒂人一边备战。赫尔维蒂人觉得，既然罗马人已经通过资深执政官之口拒绝了他们，事已至此无可挽回，就转向北部，请求借道塞夸尼人地盘。

恺撒准备追击赫尔维蒂人（公元前58年4—5月）

从这时开始，赫尔维蒂人的出走本与罗马毫无干系，因为对方并没有踏入罗马人的领土，也没有玷污罗马人的名望。但是恺撒绝不愿失去早就计划好的胜利。他觉得战争正从自己眼皮底下溜走，于是他主动发起战争。恺撒在《高卢战记》（*Commentarii de Bello Gallico*）中提到了战争动机，也隐隐地找了个借口。他指出，桑通人的领地（le territoire des Santons）②是赫尔维蒂人移居的目的地，此地距托洛萨特人的城市（la cité des Tolosates）并不遥远，即将有好战而敌对的部落来这个富饶而不设防的城市旁做邻居，所以要不惜一切代价保护托洛萨人（Tolosa，即图卢兹）所在行省，抵御此种情况对罗马统治的威胁。但这不过是借口而已，而且还是个糟糕的借口。因为，赫尔维蒂国土中心与住在莱芒湖畔的罗马人不过以罗尼河隔开，而托洛

---

① 作者注：恺撒很可能命人从日内瓦到埃克吕斯建起了长1.9万米的城墙，这真是一个奇迹。这条城墙还配有壕沟加固，我们如今看不到任何相关记录，我认为这算是一种当时的夸大宣传。
② 桑通人是高卢人，他们在古代占领了覆盖未来圣东日省的领土，该省现在是法国的夏朗德省，夏朗德省以西，吉伦特省以北。

萨与圣东日之间至少有200千米。至于资深执政官字里行间的借口，是说赫尔维蒂人袭击罗尼河畔防御工事未得手失败而归，这一点让他名正言顺地对"侵犯"进行报复。可是若为罗马荣誉考虑，那么仅仅击破来犯之敌是不够的。事实上这不过是恺撒编造的借口，他无法说明，在这场仅存在于想象中的战斗中，具体的人员伤亡与俘虏数字分别是多少。唯一让恺撒决心开打的原因就是他的自大，况且独立高卢的分裂状态给了他机会用梦寐以求的方式排兵布阵。因此，赫尔维蒂人刚走恺撒就开始追击，总之事情发展到这一步，早晚恺撒都要去追。他离开日内瓦，快马加鞭赶到阿奎莱亚，在这里集结了两支新军团——第十一与第十二军团，再加上冬季驻在这里的3支军团：第七、第八、第九军团。两支新军团的军官早已在山南地区匆匆征兵。恺撒带着3万大军翻过日内瓦山，先后抵达沃孔斯和阿洛布罗基地区。公元前58年5月，高卢人一动，恺撒就马上带所有军队越过罗尼河，在索恩河支流塞古西亚维人（les Ségusiaves）地盘上，完全没有任何征兆地发起突袭，并几乎立即突进凯尔特人大军核心。发生这一切，唯一的解释就是绝不妥协的罗马帝国主义，以及恺撒巨大的个人野心。

先支持后反对赫尔维蒂人的埃杜伊人（公元前58年5月）

赫尔维蒂人被罗马行省拒绝通过后，曾求塞夸尼人大发慈悲。一开始并没什么用，因为塞夸尼人对人多势众的赫尔维蒂人并不信任，怕被他们抢劫。后来好在有杜姆诺里克斯从中斡旋，他对埃杜伊人的权威以及对邻居塞夸尼人的影响力此时尚未被严重削弱。赫尔维蒂人又遣人质又保证，终于说通此事。冗长的队伍从埃克吕斯峡谷

（Pas de l'Écluse）进入，然后折向西方，好更快抵达埃杜伊人的地盘，到达之后，他们以为自己安全了。不幸的是，埃杜伊人内部分裂为两派：一派是占上风的杜姆诺里克斯，另一派是他的政敌、当年的最高执政官——他们称为"大法官"的大祭司狄维契阿古斯，他丝毫不退缩。此人效忠于恺撒，刚从意大利回到部落首府比布拉科特［Bibracte，位于博吾莱山（Mont Beuvray）］。赫尔维蒂人自己所犯的致命错误，很快引起杜姆诺里克斯失势。原来，赫尔维蒂部落首领曾发誓，所到之处必保证人员及财物安全，可是他们刚从汝拉山下到平原，就抵御不住原始欲望，现出抢劫犯原形。作为引狼入室的罪魁祸首，杜姆诺里克斯被革去公职，其政敌则以财物损失和民愤为借口，一下子改弦更张，请求恺撒保护部族财物与生命安全。资深执政官此时正带着6个军团驻扎在卢格杜努姆，我们能想象，当他看到埃杜伊代表来他帐下，求他发兵驰援共同抵御赫尔维蒂人时，就好比猎人看到猎物主动送上门来一般高兴。而且对方还愿意提供一切军需便利，骑兵也交由他统领。这样恺撒就能更经济地打这场仗。更重要的是，在阿维尔尼人及其国王比图伊托斯（Bituit）怨恨的目光中，埃杜伊人从元老院获得了官方盖章，不仅被称为罗马人的盟友与朋友，还被授予"罗马人民的骨肉同胞"称谓。这就给恺撒的军事行动赋予了此前未曾得到的合理合法性。元老院中没人有理由批判恺撒武力占领独立高卢，这场战事带来的后果将不可估量。

恺撒吞并埃杜伊，大败赫尔维蒂（公元前58年6月）

恺撒同意埃杜伊人的提议后，立即整饬大军。不过，不论后来恺撒怎么说，事实上他并未急于开战。虽然他已获知有关赫尔维蒂人动向的充足情报,但依然晚了一步,未能阻止他们渡过索恩河。拉比埃努斯仅带3个军团突然出现于敌后,此时敌人3/4的队伍已经通过。他只好满足于屠戮提古林尼人(les Tigurins)组成的后翼。日出之前拉比埃努斯追上敌人,此时他们以木筏满载行李,正一片混乱。恺撒很快带余部与他会合,并在这里过桥。这座桥可能位于特雷武(Trévoux)与布吕耶尔(Bruyères)高原之间,赫尔维蒂人只建了一半。恺撒迅速建完桥,把大军推进到右岸敌人后身,小心翼翼不打草惊蛇。他与地方首领帝维克(Divico)谈判,据恺撒记述,这位帝维克正是50年前打败并杀死执政官卡西乌斯的那个帝维克。这位老将军倨傲地拒绝派遣人质的要求,致使谈判破裂。此时恺撒也不过向他们后方派去由杜姆诺里克斯指挥的一小队埃杜伊骑兵而已。这支骑兵并不骁勇善战,显然需要改善。恺撒素来以行军神速著称,这次12法里①地却将近走了15天。因为恺撒希望在做军事决策前获得政治肯定,使埃杜伊人听命于他的代理人。杜姆诺里克斯面对数量处于劣势的敌人,竟然在慌乱中拉缰掉头,此后恺撒不再迟疑,收起怒火。不久,因他军中补给迟迟不到,士兵们都要饿死了,无奈之下恺撒找大法官里斯克(Lisc)抗议,说有人对自己有恶意。里斯克在专门为听取恺撒的控诉而召开的战争委员会上向他承认,自己认识这些叛徒,但不能明说是谁。散会时狄维契阿古斯把他拉到一边,向他说出了叛徒杜姆诺里克斯的名字,并含泪请求饶他一命,虽然他的告密行径足够让杜姆诺里克斯送命。恺撒收回叛徒的指挥权,虽然有权处决他但没有这么做,只命人严加看管。从此其代理人不用与人分享控制埃杜

---

① 译者注:lieue,法国古里,一里地约合四千米。

伊的大权。恺撒高枕无忧,在赫尔维蒂人接近比布拉科特时全力追击,此前的行动中他表现得多么软弱,这次就有多么迅捷。由于一名百夫长疏忽大意,慌乱中给恺撒传达了错误的情报,赫尔维蒂人于6月末逃过恺撒设好的陷阱〔可能位于桑维尼耶(Sanvignes)〕。不过很快恺撒就把他们一网打尽〔可能发生于蒙莫尔(Montmort)〕。恺撒在《高卢战记》中坚称激烈混战从下午一点持续到晚上八点,半夜他还对敌方战车路障发起最后一击。这一天确实是精彩的一天,恺撒的军团接受了战争的洗礼,全程表现得镇定神勇。指挥官展现出勇气与信心,眼观六路,且沉着冷静。但尤其重要的是:这次决定性的胜利,通过高卢人之口——又体现在浴血奋战的事实中——确认了罗马人对此地原则上的保护国地位;在大败比图伊托斯之后,高卢全境曾纳入罗马保护范围,如今再次纳入。恺撒占领高卢的障碍因而一扫而光,征服之路突然向他开启。

赫尔维蒂人撤回老窝(公元前58年7月)

恺撒其实和赫尔维蒂人无冤无仇,他之所以扩军作战,无非是为达到个人目的。赫尔维蒂人只不过刚好在恰当的时机,在恺撒充满矛盾的事业开端无意识帮了他。在停止屠杀之前,赫尔维蒂人有8万人死亡,其中包括37000名提古林尼人。恺撒放任其他人逃往东北方向,知道大屠杀过后他们找不到吃的。可怜的赫尔维蒂人本打算从林贡斯人(Lingones)聚集的高原回归家乡,恺撒向林贡斯人发出指令——在所有凯尔特部族中,林贡斯人是罗马势力渗透最深的一支——不允许帮助赫尔维蒂人,赫尔维蒂人就会要么活活饿死,要么投降。很快,赫尔维蒂人被恺撒追上,停止行进。除了6000名尝试逃跑被抓回来的乌尔比真人（Verbigènes）外，所有人被集体贬为奴隶，此外还要接受全部的强加条件：向恺撒交人质、交武器；保证尽快返回家乡；重建被焚烧的村庄。恺撒对此很满意，他给可怜的、缓慢的行军队伍减轻负担，扣下了1万名拖后腿的波伊人作为对方保持中立的承诺。这些人从埃杜伊人那里得到位于卢瓦尔河（Loire）与阿利埃河（Allier）之间有一片待开垦的土地，在等待下一次收获的同时，恺撒从阿洛布罗基库存当中拨给他们小麦，保证他们的粮食供应。这下他的宽大为怀传遍整个高卢，但这其实是符合他自己利益的，因为，让赫尔维蒂人回家并做回自己的老本行，等于把最讨厌苏维汇人的高卢部落横在了纳博讷行省与日耳曼人之间。

恺撒的两副面孔

这些野蛮人确实是高卢和罗马唯一的真正威胁。恺撒似乎忘了这一点，实际上他不过是在拖延时间，准备转变立场，把凯尔特人引入局中。恺撒是对盟友无可指摘的忠诚维护者，他解救了"罗马人民的骨肉同胞"——埃杜伊人，使他们免受赫尔维蒂人劫掠。如果他们再来找恺撒，他只能帮他们摆脱阿里奥维斯图斯的统治。可是，恺撒屯兵于比布拉科特时，埃杜伊人却召集所有凯尔特部落开大会，虽然大会经过资深执政官许可——这意味着罗马行使某种意义上的宗主权——但恺撒公开缺席，以免牵涉其中，仅通过狄维契阿古斯的汇报得知讨论内容。前不久凯尔特人还在对苏维汇人的态度上分歧不断，现在竟一致认为阿里奥维斯图斯强行修建的堡垒不可接受。此人不知餍足地要求塞夸尼人给他的盟友哈鲁德人（Harudes）割让新地盘。很明显，他这是要把高卢人赶尽杀绝，要把他们从领土上赶走，好鸠占鹊巢。现在，只有恺撒以其个人威望和常胜军团的荣誉，以及"罗马"这个字眼在各处赢得的尊重，才能阻止他的行径。整个凯尔特，包括塞夸尼人——他们沉默的背后是恐惧——都向资深执政官请求保护。这很可能是罗马人向恺撒吹的风，狄维契阿古斯可能根本没说这些话。埃杜伊人以所有凯尔特人名义发出请求，其逻辑不可辩驳，同时满足了恺撒的内心愿望——他一直希望在高卢借高卢人的协助打败苏维汇人。但是为此他必须暂时与元老院决裂——他作为执政官本来是公开拥护元老院政策的，要开启战端的话就必须扭转罗马舆论，让手下士兵习惯于再次拿起武器面对凶狠的敌人。仅有高卢人的热情邀约是不够的，他还需要苏维汇人主动挑衅。所以他假装相信，目前对凯尔特人只需使用外交斡旋，但同时立即施展手段，说道："坚信我的宽仁与威望定能让阿里奥维斯图斯放弃武力。"实际上恺撒却认为，与如此自大的野蛮人开启谈判定会加速局势发展，并最终使武力冲突不可避免。

与阿里奥维斯图斯关系破裂（公元前58年8—9月）

恺撒没有想错，苏比领袖果然高傲地拒绝了他的会盟提议，还自大地宣称自己有权对失败的高卢人做任何想做的事。他直言不讳地说，如果罗马那么喜欢多管闲事，不如就和罗马断绝关系。嘴上说说还不算，行动也与态度一致：他们派出几伙人占领莱茵河左岸的特雷维里人（Trévires）地盘，把哈鲁德人疆界推到埃杜伊人国度；他自己则领军几十万，从上阿尔萨斯的施瓦本地区开始进军。公元前61年元老院才刚刚为埃杜伊地区安全做担保，现在，恺撒已经不得不为了罗马的荣誉动手。正如我们所想，资深执政官没有错过机会。仅用

3天时间，他的大军就遍布150千米土地，我们若俯瞰会发现，恺撒屯兵于比布拉科特与塞夸尼人首府维松缇欧（Vesontio，即贝桑松）的分割点上。士兵厌战，恺撒在发起进攻前召集所有百夫长说明作战计划，说服他们相信战争合情合理；他还下放权力，向他们发下毒誓：我恺撒只在最后谈判破裂时才会出击，以武力阻拦侵略者去路是不得已而为之（公元前58年8月中旬）。恺撒行军到距苏维汇人仅36千米处时，给自己与国王安排了一次表演性质的会面。二人在同等人数的随从护卫下——每人4000骑兵——在俯瞰阿尔萨斯地区的一片高地上会盟。双方大军虽不能听见他们谈了什么，至少也能看到他们在对话。恺撒为表敬意先开口，这个姿态既一目了然，同时也有很大的欺骗性，显得他很愿意和谈一样。阿里奥维斯图斯可能建议共治：只要恺撒放手高卢，他就把剩下的地盘全让给恺撒。恺撒没说什么，只是重申罗马许诺高卢人自由，他必须恪守此权利不受侵犯。此时，有人向恺撒报告，对方不满于和谈依我方意思拖延太久，已投石杀害我方几名护卫。于是恺撒中止会谈。罗马士兵对长官遭到冒犯无比愤怒，一心只想开战。恺撒留了个心眼，在此期间一直向罗马快马传递捷报，主要内容可以在他的《高卢战记》中找到。现在元老院仅有零星几个人埋怨恺撒发起这场战争，把罗马大多数人民卷入其中。几天后，恺撒大军突入苏比军队，阿里奥维斯图斯最后仅余一小撮人，几乎没能渡过莱茵河，据说他手下有八万士兵横尸阿尔萨斯，他的一个女儿甚至成了俘虏。

对阿里奥维斯图斯的胜利带来的结果（公元前58年9月）

恺撒的第二场胜利，相比对赫尔维蒂人的胜利，其意义有过之而无不及。这次胜利使第一次胜利得以圆满，赋予它完整的意义，并悄无声息建立起新秩序。恺撒已把苏维汇人赶到其视为天然壕沟的莱茵河对岸，此后的3个世纪中，高卢不再是日耳曼人的天下。与此同时，光天化日之下，罗马军团单独作战赢得战争，罗马军团对此地的主权因而无可置疑。有埃杜伊人居间调停，当地人纷纷自愿归顺于罗马。恺撒既不公开宣示政策，也不禁止实质上行使主权。恺撒还得维持自己在山南的支持率，而且城里毕竟适合他静观时局发展，于是他返回山南。与此同时，他命拉比埃努斯——他不在时授权此人总管——将军队驻扎于塞夸尼，战后由塞夸尼人为恺撒大军提供食宿。虽然目前恺撒还没说出"征服"这个词，但他已经像是行走在自己征服的土壤上。而且没有人反对（供给大军食宿）这个过分的决定，埃杜伊人显然是同意的，将之视为对其邻居的合理惩罚，毕竟他们犯下了信任阿里奥维斯图斯这个错误；塞夸尼人自己也不得不在这个决策面前低头，不管受命接待军队代价多么昂贵，但毕竟是他们换来了领土完整。此外还有一个不得不做的战略考虑。实际上没有一个地方比塞夸尼人地盘更适合作为罗马军事基地，来击败苏维汇人的回马枪了。资深执政官希望驻军于此带来震慑力，同时也希望在民间煽动愤怒情绪，在以伟大和平之名迫使凯尔特高卢人臣服于自己之后，恺撒希望等他再回来，就能使贝尔盖高卢也像这样对他事实上俯首称臣。

贝尔盖人起义（公元前57年初）

在恺撒的武力统治之下，从莱茵河到加龙河的大部分地区，埃杜伊人确实是一片和平状态。他们的卑躬屈膝，换来恺撒对他们青眼有加。这就突然间让他们成为地区霸主。和平虽得到修复，阿里奥维斯图斯的来犯曾使仇恨沉睡，现在却又死灰复燃了，即使是在凯尔特地区，阿维尔尼人和塞夸尼人也强压内心怒火，暗自咒骂，这所谓的胜利不过是换了个主子罢了。他们悄悄向恺撒说些推心置腹的话，希望脱离日耳曼人的管理。可是日耳曼人是走了，恺撒的军团却留下来了。现在不止一支高卢部落倾向于寻求帮助——不管是向日耳曼人还是向他们的盟友，好剪除罗马军团。到春天，拉比埃努斯从山南塞夸尼向资深执政官发来快报，贝尔盖人正拉帮结派，反对埃杜伊人特权地位，也反对罗马长期驻军；其中一部分或多或少混了些日耳曼人，另一部分则是纯粹的日耳曼人：如那慕尔（Namur）的亚都亚特人（Aduatiques）、通厄伦（Tongres）的埃伯龙人（Éburons）、居住在于伊（Huy）和列日（Liège）之间的康杜鲁斯人（Condruses）、希耶河谷（Chiers）的卡洛埃西人（Caeroesi）、阿登森林（Ardennes）的帕埃曼尼人（Paemani）。博韦（Beauvaisis）地区的贝洛巴契人（les Bellovaques）废除了他们与比布拉克特（Bibracte）民族之间的长期友好盟约。很快，全贝尔盖部落大会召开，会上宣布支持开战，同时选出战争指挥官，即苏瓦松（Soissonnais）的苏艾西翁人（les Suessions）国王伽尔巴（Galba）。

攻打苏艾西翁人及其盟友（公元前57年春夏）

恺撒预感到山雨欲来，在山南高卢又征集了两个军团：第十三和十四军团。公元前57年初春，他派昆图斯·佩迪厄斯（Q. Pedius）领军，与拉比埃努斯会合，他本人于5月与二人会合。全体行军没几天，抵达上马恩河与最近的贝尔盖村庄接壤处。两名雷米乡绅——伊修斯（Iccius）及安德库姆波留斯（Andecumborius），代表子民来见恺撒。他们不承认所谓的公民大会，退出了大会，还庄严宣誓愿献国于罗马，情愿向资深执政官纳贡、献人质。此外，由于图勒（Toul）的勒齐人（Leuques）、梅茨（Metz）的梅迪翁马特里契人（Médiomatrices）以及摩泽尔河（Moselle）河畔的特雷维里人都好心保持中立，这种毫无保留的支持，鼓舞了恺撒采取行动的决心。不仅如此，在凯尔特，埃杜维人（Héduens）招募的军团，以及苏维汇人、卡尔努特人和林贡斯人（Lingons）运来的物资也有助力作用。很快，恺撒不顾敌我悬殊，放任埃杜伊骑兵在贝洛瓦契人的草原和庄稼地肆虐，并带本部军团，努米底亚及巴利亚利群岛的辅助军队开始进攻。他越过了埃纳河（Aisne），赶走在比布拉克斯团团围住雷米人（Rèmes）的同盟队伍，在莫尚丘（Mauchamp）和瑞万库尔（Juvincourt）高原之间的沼泽地打散他们的队伍，敌人四散溃逃，他又将其彻底击败，连侥幸未死的士兵也不放过，一直追到苏艾西翁人首府诺维奥杜努姆（Noviodunum，距离苏瓦松西北部3500千米处）。随后他占领塔楼、坡地等制高点。他在移动雉堞的掩护下，24小时内在山坡上挖出平地来，此地最终陷落，很快苏艾西翁人不得不投降，国王伽尔巴被俘。接着，轮到布拉图斯潘提乌姆（Bratuspantium）城中的贝洛瓦契人投降了；最后，亚眠地区（Amiénois）的阿姆比亚尼人（Ambiens）也缴械了。似乎一入夏统一战线就会被打破，恺撒利用夏末的最后一点时间打击北部蛮族部落，此前他们一直相安无事，毕竟天高皇帝远没什么可怕的。但事实证明，他们确实还有余力与恺撒抗衡。

攻打内尔维（Nerviens）部落及其盟友（公元前57年夏末）

恺撒先打埃诺（Hainaut）和博拉班（Brabant）的内尔维人，接着将矛头对准其盟友：阿图瓦地区（Artois）的阿特雷巴特人（Atrébates）、韦芒（Vermandois）的维洛曼杜伊人（Viromandues）。恺撒在桑布尔河（la Sambre）追上敌人，将其一举歼灭，此中曲折的战场经历在《高卢战记》中有记录。随后，恺撒与亚都亚特人、埃伯龙人相对行军。这两个部落没来得及驰援内尔维人，他们和辛布里人同支，一样勇猛，也根本不认为自己会输。不过他们被恺撒建的周长15000尺（相当于今4千米）的路障（位于那慕尔城）阻住。他们无知地认为这防御工事一定来自神迹，这样一来恺撒就在敌人当中播下恐惧的种子，诱得他们主动投降。恺撒受降后，岂料敌人有头脑简单者的通病：第二天晚上他们又反悔了，偷偷武装起来，企图进行孤注一掷的突围。恺撒对敌人进行大肆屠杀，4000名精英武士被杀光。为了惩罚背叛，他将全部53000名居民一个不剩地贬作奴隶卖了。

被征服的高卢，其实尚未臣服（公元前57年秋季）

从黑海到莱茵河的贝尔盖，步凯尔特地区后尘，终于也被武力纳入罗马版图。尽管如此，恺撒觉得尚不能公开如此宣称。他预感到时机尚未成熟，要完全、公开地兼并高卢可能还需要好几年时间。在此期间，在他的军威之下，广袤高卢土地上的起义一次又一次被扑灭。他不断镇压、持续警告，使专制工具日臻完美。现在他手下的八个军团早已代表这种残暴统治了。同时他还可以继续攫取财富和资源，使自己的金库一天天充实起来，同时三头同盟的共同财富也得到滋养。恺撒享受着事实上的承认。几个被征服的国家自己提出建立某种间接的、心照不宣的统治，其他各国想到自己身后时刻有一把剑威胁着，不管愿不愿意都只好归顺于权威。虽说不能立即吞并高卢，但为了将来能尽快做到，恺撒需要罗马人民立即给自己开出一张空白委任状，为达此目的，他将不择手段。恺撒不断建立武功，一系列的"简报""每日军情"，以矫揉造作的简洁风格，大肆弘扬他的战功。此类消息不断快马加鞭送到罗马城，告知罗马公民，恺撒完成任务之伟大、其未竟事业之艰辛。为了使效果更立竿见影也更持久，恺撒很可能是在公元前57年末，把这些内容编纂成两本宣传册——《高卢战记》开篇就是由这两本宣传册构成并一直流传至今。书中净是对他的灵活战术与勇敢无畏的溢美之词。整个意大利回荡着他的胜利交响曲。恺撒如去年一样回到山南过冬，很快就骄傲地得知，元老院下令为他举行为期15天的敬神仪式，这么长时间的凯旋式此前从未有人得到。此外他还感到一种强烈的快乐，感到自己的计划足可引领合作伙伴和敌人，并根据自己的利益，加强3年前建立、现已松弛的三头同盟。

第二节　恺撒的战功及三头同盟加强
（公元前58年—前54年）

恺撒不在罗马时的政局

恺撒从卸任执政官后就开始考虑政治问题，这个方面的信息各有冲突，且急需持续性的解决方法。高卢资深执政官必须一方面保持三头同盟不被元老院削弱，同时还要避免留在罗马的两位合伙人趁他不在借用这股力量削弱他。他在莫尔旺、阿尔萨斯、桑布尔河与默兹河（Meuse）几战势如破竹，临行前又在罗马留下效忠于他的保民官克劳狄乌斯，使他在更为团结的三头同盟中的地位随之加强。

克劳狄乌斯赶走加图

总体来看，自从卢库鲁斯被除，元老院里只有两人能和三头同盟较劲，并且牵制他们的行动。一个充满战斗精神，另一个则天生长袖善舞，他们分别是小加图和西塞罗。克劳狄乌斯刚刚坐上保民官的位置，就以一贯的粗暴和无耻努力除掉这两人。从公元前59年12月中旬以来，他根据三头同盟无上权威的授意，公开建议把塞浦路斯变成罗马行省。同时他还向加图公开表态，希望由他来完成这项事业。他先跟加图来软的：照他的意思，廉洁奉公的加图最堪当此大任，这个位置会有多少人嫉妒，多少人垂涎啊！可加图对这种粗劣的马屁无动于衷，强烈反对这个看似合情合理的提名。在加图看来，这事儿与其说是个荣誉，不如说是破坏他名声的陷阱。克劳狄乌斯一看对方拒绝马上就粗暴起来。"你不愿去塞浦路斯，"他凶狠地说，"我却非要将你送过去。"克劳狄乌斯召集公民大会，通过了把塞浦路斯并入罗马的法案，命加图褫夺奥勒忒斯的哥哥——主宰整个岛屿的托勒密国王的王位，还要求他盘点岛上财富上交国库。另外，他又利用看似与第一件事毫不相关的法案使加图远离罗马城邦，并且越久越好：要求加图主持岛上居民迁居拜占庭事宜，因为将禁止他们居住在岛上。加图明白，一切对三头同盟意愿的抵抗注定要失败，就好比反抗人民公投一般。我们这位主角可没有做烈士的意思，他一点时间都没耽误就整理好行李，走之前都没来得及建议西塞罗效法他的谨慎，像他一样在

259

暴风雨来时折腰。

克劳狄乌斯戏耍西塞罗（公元前58年1月）

很不幸的是，西塞罗不会听这些建议，他情愿抱有对自己威望的空虚幻想。恺撒去年主动提出让他当专司农业的委员，他就因此认定，资深执政官对他的个人感情会保自己不受政敌威胁。克拉苏的赞扬他也当真了。他内心深处相信，自己为讨好庞培做了许多事，庞培一定感激不尽。况且，他自恃定能哄住克劳狄乌斯。这位保民官提出塞浦路斯法案的同时还拿出了另外四条法案，西塞罗如果同意，其后果不堪设想。第一条法案，取消小麦有偿分配，即取消现有的每摩迪乌斯小麦6又1/3阿斯①的价格，恢复对需要救济的穷人提供免费小麦。第二条，完全恢复结社权——6年前这项权利曾受到明智的约束。第三条，由于毕布路斯过度通过占卜预测未来，于是在选举期取消高级官员援引凶兆以推迟或取消各种政治活动的权利。第四条，元老免职需要两位监察官共同批准。前两条只能算是低级阴谋，以小恩小惠让无产阶级闲人得以留在城里，在需要小混混参与暴乱时好招募这些人加以利用。后两条显然是针对贵族的，前者剥除贵族用来对付平民的宗教保护伞，后者则是对三头同盟合法性的削弱，但凡克拉苏与庞培打算分享监察官职务的话。如果西塞罗真的对共和国自由有那么一点点在乎——而他完全有理由可以这样宣称——那么他的使命就应该是：用尽最后一丝力气与讨厌的提案做斗争。但是克劳狄乌斯竟

---

① 译者注：asses，一种罗马青铜硬币，单数为as。一个塞斯特尔斯币（sesterce）相当于两个半阿斯。

疯狂到使西塞罗相信，如果西塞罗放弃一切抵抗，自己将不再继续针对他。西塞罗被卑鄙交易骗了，不知不觉中做了同谋，不仅自己噤若寒蝉，还劝得保民官卢修斯·尼尼乌斯·夸德拉图斯（L. Ninnius Quadratus）保持袖手旁观。公元前58年1月3日，4条法案全部变成全民表决。之后不到一个月，克劳狄乌斯确信，西塞罗的裁判官朋友里任何一个都不可能再打着过时的"凶兆"幌子替他摇旗呐喊了。这时他食言了，他提交了另一个法案，要求所有未经人民审判而处决另一个罗马公民的罪犯都被剥夺政治权利——古老的"禁绝水火"刑罚。西塞罗的名字没有被直接提出，但是没有人会怀疑保民官所针对的正是这位公元前63年12月的执政官西塞罗。

克劳狄乌斯（P. Clodius）《罗马公民生命权法》（de Capite Civis Romani）（公元前58年2—3月）

西塞罗意识到了，大家也都意识到了。但他坚持做他的梦，还以为三头同盟支持他，克劳狄乌斯再恨他也害不了他，可是这位保民官正是被三人悄悄授意才行动的啊！不幸的西塞罗先联络了恺撒。恺撒正处于军事准备当中，他建议西塞罗跟着自己，就像他的副将一般一起出来。要真这样的话恺撒就鸦雀不闻地达成了目标：不仅在政治上消灭大演说家——虽然他对西塞罗在学术上的感情是真挚的——还在西塞罗与自己的财富之间创造了联系。一如既往举棋不定的西塞罗转而寻求庞培的意见。当然庞培也一直想让他闭嘴，但他似乎并不喜欢西塞罗被收到恺撒帐下。关于这段故事，迪翁说庞培偷偷与资深执政官达成了一致；更有可能的是，庞培在可能妨害自己盟友的情况下偷偷打着自己的一套算盘：他的说辞是，他特别不建议西塞罗离开罗马,恰恰相反,他认为西塞罗应该为了元老院,留在罗马和克劳狄乌斯背水一战,他庞培一定会站在西塞罗这边的,足可保事成。这番话抚慰了西塞罗的自尊心,于是他拒绝了恺撒的建议。西塞罗犯下了无法挽回的错误。就此,恺撒放手让克劳狄乌斯去做了。克劳狄乌斯为获两位执政官欢心,提出一项法案,建议在特殊情况下应把马其顿交给皮索管理,叙利亚交给盖比尼乌斯管。所谓"特殊情况"即是与《瓦提尼乌斯法》规定的恺撒获得指挥权一样的条件。为了让不在罗马的恺撒既能参与讨论,又不用上交军权,克劳狄乌斯在城界处的战神广场发起一次非正式会议,会上他拿出匿名的《罗马公民生命权法》进行讨论。整个辩论过程温吞得近乎惨淡。在接受提问时,两位执政官表明他们将致力于从根本上保障公民的自由。盖比尼乌斯虽没说出西塞罗的名字,却批判了元老院和骑士阶级的残忍;皮索则模棱两可地发誓绝不批准反人类的法案。三头同盟中,庞培躲着没参加,克拉苏让儿子——恺撒的副将代自己发言,后者宽泛地、没头没脑地赞颂了西塞罗一番,因为平民派首领支持元老院最终决议是不可能的。至于恺撒,他以真诚的甜言蜜语,从原则这个角度说起。出于良知,他批判镇压一事;但从根儿上说,由于公元前63年他曾请求饶过喀提林一命,所以今天他不能说出相反的意见来。他无懈可击的逻辑以及手握利器的态度令西塞罗明白,自己令人难以忍受的高傲已经连朋友都伤害了,自己已经彻底成了孤家寡人。没过几天(公元前58年3月初),克劳狄乌斯的法案就正式被批准成为法律。

西塞罗流亡(公元前58年3—4月)

很显然目前这条法律还只是原则上的,要以此实现对西塞罗的判罚还需要一条独立的法律规定具体细节。但是每个人都在给可怕的保民官留出自由空间。头一个就是恺撒，他因为赫尔维蒂人的新动向开往前线；庞培去了阿尔巴观光，闭门谢客；西塞罗自己也在投票前夜离开了广场。在法案从提交到投票的这段时间里，西塞罗还以为自己找来的这些帮手能吓退克劳狄乌斯：其中包括元老院骑士阶层，他们呈上请愿书一封，可惜被盖比尼乌斯拦在元老院门外；另外元老们本打算举行公祭仪式，无奈被两位执政官禁止，发起人还被平民团体打得很惨。根据迪翁的记录，有那么一刻西塞罗甚至还在考虑要不要发起暴动，最后还是在霍尔滕西乌斯和加图的建议下他才放弃。我们最后一次得到关于西塞罗的历史记载在投票前。在去往卡比托利欧山的路上，他向三主神之密涅瓦女神敬献一尊小塑像，像当年被他抓住的喀提林一样，他也自动落入别人的陷阱，又像躲避惩罚的逃犯一样逃离。克劳狄乌斯立即提出另一条补充法案，跟前一条一样，其很快被公民大会表决通过。根据此法律，西塞罗被判禁绝水火，没收一切财产，并禁止出现在罗马城界500里（750千米）以内。可怜的前执政官不知所措，本来企图月底从维博到西西里避风头，结果他临时改变线路，4月10日抵达图里，18日抵达塔兰托（Tarente），29日在布林迪西上船开往马其顿。他只在5月23日在塞萨洛尼基（Thessalonique）做了一次停留，并在此度过一段很长的流亡岁月。他觉得自己的自大十分荒谬可笑，又因为自己的举棋不定和畏首畏尾而感到丢脸。这样的挫败放在一个政客身上，使他不可能真正东山再起了。西塞罗败走让元老院群龙无首，也让庞培陷入克劳狄乌斯的掌控之中，在庞培任期之内，资深执政官恺撒可完全行使自己的意愿，哪怕他本人并不在罗马。

克劳狄乌斯的保民官任期（公元前58年）

　　整个罗马城在这场疾风骤雨中瑟瑟发抖。克劳狄乌斯如饿虎扑食一般奔向刚刚惨败的敌人，拍卖流亡者西塞罗的物产、度假别墅（尤其是他位于图斯库鲁姆的别墅）——执政官盖比尼乌斯已经先行一步打劫了其中的艺术品——接下来轮到位于帕拉丁山的住宅，拍卖还不算，他还下令把这座建筑夷为平地。另一位执政官皮索把最美轮美奂的柱子偷走之后，又将其中所有珍稀玩意儿付之一炬。至于这块地皮，则被分成两半，一半卖给了克劳狄乌斯的门客加图；另一半在他软磨硬泡得到祭司团的批准之后用于建自由女神庙。仇恨如洪水滔天，元老们只能集体噤声，陷入一败涂地的无力之中。庞培却依然不动声色，但是显然他的消极沉默没带来任何好处。某个早晨，他得知保民官竟让小提格兰从裁判官弗拉维乌斯家中逃走。在亚美尼亚王子获取不体面的自由的混乱过程中，他的一个朋友——财务官帕皮里乌斯不幸死去。后来，克劳狄乌斯跟自己一伙人说起，培希努（Pessinonte）的大神母库柏勒（Grande Mère）祭司如何令加拉太人布罗基塔卢斯（Brogitarosle Galate）与其岳父第奥塔卢斯（Deiotaros）反目成仇。克洛狄乌斯现在分享这则轶事，倒不是贪图布罗基塔卢斯（Brogitaros）给他的那笔巨款，更多是为了公开毁掉庞培征战亚细亚的功臣地位。7月份，他支持选举纯保守派的兰图鲁斯·斯宾特尔及庞培的宿敌和前妻弟——恺撒派的昆图斯·梅特卢斯·尼波斯任公元前57年执政官。伟人庞培愤怒不已。8月，人们刚刚听到传言，说克劳狄乌斯派杀手拿刀对付庞培。庞培再也不敢去广场了，他把自己锁在家里，正值惊恐之中的他处处寻求朋友指点迷津。有些朋友求他休掉茱莉亚，并和恺撒决裂，但他爱自己年轻的妻子,也害怕资深执政官恺撒。更何况,克劳狄乌斯看起来和他没什么利益纠葛。庞培根本不听。还有些朋友劝他召回西塞罗,他的雄辩与才干一定能助庞培平息骚动。他于是求瓦罗去跟西塞罗说希望他能回来,但是未能成事:一年之后在恺撒的批准之下西塞罗才被召回,而且他这一次回来庞培一点好处都没得到。

西塞罗被召回(公元前57年8月4日)

整个公元前58年间,所有挑衅庞培的尝试一个接一个地失败。首先是卢修斯·尼尼乌斯·夸德拉图斯提出的动议,遭另一位保民官艾留斯·李古斯(Aelius Ligus)一票否决。10月29日,10位保民官中有8位联名再次提出这项动议,在此之前自然指派了一位保民官普布利乌斯·赛斯提乌斯到高卢找恺撒,可是资深执政官对这位使者的态度冷淡多过热情;艾留斯·李古斯与克劳狄乌斯话不多说,各自开始执行计划,但计划并没有取得任何进展。11月26日,皮索的部下陆续到来塞萨洛尼基,此时西塞罗刚刚离开。与此同时另一位保民官提图斯·法迪乌斯(T. Fadius)正式向公民大会宣布,12月10日待他上任,他有意发起一项法案召回西塞罗,并返还他被没收的家财。此时克劳狄乌斯任期仅剩下15天,出乎所有人意料的是,他批准了法迪乌斯的请求,但却提出令人难以置信的条件:恺撒的法案必须撤销。对此始料未及的"反水"的动机,我们现代人可能会迷失在各种臆测中。有人认为,此时的克劳狄乌斯很不明智,他心思活泛起来,接下来就要不服管了;还有人认为,这是克劳狄乌斯疯狂的野心作祟,他想异军突起取代三头同盟。可是比我们更了解情况的古人自然不会搞错。作为恺撒手下忠诚的代理人,克劳狄乌斯只是表面上反水,借此使资深执政官的敌人现形,无论他们是谁。若提案真的得到严肃对待,少不了爆发各种麻烦风险,这就给恺撒从山南高卢冬季营地返回罗马提供了借口,好令他带着光荣的军团实施一个人的独裁。法迪乌斯嗅到陷阱的味道,撤回自己的提案,恺撒也就错失独裁的意外良机。克劳狄乌斯虽卸任保民官,其团伙依然纪律严明,令他深感欣慰。公元前57年1月23日,一群过于天真的民众竟然幼稚到响应保民官昆图斯·法布里修斯(Q. Fabricius)发起的对西塞罗有利的(集会)号召,他们在克劳狄乌斯团伙的棍棒下被驱散。这样一行动,被流放的西塞罗要想恢复政治权利就只能等6个月之后了,此事确实是半年后在庞培公开结盟的几位执政官建议下才得以实现的。但实际上建议出自别人,尤其是在昆图斯·梅特卢斯·尼波斯给予高效支持后。我们可看出其中暗含了恺撒的好心授意(公元前57年8月4日)。

西塞罗的回归及与庞培的第一次摩擦(公元前57年9月4日)

西塞罗处于胜利回归的喜悦中,从布林迪西的自治市开始,他觉得就好比整个意大利一路将他抬在肩上,公元前57年9月4日这一天他到达卡佩纳(Capène)城下,这里人群的簇拥极为热情,甚至超过昆图斯·凯基里乌斯·梅特卢斯·努米底库斯(Quintus Caecilius Metellus Numidicus)①回归时的盛景。他一下子找回了自信。他就好像那些多年流亡国外的法国人,在经历法国大革命和波拿巴统治共20余年后,什么也没学会,什么也都没忘记。他的自我越来越被激

---

① 译者注:(约前155年—前91年),古罗马贵族派领袖,因曾参与朱古达战争迎战努米底亚人获得外号"努米底库斯"。

发，就好像是一道不透明的帷幕渐渐升起，隔在现实与想象之间。由于他曾经能够轻而易举地、毫不费力地靠辩才与手腕实现梦想，于是他一上来就以一种天真又危险的急切，致力于再次掌控共和国的最高领导权。让他流亡不过是三头同盟针对元老院的一项预防措施，是不在场的三头同盟成员针对其对手的举措。恺撒神机妙算，一定算出了西塞罗的矛盾，他带着这种矛盾回归本应造成另一种完全不同的效果，竟最终在快要解体的三头同盟中重建了业已岌岌可危的和谐，同时削弱了高卢资深执政官的声望。恺撒记录道，从9月5日开始，西塞罗急于表达他对元老们的感激，径自来到元老院并收获了掌声。6日，轮到公民大会倾听他大声朗诵给他们的颂诗，诗中当场批评了去年的执政官，观众中没有人怀疑，他尖锐的讽刺嘲弄间接中伤了被他叫作"这个海盗"的盖比尼乌斯（Gabinius）和被他称为"埃塞俄比亚人"和"卡帕多西亚人"的皮索（Pison）各自背后的庇护者们。几天之后，粮食突然涨价，执政官决心考虑采取特殊举措以应对粮食短缺，西塞罗在元老院发言，赞美执政官的这个提议并草拟法令。元老们通过法案，人民大会将其批准为法律。根据这条法律，庞培被预先指定进行为期5年的粮食税征收管理，且权力几乎是无限的。西塞罗在阿迪库斯炫耀说自己帮了庞培好大一个忙，然而事实上，西塞罗所实现的提案代替的是溜须拍马的保民官梅西乌斯的提案，根据后者的提案，本来"粮食保佐官"——对，这个职务名称就是这么不起眼——还被赋予了战舰、军队和庞培想要得到的所有行省的高级治权（imperium maius），结果这么一来，庞培与这些行省失之交臂了。西塞罗支持伟人庞培的野心是表面一套背后一套，为了让大家都能看到他的独立性，他施展狡猾的一招以取悦自己：在月末前公开了恺撒最近从高卢发来而庞培一定想不惜一切压下去的报告。对于这个战报，西塞罗希望赋予它与恺撒战功相匹配的宣传力度和仪式，他拿到元老院决议：为向征服赫尔维蒂人、苏维汇人和贝尔盖人的胜者致敬，准许举行一场为期15天的敬神仪式，上面我们已提到这件事。这是前所未有的荣耀，比庞培那次还多出3天。《高卢战记》的第二章也正是以此为结局骄傲地结束的。庞培感到既苦涩又失望，还只能尽力做好自己职务分内之事：为了配合敬神仪式，他要亲自视察入城车队，还得在暴风雨中赶往撒丁岛，在那里他大声说出了那勇敢的词句："航行是必须的，活着不是。"这句话后来被中世纪不来梅（Brème）的汉萨同盟（la Hanse）铭刻在自己的商会门庭之上。

庞培出丑：埃及事件（公元前56年初）

英雄气概却没有给庞培带来什么好处。他最近才悄悄命提图斯·安尼乌斯·米罗（T. Annius Milo）招募小混混对付对手，所以他不在的时候，克劳狄乌斯一伙占了上风。公元前56年执政官大选由于混乱的街头械斗推迟到一月下半月，这也把执政官人选让给了持敌对态度的贵族派格涅乌斯·兰图鲁斯·马索林罗斯。另一位候选人是恺撒认的干侄子，也是恺撒的外甥女阿提娅（Atia）的第二任丈夫马尔基乌斯·菲利普斯。市政官人选则落到西塞罗不知疲倦的打击者克劳狄乌斯手里。庞培提前几天返回罗马，收到的却是令他出丑的结果，好像他这一趟全然没有风险，而且还是自愿的一样。第一桩难堪事是埃及事件。公元前58年第二季度，亚历山大市民被"奥勒忒斯"的奢华生活和债务激怒，突然躁动起来。起义征兆出现，埃及托勒密十二世·奥勒忒斯马上逃之夭夭。密特里尼的西奥帕尼（Théophane de

Mitylène）说服他，只要他积极主动一点，若庞培青睐他，埃及人将很快重新臣服在他脚下。他决定在此期间先藏身城里，在这里，他的保护人同时又是他的债权人，有双重理由向他伸出援手。有那么一段时间他在犹豫是否要继续跑路。当他抵达罗德岛时见到了加图，加图从拜占庭来，要去塞浦路斯。这位由克劳狄乌斯扶持的"高级委员"强烈建议奥勒忒斯尽快回到祖国，向子民做出让步，只要与他们达成和解，就能把他从罗马老爷的残暴的统治下解放出来。为了阻止托勒密十二世叛国，加图从某种意义上背叛了自己的祖国。虽然他最恨三头同盟，可他的建议实际上是符合奥勒忒斯真正利益的。但是他所接受的任务——将塞浦路斯从埃及托勒密王朝君主们手中抢走——一点也不能提高建议的可信度，而且为了表示对国王的蔑视，他抛出建议的时候可是坐在恭桶上面的。对于此种直白的羞辱，国王倒是忍了，可是这个建议他转头就忘。加图走后，奥勒忒斯直接去往意大利。对于这位逃亡者的到来，庞培大加欢迎，安排他藏在阿尔巴城里，并把他介绍给元老院，还给他新开借款，承诺很快助他恢复王位。愤怒于国王出逃的亚历山大市民把王位授予他的大女儿贝勒尼基。不过公元前56年就这么过去了，奥勒忒斯除了听到一箩筐好话、借了一大笔高利贷以外什么也没得到。被身边人唆使的贝勒尼基想和他比比看到底谁更大方。贝一行在普佐勒（Pouzzoles）下船之后，其派遣的使者就或多或少被她父亲收买的朋友诱导，首先就是年轻的马尔库斯·凯利乌斯·鲁弗斯——他们的领袖迪翁至少成功进入罗马城，但很快就在借宿的主人庞培派的卢修斯·鲁克乌斯家中被神秘刺杀。对《万民法》（droix aux gens）血淋淋的侵犯行为没有受到惩处，但引起了舆论反响。公元前56年1月11日，即儒略历前57年12月19日，当庞培结束粮食视察归来，提醒元老们执行去年夏天在当时的执政官兰图鲁斯·斯宾特尔要求下通过的法令，这条法令命令这一年在任的奇里乞亚资深执政官，也就是前任执政官兰图鲁斯·斯宾特尔，助奥勒忒斯坐稳江山。很明显，首先庞培自己觊觎这项任务；其次，这项任务如今无论在平民中还是在最固执的贵族派中都激起极大反感。由于阿尔巴诺丘陵（Albain）的朱庇特神庙不久前遭遇雷击，以克劳狄乌斯的朋友加图为首的保民官们认为这是不祥的预兆，应当到占卜经书中寻求解释。十五人祭司团中保守的大多数也很讨厌伟人庞培，其程度并不亚于别人。他们从书中解读到不利的预兆，由于存在巨大的伤亡风险，罗马人只能在不动用军事力量的前提下驰援埃及国王。卜文不容置疑，把军事征讨的可能性全部排除了。于是公元前56年1月17日，即儒略历前57年12月25日之后，元老院内首先发起了辩论，接着，公元前56年2月份，即儒略历1月份，公民大会又继续辩论，讨论派谁出使埃及，谁能以其一人威望代替军团的力量。已卸任的资深执政官沃尔卡西乌斯·图鲁斯（Volcacius Tullus）及卢修斯·阿弗拉尼乌斯提名庞培——奥勒忒斯大着胆子在写给公民大会的信中提名了庞培。克拉苏建议由3位在任高级官员或卸任高级官员组成三人团，也就是说虽然没排除庞培，却逼他与别人分享权力。毕布路斯则建议由3位已卸任的高级官员组成三人官，这就等于把粮食独裁官庞培排除在外了。而西塞罗鉴于自己此前所做的决定，更倾向于斯宾特尔——这又是一种把庞培排除在外的方式。最后关头，执政官马索林罗斯（Marcellinus）设法使所有人达成了共识。他搬出拉丁节日作为借口，将这个问题推迟到某个更好的时间再讨论。所以奥勒忒斯复位一事被无限期推迟，在西塞罗和克劳狄乌斯的双重压力之下，庞培只能咽下仇恨，把埃及忘到尘埃里（公元前56年2月初）。

反庞培运动（公元前56年2月）

庞培的痛苦还没到结束的时候。从公元前56年2月6日，即儒略历1月12日开始，米罗要应对市政官克劳狄乌斯在公民大会发起的一项指控。庞培来到法庭，为朋友向法官施压。可是他刚刚开始自己的长篇大论就被一系列的呼喊声打断了。当他终于在嘘声中结束自己的发言，克劳狄乌斯抛出一长串咒骂、一系列质问反驳他，企图激起听众愤怒。"是谁让人民饿死？""是谁想去埃及？"听众则爆发出一阵阵讽刺而愤怒的齐声回应："庞培！"为了避免酿成流血事件，裁判官不得不在一片混乱中提前休会。元老院做出站在庞培一边的样子，当天晚上就此事发起讨论，看如何以最恰当的手段恢复法治公平。可是事情发展出乎人的意料，第一场会——西塞罗故意没参加——简直发展成对庞培的批斗大会，其中既有像毕布路斯和法沃尼乌斯这样的所谓支持者发声，也有藏在暗处的挑衅者，比如库里奥。2月8日到9日，阿波罗神庙内的辩论继续进行，气氛平静些了。庞培终于坐不住了。他愤怒到只能说出威胁与讽刺的话来：他处于严密自我防御中，别想像当年卡尔波对小西庇阿（Scipion Emilien）那样对付他。此外，他还揭发了克拉苏。他用傲慢拯救了尊严，却也在这种尊严周围形成了一层真空。2月10日，元老院大会结束前下令解散一切政治团伙。元老们希望借此打击米罗和克劳狄乌斯两人的团伙，同时瓦解庞培为自己建立的军事力量，总之就是尽量把所有的对手全部清除。

为赛斯提乌斯辩论（公元前56年3月）

　　元老院丝毫不掩饰自己的意图，在一个月后的赛斯提乌斯案中，西塞罗令该意图昭然若揭。这一次是赛斯提乌斯因公元前58年1月23日的械斗被告上法庭，特别是他身上的伤口也佐证了当时挨的打。西塞罗虽然不太喜欢这个阴郁的人，却适时地记起了这位保民官为了把他从流亡中召回所做的努力。他主动提出要做赛斯提乌斯的辩护律师。他没有任何风险，因为克拉苏就在他背后帮他掌舵呢。而且能轻松来一场漂亮的回归也不是坏事。这场辩护是他此生最佳辩护之一，为他达成了3个目的。第一，发表对他流亡前、流亡中和流亡后行为的赞歌。第二，暗中批判了三头同盟掩护下的两个毒草般的主要领袖，首先是庞培，其虽功绩卓然，但在克劳狄乌斯面前吓得颤抖；接着是恺撒，他连在友情中做出选择的坦率都没有。第三，这等于是西塞罗草拟的重振共和国的施政方针。3月14日，赛斯提乌斯被无罪释放，这就确认了西塞罗的策略是有效的。

为凯利乌斯辩护（公元前56年4月4日）

　　公元前56年4月4日，即儒略历的4月2日，西塞罗利用马尔库斯·凯利乌斯·鲁弗斯一案又杀了回来。我们这位年轻的主角本来是克劳迪亚心爱之人，后与她分手，这次他也面临暴行罪指控，原告克劳狄乌斯声称他参与了对贝勒尼基派来的埃及使者迪翁的谋杀案，西塞罗这次又和克拉苏一同辩论，他在辩词中扯下臭名昭著的克劳迪亚最后一块遮羞布，努力为被告人洗清罪名，把杀害迪翁的罪责安在接待埃及人的卢修斯·鲁克乌斯身上。所有人都知道或至少有所耳闻，鲁克乌斯和庞培是穿一条裤子的，所以凯利乌斯的无罪释放就像打在伟人脸上一记响亮的耳光。

西塞罗对抗三头同盟（公元前56年4月5日）

　　第二天起，西塞罗沉浸在自己的胜利演讲中不能自拔，他想开始对付恺撒了。一段时间以来，高卢资深执政官有个非常难缠的敌人——卢修斯·多米提乌斯·阿赫诺巴尔布斯，此人公开表达竞选公元前55年执政官的意愿，还说自己一旦坐到这个最高位上就要废除对高卢的统治。他与当时在位的执政官马索林罗斯达成一致，二人授意保民官普布利乌斯·鲁提留斯·卢普斯（P. Rutilius Lupus）向元老院提出关于坎帕尼亚地区的《尤利乌斯法修正案》。4月5日，元老们对此修正案进行讨论，与此同时粮食压力依然严峻。元老院先是表决通过，给予粮食保佐官庞培用于采购小麦的4亿塞斯特斯基金。此时西塞罗讲话了。他先把两个在他看来不可分割的问题联系在一起提了出来。给国家财政带来新的收入是很重要的，要么恢复《坎帕尼亚分配法》所取消的国家收入——全部恢复或部分恢复；要么以对等的资源来补充。接着，他提出把对《鲁提利乌斯提案》（rogatio Rutilia）的讨论放在5月15日，这不见得是因为提案违背他的意思，而是因为他公开表示过对这个提案需要三思，而且他内心深处其实希望在此期间能赢得庞培的支持。只不过，此前西塞罗强加的羞耻够"庞培大帝"喝一壶了。这套粗陋的打算显示出西塞罗的幼稚，尤其是坎帕尼亚的土地庞培早就开始分配给手下老兵了。而且，我们天真的阴谋家的伎俩产生了与其期待完全相反的效果。对庞培来说，这场斗争从原则上就值得怀疑，效果是有害的，方式是可疑的，庞培还喜欢这个对手的女儿，并羡慕这个人的荣耀到了嫉妒的地步。庞培只有与混乱的元老院暂时联手才有斗争机会，在最近的岁月中，元老院只有内斗的时候才表现出凝聚力、耐力和活力。当庞培确知自己的对手兼朋友克拉苏去了高卢资深执政官总部拉文纳（Ravenne），他就明白自己的命运取决于和岳父的友谊，他立即决定要重获恺撒的友谊。

卢卡（Lucques）会盟（公元前56年4月15日）

当西塞罗沾沾自喜，骄傲地回到自己位于图斯库鲁姆的宅子时，庞培也离开了罗马，好像是要去撒丁岛，那里的收成推迟了，需要他到场处理。但他却在比萨（Pise）出其不意地停留，来到山南边界处的卢卡，他在那里和恺撒约好见面。这场会面大概发生于4月15日，即儒略历的4月13日。恺撒由克拉苏、撒丁岛资深大法官阿皮乌斯·克劳狄乌斯、西班牙行省资深执政官昆图斯·梅特卢斯·尼波斯及一群卸任官员或在行省任职的资深官员簇拥，出现在这座托斯卡纳的小城里，还有120名卫士组成他的仪仗队。城里突然间多了这么多人，又都是荣誉加身的要人，在这段值得纪念的岁月里，卢卡真称得上是世界的中心，三头同盟在这里再次聚首，按照自己的意愿对这个世界修修补补，改变它的命运。蒙森批评恺撒使三头同盟再次聚首，他认为，只要他一个决定，就可以一己之力完全独占权力，若他乐意，也可将它分享出去，同时只要让庞培再次因为蠢笨和元老院阴谋而陷入不义就好了。可是指责毕竟容易，不仅仅是因为，若提前陷入内斗内战，恺撒的大军没有足够时间将使命与他的个人事业结合到一起，他就有可能落得和塞多留一样的下场。而且主要是，在我看来，恺撒在心中所允许的分配方式中给自己留了最大的一块肥肉。

卢卡会盟真正的结果

恺撒看似抛弃了克劳狄乌斯转而对庞培张开双臂。可是庞培不得不放弃所有插手埃及的野心，并承诺与克拉苏一起对付恺撒竞选执政官的敌人——多米提乌斯。当然了，二人将于公元前55年共同担当执政官大任；另外，只要恺撒的指挥权能延续保有，二人还将常年各自掌管一个行省和几个军团：庞培负责远西班牙与近西班牙，克拉苏负责叙利亚。表面看像是恺撒承认给他们与自己等同的权力，可是再想想，恺撒是以这个诱人的让步，在更大的帝国里依据自己的爱国主义野心提升了个人地位。毫无疑问，治理叙利亚可以为克拉苏提供远征帕提亚的可观前景，但是这美妙的征程却一定会带来其他问题。如果帕提亚人真的一直进犯叙利亚，克拉苏的军团将永远滞留于幼发拉底河不能动弹，首先是因为需要投入巨大军力，其次是还得维持对辽阔土地的占领。至于对西班牙的治理，恺撒此举自然让庞培拥有了和他一样多的军力，但是想想看，领导这支军队就能让庞培远离罗马，而且很显然在几乎完全平复的伊比利亚半岛上，指挥官庞培不可能收获恺撒曾在高卢收获的战功。更何况，一个与安条克人结盟，另一个与迦太基人结盟，克拉苏和庞培几乎就得放弃执掌罗马内部事务；理论上，3人是同时离开罗马的，罗马城邦和意大利政局将由普通官员和共和国机构来管理，但实际上却落到高卢资深执政官一人手里，他的老巢就建在他们门口，位于山南高卢。说实话，恺撒用极好的价格买到了合作伙伴自愿给他的好处。仔细分析会发现，合伙人给他的，不仅是在恺撒所管辖行省内部完全的、明显的自由行动权，还有在罗马至高无上的主权，这种权力虽然有所伪装却是决定性的。克拉苏与庞培离开卢卡时还沾沾自喜，觉得自己与恺撒平起平坐，可他们哪里知道，自己已身不由己，只能做恺撒通往权力顶峰的垫脚石罢了。

庞培为恺撒效劳

首先是庞培为恺撒效劳。恺撒的野心支配着三头同盟其他成员的野心。但凡这几个行省是由元老院以正常方式分配给二位的——结合《森普罗尼乌斯法》和《科尔内利乌斯法》的合法安排——那么卢卡会盟就压根什么也不是，换句话说，如果在公元前55年执政官大选前，也就是公元前56年夏初开始，元老们就已经定好如何将行省分配给未来的卸任执政官的话，那么卢卡会盟就什么也不是。那意味着元老院只需要遵守现行法律，就能一举抢走庞培与克拉苏期待得到的位置，并把恺撒从至高无上的主宰者的位置上赶下来。事实正是如此，无论是《瓦提尼乌斯法》最晚于公元前54年2月最后一天到期——这是普遍认为的，虽然没有什么证据；还是依照我认为的，于公元前55年12月最后一天到期，元老院都有理由在公元前56年的百人团大会前处理恺撒的继任者事宜。多米提乌斯推动元老院朝这个方向努力，但恺撒极乖觉地拿三人同盟关系与之对抗，且极机智地使自己的连任成为三头同盟运转体系的"券心石"。这就是为什么庞培出于个人利益提前插手，通过元老院加强这块券心石，其间大多数元老因害怕而无动于衷，此外庞培也得益于西塞罗故意临阵脱逃。

西塞罗举棋不定（公元前56年4月末）

庞培态度刚转变，元老们尚不清楚他究竟意向何处，尤其是相信他不可能和恺撒走近——殊不知他已经开始这样做了。当下三头同盟一手遮天，元老们自认没有必要再克制。他们找了个借口，说在台伯河右岸罗马郊区拉丁平原地区（Ager Latiniensis）突然发出无法解释的刀剑相交的轰鸣声。就此"可怕"现象，他们寻求巫祝帮忙。而巫祝竟对他们阴暗的目的有所回应，声称这个神迹是对严重破坏最崇高礼仪行为的天谴，同时也在警告凡间，不应给邪恶之人更多权力。从一切征兆看，这都无异于拖延调查，矛头直指三头同盟。克劳狄乌斯假惺惺地故意作践自己，好像这番话是针对自己的。他召集公民大会揭发自己不虔诚的行为，而做下同样不虔诚之事的西塞罗自然理应引起天怒——西塞罗曾把自己的宅子建在本来献给神祇的土地上。克劳狄乌斯说到就要做到，他召集一群小喽啰到帕拉丁山，一把火烧了这座渎神的宅子。由于三头同盟都不在罗马，元老们就跟解放了一样，竟勇敢迎战。在元老们的召唤下，米罗手下的人来到卡比托利欧山，报复性地砸坏了克劳狄乌斯的铜桌，这个桌子上面刻有他自己推动的法律条文。西塞罗赶紧取消乡间停留，4月中旬就回到罗马，站在攻击者第一线。这次秀肌肉他十分得意，是时候让元老院从神迹解读事件中得到应有的教训了。此时罗马城中传出卢卡会盟的消息，大演讲家虽然还不知道细节，但猜测其中肯定没什么好事。西塞罗一下子失去了强大靠山，在元老院发表演讲时，他早把这次装神弄鬼的目的抛在脑后，把三头同盟放在一边，只攻击克劳狄乌斯——是这个可悲的人使罗马陷于血与火当中；这人根本不配做官，去年4月4日众神之母节庆活动（jeux mégalésiens）上，正是他的无知激起天怒。西塞罗不确定自己的未来如何，于是重归老实本分，可庞培很快就把他的退缩变成了彻底失利。

西塞罗反水（公元前56年5月）

庞培离开卢卡去往撒丁岛前曾直白地向西塞罗提出要求——先是经西塞罗的弟弟昆图斯·西塞罗（Quintus Cicéron），接着经卢修斯·维布利乌斯·鲁弗斯（Lucius Vibullius Rufus）[1]的斡旋——不要与恺撒作对；还要求他全力支持高卢资深执政官恺撒的利益和尊严，并说这也符合西塞罗自己的利益。西塞罗当场就答应了。他本来赌三头同盟会决裂，结果他们重修旧好，假如他胆敢横插一杠子的话，他就要永远地失败了。由于痛苦的流亡记忆，西塞罗心脏还在滴血，他在既定事实面前已失去任何勇气。于是他马上彻彻底底地反水——本来是共和国政府名正言顺的捍卫者，现在却毫无过渡地转入敌人麾下，成了三头同盟的代言人，成了元老院中恺撒提案得以成功通过的助攻者。

坎帕尼亚公地及恺撒最高统治权

我们还记得，在西塞罗的建议下，元老院把坎帕尼亚公地的问题提上5月11日大会的日程。当天，元老开会，西塞罗却故意缺席，他私下里因这次精心预谋的缺席而颇为脸红。由于他的缺席，公元前59年土地法修正案未能通过。不久，元老院必须支付高卢战事的军费尾款了。为打这场仗恺撒用了4个军团，后来又加了6个，再后来又加了8个，他在这8个军团里自作主张招了一半人。资深执政官要求元老院批准他的招兵计划，并从国库中补足增加的军费。他还要求元老院

---

[1] 作者注：一位生活在公元前1世纪的罗马政治家和将军。在恺撒内战期间，他站在庞培一边。

提前批准，假如要继续扩充两个军团，他可以自主选择10名副将，而不是8名。元老院里产生分歧，讨论声沸反盈天。这次西塞罗倒是在场，他为恺撒的请求找理由，打断要求把讨论提交给公民大会的法沃尼乌斯，干扰反对声音，并且主动亲自草拟让资深执政官心满意足的法令。西塞罗就这样助力法案通过并将其写进法律，确定了恺撒现下的威望。而且令朋友们瞠目结舌的是，西塞罗还主动为恺撒的未来保驾护航，以伶牙俐齿获得元老院批准，使得三头同盟中我们这位最高指挥官得以摆脱行省法律的制约。在他看来，如果尽快从马其顿召回皮索、从叙利亚召回盖比尼乌斯算是大事儿，那么，恺撒的赫赫战功几乎使阿尔卑斯山脉天堑变通途；而且，再给他一点时间，丰功伟绩就能带来使高卢与罗马帝国密不可分的纽带，这样的伟大功绩一旦存在，就绝不允许谁有取代恺撒的非分之想。西塞罗要求，任何情况下都要维护恺撒的位置，必要时，哪怕恺撒自己不愿意都得这样。强硬派贵族自然强烈反对这样的提案，执政官菲利普斯无法掩饰自己听到这张嘴说出这番话时的震惊。可是，西塞罗倒戈像摇响信号铃一般，顿时其同伙也纷纷起来支持他。他们和西塞罗一样都在强者面前屈服。元老院最终以多数选票同意恺撒在治理各行省时可免于遵守相关组织法。在一切公开场合，演说家西塞罗都表现得趾高气扬，可在私下里，他并不隐瞒自己有两副面孔，他悄悄认为这多少有些丢脸。但是他一想到自己也曾经是一头倔驴，倒也欣慰不已：是啊，有那么几个月时间自己竟蠢到与三头同盟作对。且不提迅速反水给他带来的个人利益：个人安全得以保证；他的弟弟昆图斯被指定为恺撒的副将之一；他的朋友们，如特雷巴求斯·特斯塔（Trebatius Testa），获得资深执政官参谋部职务。西塞罗倒戈换来一堆不值钱的破铜烂铁，也启动了一个月以前三头同盟在卢卡设计好的统治机制。

加图的回归与公元前55年1月执政官选举

确实如此，西塞罗发表了一场演讲，谈到行省职务分配。此举释放了三头同盟的优势。现在三头同盟只要适时收割，就能赢得这一局。有保民官干预权的保护，三头同盟把应为公元前55年举行的执政官大选一直推迟到现任执政官任期结束。现任执政官中至少有一个是绝对仇人——兰图鲁斯·马索林罗斯，他现在支持三头同盟的主要对手多米提乌斯·阿赫诺巴尔布斯上台。毫无疑问，拖延使得小加图得以赶在大选前回到罗马。公元前56年11月初这位塞浦路斯高级特派员（Haut Commissaire）的回归，以及他在广场上展示的那些灿烂夺目的金银宝石、珍贵稀有的布匹——都是他在塞浦路斯老国王去世后带回来的——所引起的热情比一团干草燃烧的火焰持久不了多少。加图甚至都无法为褫夺塞浦路斯王位而邀功，因为后者一看见罗马人来就服毒自杀了。而且加图以人民的名义运回缴获的财富，在这件事上他也无法自证清白：他声称清单存有一式两份，其中一份交给了一个获自由身的奴隶，结果此人在耕格勒港（Cenchrées）附近淹死了，账单也没了。另一份据加图说放在个人行李当中。驶向半岛前他在克基拉岛（Corcyre）稍作停留，夜里冷风蚀骨，水手为了取暖，竟极不小心地在海滩上点起篝火，结果行李连同账目都被火焰吞噬了。所以当加图炫耀自己为共和国带来财富时马上就被反驳了。是的，若论克劳狄乌斯交代的事，他确实不辱使命；但问题是做这件事的时候没有人可以给他作证。虽然元老院保守派依然觉得加图是能激起大家斗志的好领袖，但现在他的独立性与个人威望都被削弱了，如何面对即将到来的恺撒手下的老兵？——在此期间恺撒已经获批，正调大军从山南高卢冬季营地回到罗马。公元前55年1月5日之后的某天，于战神广场，第二位摄政王召集执政官竞选大会，结果人们被一群乱哄哄的军人包围，加图既无法左右多米提乌斯坚持到选举最后，也无法阻止庞培与克拉苏当选，10位保民官中的8名及所有裁判官都支持他们。至此，卢卡会盟定下的方案剩下的部分就要全部实现了。

《特雷博尼乌斯法》（Lex Trebonia）

公元前55年3月间，保民官特雷博尼乌斯声称，鉴于昆图斯·梅特卢斯·尼波斯最近在近西班牙省地区失利，邻国的乱局一定会威胁到罗马在亚细亚的统治，遂提出动议，将合并为一个行省的远近西班牙与叙利亚及其子民分别由在位的执政官庞培与克拉苏管理，期限5年，而且一并授予他们所需的军力，便于需要时备战、宣战与作战。元老院中，加图连续两小时以滔滔不绝的演讲徒劳地反对这个革命性的提案。特雷博尼乌斯急于打断他的演说，适时地将他关押起来。第二天他又设法让另外两位同仁闭嘴。由于害怕二人在大会上行使一票否决权，他把其中一位——普布利乌斯·阿基琉斯·加卢斯（P. Aquilius Gallus）关押在库里亚会场；对于另一位盖乌斯·阿忒乌斯·卡皮托（C. Ateius Capito），他从头天晚上起就在库里亚会场等着，意图堵住他去广场的路，因为第二天公民们要在广场聚集开会。辩论前发生了一场街头械斗，有4位公民因此丧生。克拉苏一拳打在了坚决反对提案的元老阿马里乌斯（L. Amalius）的脸上。整个辩论流于形式，《特雷博尼乌斯法》在一片恐慌中通过了。

《庞培和李锡尼法》（公元前55年3月底）

克拉苏和庞培刚刚根据上述法律新官上任，就立即提出新的法案。如果说卢卡会盟令三头同盟体制更加稳固，那么这个提案就形成一种必要的平衡。《庞培和李锡尼法》——按照习俗，二人以自己的名字命名该法——延长了高卢总督的统治权（imperium），使期限与他们各自在任的时间相同。这次只有加图反对，但他的斗争仅仅是出于良心不安。他预见到自己行将失败，仅对立法官员抛出预言：最终你们会付出沉重的代价。正如他不无远见的预测，庞培与克拉苏二人又给自己以及整个罗马套上了嚼子，使罗马在又一个五年里处于尤利乌斯·恺撒的权威之下。

庞培与克拉苏的第二任期（公元前55年）

恺撒才是真正的主人。庞培与克拉苏能连任是因为恺撒手下的军人施压。对军人的控制也暂时被恺撒归到自己的特权中。军队到场正展示出，二人只能通过影响力有限的法律或空洞的排场，表现自己共和国共同领袖的地位。普遍认为，他们在第二任期通过了《庞培弑亲法》（Lex Pompeia de Parricidio），将死刑扩展到任何弑亲的罪犯，不论案件涉及谁。但他们也部分减弱了此罪行混乱、残忍的刑罚方式，要知道原来的处刑方式是将罪犯和一条毒蛇一起装袋浸到水中——在西塞罗为阿梅利亚的罗斯基乌斯辩护的时候这种刑罚尚通行。另有一部《庞培裁断法》（Lex Pompeia de Iudiciis）。我们确知此法于公元前55年提出，除了把希望任职的卸任百夫长纳入法官花名录以外，我们对它一无所知。但有一个例外，富人永远被优先选择。最后我们还知道有一部《李锡尼禁选举团体活动法》（Lex Licinia de

Sodaliciis），该法由克拉苏提出，压缩集会权，阻挠敌对三头同盟的俱乐部活动，加重对此类团体参与"贿选"的惩罚。至于对陪审团中立性的挑战权——该陪审团是专门应原告要求组建的，人选也是原告挑选的——该法将陪审团人数削减到原来的1/4，这也就是他们的全部提案了。在这些毫无远见的拍脑门提出政策中，若想找出非严格意义上防御式或拥护式的举措，或有大举改革意味的举措，就一定会陷入尴尬的。在政治权力方面，克拉苏不想超越现状获得更高地位，正如庞培也不想摆脱沉重但毫无意义的虚荣。前者只想获取更多财富，后者只想得到更高荣誉，这从他的剧院奠基仪式上就能看出来：庞培为此举办了令人眼花缭乱的节庆活动，屠宰了500头狮子和17头大象，此举引起多少平民仰慕之情，贵族和西塞罗私下的交谈和密信中就有多少讽刺与不屑。与此同时，恺撒虽远在高卢，他的政治意图却持续传达给克拉苏与庞培，恺撒在自己的军事指挥部想怎么享受就怎么享受，但却一刻不停地控制着政局的全面发展。

盖比尼乌斯再次拥立奥勒忒斯为埃及国王（公元前55年初）

恺撒轻松打消了庞培对埃及的野心，可他也不希望招来克拉苏对埃及的觊觎——《特雷博尼乌斯法》不仅适用于叙利亚，还适用于叙利亚周边。只要对条款稍加阅读，就会发现这条法律主动邀请克拉苏将其军事行动扩展到尼罗河河谷地带。去年，在与恺撒、庞培达成一致的情况下，在西塞罗的三寸不烂之舌的辅助下，克拉苏推动元老院于公元前55年初将盖比尼乌斯从安条克召回。假如元老院法令被遵守，只要克拉苏愿意，就能立即轻而易举地干预亚历山大事务。恺撒不愿坐以待毙，当然要和庞培达成一致，使盖比尼乌斯——这位故意违背元老院公元前56年决议的庞培前副将——在埃及多待几天,并且以武力重立奥勒忒斯为王。这是公元前57年神谕所禁止的。很自然地,盖比尼乌斯获得了军权,而且无论如何克拉苏本来一时半会也用不了这个权力。盖比尼乌斯悄然发现,自己滥用权力得到的回应全是放纵,他就出人意料地开始不老实起来,本来他应该本分守己的。公元前56年至前55年冬,他放任科马纳·潘提卡的大祭司阿基劳斯(Archelaos)擅离参谋部和埃及女王贝勒尼基结婚,以此巩固她刚刚篡夺的王位,他突然惊觉这场联姻对叙利亚海岸带来安全威胁,又于公元前55年春带全部兵力——还带上了托勒密·奥勒忒斯(即托勒密十二世)本人——开往埃及边界。失了王位的君主答应,如果能助他重登王位,将支付给盖比尼乌斯一万塔伦特(相当于约2700万法郎)。不论结果如何,这笔钱将远超盖比尼乌斯因所犯罪名上下打点所破费的资财,于是盖比尼乌斯毫不犹豫地、放心大胆地开始远征。他的骑兵团在佩鲁兹(Péluse)由安东尼领导——安东尼当时不过是一介军事保民官——他不费一兵一卒就活捉了阿基劳斯安排驻扎的犹太军人。犹太参谋以土买人安提帕特(Antipater)鼓动他们反水。在亚历山大城外,安东尼不费吹灰之力就击溃阿基劳斯所调军队大部,也没怎么折腾敌军。在千军万马溃散之际,阿基劳斯好歹命人把自己杀了。公元前55年4月末,奥勒忒斯重返王宫,戴上王冠,并在处死女儿贝勒尼基之前以酷刑折磨了她一番。缴没的财产很好地满足了他的复仇心态,使他赚了个盆满钵满。盖比尼乌斯不想亲身参与这种勾当,更何况,他毫不怀疑自己能顺利拿到轻易得来的这一万塔伦特,于是迅速返回叙利亚,和他来到叙利亚一样突然。回程中,他少不得从自己的非主力部队中抽出一部分高卢人与日耳曼人驻扎在当地,以巩固风雨飘摇的托勒密王朝。从现实角度看，这样做可使贪婪的国君手下的收税官在面对埃及纳税人再次燃起愤怒的熊熊火焰时有所准备；而在理论上，则不成文地开启了罗马对托勒密王国实质上的保护国身份。这个结果虽没有得到宣示，但却是实质性的，给了恺撒双重收获：他的第一个目标正逐步实现；而且这个过程里没有他合伙人的直接参与。

克拉苏属意叙利亚（公元前55年11月）

这颗苦药对于庞培来说还好下咽一点，毕竟盖比尼乌斯一直在为他摇旗呐喊；对于克拉苏就不同了，其前任的远征名不正而言不顺，相当于一下子砍掉了摇钱树，也收割了功劳，什么都没了。恺撒立即安排给他一次远征的机会。在和庞培商量过后——庞培一点也不会为自己的同事提前离任执政官而难受的——恺撒令克拉苏相信，若武力征服帕提亚人，克拉苏定能战果累累，收获配得上他尊贵身份的胜利。这需要付出巨大的努力，盖比尼乌斯是没那个本事的，但是他克拉苏却可以尝试，而且定能荣耀加身。据普鲁塔克记录，恺撒在写给庞培的信中对另外二人说出此建议，3人达成一致，面对敌对行动时以3人共同决策为重。直到最后一刻，元老院中最疯狂的成员都还寄希望于盖乌斯·阿忒乌斯·卡皮托，希望他能用干预权打破三头同盟的决定。公元前55年11月14日，卡皮托公开指责盖比尼乌斯出兵是既未遭到挑衅，又师出无名。可是，被三头同盟收买的其他保民官却一致站队，适时地阻挠他行使一票否决权：盖乌斯·阿忒乌斯·卡皮托被迫待在门外，门里的克拉苏早就披上总司令战袍（paludamentum），就要离开罗马与他的军队会合。盖乌斯·阿忒乌斯·卡皮托只能眼睁睁看着克拉苏走出大门，报之以无力的诅咒。

恺撒大军行遍被征服的高卢

既然恺撒人在高卢就能解决东方问题，那么我们很可能认为，他在自己的行省一定更加无忧无虑。凯尔特人的权益、帕提亚人的怨声载道，恺撒一定不闻不问，他只关心如何以最小代价提高他的资源与威望，除了自己的小心谨慎，没有什么能阻碍他了。公元前56年春天，到处不断回响着捷报，给路边好事者提供了多少谈资：副将提图里乌斯·萨比努斯（Titurius Sabinus）率领他的3个军团攻打了埃夫勒（Évreux）的埃布罗维斯人（les Éburoviques）、利雪（Lisieux）的勒克索维人（les Lexoviens）和科唐坦（Cotentin）的乌内利人（les Unelles），结果出师大捷。其中最顽强的乌内利人在其首领维利多里克斯（Viridorix）的率领下，在其遍布险阻的草地上进行了激烈的抵抗。普布利乌斯·克拉苏也获得胜利，他是三头同盟之一克拉苏的儿子，虽然只带了12支分队，但他足智多谋，诡计多端，再加上有普瓦图（Poitou）的皮克通人（les Pictons）、圣东日（Saintonge）的桑通人（les Santons）、阿让地区（Agenais）的尼缇欧布罗基人（les Nitiobroges）、莱克图尔（Lectoure）的莱克图人（les Lectorates）以及几个亲罗马到骨子里的部落驰援，他一举将索地（Sos）民兵击溃。巴萨斯（Bazas）的沃卡特人（les Vocates）及塔尔塔斯（Tartas）的塔鲁萨特人（les Tarusates）虽召集了5万人的乌合之众，最终也被他深入敌营全部击溃，整个阿奎塔尼亚归于平静；比利牛斯山脉两侧的日落行省通过罗马化的奥雷亚加（Roncevaux）的大道终于连成一片了。最后也是最重要的胜利：迪基姆斯·尤利乌斯·布鲁图斯·阿尔比努斯（Decimus Iunius Brutus Albinus）及恺撒自己对莫尔比昂（Morbihan）的维内托人（les Vénètes）的大捷。对手缺乏长射程武器，仅一场海战就失去200条大吨位战舰，由于海水平静，船完全不能动弹，又被都配备锋利撞角的罗马战船插透，有的船翻得倒竖起来，有的还没来得及反击就遭突袭。

恺撒渡过莱茵河与黑海（公元前55年—前54年）

公元前55年见证了恺撒辉煌战功更上一层楼。年初，他在山南冬季营地屯兵休整时，一大队乌斯派特人（Usipètes）及邓科特雷人（Tenctères）——照他一贯喜欢夸大的风格，号称43万大军——由于苏维汇人大量涌入，这些人从拿骚（Nassau）被赶走。于是他们渡过莱茵河，挤满了门奈比人的地盘，甚至还到了默兹河两岸。恺撒刚得到消息就准备迅速出击，几个月前，他从莫尔比昂回来的路上顺便收拾了布洛奈（Boulonnais）的莫林人（les Morins），之后又处理了驻扎于卡塞勒（Cassel）与莱茵河之间的门奈比人（Ménapes）。由于在所有的贝尔盖人部落中，只有这两支既不屑与罗马打交道，也不屑和恺撒联系，所以恺撒冷血地劫掠了他们的村庄，掳走牲畜，烧毁森林。如今他却以救世主自居，降临在门奈比人眼前，将他们从乌斯派特人和邓科特雷人手里解救出来。蹩脚的入侵者竟溃不成军——因为这是一群逃亡者，女人和孩子的人数超过战士的数量一倍。打仗无非求个遮风避雨。日耳曼人向资深执政官送出信息，请求容他们占领门奈比人的田野，毕竟他们在此地已经安营扎寨了。可是恺撒的回复是残忍的：你们既无法保卫自己的财产，就不应该占据别人的，尤其是高卢人的，因为你们对待高卢人极为不公，令人发指。被驳回请求的日耳曼人再求他宽限3天休战时间，让他们能在日耳曼大地上另找一处安身之所。恺撒不仅拒绝，还加快了行军步伐。行进中，他的高卢骑士团遭遇800名日耳曼人突袭，在他们的急切冲阵下只好掉回头，匆匆撇下74个战死的士兵就撤退了。恺撒立即决定将此次突袭视为背信弃义，绑了对方急派的说客，翌日突袭敌人营地。当时敌军正处于毫不设防的休整状态，既没有抵抗，也不见其领袖踪影。乌斯派特人和邓科特雷人一个个在午休中当场被杀，没当场暴毙的，逃命时要么葬身沼泽，要么溺死在河里，最后活命的只有百十来人。恺撒似乎觉得这样惨烈的教训还不够，10天时间里又干出一桩漂亮活——他命令军团在危险神秘的大河两端架起一座连拱木桥来，桥的那一端是陌生的日耳曼人世界。他们在莱茵河的河床上斜着插入两个一组的桥墩，木桥就架在这桥墩之上，下游为了加固还加了飞扶壁，上游则为了起到保护作用增设了大坝。接着他让兵团追击逃犯和苏维汇人，因为苏维汇人的贪婪和骚动才是他们起事的根源。阿里奥维斯图斯的人在罗马人面前唱空城计，恺撒的大军神勇无比，以惊人的秩序再次越过3周前刚刚渡过的莱茵河，并在身后毁掉这工程空前巨大的桥梁。《高卢战记》对这座桥有所描述，两千年后它依然见证其创造者的勇气及士兵惊人的毅力。战功的回响还没有在意大利结束，恺撒已穿越黑海，就像他渡河一样不费吹灰之力。他在布列塔尼地区进行了3周侦察行动，这只不过算是个前奏，但作为前奏已经了不得了，至于主旋律呢：他们将在公元前54年顺莱茵河而下，下一年对莱茵河对岸实施第二次突袭，不过，这次比第一次突袭更加徒劳无功。

恺撒以战功提升在高卢的威望

现代人对恺撒领导的毫无希望可言的艰苦行军大多评价苛刻。研究高卢战争最伟大的历史学家朱利安则在自己著作中最生动的章节中专门强调，这一篇他题为"恺撒高卢野心的失败"。恺撒一心想要拥抱大片的领土和国家，最终却"什么也没得到"，日耳曼人也没有，布列塔尼人也没有。在我看来朱利安是会错了这几次征战的用意。恺撒之所以进军，并不是为了征服布列塔尼或日耳曼尼亚，而是为了确认其完全自主的权力，令高卢臣服于他的指挥下，总的目的是震撼罗马世界，并从长远来看，是要准备令罗马臣服于自己。首先，《瓦提尼乌斯公决》中并未提及日耳曼尼亚和布列塔尼，在庞培与克拉苏用来延长统治权有效期的法律中也没有。恺撒占领这两处地方，哪怕只是短短几周，也证明自己已够强大，以一己之力就能推动各种提案。他将战场转移到高卢之外等于获得双重好处：占领高卢8个军团的军费减省了，这是高卢地区本应承受的沉重负担；同时也等于让这些地区承认他的保护人地位，也就是承认了他在国土之外军事行动中的领袖地位，高卢人的军事参与带来不可忽视的力量，满足了他们英勇无比的骑兵长距离行军的愿望，这就把他们和恺撒的野心与战利品联系到了一起。很明显，战争不是为了高卢人的尊严，或为了给他们复仇而发起的。恺撒发起战争，就令高卢士兵更紧密地团结在自己周围，并且在他们的部落首领中逐渐分化出自己的一批金主。他一会儿和这些人谈罗马安全，一会儿又谈参与战事能带来的机遇，因此这一段时间以来，恺撒系统性地用当地平庸贵族组成的政府取代了原来的君主，比如公元前56年，恺撒拥立卡尔努德斯人塔斯杰特（Tasget）重登祖先王位；同一年，由于他与维钦托利的交情，又把他父亲凯尔提耶（Celtill）推到了阿维尔尼人领袖位上；公元前54年冬还没到，他就把卡拉万（Cavarin）立为塞农人（Sénons）的国王。恺撒估计自己将从海峡另一侧起程，在此之前又赋予科姆（Comm）双重王位：他的同胞阿特雷巴特人（les Atrébates）的王权和其不羁的邻居莫林人（les Morins）的王权。后者将跟随他前往布列塔尼，在那里，他用骑兵遏制了各个部落酋长，或用谈判诱惑了他们，其中包括最令人胆寒的卡西维拉努斯（Cassivellaun）。另外，对乌斯派特人和邓科特雷人的屠杀，从战略角度看是不足为道的小篇章，从道德角度看是可怕的残忍行为，但从政治角度看，这是恺撒大师级的完美一击，从此以后他显然成为高卢人抵抗日耳曼人的代言人，有资格在自己的军营召开高卢人民代表大会，有了公开把高卢行省变成领地、五年后把它纳入罗马帝国版图的基础。

恺撒的军中威望

但是还不止这些，短暂而足够辉煌的远征也在恺撒与士兵、恺撒与公民之间形成一条永不断裂的纽带。这段共同的记忆，源自他们在未知的土地上毫不停歇地打下一场又一场胜仗，越过不知名的河流、无人前往的大海。而且战功都来得如此轻松，代价小、收获大。他们击沉维内特战船，在贝尔盖北方所向披靡，渡过莱茵河，渡过拉芒什海峡，获得这么多史诗般的胜利却都易如反掌，一气呵成，人员伤亡最小，后勤补给最足。乌斯派特和邓科特雷大军只残留几人，几乎从历史的地图上被抹除，而恺撒军中却无一人流血。每个士兵都展现出罗马其他军团无可比拟的高超战术与纪律，每年部队都能保证士兵在冬季营地有四五个月可以舒舒服服地休息，每个士兵都更有钱也对个人境况更满意了。战争进行中是以战养战；战争结束后没了珍稀财宝可抢，爱嚼舌根的人就说："布列塔尼的珍珠太大，把尤利乌斯·恺撒都吸引来了。"战后俘获了许多人口，几千人被变卖为奴，集市产品大为丰富。公元前54年起，恺撒就计划着要自掏腰包，以6000万塞斯特斯在罗马重金征用一片土地，以自己的名义建一座新广场。

恺撒对舆论的影响力

舆论越来越惊叹于远方传来的、围绕资深执政官的种种美名。恺撒以战报为宣传工具，对自己的声誉加以维护。他的战报有某种刻意惊人的简洁和清晰，令人印象深刻。公元前55年末他将战报编辑成册，后来成为他《高卢战记》的第三、第四卷，一出版立即引起轰动。加图反对屠杀乌斯派特人和邓科特雷人一事，说他泯灭人性，还建议把恺撒交给日耳曼人，避免天怒势不可当地波及罗马共和国。但此举丝毫没有任何用处，恺撒已经开始在其同胞灵魂中灌注帝国主义思想那令人沉醉而不可抗拒的诱惑力，元老院被巨大的利益和荣耀冲昏了头，屈服于集体的狂热，下令举行盛大的祈神仪式以彰显英雄荣耀，这次仪式比两年前他获授的还要长5天。

元老院与西塞罗消极被动

就这样，恺撒虽然人不在罗马，却依然执行着三头同盟专政，而且表面上还并不暴露自己。但凡有任何反对，他就马上制裁。库里亚大会、公民大会、保民官嘴里只剩下歌功颂德与顺从的声音。尤其是西塞罗，他越来越习惯自己脖子上的镀金狗链了。公元前55年夏天他还在反对皮索呢，当时他言辞激烈，骂人时唾沫星子飞溅如雨点一般。当时他谨小慎微、态度恭谦地避免殃及其对手的保护人庞培，还为庞培赋诗一联，从此流传甚广：

> 军权让位于民权，桂冠让位于赞赏。

但这不能抹杀他为赞美统帅而长篇累牍写下的篇章。他也小心翼翼不去触及恺撒，他把从恺撒那里求得的仁慈视作一种荣耀；他向恺撒出神入化的战功致敬，认为恺撒带大军越过的是将野蛮人与文明世界隔开的天堑。后来，他习惯于在平静中压抑仇恨。为了讨好掌权大人物，讨好恺撒和庞培——恺撒给他写信，庞培找他谈话——西塞罗在公元前55年11月中旬，先是邀请克拉苏来福利乌斯·克拉西佩斯（Furius Crassipes）家花园里共进简单的告别晚餐——此时克拉苏正在与他作对，捍卫盖比尼乌斯的不法行为，还在元老院骂他是流亡犯。公元前54年9月，在盖比尼乌斯回罗马之后，西塞罗又在针对这位前叙利亚总督的亵渎君主罪控诉词中语气缓和，该案是针对盖比尼乌斯亵渎女预言者预示神谕而提起的，但以败诉告终。这个案子洗清之后，他又承担了为他及其借贷人盖乌斯·拉比利乌斯·珀斯图姆斯（C. Rabirius Postumus）辩护的工作。这次，由于被告对法官过于吝啬，所以一个接一个都栽进去了。西塞罗的辩护都输了。至于他的个人荣誉，早在7月就被他牺牲掉，他否认在为赛斯提乌斯辩护的过程中使用过于直白而愤怒的辩词，来了个不要脸的自我否认。为了救恺撒的同伙免受卢尔乌斯的诉讼，他竟接受为犯下行贿罪的普布利乌斯·瓦提尼乌斯做无罪辩护，要知道对后者的指控是合情合理的，西塞罗为他争取到无罪，等于自己选择了耻辱。

三头同盟的显赫权力（公元前55年—前54年）

出这样的丑却丝毫没让西塞罗的仰慕者难堪。事实无可辩驳。大演说家的某些动机着实令人鄙夷：一来他需要钱；二来高卢资深执政官给他的亲友布下诸多诱饵；他还害怕敌人不放弃斗争，比如皮索在公元前54年秋就写了一本反击他的小册子——后来被认为其实是撒路斯提乌斯写的——文中猛烈鞭笞这个首鼠两端的"阿尔皮诺的罗慕路斯"（Romulus d'Arpinum）、"最轻贱的叛徒"。即便如此，西塞罗还是有相对高尚的动机值得人们大发慈悲，减轻对他的责难：他有对恺撒的天赋与学问发自内心的、深刻的好感，这好感同时也是相互的。公元前55年初，恺撒专门写了旁征博引的论文——《论类比法》（De Analogia）献给西塞罗。同时西塞罗强烈地感觉到，由恺撒一手建立并维持的三头同盟如今已坚不可摧、势不可当，足可睥睨一切胆敢造次者。西塞罗属于态度冷淡但却真诚的一类归顺者。在他们身上，灰心气馁唤醒了信仰。西塞罗对于复兴元老院政府已经绝望，于是开始在对文字的热爱中寻找避难所，沉浸在文句语法艺术中。他在公元前55年11月写完的3卷《论演讲者》（De Oratore）中对此有所阐述。接下来的一年中他又精进了一步，开始写作《论国家》（De re publica），其中他写道："信仰与历史将为君主制正名。"在此期间，现实不断教会他一件事，从公元前55年中期开始他就已经向兰图鲁斯这样做了总结："我们的朋友（三头同盟）显然是真正的主人，而且看样子，我们这代人是看不到任何改变的可能了。"既然如此，何须对必然之事生闷气呢？不过所谓的必然性也常常是具有欺骗性的，如果他更加耳聪目明的话，应当能在公元前54年末就察觉到，三头同盟的第一道裂缝正在嘎嘎作响。

第三节　外部困难（公元前54年—前52年）

三头同盟的秘密

与其说三头同盟的力量是基于三人团结一致——也许他们唯一的共同点就是一样的帝国野心——倒不如说是基于观点的统一。在任何方面，无论对内对外，统一都是由尤利乌斯·恺撒的意志来协调的。但统一又建立在本质上十分偶然地形成的临时条件上。一旦条件不再成立，很自然三头同盟就会破裂。第一条是从严谨的数字角度考虑三头同盟的性质。在这个先天的三角形体制中，统治地位一定源于大多数，从现实角度来看，这就使所谓的三人执政变了味，成了二对一的关系，恺撒显然利用了其中的内部分歧来分裂合作伙伴，比如，他拿克拉苏举例，好让庞培遵守卢卡会盟的安排；或者在庞培的建议下，压制克拉苏对幼发拉底河、尼罗河地区的征服野心。这二人缺一不可，否则恺撒的影响力就会削弱，三头同盟就会危如累卵。第二个条件则是心理上的，或说是感情上的，这一点也与某个凡人相关，那就是茱莉亚。恺撒以联姻形式将女儿茱莉亚嫁给了庞培。茱莉亚与庞培的相爱，胜过老丈人与女婿之间维护和平与和谐的任何精打细算的努力。第三个条件则是物质层面的，但也不稳固，即恺撒在高卢的持续胜利。到目前为止，恺撒一直有如神助般取得胜利，但是，战争必有输有赢，无论是对恺撒还是对任何人而言。一旦有什么情况让他不得不在阿尔卑斯山另一边超期滞留，或者他带给罗马的凯旋圣光一旦消失，又或者他的耀眼星光暂时暗淡，就足以毁掉他至高无上的地位。可是从公元前54年秋到公元前53年冬，神迹——或者说幸运之神——

瞎了眼，带走了茱莉亚，后来又带走了庞培；同时高卢军中发生一场剧烈兵变几乎毁掉恺撒大业。这样一来，这些条件一个接一个毁了，也就等于毁掉了以其为基础的体系。

茱莉亚之死（公元前54年秋）

首先是茱莉亚离世。23岁的茱莉亚因为政治需要嫁给了46岁的庞培，虽然他们的婚姻像是一笔政治买卖，却很快由于双方互相倾心而变成真正的琴瑟之好。公元前55年初，怀孕的茱莉亚见人从战神广场拿回她丈夫沾血的托加袍——当时选举正在混乱的拳打脚踢中举行，而作为执政官的庞培是大会主持人。茱莉亚以为庞培被刺，惊得晕厥过去。这么一吓再加上晕倒受伤，茱莉亚流产了，她的健康彻底被毁。庞培则更加疼爱妻子，公元前54年初，为了能留在罗马而不去管理西班牙行省事务，他嘱咐恺撒：有必要提防这一届执政官，保护好受选票结果影响的同盟关系——两位执政官分别是他大儿子的岳父、恺撒的朋友阿皮乌斯·克劳狄乌斯·普尔切，以及与恺撒不共戴天的卢修斯·多米提乌斯·阿赫诺巴尔布斯。另外，庞培还表示茱莉亚又怀孕了，自己一点也不想离开她。恺撒不疑有他，立即批准了他的请求。期待已久的分娩却于公元前54年9月提前到来，母亲在分娩中死去，新生儿也夭折了。恺撒与庞培都被这无可挽回的痛苦击倒。不过，开始承受共同痛苦之时，就是他们分道扬镳之时。恺撒没有违背唯一的女儿在世时立下的誓言，依据誓言他对待女婿就像亲儿子一样，还把庞培立为自己的继承人。但就连在茱莉亚葬礼上，他的个人利益与自大都要跳出来作祟。庞培希望茱莉亚的灵柩能放在夫妻二人幸福生活的家里，即阿尔巴别墅，这样他还能继续与最爱的亡妻相守。而恺撒则认为这样的安排配不上逝者，在他的教唆下，公民大会喋喋不休地发出抗议，要求把茱莉亚葬在位于战神广场的一片宗教用地上。庞培不敢拒绝授予亡妻这过分的荣誉，但很显然，恺撒这么主张不过是为了光耀自己的门楣。从此以后，在恺撒与庞培之间，除了政治以外，再也没有什么能维系或撕裂他们的同盟关系了。

克拉苏与帕提亚人开战（公元前55年）

公元前53年，轮到克拉苏被帕提亚人消灭了。但是有必要从早一点的事件开始说起，才能掌握前因后果，并找出把一场远征变成可怕灾难的错误究竟在哪儿。这次出征条件本来极为有利，一切都指向胜利，能让这位总司令在亚历山大闪耀胜利的光环，可由于贪婪及倚老卖老的自大，他犯下一系列错误，失去儿子和军队，最终身败名裂。

年过花甲的克拉苏是罗马人中最富有的一位。衰老不期而至，可他一心想变得更加富有。这就是为什么克拉苏首先觊觎的是富庶的埃及。可是恺撒再次向他说明，广袤的帕提亚土地蕴含着无尽的财富，且如囊中之物一般容易攻取，于是克拉苏狂热地投入到这场新征程中。他甚至都没有等夏季到来就令匆匆召集的大军登船，公元前55年12月初（儒略历11月中旬）就向布林迪西进发——此时航道已不具备通行条件；抵达都拉斯（Dyrracchium）前他已在暴风雨中失去诸多物资。关于他的失利，我们只能说，贪婪换来的只是海市蜃楼，而此时统治帕提亚帝国的阿萨息斯王朝正处于一片烂摊子中，这也是他抢时间的原因。

帕提亚人的财富

大益（Dahae）游牧民族的后代已经在古波斯帝国正中心居住超过一个世纪了，尽管他们后来被迫放缓扩张的步伐，并最终放弃位于南部和东南部的以利买，将北部、西北部的锡斯坦（Seistan）和阿拉霍西亚（Arachosie）拱手让给某些独立政权，将格尔迪恩让给亚美尼亚，将奥斯洛尼行省让给阿克巴二世，但他们依然直接或间接控制着波斯高原、美狄亚（Médie）牧场及美索不达米亚平原。自从马格尼西亚（Magnésie）失利（公元前189年）、安条克七世（Antiochos Ⅶ）去世（公元前130年），他们不断劫掠西流基人的财产，从阿姆河（Amou-Daria）直到幼发拉底河，从里海到扎格罗斯山脉（Zagros）。无论是在自己巨大的帝国，还是在埃克巴坦那（Ecbatane）或者哈特拉（Hatra）等各个首府的堡垒，他们和祖先过去在草原上一样，统治一百多支部落，处理与他们的关系。帕提亚帝国君主只要求自己民族的男子服兵役；一般情况下，他满足于收取关税与城市食品税，在有派驻官员监督的前提下，会给予城市管理机构自由治理权。他对治下所有民族的宽容堪称典范，这与其说是有心，不如说是毫不担心；而这位"万王之王"，只要人民还尊他为"日与月的兄弟"，尊重他的圣光——希腊人不假思索地认定这个巴列维人一定是代蒙（Daimôn）①，或按我们的说法叫作天才，希腊人熟悉了解他——他就允许每个族群保持自己的习俗、语言与宗教，无论是对阿拉伯人、巴比伦人还是波斯人都一样。他尊波斯为琐罗亚斯德教正宗，可自己却并不是信徒。犹太人感激他的友谊。他还将希腊神祇

---

① 译者注：希腊神话中的一种介于神与人之间的精灵或妖魔。

刻画在本国钱币上。他的统治既有神权性又有父权性，既专制又原始。子民们能够自由行事，他为子民带来和平，也不去打扰他们的生活，这样一来，从公元2世纪末开始，贸易就在这个巨大帝国各处迅速发展起来了。通过查拉塞尼王国（Characène）亲王，帕提亚帝国君主控制了波斯湾交通要道，这里不断流转着来自印度的奇珍异宝，沿着有骑士巡逻的驿道分布着重要站点，如：马尔吉阿纳［Antiochia Margianè，即梅尔夫（Merv）］、赫卡通皮洛斯［Hekatompylos，即沙赫鲁德（Chahroud）］和埃克巴坦那（Ecbatane）。这条大道从西流基出来通往底格里斯河，又在这里分成两路，一条通过哈特拉（Hatra）、辛加拉（Singara）和努赛宾（Nisibis）去往亚美尼亚，另一条则通过杜拉欧罗普斯（Doura-Europos）、尼科福留姆（Nicephorium）、卡莱（Carrhae）和泽格玛（Zeugma）去往幼发拉底河北部。这条路将远东市场与地中海连接起来，驿道上随处可见被中国史书称为"天马"的单峰驼在运货，这里有希腊银行家、阿拉伯商旅、犹太生意人——比如在这个时期当了耶路撒冷犹太公会主席、积累了财富的亚比勒的尼太（Nitai d'Arbèles），还有撒玛利亚的欧迈尼斯王（Eumène），他的墓葬在孔克巴（Conchobar）被发现。帕提亚帝国的商队向中国出口叙利亚织物——这一点在今乌兰巴托一带有考古发现；并向叙利亚出口他们的杏树、铁器——或称马尔吉阿纳（Margiane）铁器，因其必从梅尔夫经过而得名；还出口来自中国的成匹的丝绸。西流基作为这几条交通要道的交会点，集中了源源不断的食物、资本与生意，世人皆知此地蕴藏极大的财富。克拉苏也急不可耐地想要在这里一展拳脚，释放自己不可餍足的贪婪。

帕提亚帝国的弱点

公元前55年，从这遥远国度传到叙利亚的消息令克拉苏更加迫不及待。在罗马人看来——不论是谁，苏拉也好，卢库鲁斯也罢，还是庞培也好——帕提亚人的政治军事力量从来也没什么好怕的，"万王之王"虽然名头不小，神圣的野心也够大，在他的部落算是贵族中的贵族，且由他的同胞从一直掌政的同一个家族的成员，也就是阿萨息斯家族当中选出，但他依然要仰仗其他几大家族——主要有6个——其中苏雷纳（Suréna）与他的家族一直明目张胆地斗争，甚至他的军队将士和朝中文武官员都由苏雷纳家族负责招募。在和平年代，皇室与其他贵族大家庭都拥有其领地的农作物和家畜繁殖收入；而在战时，他就像中世纪的宗主号令诸侯一样召集所有人投入战斗，领主征兵（ban des seigneurs）与不拥有土地的租赁者组成的征集步兵（arrière-ban des tenanciers）都包括在内。这种性质的征兵一般不超过6000人，佩剑与长矛的骑兵头戴盔甲，身穿珐琅甲衣，骑着美狄亚烈马，胸部的盔甲塞着厚厚的铁板。另有一类精兵，可达4万多人，每人一匹快马，不着片甲，全靠快速行进和精确的骑射技术做自我保护。即使阿萨息斯王朝及其竞争对手处于和谐结盟时，这些封建领主的骑兵也丝毫无法伤到强大的罗马军团。更不用说当他们陷入王朝斗争与诸侯纷争时。公元前57年前后，"万王之王"弗拉特斯三世被其子嗣集体刺死，大儿子以奥罗德斯二世（Orodes II）名号继承王位，小儿子米特拉达梯则发起叛变，公元前56年，占了上风的他立即将钱币印上了自己的父姓阿萨息斯。公元前55年，苏雷纳家族与战败者结盟，又重立奥罗德斯二世。米特拉达梯被迫出走，来到叙利亚并寻求行省总督的帮助，盖比尼乌斯本可以于公元前55年帮他重返王位，可他此时又受到埃及的诱惑，前往协助托勒密十二世夺回王位，这件事结局不那么令人满意，但有立竿见影的作用。可是王位之争又开始了，克拉苏像一道闪电一般加入战争，也就一下子决定了战争的结局以及自己的结局。

公元前54年战事急转直下

　　克拉苏一开始太快，现在突然又慢得过分，因为他丝毫不怀疑最终结局，而且他一星半点的战利品都不想放弃。公元前54年春，这位大将军越过幼发拉底河抵达泽格玛（Zeugma）后，一直在附近的小房子里不出来。他现在手握总数8个军团中的7个，和恺撒在高卢的军力相当。由于第八支军团需按兵不动拱卫行省，他只从中抽调了一部分兵力，并以阿拉伯人阿休多尼奥斯（Alchaudonios）和奥斯若恩（Osroène）国王阿克巴二世提供的人补充，这样就解决了第八军团无法抽身的问题。他占领美索不达米亚，赶走手下无人的行省官员希拉斯（Sillaces），占领从安特摩斯（Anthémos）途径贝里科河（le Belichos）河谷到伊克那厄（Ichnae）的全部防御线。他还击破了幼发拉底河人从泽格玛到尼科福留姆（Nicephorium）之间的防线。大部分地区不战而降，比如卡莱及伊克那厄。但泽诺多提乌姆（Zenodotium）城门紧闭，遭突袭后被洗劫一空。随后，他接受了士兵因为胜利尊称他为"统帅"。由于对自己的壮举十分满意，克拉苏将1000名骑兵和7000名步兵分派给各地驻军，这些部队驻扎在被他征服过的普通城池里。接着秋天突然到来，他带着余部回到叙利亚。作为一个严守规矩的人，他可能觉得冬季作战是不对的，而且在所有部队集结完毕之前发起大战也不谨慎，尤其是他的儿子——阿奎塔尼亚征服者普布利乌斯还没从高卢资深执政官那里给他带回1000名凯尔特骑士精兵。但是他走错了一步棋，他没有利用这个喘息之机来培训新兵——这些人大部分都是从庞培和恺撒挑剩下的人里面随机找的——却把这段时间用来训诫手下官员，并且从当地最富裕的神庙，也就是位于曼比季（Bambyce）的叙利亚女神庙以及耶路撒冷圣殿那里索要赎金。他犯下不可开脱的错误，既没有预先通知，又没有动机地突然暂停战事，等于给苏雷纳时间，让他从未能绝处逢生的米特拉达梯手上夺走西流基。他也等于给奥罗德斯二世提前预警——如今他是帕提亚王权唯一拥有者——这将激起他手下骑兵的豪情壮志，并使他们化激情为对罗马入侵者的愤怒。公元前53年初春，帕提亚派遣使者来见，希望他能阐明意图，但他不为所动。他发动战争是否有人民授权？还是纯粹以个人名义满足一己私利，并已越过权限范围？"我会在西流基回答你。"克拉苏回答说。帕提亚人反驳道："请看我的手掌：你要想见到西流基，除非我的手长满毛。"

卡莱历劫（公元前53年6月9日）

克拉苏强烈希望夺下这座城池，为了尽快达到目标，他拒绝一切理性意见。忠于罗马盟友的亚美尼亚国王阿尔塔瓦兹德（Artavasdes）主动提出，如果罗马人愿意以亚美尼亚高原作为此役的出发点和补给点，他愿慷慨解囊，提供骑兵团援助。克拉苏对此无动于衷，不仅因为亚美尼亚距离他的大营遥远，更重要的是也离他魂牵梦萦的目标太远。他手下财务官卡西乌斯·朗基努斯极力劝他沿幼发拉底河行军，长驱直入控制美索不达米亚平原。这样一来军队不会缺水，还能选择从沙漠最窄小的地方穿越。可克拉苏一意孤行。他做出荒谬的决定全是因为他对阿休多尼奥斯和阿克巴二世的债权人身份——二人的见利忘义与奴性正好迎合了他的欲望——此外什么理性原因也没有。他过于轻信东方人的漂亮话，认为敌人已经转移了财宝，于是他命阿尔塔瓦兹德带人在亚美尼亚边境活动，并把全部军力投入一场想象的追逐战中。这支队伍包括4000名骑兵、28000名军团士兵及4000名轻步兵。艰苦卓绝的长距离行军使他离幼发拉底河越来越远，他一个劲朝别人指给他的方向，也就是东方前进。时间一天天过去，敌人一点影子都没有，难不成步兵还想追上撤退的骑兵？可是他确信此刻苏雷纳只带了1000名雇佣兵、9000名弓箭手在逃跑，他必须全速跟进才能斩断他的去路。所以他加快一倍行军速度，他的自大也跟着膨胀了一倍。阿尔塔瓦兹德的信使警告说，奥罗德斯二世带亚美尼亚大军亲征，陷在与帕提亚大部的缠斗中，他们担心应付不了，特地向克拉苏求援。他威胁使者，打发他离开，决意把惩罚懦弱首领的事推迟到大战胜利后。就这样，他一往无前地继续犯错。卡莱已从视野中消失，接着他又渡过了贝里科河，再往前走就是一望无垠的死寂荒漠，寸草不生，渺无人烟。5月的阳光使沙子更加干燥，补给开始短缺，水也喝完了。军官向土著向导抱怨，奥斯洛尼（Osroénien）向导语带讽刺反问道："你们指望在这儿找坎帕尼亚花园吗？"军心涣散，可克拉苏丝毫没有挫败感，反而生出许多年长者常见的倔脾气，表现出自己天生的残暴。终于，敌人出现了，克拉苏瞬间忘记所有障碍与现实条件。时值正午，气温很高，高卢人的精力早已在沙漠火炉中融化殆尽，全军因长途奔袭而疲惫不堪、又饥又渴。大家四下里找不到阿休多尼奥斯和阿克巴，原来二人早已料知后事，一溜烟跑了。不过没关系，本来克拉苏就连最明显的警告都无视，手下将士再疲劳他也视若无睹，副将都求他取道贝里科，在左岸安营扎寨令大军休整，但他对这个睿智建议充耳不闻。最要命的一点是，在犯下不可挽回的错误之前至少应该做一做必要的侦察吧？克拉苏却甚至都没等到摆好阵列就匆匆命大军投入战场，让儿子领右翼坐镇贝里科，盖乌斯·卡西乌斯居左翼，自己则带轻步兵打头阵。苏雷纳阵营由雇佣军冲锋，在他们的冲击下，投石队脆弱得不堪一击；接着帕提亚弓弩手迅速上场，领军冲锋的普布利乌斯·克拉苏这才发现，敌方骑射手正从高头大马上往混乱的战场射下一阵箭雨。数不清的士兵被射死射翻在地。可是得知普布利乌斯占了上风，且敌军弓弩存货不多，大家又好一阵兴奋。只可惜啊！帕提亚人在普布利乌斯面前撤退不过是计，专为诱敌深入，好形成合围全歼之势。其实苏雷纳在投石阵弓弩储备后面还准备了取之不尽用之不竭的驼队，弓箭手可持续不断获得武器补给。因此，他们猛烈危险的攻势竟一刻也没有停歇。罗马军队在敌人面前节节败退，丢盔弃甲乱作一团，活人被死尸绊住脚，撤都撤不掉。敌人若再来一两次冲阵，罗马阵营只怕会变成大型墓地。幸好帕提亚人在太阳落山后必鸣金收兵，在他们看来，哪怕如此大获全胜，也不值得改变自己雷打不动的风俗习惯。

克拉苏之死（公元前53年6月12日）

在这样的情况下，如果换作别的将军，很可能会奋力一搏，甚至能够逆天改命。可我们这位罗马将军，只想利用天亮前的时间边退边打。他身后除了被遗弃的4000多名伤员一边呻吟一边诅咒以外，什么也没有。当他抵达卡莱城下——现在此城正是以他的败绩命名——依然觉得不安全。6月11到12日夜间（儒略历5月30到31日晚间）他重又开始行军。①换成是盖乌斯·卡西乌斯的话,可能会回到幼发拉底河和行省。可是克拉苏觉得敌人骑兵过于迫近,根本不敢这么做。他反而朝西纳卡(Sinnaca)北部靠近亚美尼亚山脉的第一片山坡附近出发,以为这里的峭壁能阻挡帕提亚骑兵追赶。计划本身似乎是可行的,克拉苏有长期斗争经验,也具备足够的胆识,要不是手下副将和士兵丢盔弃甲,克拉苏一定能按此计行事。可是,他在卡莱的向导安德罗马丘斯(Andromachos)被帕提亚人收买,故意给他带错路,拖慢了行军进程。财务官盖乌斯·卡西乌斯看出有诈,偷偷指点克拉苏避险,建议他冒险带500名骑士突围返回叙利亚行省。事情发展到后来证明他的建议是对的。副将屋大维另有任务,拂晓时分,他领5000军深入西纳卡。此时克拉苏只带4名贴身侍卫,刚走出两里(3千米)地。但据史书记载他连这么点距离都没走出来。很快,晨光熹微中一位英俊的骑士骑着马慢慢靠近,此人正是苏雷纳。这个衣冠楚楚的蛮人还不到30岁,喜欢卷发和精致仪容,去哪儿都带着自己的妃嫔。但他的年轻气盛之下却是老奸巨猾。他打头阵,要亲自活捉克拉苏,并趁敌人恐慌之际一举击败。苏雷纳除了肩背一把不带弦的弓箭,什么武器都没拿。他走向克拉苏,张开双臂以示友好,还用拉丁语邀请资深执政官与他达成和解,"如果克拉苏同意跟随他前往幼发拉底河畔,并在那里签署一项条约,确保帕提亚人沿用不久前获得的但后来一直未得到尊重的边界,他们就能让克拉苏和他的军队平安返回叙利亚"。克拉苏觉得对方既虚伪又傲慢,心知有诈想拒绝。屋大维从西

---

① 作者注:克拉苏似乎令部下修整了一天,直到第二天苏雷纳再次来犯,克拉苏才想连夜行军离开哈兰。

纳卡山头看到己方阵营，他来到军中请求士兵们做最后的努力，但却见证了最后的短暂战局。此时，筋疲力尽的士兵拒绝护送克拉苏，不愿为了保护大将军与没带武器的苏雷纳会面，而再次冒险与帕提亚人战斗。他们不仅不听话，还谩骂和诅咒克拉苏。克拉苏一言不发，面对哗变他只能让步。此刻他身边只有屋大维和几位贴身侍卫，只身同苏雷纳离开。大家相信克拉苏此去必死无疑。在突然爆发的爱国主义情感中，克拉苏请求同胞事后转告罗马方面，若他遭遇不测，就说是被帕提亚人杀害的，不要说是罗马士兵把他交出来的。苏雷纳已经预见到克拉苏会引颈就戮，先行安排了一匹马走在头里，美其名曰向克拉苏表示敬意，实际上是为了好除掉他。克拉苏的心腹看出苏雷纳的如意算盘，企图救他脱险，但克拉苏还是在接下来的一阵混战中被刺死。

罗马之耻

苏雷纳只想抓住克拉苏，才不管是抓活的还是抓死的。克拉苏死后，苏雷纳在西流基照着罗马胜利入城式的样子举办庆祝活动，安排长得像克拉苏的俘虏穿上女人的衣服，扮演众人鄙视的克拉苏。接着他还向奥罗德斯送去手下败将的右手与首级。此时"万王之王"也在阿尔塔沙特举办盛大的庆典，庆祝他与亚美尼亚国王的和解暨儿子帕克罗斯（Pacoros）与阿尔塔瓦兹德亲妹妹的婚礼。苏雷纳的使臣进入亚美尼亚首都时，帕提亚国王正在举办宴会，高朋满座，正在上演的是酒神女祭司的戏码，底比斯（Thèbes）之王的母亲阿革薇（Agave）正在台上，而希拉斯则往舞台脚下扔出他可怕的战利品。扮演这个角色的希腊人特拉雷斯的贾森（Jason de Tralles）素来对罗马包税人①颇有怨言，所以他毫不犹豫地捡起克拉苏的首级，一边晃动一边念念有词，就好像这是被狄俄尼索斯诅咒的、阿革薇的儿子彭透斯（Penthée）的项上人头。帕提亚人野蛮报复克拉苏，丑化希腊主义，引起了恐惧，也玷污了欧里庇得斯最高雅的悲剧。②

卡莱大败的后果

帕提亚人的野蛮残忍连同其他种种行径，理应受到惩罚。果然奥罗德斯二世不久就铲除了苏雷纳，后者功高盖主，倒使他自己的功劳不那么耀眼了。苏雷纳的死却使"万王之王"推迟了对行省的入侵，直到公元前51年他才命儿子帕克罗斯执行这项任务。以卸任裁判官身份暂任财务官的盖乌斯·卡西乌斯进行了全面防御，成功阻挡敌人入侵，还在安提哥尼亚（Antigoneia）城下把这个帕提亚人杀了个措手不及，要了他的命。克拉苏战败身死带来厄运，但罗马政府避免了叙利亚走向类似的悲惨结局。卡莱大败是可怕的，但也是可以避免的。罗马共和国因这一战丧失了7个军团的精锐部队，一万人被充作奴隶，两万人战死。这场战争给主将的一生蒙上羞耻的阴影，并将作用于三头同盟这个整体。克拉苏一死，战事失利，三头同盟体系及其平衡被直接动摇。

---

① 译者注：封建时代受王室委托承包征收间接税的人。
② 作者注：普鲁塔克的《克拉苏》最后一整章都值得一读。当古曲唱道："是谁杀死了他？"答曰："我，为了荣誉！"博马坎图斯扬扬得意地跳上舞台，从贾森手中抢走了战利品（克拉苏的首级），为此他甚至还获得了奖赏，而贾森则因杀死克拉苏得到了1个塔伦特。

高卢局部起义（公元前54年秋）

克拉苏的死令恺撒与庞培开启二人对立局面，与此同时高卢地区又发生兵变，挑战恺撒在高卢的战功，并对他的势力造成重大打击。

公元前54年秋天，恺撒下令自己的8个军团在萨马罗布里瓦（Samarobriva，即亚眠）进行冬季休整——每年他都在这个时候，在返回山南高卢前休息。此时他得知卡尔努德斯人密谋推翻他的统治，杀掉了他钦定的国王塔斯杰特。恺撒立即派驻扎在苏艾西翁的卢修斯·穆那提乌斯·普兰库斯（L. Munatius Plancus）军团前往事发地。其实这个措施已经让对方的勇气降至冰点，怯懦的卡尔努德斯人交出了被他们教唆的杀人凶手。但是，安比奥里克斯（Ambiorix）领导的埃伯龙人一得知他们有谋反意图就起义了，那时卡尔努德斯人的计划尚未流产。埃伯龙人想突袭恺撒营地——该营地由军团将军提图留斯·萨比努斯和卢修斯·奥卢库勒乌斯·科塔统领的15个新兵团组成。为了控制不服管的一大群新兵，恺撒将营地建在该地区正中心的阿杜亚图卡（Aduatuca）。安比奥里克斯遭大败损失惨重，竟还有胆和胜利者谈判，而胜者也错得离谱，竟愿听他的连篇谎话。安比奥里克斯假意说整个高卢都起义了，把袭击失败归咎于"自己没能控制好"群情激奋的手下军士们，但他对充满善意的恺撒心怀感激，对接待自己的萨比努斯也充满情谊。为了证明自己动机纯洁，他提出要帮恺撒大军，虽然领兵袭击恺撒的分明也是他。他要带领据他称已四面楚歌的恺撒大军走出困境，一直带他们撤退到拉比埃努斯驻守的忠诚的兰斯人之地，那里能够安营扎寨。此时萨比努斯在贝尔盖人的边境正是孤立无援、士气低落。科塔执意反对，但萨比努斯还是信了野蛮人的谎言。他甚至不要求对方送人质，就决定接受其虚伪的建议了。

他们离开堡垒出营后几小时内——本来躲在堡垒后面他们一定是坚不可摧的——15个军团就落入了埃伯龙人设下的埋伏,随即连同辎重等被团团围住,所有人全部被毫不手软地屠杀殆尽,从没用的萨比努斯,到遭天妒的英才科塔,再到最微不足道的每一个军团战士。虽然安比奥里克斯没能用同样的花招把昆图斯·西塞罗置于死地,至少把他和军团围困在桑布尔河畔的西塞罗军营里。得知这双重战功后,许多被压迫的部落就如收到行动口号一般纷纷起义。阿莫里凯人(Armoricains)攻打驻守塞兹(Séez)地区艾苏维(Esuvii)的罗斯基乌斯;塞农人赶走了恺撒的代理人、国王卡拉万;因都提欧玛(Indutiomar)在特雷维里代表大会上背叛女婿钦托利,坚持要求大会宣布终止资深执政官赐予的官员任期。现在,无论是西方还是东方,从凯尔特人到贝尔盖人都起来反抗恺撒了(公元前54年10月)。

不彻底的镇压(公元前54年)

　　恺撒迅速直面险情并做出了英明正确的决定,成功镇压了还未成形的统一阵线。由于提前收到昆图斯·西塞罗方面的线报,他令帐下参谋、克拉苏的大儿子马尔库斯——他取代了去叙利亚的普布利乌斯——把驻扎在贝洛瓦契的军团带回萨马罗布里瓦,他自己则亲自指挥负责守卫指挥部的特雷博尼乌斯军团,领兵去往桑布尔河畔,解营地的围。他有十足把握,而且他已将盖乌斯·法比乌斯从莫林召回,让他的军团来援助。两军会合后他将行军速度提高一倍;与敌交接时,他先吸引安比奥里克斯注意,引诱他在自己事先选定的位置攻击自己,这里地理位置优越,足可弥补他军队人数不够的弱势。结果埃伯龙人大败;再加上昆图斯·西塞罗营内接应,恺撒首战告捷(公元前54年11月初）。有了加急文书传递，恺撒已获胜的消息在己方其他军团及土著部落中传开，在前者中提振了士气，在后者中平复了多少蠢蠢欲动的好战之心。距离罗斯基乌斯大营8里处，阿莫里凯几乎不战而败，退回原地。塞农人假装听不懂恺撒提出的交出所有议事代表的要求，专门派了一个使团来致歉。只有因都欧玛负隅顽抗，却遭拉比埃努斯骑兵团围堵。因都欧玛被斩后，他招募的特雷维里人即作鸟兽散（公元前54年11月）。恺撒仅用几周时间就控制住了起义。可是这次事件确实很危险，他的镇压也不彻底。恺撒有对安比奥里克斯作战的天赋，却没有余力继续追捕他，所以敌人并未真正放下武器。资深执政官此时觉得被征服者对自己的害怕少了，仇恨却多了；为了报当年阿杜亚图卡6000罗马人被屠之仇，恺撒不仅当年冬天不再跨过阿尔卑斯山——这就意味着把政治缰绳完全交到庞培手里，而且还向庞培求援。此举一劳永逸地扼杀了高卢起义的种子。

过度镇压（公元前53年春夏之交）

茱莉亚刚死，庞培的爱国心引导他给身处山南高卢的恺撒提供一切便利，庞培向恺撒提供了自己手下几个副将及两个额外的军团，即第二个十四军团以及第十五军团，他甚至还从原本计划驻扎西班牙的第一军团中抽出人手，组成高卢第六军团。庞培在公元前54年至前53年冬末对这支队伍进行了重组，使之比以往任何时候都要强大。恺撒在阿杜亚图卡失去了24个兵团，现在等于收回30个。他毫不怀疑，自己的10个军团一旦出马就能打得凯尔特人跪地求饶。恺撒立即开始惨烈的作战，先从内尔维人开始。恺撒有条不紊地侵占他们的领土，公元前53年3月他坐镇萨马罗布里瓦总指挥部，让高卢全境对他俯首帖耳，参加由他主持召开的高卢全部落春季大会。有3支部落竟敢不派代表出席。鉴于有缺席不到者，恺撒蛮横地解散大会，就像他蛮横地召开大会一样。他立即找这几个缺席部落算账：他派拉比埃努斯毫不手软地对特雷维里人穷追不舍；又占领摩泽尔河河谷，逼迫维钦托利就范；将邪恶的塞农人领袖雅科（Acco）关进铁牢，考虑到他们有埃杜伊人撑腰，恺撒暂时搁置对该部的集体处罚；最后还有卡尔努德斯人，恺撒占领他们富饶的乡村，在兰斯城苦苦请求之下，恺撒才免掉族人的苦刑（公元前53年4月）。恺撒还再一次把矛头对准贝尔盖人，想抓住安比奥里克斯。埃伯龙之王这次既不能逃到特雷维里人那里——他们已一败涂地瑟瑟发抖；也不能逃到内尔维人那里——他们的土地早沦为哀鸿遍野的废墟；门奈比人为了免受同样的厄运，已经臣服于阿特雷巴特人科姆（Comm）的统治。现在，安比奥里克斯唯一的出路在东边，摩泽尔河和莱茵河交汇处。可是，这条路和其他路一样被堵住了。拉比埃努斯在莱茵河下游顺流而下，恺撒从门奈比陆路阻截，逼他交锋。两军会合（靠近波恩）时，资深执政官又会同副帅合力建造了一座桥，好令全军通过。恺撒并不像人们说的那样想征服日耳曼人，也不是想把苏维汇人从他们的老巢彻底赶走；在对埃伯龙人展开战斗之前，他必须想办法——恐吓也好，架空也好——杜绝其他日耳曼民族协助敌人的可能性。这个结果达成之后，资深执政官回到莱茵河左岸，并在大军过桥后毁掉大桥。他将储备部队驻扎在阿杜亚图卡，对周边的部落，他以分享战利品为由，将总数5万人的3个独立集团军投入被洗劫一空的阿登森林地区，命他们砍光树木，进行可怕的猎人游戏。整整3个月，整个可怕的夏天，到处都在抓人、放火、屠杀。村庄、森林、庄稼全被洗劫一空、烧光砍光。尽管埃伯龙人被打败，家园被夷为平地，可是安比奥里克斯依然没有踪影。公元前53年9月，恺撒返回兰斯，一无所获。为了弥补损失，他在秋季大会上赏罚分明。大会为了讨好恺撒，判处雅科被"以罗马方式"处死在葡萄藤下，并判处不到场者及同谋者"禁绝水火"之刑。大会怀着沉痛的心情宣读了这些判决，散会时代表们个个两股战栗，一方面带着希望：恺撒不知道安比奥里克斯的踪迹，就等于目标尚未达成；另一方面也带着愤怒，因为恺撒正以加倍的暴政与残忍掩饰其失败。显然，流尽最后一滴血的贝尔盖人目前还不能在废墟中打破束缚自己的铁链；至于凯尔特人，本来恺撒就是为了绝了他们报仇的念想才对其如此残暴屠杀。其实，他们还没有被赶尽杀绝，没有完全放弃。恺撒写信给罗马说高卢一片祥和，但这都是白搭。为了表示他真的相信自己的话，恺撒回到山南高卢。但事实证明，他依然担心出现新一轮的混乱，只要看一眼他如何分配自己的10个军团就知道了：贝尔盖仅驻扎两个军团，守在特雷维里人边界处；凯尔特地区则屯有8个军团，其中两个驻守结盟部落中最靠得住的林贡斯人，剩余6个监督敌对情绪较高的塞农人。军团所有辎重全部听凭拉比埃努斯调遣。确实如恺撒所想，从公元前52年2月13日（儒略历1月23日）开始——很有可能是在德鲁伊人冬至日庆祝活动的第6天，他们一打听到罗马陷入麻烦，就在卡尔努德斯森林里放出了高卢总暴动第一个信号。

高卢大起义（公元前52年2月13日）

　　西面的几个部落也宣誓加入了卡尔努德斯人的队伍，包括奥勒西人（Aulerques）和阿莫里凯人、昂德斯人（Andes）、图龙人（Turons）；还有塞纳河谷地的巴黎斯人及塞农人；中央高原的阿维尔尼人、卡杜尔齐人以及莱摩维斯人（Lémoviques）。各部一开始就展现出对起义的赤诚，在约定好的某一天集体行动，给最近的城市斯拉布（Cenabum）的几个罗马人割了喉放了血：此举正如米特拉达梯当年杀光亚细亚行省的罗马人，无异于在共和国与他之间播下不可挽回的仇恨种子。他们知道，在这场斗争中，只有各个城邦都无私忘我才有可能胜利，所有人都必须牺牲个体，才能实现指挥权的统一。且指挥权由一人掌握，这位不到30岁的阿维尔尼贵族——凯尔提耶的儿子（他的名字本身就充满吉兆）重振爱国情操，不承认本国与资深执政官的所谓友谊——他就是"伟大的武士之王"维钦托利。

维钦托利

关于他我们没有准确的了解，无论是他的外貌，他在象征主权的金斯塔特（statères）钱币上留下的头像，时而不戴帽子，时而戴着帽子，可能并不是他本人，而是太阳神阿波罗或者密涅瓦女神头像代替他出现；还是他的个性，因为恺撒在绝妙的演讲中为了自夸也夸大了他，对他的描写是散乱的，但极为细节化，就好像恺撒亲自了解了敌情并对维钦托利的特点做了速记。至于他的行动方面，普鲁塔克与迪翁·卡西乌斯的记录与《高卢战记》吻合，其记录的真实性因而足以得到证明。维钦托利的行为是关键标志，向我们真实地展现出这个不同于众人但又并非完人的精英，但普鲁塔克只能满足于这种程度的真实性。维钦托利和他最优秀的同胞一样，都能言善辩、勇武无比，但他情绪的温度与思想的清醒则远超其同胞。他比任何人都警觉于被奴役的危险命运，也比任何人都讨厌被奴役。他那对荣耀与自由最骄傲的爱和对罗马暴政的激烈反对，都提升了他的眼界与势力，使他超越其子民，超越其疆土，令他看清模糊但强烈的高卢爱国主义真相。他精力过人，只不过靠着手下的一群朋友、门客和流浪汉，就能从最亲近的家族成员手中抢走阿维尔尼大权；他也会冷血折磨军中叛变者，比如使用酷刑或火烧和最可怕的五马分尸等手段。但他也像大部分国民那样——而且他在阿瓦利库姆（Avaricum，今布尔日）、在阿莱西亚（Alésia）确实曾这样做过——懦弱地放弃了最英明的决策和最有条不紊的战略。他拥有丰富的、天马行空的想象力，这让他有时能拿出规模宏大但又不失其简的计划，足以对付恺撒并将之打败。但想象力有时又把他带到不可能实现的梦幻当中。有时他觉得自己一事无成，感觉自己被吞噬，消极被动。他的聪明才智涉及面十分广，且处事灵活细致，能让他客观分析自己的资源价值，还能娴熟地充分利用外交手段最快地获得物资，想出战略，他知道这些东西的重要性。可与此同时他似乎有着难以置信的盲目，仿佛被某种神秘主义催眠，或冒进，或不作为，这使他最后的牺牲带上一分壮美，令人惋惜。所以，这位高卢独立英雄绝不是美玉无瑕。但他最难以克服的问题是他所处的艰难时代，是他文化素养的缺失。各个部落虽然团结在他的治下但依然严重分裂，他的政策也经常能解释他自己的矛盾。至于他的魅力及他的伟大——照朱利安所说——只属于他：这是一种聪明的、年轻的魅力，能够穿越历史，他以这个年纪的热忱与天真献身于慷慨大义，虽然他的事业最终走向令人失望的未竟结局，但他具有流淌在血液中的伟大的领袖精神，这使他拥有能够——哪怕仅仅在几个月的时间内——制衡恺撒的好运气。

冬季进击（公元前52年2月）

从一开始维钦托利就展示出自己有勇有谋，还有强大的组织才能。在部族内，他手刃胆敢挑战其权威的贵族，首当其冲的就是他的叔叔哥巴尼修（Gobannitio）。他削弱消灭不了的闹事者势力，比如为了躲避公开处罚叛逃到罗马人那里的爱帕斯纳克特（Epasnact）。至于结盟的其他城邦，他严加看管其人质，换取对方忠诚。他虽只在一处屯兵，机动性却丝毫不受影响——机动性主要归功于骑兵团——同时也不超出补给运输范围。集中屯兵带来的好处是步兵达8万名之多。他将士兵一步步集中起来，逐步以严酷军纪加以约束，士兵们哪怕犯一点点无伤大雅的小错，也或是被剪掉耳朵，或是被戳瞎眼睛遣回老家，血淋淋的伤口就是他可怕决心的见证。他建起不同军团，给予他们同一个高效而完整的任务，威严自信地协调其中各个派别。他想利用恺撒不在此地的时机，扩大支持他当选大元帅的联盟，并在恺撒与其军队会遭遇前打败罗马人。他进入乡村，带着最敏锐的洞见，以最明目张胆的方式，破坏最严寒冬季的行军禁令。公元前52年1月，他已经给自己的军队制定了3个目标：他要亲自取得比图里吉（Bituriges），试图把预想的中立方转变成盟友；塞农人德拉佩斯（Drappès）则负责在首都附近制造混乱，在阿吉丁库姆（Agedincum，今桑斯）拖住拉比埃努斯的6个军团；卡杜尔齐人卢克特（Lucter）的号召得到鲁埃格（Rouergue）的鲁特尼人（Rutènes）、阿让地区的尼缇欧布罗基人和戈沃当（Gévaudan）的加巴勒人（Gabales）回应，他将经科斯（Causses）和埃罗（Hérault）占领该行省，并直接震慑首府纳博讷。维钦托利希望同步行动，把恺撒牵制在纳博讷保卫战中，这样就能一劳永逸地把恺撒与他的大军分开；与此同时他要盟友贝里（Berry）地区联络最强大的两个联盟部落：阿维尔尼人和卡尔努德斯人。但是资深执政官传奇的行军速度挫败了他的完美计划。德拉佩斯没能截获拉比埃努斯的信报——恺撒从他那里得知情由后立即离开了拉文纳，2月初他已抵达阿洛布罗基人的维也纳，在这里尽可能多地招募骑兵，然后迅速解围纳博讷。恺撒抵达之前纳博讷已经自发组织起抵抗运动，谨慎的卢克特停止行动。恺撒抵达后，卡杜尔齐人吓得向后撤退。此时恺撒离开纳博讷，当然不是为了追击他们；他十分清楚，奥弗涅（Auvergne）将士们都在比图里吉诱敌深入，此刻奥弗涅空虚。恺撒命新兵在维瓦雷山肩处清除深达6尺（1.7米）的雪层，犹如天兵天将一般突袭沃莱（Velay），并将之洗劫一空。看到恺撒大破沃莱，阿维尔尼人请求国王立即支援，维钦托利不敢拒绝，但这样一来他就只好放弃贝里。恺撒可不愿等，西方所有人的眼睛都盯着他呢。他全速赶回维也纳，日夜兼程渡过罗尼河与索恩河，来到友军林贡斯人的地盘，与驻扎于此的两个军团会合，共同前往阿吉丁库姆（公元前52年2月底）。恺撒与大军不在一起时起义尚且都失败了，更不要说现在恺撒和他手下经验丰富的老兵们会合了，高卢人还能把他怎么样？

围城之战（公元前52年3—4月）

维钦托利不想就这样主动放弃，还是发起了攻击。他在比图里吉地区的军事行动虽短暂却着实有效。这个富裕的国度发现埃杜伊人除了给他们送来一箩筐好话什么也给不了；他们终于明白，如果还想抵抗阿维尔尼首领的压迫，只能靠自己。于是他们站到联盟这一边。有了他们的加入，维钦托利就放手围困戈尔戈比纳（Gorgobina）了。

这座城市最近刚被比布拉科特城分配给波伊移民。从严格的军事意义上来说，围城是完全合理的。因为对阿维尔尼人来说，夺取卢瓦尔河与阿利埃河的交汇口——戈尔戈比纳就位于此地——尤为重要。而且，他们不必远离大营就可夺取戈尔戈比纳，可是恺撒要与他们争夺此处就必须远离大营。从心理上说，平民无动于衷早已令维钦托利的盟友们不满，维钦托利有必要安抚新盟友，解决部落人民依赖性的问题。同时，不说以重拳彻底改变埃杜伊人的敌对心态，至少也要令其态度摇摆不定。可是再一想会发现，维钦托利还是犯了一个错误，此举无异于浪费宝贵时间，本可利用这段时间加固比图里吉城防，并通过他们与卡尔努德斯人建立紧密联系。至于恺撒那边，虽然宣称要大力支援波伊人，实际上却绕过了他们的地盘。

斯拉布

资深执政官一直耿耿于怀的事，是卡尔努德斯人把斯拉布变成城中所有罗马人的万人坑。他要让卡尔努德斯人付出惨重代价。他从约讷（Yonne）地区的阿吉丁库姆出发，朝卢万河（Loing）河谷行军，两天时间就把塞农河边满仓满谷的维劳度努姆（Vellaudunum）村团团围住。他让特雷博尼乌斯催促城中居民投降，自己则突然改变路线转向西方，两天后抵达斯拉布城下；维钦托利睿智地决定屯军此地，可驻军还没抵达就为时已晚。城中居民没有任何防御手段，一心想逃出城门，走唯一一座桥渡卢瓦尔河。但恺撒军团快速行军，已经先一步破开大门，几乎突袭俘虏了所有逃跑的人，并将城市洗劫一空后付之一炬。恺撒将战利品分给将士们，渡过卢瓦尔河一直往南，穿过索洛涅（Sologne）地区向阿瓦利库姆开进。

阿瓦利库姆

维钦托利听闻敌人神速行军着实沮丧，同时他未能在戈尔戈比纳坚持到底。他放弃计划，沿卢瓦尔河左岸折返，支援比图里吉富庶的首府。诺维奥杜努姆已在他抵达前几小时投降了恺撒。这座城池是边境线上的一座奥皮杜姆（oppidum）[1]。维钦托利来得倒及时，正好目睹罗马骑兵如何将自己的前锋撕个粉碎。他不想再冒险堵恺撒的去路，向大军下达根本性的战略变更。既然恺撒锐不可当，那么就得让他缺乏补给，让他消耗至死。比图里吉人和塞农人要牺牲财富，亲手毁掉物资，这样一来就像有一个看不见的敌人，不费吹灰之力就把罗马大军困住，他们要么就这样渺小地死去，要么就只能无功而返。如果我们相信《高卢战记》的记载，维钦托利可能确实说服了听众，当场下令一把火将围困阿瓦利库姆附近20个村子的敌人连同村庄一块烧掉。再仔细一想，这个英雄的战略可能配不上它获得的普遍赞许。首先，它带来一种可怕的情绪，而任何时候恐惧都于军心不利；其次，虽然从长远来看，它会给交战双方带来同样的不便，但并不能立即对恺撒造成影响，因为他的驰援部队刚刚将富庶的博斯（Beauce）与奥尔良粮仓一抢而空。最后也最重要的是，比图里吉人使计令维钦托利同意让阿瓦利库姆免于付之一炬，但这样一来，维钦托利所推崇的忘我奉献就毫无意义了。在围城25天后，维钦托利将大营搬到距离阿瓦利库姆更近的地方，但这么做其实没有任何好处，无非就是能时不时骚扰一下罗马掠夺者而已。最终阿瓦利库姆在恺撒的袭击下还是投降了。恺撒命手下在两座城门之间建起长300米、宽100米、高22米的

---

[1] 译者注：铁器时代的一种大型设防定居点。

土坡，士兵们堆起土来够着城墙最高处，最后城墙几乎形同虚设。长期的疲惫不堪和焦躁情绪令胜利者大开杀戒，老弱妇孺都不放过。最后，4万居民中仅有几百人逃回维钦托利大营。可怕的清洗结束后，恺撒大军想到了战利品，想到阿瓦利库姆成堆的物资足以弥补他们这一路的辛苦。对于起义者来说，这一败是耻辱而痛苦的，他们只能眼睁睁看着城池陷落，这是比图里吉地区最强盛、最美丽、最伟大的一座城市，甚至是整个高卢最强盛、最美丽、最伟大的一座城市（公元前52年4月中）。

恺撒的双重进攻（公元前52年5—6月）

这场败仗夸大了敌人的无能，可能令恺撒产生了错觉，开始对敌人松懈。其实维钦托利并没有与他展开真正意义上的对战，无论是在阿瓦利库姆之围中还是围城战之后。恺撒觉得敌人无法组织严肃的反击，他想制订大胆冒进的作战计划，于是立即做出决定，以新的胜利来装点战争，用几周时间镇压整个高卢起义，并中止庞培的无上权威给罗马带来的进步（公元前52年4月底）。他命拉比埃努斯率领4个军团占领巴黎斯（Parisii），特别是一定要占领他们的城市卢泰西亚（Lutèce）。这座城市位于塞纳河的一座岛屿上，也是高卢北部到此的道路交会点。他觉得这样一来自己的副将就足以令凯尔特人的起义大军完全解体，因为塞农人、奥勒西人和卡尔努德斯人势必要保住交通要道；与此同时他还可以让本来实力见涨、蠢蠢欲动的贝尔盖人服服帖帖，正是由于阿特雷巴特人在科姆的叛变，以及此前安比奥里克斯逃脱惩罚，高卢才会重启骚乱。恺撒将亲自带6个军团去往阿维尔尼，捣毁联盟老巢戈高维亚（Gergovie）。这片高地如今已成全高卢真正的首府了。不过，恺撒的如意算盘最终还是落空了，拉比埃努斯的成功也没能为他带来任何好处。

在塞纳河上

拉比埃努斯沿塞纳河附近的约讷河左岸来到卢泰西亚。埃松河（Essonne）涨潮时，他遭遇埃伯龙奥勒西族（Aulerque Éburovique）领袖卡姆罗杰恩（Camulogène）设下的障碍。这位老将经验丰富、老谋深算，各种诡计施展得游刃有余。拉比埃努斯并不与他在这泥泞岛屿上正面交锋，而是全速撤退至梅特罗塞敦（Metlosedum）的塞通（Sétone）岛上。他占住小岛，并在岛上建桥，带四个军团沿塞纳河右岸过桥，最终把大营建在巴黎斯岛屿（île des Parisiens）西端河对岸处（位于圣日耳曼欧塞尔教堂附近）。此时他得到三个烦人的消息。首先，行军途中卡姆罗杰恩一直在跟踪他们，而且沿塞纳河左岸一直跟到了他们正对面（位于圣日耳曼代普雷）。第二个消息：恺撒被戈高维亚城拒之门外。最后一个消息：贝洛瓦契人被罗马大军失利的消息鼓动得眼红心热，开始起来反对他们这些异乡人了。第二个消息尤其叫人担忧，因为这样一来拉比埃努斯就必须退守阿吉丁库姆基地。第三个消息意味着他无法取道塞纳河北岸；第一个消息迫使他全面戒备从左岸开路。一时间困难太多太大，还好拉比埃努斯机智又精力过人。他给敌人放烟幕弹，让他们摸不清他究竟从哪里渡塞纳河。深夜里，在大营下游8千米处（位于普安迪茹附近），拉比埃努斯悄悄带着三个军团过河，并且在进入高卢前线之前就整编好队形——前线就在不远处（位于格勒纳勒平原处）。他领导军队开始有条不紊地屠杀；埃布罗维斯老将卡姆罗杰恩直杀到近身搏斗才罢休。召集全员之后，拉比埃努斯一刻也不耽搁，将阿吉丁库姆的队伍整合到恺撒军队中，并与他一起弥补恺撒在戈高维亚的大败（公元前52年6月底）。

在戈高维亚

　　戈高维亚一战经常被认为大败，但其实算不上真正的大败。即便如此，恺撒的自尊心仍然深受其害，他在罗马人心中的地位也因此蒙上偏见阴影；最重要的是，他投入了极大热忱企图控制起义，所以这场失利有百害而无一利。这是恺撒第一次遇到形势比人强的局面。公元前52年4月末或5月初，他在距离克莱蒙费朗（Clermont-Ferrand）中心6千米处的高地——这个高原平均海拔700米，自西向东延伸1500米、从北到南宽500米，其上建有阿维尔尼人的碉堡——召集了6个军团，此时维钦托利已经占了他的先机。军团战士们在离河最近的坡地上面向奥宗（Auzon，位于奥尔赛北部）河挖掘第一条战壕时，发现高卢军队已在高于己方的地势，不禁欣赏起他们显现出的骇人奇观。原来高卢人早就全员点兵严阵以待，按部落依次分列于城墙外邻近的山头之上。高卢大军处于大自然的包围之中，犹如牢固的锁链将一颗颗锁扣紧紧串在一起。这还不够，他们还建起一堵外城墙，以加固得天独厚的天然防御工事。这对恺撒来说可不是个好开头。但后续也并不见得比开头更鼓舞人心。交战前，恺撒还在等埃杜伊人的一万名骑兵。由于恺撒行军经德西兹（Decetia）时曾帮他们裁决并平息争端，因此对方承诺提供这支援军对抗阿维尔尼。指挥这支骑兵队伍的年轻贵族李坦维克古斯（Litavicc）暗中投了起义军，直到距离戈高维亚45千米处、行军的最后阶段，他疯狂的真实想法才暴露出来。他竟恬不知耻地想以谎言解散军队。恺撒不得不拿出4个军团像对付敌人那样对付这支奇怪的援军,而且,要是阿维尔尼人攻势较猛,恺撒还有失去己方阵地的风险,说不定还会失去2/3的战力。虽然他重新征服了埃杜伊骑兵,但他无法阻止李坦维克古斯投诚起义派,也无法阻止自己手下士兵对所谓友军的怀疑。这下恺撒要么只能悻悻而归,要么就得突袭求胜。他倾向于赌第二个选项。无论行动多么曲折,他还是决定突袭。他成功将敌人从一个小山峰(拉罗什布朗什)上赶走,并通过两条平行壕沟——每一条都深4尺(1.2米)、宽6尺(1.8米)——抵达敌方主营。此时正值6月酷暑天,正午时分,还好他事先布下一支偏军,与埃杜伊骑兵及其一支军团逆向而行,专门引开敌人,他的大部才得以向敌人发起突袭。战况发展使他拿定主意。他以为,大军必能在高卢人反应过来之前突袭并震慑住他们,至少也要毁掉他们的营地;如果幸运女神朝他微笑,甚至单凭执着猛攻就能奇袭夺下整座城市。一开始确实像资深执政官所预期的那样,战士们跳入外墙,神勇地闯进3个营地,搅得天昏地暗。正在帐中昏睡的尼缇欧布罗基人之王特托马托斯(Teutomatos)为免一死,光着身子就逃命。士兵们被战况的神速进展蒙蔽,来到城头上,只见到袒胸露乳求饶的女人。以百夫长马尔库斯·法比乌斯为首的几人已经攀上城墙,这时敌军突然从天而降,原来负责引开他们的偏军未能拖住他们。相比进攻的一小撮罗马士兵来说,敌军实在人多势众,打得罗马人措手不及不说,还有余力回过头来反击妄想登上城墙的分队。由于他们是顺势下坡,所以攻击速度更快于常时。恺撒下令收兵,可是根本没人听到,接下来发生了他最不愿意看到的近身肉搏战。如果没有这一出,恺撒还可以昂着头,像胜利者那样离开戈高维亚;可是现在很不幸，他只能努力减少己方损失。当罗马士兵终于结束战斗、从山上乱作一团滚到山脚下重整队形时，维钦托利却不敢追击。这证明他在实力上并不占上风。不过恺撒大概也损失了700名士兵及46名百夫长。他们的指挥官棋错一着，已没有足够兵力来支撑一次像样的围城了。恺撒只能假装成胜利者撤退（公元前52年6月底）。

这一战本身不过是阶段性挫折而已，远没有他在阿杜亚图卡遭遇的伏击战惨烈，因为恺撒的部队只折损了700人，几乎算是全员平安归来，他的行动还是完全自由的。但是此次失利影响深远，一年半以来罗马镇压在人民心中激起的仇恨在此之后升腾到达顶峰。

第四节　阿莱西亚战略

恺撒讲述纳博讷

《高卢战记》原封不动地摘录了恺撒提交给元老院报告中的某些句子，似乎只是想让读者看到他脑子里不一样的想法。比如，他表达了在戈高维亚（Gergovie）的失利引发对行省安全的担忧。他时而说，面对可怕的撤退他想到军人荣誉；时而又反过来，故意绕来绕去又回到这个话题，后悔因忧虑穿过塞文山脉会带来种种问题而没能立即撤退。他假意说自己想取道林贡斯去纳博讷，以此地作为行动跳板。我们现代人，从朱利安开始，基本都把他的计划当了真，虽然其豪言壮语多有前言不搭后语之处；而且他的作战计划其实都受制于先决条件，这就表明恺撒的想法并不自始至终保持一致。但这样的豪情壮志却被现实地理因素及资深执政官本人的行为彻底拆穿。

恺撒根本未驰援（纳博讷）

驰援行省？！在安比奥里克斯野蛮葬送了3个军团、两个副将之后，恺撒压根没想过要去亲自驰援（纳博讷）行省，甚至一点往南去的意思都没有。公元前54年至前53年的冬季，他把营地建在了北方的萨马罗布里瓦。无论他自己如何做出相反的暗示，戈高维亚鏖战虽伤了他的自尊，但毕竟没伤他元气，难道他竟一下子就想撤出行省？不大可能。而且虽然他嘴上这么说，但没有任何证据表明，春季他在塞文山脉天然屏障前撤退。其实前一年冬天他就翻越了塞文山脉。何况他深知行省没什么好怕的，他自己也说行省孕育着一切可能性。准确来说他的原话是：要为一切可能性做好准备。

恺撒命行省进入防御状态

公元前52年初，恺撒自己想出了防御策略。他又是四处拜访，又是施展个人影响力，不仅加强了纳博讷、尼姆（Nîmes）、图卢兹的信心，甚至连脱离其大部落的鲁特尼人都毫不犹豫地将自己纳入行省怀抱中，而且很快就忠贞不贰了。离开纳博讷时，恺撒还命其副将——侄子卢修斯·恺撒（Lucius César）将新收编的队伍补充到现有的分队中。这位执政官行事风风火火，很快就整编出22个分队，令行省足以抵御维钦托利的任何攻击。不出人所料，这位高卢领袖赶忙向邻近的部落派遣使者，鼓动他们起事。其中最强的当数伊泽尔河（Isère）河谷的阿洛布罗基人。可他们却装聋作哑，也没被塞广尼人行动前的准备吓到。阿洛布罗基驻军守住罗尼河所有通道，整个行省进入戒备状态。至于回应维钦托利作战呼吁的部落，调兵遣将的所有费用得由他们自行承担。戈沃当（Gévaudan）的加巴勒人（les Gabales）在维瓦雷（Vivarais）的赫尔维安人（les Helviens）设置的障碍面前一败涂地，最后被打得什么也不剩。至于鲁埃格（Rouergue）的独立民族鲁特尼人（les Rutènes），以及凯尔西（Quercy）的卡杜尔齐人（les Cadurques），如果说他们确实设法侵入了沃克-阿雷高米克人（les Volques Arécomiques）的一些乡村，甚至在那里肆虐了一番，但他们仅限于打劫粮草。可恺撒用只言片语就抹黑了这场入侵。《高卢战记》中对他们的所谓战功不着一词，也证明他们并未有实质建树，而且任何时候都不敢走远，也不敢踏入尼姆市（Nemausus）一步，尽管这里距戈高维亚仅150千米。恺撒对尼姆城百姓安危非常放心，毫不犹豫且出乎所有人意料地绕过了尼姆市。

恺撒绕开了尼姆

恺撒放弃戈高维亚，点兵完毕后，他又突然决定，即刻取道最近的路线与刚刚从塞纳河凯旋、驻扎在河岸的拉比埃努斯四个军团会合。他非常忧心拉比埃努斯接下来的命运，径直向塞农人首府阿吉丁库姆进发，他的副将正驻扎于城中。恺撒的行动与他所暗示的犹疑不决相反，反而揭示了他的真实想法。

恺撒想给敌人使障眼法

恺撒对戈高维亚失利过分夸大，且又把行省安全挂在嘴边，表现得忧心忡忡。这么做有两个好处：第一，激起庞培的爱国情怀，让他爽快地把第十一军团作为外援提供给自己，同时不再讨价还价。恺撒向庞培要的这支外援在阿莱西亚之围时帮了他。其次，发往元老院的送信人不免有半道上被敌军截获的。其内容令高卢人大为振奋，其实恺撒正是假意放松警惕引起高卢人的自大。恺撒预见到埃杜伊人会背叛自己，丝毫不怀疑维钦托利也着急忙慌地要加入叛徒行列，毕竟有人召唤他共同作战呢。恺撒早已发现对方不过是逞匹夫之勇，也已预见到此事注定要失败。因此恺撒提前神机妙算，预知后事，心里已将下一次胜仗的舞台设想在距离埃杜伊很近的地方。此时阿维尔尼领袖以为他们正要打败不得喘息之机匆匆赶来救援行省的罗马军团呢。

此时在资深执政官脑子里俨然已有了筹划，对此他暂时讳莫如深。任何时代，任何一位指挥官都不如恺撒这次棋高一着，也不如他这次简单直接。深入分析可知，这样的筹划是恺撒基于对自己能力的准确评估，以及对敌人作战动机的未卜先知做出的。他以闻所未闻的最差劲的物质条件，以最少的罗马士兵生命为代价，赢得了最大化的结果。

恺撒欲在最优位置发起进攻

恺撒相信自己的部下有耐心，有勇有谋，工兵吃苦耐劳，诚实正直，像一线作战的士兵一样勇敢；高卢士兵呢，骁勇却敏感冲动，而且都带着某种狂热，这使他们既鲁莽愚蠢，又容易惊慌失措。他知道，高卢人在战场上离了马就没什么战斗力了；至于他们的步兵，不管如何人多势众，只要没有小山丘、掩体或人工堆砌的巨大城墙做掩护，就不愿意与敌人直接交锋。现在他确信，埃杜伊人的背叛是不可避免的，他们的首领不得不尽量晚一点或索性尽量不离弃新盟友。在这样的条件下，恺撒的问题就是如何将维钦托利引诱到某一处，让这个阿维尔尼人沉浸于某种幻想，觉得自己刀枪不入，管他什么军团镐，什么防御工事，都不可能抓到他。恺撒确实知道有个合适的地点，他的策略就是在阿莱西亚大败高卢人。

阿莱西亚

阿莱西亚位于埃杜伊人地盘《维钦托利将在此屯军》与林贡斯人（罗马人民的最佳盟友）地盘之间。对于林贡斯人，资深执政官其实根本用不着派拉比埃努斯去找他们，也用不着派信使去日耳曼人那里秘密请求其提供骑兵支援，恺撒对他们完全无须拘礼。

奥克索瓦山（Auxois）是阿莱西亚高耸的天然卫城之一，似乎大自然的鬼斧神工造它就是为了防守阿莱西亚。但是这座城也很脆弱，所有人警觉的双眼都不会忽略这个事实。它对高卢人具有不可抵抗的诱惑力，尤其因为这里还供奉高卢人的神：阿里萨诺斯（Alisanos）、乌库埃提斯（Ucuetis）、柏尔古希亚（Bergusia）及莫里塔司古斯（Moritasgus），神龛里都是高卢人的信仰。再加上这座城住的是曼多比人，他们占着城外的田地，正如洞若观火的法政牧师修姆（chanoine Chaume），以及在其之后的约维尼约神父（M. l'abbé Jovignot）所说——后者说得更准确——曼多比人其实就是索恩河西岸的塞夸尼人。恺撒打败阿里奥维斯图斯之后，将之与东塞夸尼人强行分开——东塞夸尼人对罗马怀有盲目而凶狠的敌意——学者教给我们他们的小领袖姓甚名谁：昆图斯·多修斯（Q. Docius）和尤利乌斯·多吉利克斯（Iulius Togirix），那时在他们治下已形成一支独立部落，其近期得以独立正是托赖资深执政官，因此他们对罗马的友谊忠贞不贰。

在我看来，无须怀疑，恺撒放弃戈高维亚意味着把阿莱西亚作为军事行动的终极目标。他以过人的洞察力在这片土地之间、在人心之间，看出老天注定要把维钦托利吸引到阿莱西亚，正如汉尼拔令弗拉米尼乌斯深陷特拉西梅诺湖（Trasimène）、正如18个世纪后拿破仑以闪电战将奥匈帝国与沙俄大军大败于奥斯特里茨一样。

这个内心图景，或者说宏大概念，恺撒一心想赶快把它付诸实践，他在细节上并不排斥佯装和奸计。离开戈高维亚后，恺撒前往埃杜伊（将大营移往埃杜伊），换句话说，他直面暴动诞生地的风险，之后又去了他认为孕育暴动的地方：他先是去了流向阿维尔尼的阿利埃河方向，第三天就借助重修的桥渡河，来到埃杜伊人控制的卢瓦尔河，并将其首领埃坡雷多里克斯（Eporedorix）与威利多玛（Viridomar）召往德西兹。

就是在这里，他从二人处得知，李坦维克古斯从戈高维亚回到了比布拉科特（博吾莱山），正是为了在家乡起事，听到这个消息恺撒眉头都没皱一下。在令二人退下之前，他做了个样子，请他们保持与罗马的友谊。自然，他是不会改变决定的，哪怕是在听到这两个叛徒——可见他对二人的训诫完全白费——领导了刺杀罗瓦尔河左岸城堡诺维奥杜努姆（Noviadunum）罗马商人的行动之后也没有改变。他才不会退到纳博讷，他反而毫不犹豫地继续大步向前，在德西兹与讷韦尔（Nevers）之间渡过卢瓦尔河，所到之处将庄稼、牲畜洗劫一空，然后突然宣布要进入塞农人地界。

恺撒在林贡斯止步

从此地开始，恺撒的战报以及《高卢战记》就把读者忘记了，一点也没有叙述接下来的战况，似乎在利用双重沉默提高诱骗维钦托利的成功概率。他要令维钦托利深信不疑地去阿吉丁库姆，在那里拉比埃努斯早囤积好人马与物资。可事实完全不是这样。恺撒让拉比埃努斯与自己会合，但没有告诉我们地点。要想象出具体地点倒也不难。因为此前书中已向我们透露，恺撒将林贡斯领土西部作为发起总攻的主营。恺撒必然要让自己的6个军团与拉比埃努斯的4个军团在沙蒂永（Châtillonnais）会合。他先一步驻扎在此地，隐身于如帘幕般环绕四周的密林中，等待日耳曼骑兵到来；此地之所以安全，也因为林贡斯人是很可靠的盟友。更何况，只要我们读过一点《高卢战记》，再考虑到惠特（Whitte）从纯粹文献学角度对此书做的校勘，我们就能从书中读到一句原话，足以准确获知此次会师的地点。要与恺撒会师，拉比埃努斯从阿吉丁库姆出发，很快就能抵达：第三天，拉比埃努斯带着全体军团抵达。

因此，鉴于正常情况下罗马士兵日行两万步（合30千米），我们如果把两军会师地点定在拉索瓦山（Lassois）及两姐妹山（Deux Jumelle）南麓，距离阿吉丁库姆100多千米的高山处，必然分毫不差。直到今天，站在这里我们依然可以俯瞰好似范·德·莫伊伦（Van der Meulen）笔下风光般一望无际的平原。不变的地势一直延伸到远处的沙蒂永森林，似乎天然适合骁军集结。

恺撒伺机在南面发起战斗

恺撒现在无意掩盖自己的行军路线了，相反，他的言行开始与官方战报保持一致。他在《高卢战记》中宣布，他将通过林贡斯边境去往西塞夸尼人也就是曼多比人的领土——他们是阿莱西亚真正的主人。在那里他能给行省提供更好的支援。"恺撒通过林贡斯人最窄小的地界去往塞夸尼，这样更容易对行省提供支援。"

没什么比这个消息更能激起维钦托利的傲慢情绪，他认为对手随时准备落荒而逃，这个消息促使他展开攻击。维钦托利在比布拉科特休整时借机宣扬圣战，以同样高昂的势头唤醒整个高卢反对罗马。他对自己派出的信使之口才非常有信心，不等20万大军集结完毕就作势要将入侵者碾个粉碎。

高卢骑兵失利

维钦托利一得知恺撒大军将至就急于和他交锋。他亲自统领阿维尔尼及埃杜伊军团进发。从比布拉科特到阿莱西亚的行军途中，他只扎营三次，很可能是在库尔索（Courceau）附近，而此时他距离恺撒仅有10里（15千米）路了。他开始坐立难安起来，要求骑兵对神灵发下毒誓：两次冲阵不成功，绝不回乡见父母妻子。他令装甲骑兵在侧翼直冲罗马阵营。而他自己则受宗教的宿命主义影响而胆小被动，不指挥任何一支队伍，只远远地监督骑兵冲阵，至于骑兵指挥权他已还给埃杜伊人，他们的命运，就只能祈求上天多存好生之德了。恺撒已悄悄将步兵全部聚拢在补给周围，他将带的实际骑兵人数比看上去多一倍，加上日耳曼分队出其不意从背后的小山丘集结飞速冲下来，一下就冲散了措手不及的高卢士兵。3位将官——克托斯（Cottos）、卡瓦利由斯（Cavarillos）及叛徒埃坡雷多里克斯被俘，其他人见势不好转头就逃，没逃走的只有死路一条。

失利地点位于拜尼厄（Baigneux）与奥雷（Orret）之间

这场大混战不像朱利安所猜想的那样——我曾错误地采纳过他的意见——发生在阿莱西亚以南57千米处的第戎平原，而是在这片开阔地带的北面，且距离阿莱西亚还要近得多。

但即便是这个地点也存在许多不确定性。只要未发掘出遗骸与武器就无法指导历史学家的工作，因此目前我们只能在几个地点之间猜测。如果参考《高卢战记》只言片语中透露的地形细节，那么就会有两个选项更如人意。我们认为这场战役或发生在艾涅勒迪克（Aignay-le-Duc）附近的科奇耶（Coquille）流域，或在距离阿莱西亚更近的塞纳河边。此时塞纳河还只是一条不知名小水沟，根本不配拥有名字。在这片开阔的土地上散布着几个平平无奇的小丘壑，小水沟从拜尼厄莱瑞夫（Baigneux-lesJuifs）流向奥雷。

第二天恺撒赶到阿莱西亚

我们能确定的是，夜幕降临时，维钦托利迅速拔营，领人马快速赶往阿莱西亚高地，他把此地当作"一夫当关，万夫莫开"的绝佳避难所了，殊不知很快恺撒就紧跟他的脚步开始了追踪。

维钦托利昼夜行军疲惫难当，一夜不过行了20多千米，第二天资深执政官追上敌人后军，突然出现在阿莱西亚。此时高卢人正慌作一团涌入此地。恺撒见此情景当机立断，利用敌方乱了阵脚的当口，让手下人马即刻在周围山丘扎营；他亲自给士兵加油鼓劲，描绘着大家共同参与的这场美妙战争。他要包围这片平原，做独立高卢的掘墓人（公元前52年8月中旬）。

做梦也想不到的绝佳位置

恺撒从自己所在的弗拉维尼山（Flavigny）观察哨上一眼就看清地形，心中早有了决断。戈高维亚给他上了血淋淋的一课，到现在伤口还没复原，他不能冒巨大风险主动攻击。他做了一个正确判断：即使口粮足以维持15天突击战，就算再加上他会毫不犹豫地从曼多比人那里夺走的储备粮，也不够眼前这8万人吃的。恺撒知道，一个月的军粮才够他用毫不留情地长期围城的策略击败高卢大军。况且，维钦托利占了个好位置，这对恺撒的围城方案是坏事。奥克索瓦山上筑有阿莱西亚的城堡，乍看上去当然比戈高维亚更难夺取，它的上部有巨大的椭圆形平台，而且周围由布雷讷河（Brenne）的两条支流包围：西北方的奥兹河（Oze）及南方的奥兹兰河（Ozerain）。每个方向上都有高250米的悬崖，与外界根本不通。况且在天然堡垒的基础上，既有原先的古老城墙，又有新建起来的城墙，全部由立柱、横梁和石子瓦砾砌成。表面上看，奥克索瓦山根本不适合正面硬取，但却天然适合围城战术。它海拔418米高，几乎比阿维尔尼丘矮一半。虽说它地势高俯瞰平原，但周围还有更高的山丘环抱：奥克索瓦山在南面与西面俯瞰洛姆（Laumes）平原，但绵延4千米的平原在东西两面都被地形阻隔：东面是普伊奈（Pouillenay）锁钥之地，西面是高386米的雷阿山（Réa），北面是绵延的比西山（Bussy，海拔418米），东面有佩恩韦尔山（Pennevelle，海拔405米），南面是东西向的弗拉维尼山，其最高峰海拔（421米）超过奥克索瓦山最高点，很可能是恺撒选定的指挥部所在地。

围城开始了

奥克索瓦山位于群山之中,群山有和它一样高的,有比它还高的,因而"天然就是打围困战的好地方"。恺撒现在带领10个军团,马上又要增加一个军团变成11个,也就是说他有5万人可以调度,于是他不慌不忙地命他们执行自己的宏伟蓝图。显然,并非只有恺撒才能调动起军团士兵挥动镐耙工作,从锡拉丘兹到努曼西亚,罗马光辉的战绩册就是由英勇的士兵和工兵共同写成的,但是只有恺撒能一下子看出这看上去唬人、实际于自己不利的地形存在什么样的内在缺陷,因而并没有那么可怕。在对手的不断骚扰下,恺撒仍用手下人完成了这样的壮举,尤其是他能把新奇的、临机应变的战术同机巧工事结合,使这项浩大的工程臻于前所未及的完美,造就了很可能是罗马军事史上典范杰作的阿莱西亚之围。

在大战壕的掩护下

恺撒将所有分队绕山峰斜坡一周分成23个营,角楼或瓮城则根据其大小,或做屯军处,或做临时驻扎站。他分散设置工兵组,以大型战壕掩护工程任务。大战壕宽20尺(6米),在奥兹河与奥兹兰河之间把敌人所有的出口团团围住。此外,他还安排工兵在需要加固的重点地带以同心圆形再加一道包围圈,这样阿莱西亚内部再要抵抗也动弹不得了。这样一条长15千米的连续壕沟可阻止敌人冲脱出来,另在防御的天然缺口位置又补充一道周长21千米的壕沟,针对外部可能给敌方提供的外援。在两道壕沟之间有大概宽200米的一片空间,在这里罗马军队可以高枕无虞,根据形势发展,既可移动又可驻扎,既可练兵亦可战斗。恺撒凭直觉想到的双重围城,150年以后哈德良

（Hadrien）皇帝在不列颠岛也用了，只不过不是围城，而是围从特威德（Tweed）到索尔韦湾（Firth of Solvay）的一整个省。

内壕沟与外壕沟

如今留存的内壕沟与外壕沟遗迹足以表明，恺撒已将历史上最好的经验、他创新的机械与布局设计投注于其中。双重壕沟的地面土堆部分本应位于靠近外壕沟处，形成一道土墙——或称"瓦伦"（vallum），掩护内部防御工事，如今早已消失；与此相反，内部防御工事遗迹仍在壕沟（fossae，拉丁文）中。壕沟至今清晰可辨，且易于测量。

继拿破仑三世（Napoléon Ⅲ）遗迹被发现后，此处遗迹也被重新准确定位。最先找到的是外壕沟。1964年春，约维尼乌神父开始清理雷阿山边缘小山坡上的一段遗迹；1955年，另一段遗迹是在莱洛姆（les Laumes）新学校建筑群施工期间的一次偶然挖掘中发现的。当时人们就想到，这处遗迹可能包含两条壕沟，果真如此：北部壕沟的地表长度为3.51米，开口由地面向地底逐渐缩小；南部壕沟深1.57米，两壁距离较宽处深达1.7米，两壁地表间距3.24米，地底间距1.75米。更喜人的是，后来我们还发现了建筑残块。那是在1957年夏天，经验丰富的拉丁语专家诺切（R.P. Noché）带着一队童子军，令位于雷阿山脚下的格雷西尼（Grésigny）省的一处遗迹得以重见天日。我个人也有幸在土地被产权人收回开垦农田前随心检视遗物。我们甚至可以说，这处遗址保存下来，仿佛就是要让我们能以手直接触碰恺撒所讲述的历史。这次发现令内城墙的两道壕沟得以重现，外侧一道底面是三角形斜坡，另一道底面是平的，可能用于改道和引流周围的水道。二者间距大约3米，宽度均为15尺（4.4米）。《高卢战记》并未提及其深度，但我们根据地面情况可以预计深1.7米。

其他防御措施

这还不是全部措施。恺撒已准备好复杂的防御网络迎接从两道壕沟任意方向突然来袭的敌人。这个设计残忍与新奇并举：第一道防线是面向被围的城墙排好的拒马阵（stimuli），密密排列的尖刺埋在地下，可以刺伤并阻拦第一批进攻者；中间是"梅花阵"（Lyi），这名字极具可怕的讽刺意味，看上去就像是灌木丛，实际上是交错排成梅花形的烤硬的尖桩，露出地面仅4指（6厘米）高；最后一道防线靠近壕沟，叫作"墓碑阵"（cippi）。这名字本身就带有黑色幽默意味，不由让人想起古代墓地。"墓碑阵"是将树枝上部枝叶打薄削尖，下部插在深3尺（90厘米）的陷阱中，从外面只能看到树叶，袭击者容易毫不设防地踏入并被尖刺贯穿身体——假如他们幸运地躲过前面两阵的话。

这些陷阱不过还是些铁丝网换了种形式换了些歪名而已，却引得军团士兵哂笑不已。这一个个意想不到的名字正是在这场战争中创造出来的，此前军中从未听说。

小西庇阿在努曼西亚一战中就很讨厌这种恺撒为击败维钦托利而第一次创制的"猎人陷阱"。恺撒的阴险恶意却如此完美，建起整个防御体系，被围困的人所有的出口都提前被堵住，只要胆敢出来就必死无疑，大规模救援也无望毁掉这坚不可摧的防御体系。今后战争态势的波动已经不重要了。维钦托利被打败，并不是因为他意识到斗争是徒劳的而向资深执政官投降，而是因为恺撒别出心裁地设置了这样的壕沟与城墙、水沟与拒马、碉楼与铁蒺藜构成的防御体系，使维钦托利根本不能动它一丝一毫。唯其如此，罗马军事才能以少胜多，与有勇无谋的凯尔特人分庭抗礼。

维钦托利大败并投降（公元前52年9月27日）

阿尔维尼首领维钦托利可能还寄希望于20万援军，梦想在自己完蛋以前，他们能从天而降击败罗马人。可是几周过去了，除了饥饿的幽灵什么也没来。维钦托利与饥饿拼死抗争，在自己信仰允许范围内不断增加预防措施。他收缴所有口粮，对8万名士兵和阿莱西亚（Alésia）的曼多比人（les Mandubiens）实行配给制。虽然草料已经不足，但他绝不杀马吃肉，因为这对凯尔特人是不可侵犯的禁令。不过他解散了骑兵队。手下求他别在等待中受罪，不如立即听任己方军队开始绝望的突围大屠杀，但他抵御住了这个请求的诱惑。他还拒绝老将克里托尼亚托斯（Critognat）提出的以人肉果腹的建议，并再次下调了每个人的口粮限额。为了不养闲人，他毫不留情，把所有老弱妇孺从平民中赶走，对粮草精打细算的恺撒也不会收留这些人。最终，期待已久的援军终于在9月20日左右露面了，可是他们来得太晚了，士气早因行军而萎靡不振，而且，要协调4位分散的将官，就好像越过恺撒的防御线去协调围城内外的行动一样困难。几天内他们领导了3次袭击，虽愤怒有力，却因时机不对全部失败。最后一次战败，利木赞地区（Limousin）的勒莫维奇人（les Lemoviques）的行政长官塞杜留斯（Sedulius）身死，威尔卡西伟伦（Vercassivellaun）被活捉，76名不同级别军官被俘。埃杜伊首领下令撤退，在大混战中幸免于死的人于当晚出逃，却被恺撒的骑兵队紧追不舍。在这个满月的夜晚，骑兵队追上敌人后军，杀光了所有人（公元前52年9月25—26日）。维钦托利及他手上剩下的几千人被围困在没有粮草的碉堡中出不去，只能孤军作战了，这支戈高维亚的胜利大军，在阿莱西亚成了饥肠辘辘的被困囚徒，要么死路一条，要么就是投降。维钦托利感到回天无力的绝望，他派人告诉资深执政官他愿意投降。恺撒答应了，条件是所有武器必须上缴，所有指挥官必须束手就擒。此时这位阿维尔尼领袖最后一次鼓足所有勇气，他相信以人献祭真的可以救赎灵魂，于是他就把自己当作众人的牺牲品，来为他们赎罪，以或生或死之躯向罗马的胜利献祭。显然众人拒绝他以死相祭，于是他穿上自己最威风的盔甲，跨上战马，就这样准备好要去牺牲。他策马来见胜利者，下马跪在他脚下。恺撒对他高贵庄严的礼仪无动于衷，下令将他打入铁牢，这不幸的人就在牢里待了6年才被判决。恺撒赦免了围城战的其他幸存者；他把埃杜伊人与阿维尔尼人单独挑出来，想利用他们来赢得各自所属的部落；至于剩下的，他全都奴役起来，分给手下士兵，确保每个罗马人分到一个奴隶。维钦托利如此慷慨热忱地投降于他，但他却报以毫不变通的残忍，这一点实在令人坐立不安也无法理解，想想恺撒曾是多么精心维护自己仁慈的美名！究其原因，倒不是这位老友曾经的背叛使他尝到多少苦涩，而是因为在某个关键时刻，维钦托利一时头脑发热的军事行动成了恺撒的拦路虎，在某个关键时刻坏了他的大业与未来。

第五节　三头同盟的分裂

最后的起义与恺撒的隐没（公元前51年）

　　事实上，自公元前60年开始，恺撒的政治权力从未遭受如此惨淡的衰败。然而，在超乎寻常的努力（特别是阿莱西亚攻坚战）之后，恺撒的战功在大家看来可以称得上来自与天神的合作，而不是一个普通的凡人行动。在《战记》第5至7卷的发表（公元前52年秋）和宣扬之下，恺撒的战神名誉在整个罗马城闪耀着巨大的光辉，不仅得到了反对派们的认可，元老院甚至颁布法令再次为恺撒举行为期20天的盛大祈神活动。

　　这次胜利尽管十分伟大，也无法立刻消弭长期的敌视，前几个月的失望、暴力的冲突、反对情绪的蔓延已削弱了恺撒的权威性，并继续严重削弱其影响力。为了挫败外来敌人，遏制庞培，恺撒率领的军事力量的靠近或出现显得十分必要，高卢地区事务的烦琐使他长期远离了罗马的政局。恺撒必须毫不拖延地重新控制那些在维钦托利战败之后依然轻率冒失的民族，特别是阿维尔尼人和埃杜伊人，这次战败已经让投降的支队改变了态度；同时，恺撒还必须使那些已经归顺的部落保持和平状态，并消灭那些总想通过星星之火复燃暴动势力的驻地叛乱分子。

　　在公元前52至51年的冬季，恺撒没有返回阿尔卑斯山以南地区，而是带领同盟部队曲线转战到了比布拉科特（比弗雷山），他没有太多的资金和精力在公元前51年之内恢复高卢的秩序，其行政长官兼朋友奥卢斯·希尔提乌斯（公元前43年执政官）在战记中详细说明了恺撒付出的代价。

首先在中部，比图里吉人和卡尔努德斯人从2月份开始被征服，然后到了东部，科雷奥斯和阿特雷巴特人科姆领导的贝洛瓦契人起义在5个月之内牵制了4个军团力量，此外，再次对阵埃伯龙人，以拉比埃努斯著称的特雷维里人（公元前51年4—5月）；然后在西部，安茹人杜南克，塞农人德拉佩斯和卡杜尔齐人卢克特因未能在春天夺取普瓦捷地区而感到难过，将部队先转移到安茹地区，然后又到了阿莫里凯地区，一直到夏季初恺撒才镇压住叛乱；最后，面对卡杜尔齐人，大量城堡充当军事要塞，卢克特把乌克斯罗杜努姆的城堡用作庇护场所，一直持续了两个多月，行省总督卡尼尼乌斯（Caninius）对此嘲弄一番，随后恺撒亲自到场作战，他通过夺取供给水源来控制这战况胶着的据点。当被围困的人来到他跟前投降时，他冷酷地下令斩断投降者们携带武器的右手。希尔提乌斯作为恺撒的传话人，极力证明这次处决是正当的，应当惩罚他们以儆效尤，使模仿者望而却步。但也有人把它归因于另一个动机。

很快进入秋天了。阿奎塔尼亚地区仍在躁动，几周后才恢复平静。恺撒意识到，由于叛乱者顽固抵抗，他在公元前51年至前50年冬季仍然要留在意大利的阿尔卑斯山之外。恺撒判断在公元前51年底不能声明将以高卢作为罗马一个行省的方式来安抚反抗者，以及公元前50年的大部分时间必然会被用来实施这种安抚。他知道，从公元前50年3月1日开始，罗马或多或少会有一些貌似合理的言论表明他想连任执政官；同时，他身处遥远的高卢，专注于战事，无暇去挫败这些关于他想成立帝国的谣言，他的生命也可能受到威胁。在这些情况之下，恺撒对乌克斯罗杜努姆捍卫者的严酷惩罚仍然不可原谅，正是这小部分抗拒不从者给了元老院对手们自由攻击他的机会，恺撒一想到这一点就勃然大怒，如果不能继续担任执政官迅速登上权力的高峰，他甚至因背负着控诉者的仇恨而面临被撤职的风险，他已经在这个岗位上任职9年时间了，提升并维持了他的统治地位。

庞培疏远恺撒

事实上，自从茱莉亚去世后，事情一直在朝着于她不利的方向发展，恺撒和庞培似乎已经逐渐忘记了她曾经存在过。

执政官期满之后，庞培从公元前54年初开始就该去西班牙行省担任总督了。他承担起行省总督职务并拥有特权，却丝毫没有离开罗马的意思。这是对政府规定的公然违反，也是对卢卡的贬损。

但恺撒对他发誓要破坏的宪法所受到的一切损害感到高兴，而且他也没有置身事外。他需要庞培在罗马消除执政官卢修斯·多米提乌斯·阿赫诺巴尔布斯（公元前54年任执政官）的敌意。

恺撒不信任庞培。茱莉亚在世时，他毫不怀疑其搭档的仁慈。茱莉亚死后，恺撒认为不必再畏惧庞培。恺撒的军团介于庞培以及他在西班牙的大部分军队之间；在罗马城里，他让克劳狄乌斯及其军队忠于自己，享受群众的狂热崇拜，并强迫或分别引诱元老院议员们秘密勾结。恺撒相信自己每年冬天能够在山南高卢监控意大利的政治情况，并通过他手下休假军人的投票来密切影响罗马的政局。因此，为了自身利益，恺撒默许了庞培争夺独裁权的行为，但是他自视甚高，并极大地低估了其搭档的实力。公元前54年秋末，恺撒作为高卢的行省总督，和他的士兵们5年来第一次无法回到阿尔卑斯山以南地区。

失去妻子的庞培没有明确的抱负，但有强烈的虚荣心，他试图把自己从束缚中解放出来，更是为了凸显独特的优势，他的自尊心在对茱莉亚的爱中得到进一步增强。为了使公元前53年的执政官选举免受阿赫诺巴尔布斯的影响，也许还为了让休假的士兵们参加，他从公元前54年7月开始安排推迟选举的行动，这些延误，至少在一开始肯定让恺撒感到满意。

后来，庞培誓不罢休，并为自己的利益盘算。他已经知道因为安比奥里克斯，高卢军队不会给他派选民，而他仍然在拖延时间。人们开始低声议论庞培默默筹备独裁统治，至少在整个执政官空当期，他在罗马各行省总督的指挥权将成为共和国唯一合法和真正的权力。

事实上，整个选举活动持续推迟了7个月，公元前53年7月，庞培与代理执行官和保民官们勾结操纵选举事宜。出于无法从战事脱身的原因，这次选举对恺撒来说意味着没有丝毫的机会。

作为高卢行省总督，恺撒在最后一刻支持了两个朋友，他们因为迫切需要得到恺撒的原谅而更加热心地服侍他。多米提乌斯·卡尔维努斯在公元前59年因反对《瓦提尼乌斯法》而出名，曼密乌斯作为诗人卢克莱修的保护者，公元前58年担任裁判官时曾阻扰恺撒的司法措施。

庞培表面遵守三头同盟的规定，假装支持他们，但暗中支持他们的竞争对手之一，马尔库斯·埃米利乌斯·斯考卢斯。斯考卢斯在米特拉达梯战争中担任大臣，并娶了被庞培抛弃的妻子穆西亚，他尽心尽力地支持庞培。

斯考卢斯因卷入贪污诉讼案件差点儿丧失竞选资格。公元前54年9月2日，西塞罗为其辩护，当着众多陪审员的面以60比8的投票结果宣告他无罪。①

斯考卢斯向曼密乌斯提出阴险的建议,唆使他以自己和候选人的名义在元老院宣读在执政官掌管下通过的可耻约定,目的是劝诱执政官,根据这一公约,如果选举成功,他将向他们支付40万塞斯特斯的贿赂款。也许曼密乌斯心甘情愿被引诱到这些令人惊叹的揭发过程中,希望让保护主阿赫诺巴尔布斯的对手信誉扫地。后者口述了合同条款,在会议结束时,他看起来面无血色,像是一个被"埋葬"的人。这一举措也让当事人付出了代价,在投票当天,曼密乌斯与坚定的保守派人多米提乌斯·卡尔维努斯均一败涂地,瓦勒留斯·梅萨拉顶替了其位置,成功被选举为执政官。

拒绝新的联姻协约

在这种情况下,庞培表现出了一种罕见而令人担忧的口是心非。然而在公元前53年初,恺撒从他那里获得了毫无保留的军事支持,他甚至没有资格抱怨。但从那时起,恺撒仍然保持警惕;当克拉苏的去世完成了对三头同盟的瓦解后,他试图消除原三方联盟中唯一剩下的伙伴身上所酝酿的敌意。恺撒很可能一到达拉文纳,也就是公元前53年底,就向庞培提出了一项新的联姻协议。他提议让庞培娶他的外甥孙女屋大维娅,而他则与庞培的女儿结婚。

这就需要屋大维娅与马尔库斯·克劳狄乌斯·马凯鲁斯(公元前51年任执政官)离婚,且庞培的女儿也要与福斯图斯·苏拉离婚。可

---

① 作者注:为了定罪,20名参议员中有4名投了赞成票;23名骑士中有2名投了赞成票;25名保民官有2人投了赞成票。

惜恺撒关于婚姻的提议仅仅停留在提议阶段，几周以后，庞培委婉谢绝了他的联姻提议，并决定第五次结婚，迎娶梅特卢斯·西庇阿的女儿科尔内利娅（Cornélie），后者曾嫁给了英勇而不幸的普布利乌斯·克拉苏，在卡莱战役之后便成了寡妇。

庞培显然表现出了一种独立的意愿，这对三头同盟的巩固来说不是一件好事。

彻底决裂：克劳狄乌斯去世（公元前52年1月20日）[1]

在手持武器的高卢人面前，恺撒出于爱国主义，也为了防范保守党可能突然发起的一轮较量和煽动者们的暴力行为，他并没有急于揭露三头同盟名存实亡这一事实。此时，公元53年执政官选举刚刚结束，比通常的日期晚了一年，且新任执政官有效期只有6个月，因此恺撒可能把更多心思花在来年的执政官选举上。

竞选活动在骚动中展开了，行政长官们似乎不得不挑起争斗，而这些争斗由于失去了实质内容而变得更加激烈。就在克罗狄乌斯努力争取裁判官的职位的时候，他的死敌提图斯·安尼乌斯·米罗与庞培的宠臣们就执政官问题发生了争执，一位是他的新岳父梅特卢斯·西庇阿，另一位是他以前的副手普洛提乌斯·希普萨厄斯（P. Plautius Hypsaeus）。克劳狄乌斯和米罗之间仇恨更深，因为他们彼此非常相似，贪婪狂躁、不择手段且善恶不分。

庞培曾利用米罗武装那些尊重克劳狄乌斯的支持者。但现在米罗

---

[1] 作者注：按照传统历法，事件发生的时间为公元前52年1月20日，按照儒略历计算的话是前52年1月1日。

只想为自己工作，这苏拉的女婿被浮躁和野心冲昏了头脑。任期结束之后，他在公元前54年组织的竞选活动中耗尽了数百万塞斯特斯，他的野心也逐渐膨胀，既想要赢得声望，又想捞回他失去的财富。他畏惧庞培，但庞培为了不影响公众形象并没有与他公然对抗，而是去了阿尔巴诺度蜜月以远离选举的是非之争。他对恺撒的恐惧减少了，因为高卢的尴尬处境除了克劳狄乌斯之外，没有更多其他方面引起对高卢总督的敌意；他已经准备好不惜一切代价征服猛烈的对手来获得执政官职位。

在公元前53年的最后几个月里，这些竞争者互相争斗，在罗马城制造各种武装冲突：有一次，他们把彭普提努斯（Pomptinus）对阿洛布罗基人的胜利搅得乱七八糟，以抗议元老们实际上为了激怒恺撒而于公元前53年11月6日颁布的一项荣誉；另一次，克劳狄乌斯的团伙在元老院刚开会准备商议下一次公民大会的组织问题时朝执政官扔石头；此外，米罗在神圣之路（Voie Sacrée）上扑向他的竞争对手希普赛厄斯（Hypsaeus）的护卫队，挑起了一场战斗，西塞罗险些沦为牺牲品；还有一些诸如此类的事情，等等。

公元前53年末，行政长官们未能进行投票选举；公元前52年初，既没有行政长官出面，也没有任命代理执行官，保民官卢修斯·穆那提乌斯·普兰库斯在庞培的怂恿下出面说情。罗马共和国陷入了无政府状态，夹杂着血腥的争斗，一次意外的冲突差点改变了这种状况。

公元前52年1月20日下午，米罗在妻子和一群角斗士的陪同下，经由阿庇安大道前往兰努维姆参加一个仪式。碰巧，克劳狄乌斯带着一支由大约30名奴隶组成的保镖队，从同一条小路返回罗马城。他们一见面就争先恐后地冲撞，碰撞发生在博维利亚（Bovillae）附近。

米罗在数量上占优势,并取得了胜利。克劳狄乌斯的奴隶们带着他们受伤的主人逃到了附近的一家客栈里。米罗经过一番思索之后派遣手下了结了他的敌人,而他自己却悄悄地继续旅程。当晚,受害者的尸体被带回家,当克劳狄乌斯的遗孀福尔维娅悲痛地向人们展示满是伤口的尸体时,罗马城爆发了一场可怕的暴力骚乱。

第二天黎明时分,克劳狄乌斯的朋友们将死者抬到元老院,民众点火将其焚化,一阵烟火弥漫在元老院圣殿的废墟上。元老们躲避在帕拉丁山丘上的圣殿里,匆匆投票选举并颁布元老院最高法令,任命马尔库斯·埃米利乌斯·雷必达为代理执行官,由代理执行官、保民官和期满退位的执政官庞培共同负责行使权力、恢复秩序(公元前52年1月21日)。

恺撒在其拉文纳的住所里没有涉足此事。事实上,当时他与高卢还有其他问题,若不是来自高卢的威胁变得如此气势汹汹,也并不会阻止他对此事进行干预。

在我看来,毫无疑问,恺撒是自愿弃权的,他不得不同意元老院法令的最终决定,尽管这与他自身的原则背道而驰。眼看庞培的行动正是按照他期望的方向进行,也就是说反对米罗,于是他也不会更多地干涉庞培的行动。他在大庭广众之下保持沉默,然后在私底下谈判。如果没有恺撒的认可,庞培就不可能有效地执行元老院的入伍规定,因为高卢行省总督管辖着波河平原的众多人口。这两个人私下相处得很好。

与承诺相比,庞培更倾向于利益,他答应恺撒严厉惩罚米罗。作为交换,恺撒向庞培的军事招募伸出了援手,从闰月(儒略历前52年2月)开始,这两位同盟者就收获了他们之间协议的好处。

米罗诉讼案（公元前52年3—4月）

在公元前52年闰月6日，也就是2月8日左右，恺撒首先在拉文纳了解到高卢人的阴谋，即相信罗马的混乱会把他困在意大利。从那时开始，他确信庞培的"勇气"，也就是说对米罗的惩罚，他没有浪费一天时间，疾驰返回了阿尔卑斯山以北地区。

至于庞培，在恺撒的帮助下，他完成了山南地区的征兵活动，并来到罗马城门口安营扎寨，在那里他的武装力量足以维持街上的秩序。然而，他迫切需要恢复各机构的运作和对法律的尊重。

一方面，只要没有行政长官，机构职能就会受阻，特别是像谋杀克劳狄乌斯和元老院焚烧事件这样明目张胆的罪行就得不到必要的追究，由于缺乏裁判官来联系法院、组建陪审团和主持辩论，任何必要的起诉都无法启动。

另一方面，情况是如此地反常，大家的思绪严重混乱，以至于没有庞培的许可不可能选出行政长官，亦不可能放弃他的士兵们。保守党们率先表示同意，这就是为什么应毕布路斯的请求，并在小加图的协助下，元老院下令，破例修改苏拉制定的关于执政官任期的条款（执政官为期一年，再次担任执政官需要间隔10年），召开罗马公民大会赋予庞培第三次担任执政官的权利，虽然他在公元前55年已经第二次担任执政官职务，而且这次他将独自掌权执政。

在闰月的第24天，也就是儒略历前52年2月26日，百人团通过投票批准了这个规定，但为了表明他们对独裁统治的厌恶，避免用"独裁官"这个名字，而且他们内心想要赢取庞培的支持，利用他们赋予庞培的巨大权力。

迪翁·卡西乌斯说："他们比庞培更憎恶恺撒。"冷酷无情的贵族们坚定支持米罗,包括小加图、霍尔滕西乌斯、马尔库斯·克劳狄乌斯·马凯鲁斯,他们联手要求西塞罗接手这个案子。

但庞培一如既往地难以捉摸,没有受任何承诺的约束,也没有透露出半点他与恺撒的协定;一旦当选,唯一的执政官立即站出来反对他们的支持者。

实际上,庞培的第一个行动即公布了两项应时的法律草案,并提到了对米罗的尖锐指控。"反暴行提案"(rogatio de vi)指名道姓针对米罗所犯下的谋杀罪,"贿选提案"(rogatio de ambitu)授权法庭调查、追溯并惩处他所犯的非法阴谋。

这两方面都简化了程序,将诉讼程序的期限限制在5天,将审判的时长限制为3个小时,并让庞培准备陪审团名单。这两项法案的张贴和投票,刑事法庭的组建,诉讼的组织工作仍需要一个月的时间。

通过这两项法案的颁布,在闰月26日,庞培明确表明希望让米罗案尽快审理。事实上,这场审判进行得很迅速,4月4日在集会广场开启。5日,庞培以前一天的争吵为托词在广场布满了他的军队。4月7日,当目击者完成游行时,克劳狄乌斯的侄子站出来支持这一指控。8日,西塞罗需要回答此案相关问题,但因杀气腾腾的阵势乱了方寸,被克劳狄乌斯的朋友们打断话语,他的思路出现混乱,他精简了论据,并没有发表按照原计划准备的长篇大论,而是含糊不清地发表了缺乏条理的辩护词,毫无艺术感、激情和力量。

陪审员们最后通过了投票,以38票比13票的优势做出了对米罗处以死刑的判决。

庞培的想法

但正是从那时起，贵族们开始盘算着替自己辩护。米罗的团伙真的被这一判决解散了，没有上诉。他们的首领米罗逃亡到马西利亚去了，完全不打算再回罗马，并通知各团伙成员一起来马西利亚。作为生活的享乐者，他已经非常迅速并良好地适应了古老的希腊共和国纳博纳舒适而悠闲的生活。

事过之后，米罗在宁静的房间读了一遍西塞罗为其写的辩护词（西塞罗冷静思考之后，为了维护他的口才，给米罗寄去了原打算在庭审中演说的稿子），米罗感到庆幸，因为如果辩护词是在法官面前宣读的，它可能就会降低他们的严肃性，通过不合时宜的宣告无罪，剥夺他自我享受的快乐，现在他就没有机会美餐一顿海湾红羊鱼了。

就像米罗已经除掉了克劳狄乌斯一样，庞培已经绝对摆脱了米罗，与此同时，维钦托利拖住了恺撒和他的军团。庞培现在是罗马唯一的主宰者，于是他萌生了一个想法，让这种自由感和优先权永远延续下去，加强与元老们的亲密关系，通过一系列元老院法令和平民会议的投票表决，巧妙地掩饰，而不用公开承担与其前盟友（恺撒）关系破裂的责任，并在高卢平定之后，迫使恺撒交出他的省份和军队。

这个想法最终导致了内战的爆发，从那时起一直到内战，罗马历史的发展变化就围绕着庞培这个想法以及为了实现这个想法的各种尝试而展开。

从公元前52年春到前49年初，庞培的计划根据情况变化时而部署，时而撤回，而恺撒已经识破了这一切，在庞培和恺撒之间，只能在宪政丛林中玩捉迷藏的游戏，围绕一个似是而非的合法性展开激烈的争论，以此作为在冲突中成功的机会，而从那时起，冲突就已经不可避免了。

恺撒的权利

最初，恺撒的高卢总督治权，通过《瓦提尼乌斯公决》投票决定为五年任期，到期日究竟是公元前59年1月1日还是3月1日，并未明确规定。

但这项全民公决已不再具有任何效力，因为《庞培和李锡尼法》已将恺撒的领导权与保民官特雷博尼乌斯刚刚授予克拉苏和庞培的领导权相提并论，直到公元前50年3月1日。该立法文书已将《卢卡公约》所依据的基本原则转化为官方语言，根据这一原则，除非另外两个同盟者也被授予同样的权利，否则不能给予三头同盟中其中一个人以任何优势。

在法律上，它把恺撒的总督任期推到了他的合作者权力到期的时间，即公元前50年2月28日。事实上，恺撒的总督任期往后推迟了两年，因为如果从公元前50年3月1日起开启三头同盟中每位巨头的行省总督连任权，那么根据格拉古和苏拉制定的组织法，总督职位只能移交给一位任期在公元前50年3月1日至正式任命时间之间的继任者。

换言之，如果恺撒在公元前50年3月1日失去了高卢总督的头衔，那么这个职位要到公元前48年1月1日才能被真正取代，庞培和克拉苏看上去与恺撒处于同一情况，但是决定命运的公元前48年1月1日却远远没有给他们提供同等的便利条件。

事实上，苏拉在独裁期间确立的法规规定任何人的两次执政官任期之间必须间隔10年，恺撒在公元前59年曾担任过执政官，可以从行省总督直接过渡到第二任执政官职务。然而，庞培和克拉苏在公元前

70年均第一次担任执政官，在公元前55年第二次担任执政官，他们认识到必须在行省总督任期结束和第三次获得执政官职务期间停止行动，期限为3年，其中第一年就将足以使他们两人都从属于成为罗马共和国执政官的前高卢总督。

在看似平等的外表下，存在着事实上的严重差异，这对他们（克拉苏和庞培）是不利的。如果他们接受了，那不仅是因为恺撒在卢卡会盟中是最强大的，也是因为他们深知，没有他们，恺撒的理论优势就无法在现实中发挥出来。

事实上，执政官的候选人资格意味着候选人必须身处罗马，为了准时参加竞选，恺撒必须在他们之前放弃治权，并在这一中断期间面对敌人就恺撒滥用职权提出的指控。所以恺撒预想得出，他只能在三头同盟协议有效的前提下才不会受到伤害。

十位保民官推出的法律（公元前52年春）

然而，鉴于这种情况的矛盾之处，在克拉苏死后，庞培不可避免地试图通过取消两任执政官之间10年的空当期规定来改善这种情况，以便为自己谋利。他没有明确废除这一规定，在大家一致同意的情况下采取了暂缓措施，并成功于公元前52年第三次获得罗马执政官职务，与上一次担任执政官仅间隔3年。

元老院保守派们愚蠢到首先向他们的守护人（palladium）发起攻击。恺撒没有在这次颠覆举动中阻挠他们，尽管他完全可以因为公元前52年某位保民官的干预而破坏这一创举，保民官表明愿意像撒路斯提乌斯一样，完全忠于他和他的政治。恺撒宁愿助其一臂之力，作为交换条件，让庞培采纳10位保民官的一致提议，要求取消执政官候选人（高卢行省总督）必须出席选举会议的规定。

事实上，多亏了恺撒的坚持，从公元前52年春天开始，庞培采纳了这项提议，尽管遭到了小加图的谩骂，最终还是通过了一项法律，作为一项特例补偿恺撒第三次担任执政官的权利，允许恺撒"在现行法律允许的情况下竞选执政官职务时缺席"（允许恺撒不到罗马城就参选执政官）。因此，这两个人互相暗中监视的关系似乎被重新修复了。然而，庞培影射了他别有用心的想法，打消了最初的念头，即要么进行独自受益的职务更新，要么产生无法弥补的误会。他将恺撒的缺席特权限制在第一年，这段时间内，他有资格重新考虑候选人资格，保民官提案补充的这一项新要求，在庞培的意愿下，已经带有一丝人为的黑暗色彩。这件事的合法性来自哪里？苏拉立下的规定要求两次执政官任期之间必须间隔10年，这把恺撒的第二次任职推迟到公元前48年，但是庞培在与恺撒密谋之下刚刚推翻了这一规定，合法性来自这里吗？抑或源自《庞培和李锡尼法》所隐含的规定，即通过在公元前50年2月28日中断恺撒的行省总督治权，从而促使他于公元前50年就为公元前49年参选提交申请？两位同盟沉默地就一个含糊不清的方案达成了共识，就像布莱斯·帕斯卡笔下的耶稣会士就未来权力达成共识一样，他们不知道自己到底要在其中加入什么，尤其是不担心在其中加入同样的东西。我们稍后会看到，他们各自都在私下等待时机，将来根据自身处境和利益对此加以解读。

最初的敌对措施（公元前52年）

然而，高卢起义的规模骇人听闻。庞培拥有极其强烈的爱国自豪感，既不希望也不害怕恺撒最后的失败。但他意识到，高卢行省总督目前的尴尬状态对他来说是件好事,于是他急忙在决定与恺撒进行的战斗中抢占先机。

戈高维亚战败之后,庞培开始奉承元老们,表明了自愿恢复元老院集体领导共同决定的愿望,在他的安排下,罗马公民大会顺利召开并于公元前52年8月初将庞培的岳父梅特卢斯·西庇阿任命为他的同僚。当然,元老们也希望表达他们对庞培的感激之情,并如其所愿重新修改了行省法令。

公元前53年,为了降低选举竞争的激烈性,他们通过了一项法令,根据该法令,负责外省管辖的行政长官只有在任期结束5年之后才能再次被任命。关于这一临时措施,庞培在他们同意的基础上制定了一部恒久的通法,但这项法律丝毫没有影响他获得特别准许,元老院不久之后确认了他在西班牙的行省总督治权,有效期直到公元前45年1月1日。

元老院法令和全民公决以矛盾的措辞表达了他们共同的意图,庞培的骄傲和元老们的怨恨达成了一致,那就是降低高卢行省总督的职位。这项法令明确延长了庞培治权的期限,超出了恺撒自己所能预期的最长期限;全民公投则通过一种虚伪的迂回,将元老院从以前繁冗的法律程序中解放出来,从而缩短期限,也就是说,为庞培提供一种手段,使其能从恺撒连任一开始就取代他。

当元老院法令决定至少再授予庞培3年的指挥权时,全民公决撤销了恺撒从公元前50年3月1日至公元前48年1月1日这段时间的指挥权,也就是行省总督任命的正常程序所需要花费的时间。与人们可能认为的相反,恺撒没有任何抱怨,也没有提出任何否定意见。那么,也许是维钦托利拖住了他,让他腾不出闲暇时间。但这一点不足以解释恺撒弃权的原因。

事实上,恺撒容忍了这些敌对的举措,因为他希望利用这些措施来对付发起者,以其人之道还治其人之身。法老院法令开创了一个先例,以后或许还能够利用得上。这项法律似乎无足轻重,它的实施将受制于保民官的干预,其中《森普罗尼乌斯法》是独立的。如果它将恺撒的第二次执政官任期提前一年,而不要求恺撒在担任执政官之前放弃高卢行省,那么这项法律甚至有利于恺撒。尽管恺撒刚刚在戈高维亚遭遇了一场意外,但很可能他有相当大的自信能够以足够快的速度平定高卢,以便从前50年开始为一切可能发生的事情做好准备;在阿莱西亚战役取得重大胜利后,元老们和庞培肯定也会分享他的战果,并因此舒缓他们紧张的敌对情绪。

正如我们所看到的,元老院投票为恺撒的胜利举行第二次为期20天的盛大的祈神活动,而庞培,几周前并没有急于颁布提案撤销未来候选人缺席参加竞选的权利,他似乎没有其他目的,只想从恺撒手中收回在10位保民官请求之下给予他的权利,并急忙宣布这项法律将适用于所有的候选人,只有恺撒除外。

公元前51年的失算

然而,这种赦免与恺撒的乐观情绪一样短暂,从公元前52至前51年的冬季开始,阿莱西亚攻坚战的胜利压根没有解决恺撒的困难,由此中断的罗马一连串斗争变得更厉害了。恺撒意识到完成任务所需的期限很长,就立即放弃了行政长官的提前候选资格,并要求元老院明确将他的行省指挥权延长至公元前49年12月的最后一天。但是新任执政官塞尔维乌斯·苏尔皮基乌斯·鲁弗斯和马尔库斯·克劳狄乌斯·马凯鲁斯并没有向元老们提交恺撒的请求,马尔库斯是个顽固的教条主义者,以此作为借口并带着一种置身事外的严肃态度提出从公元前50年3月1日起任命恺撒在高卢的继任者,以便阻止高卢地区下一轮的敌对行动。他丝毫没有顾忌之前赋予恺撒不在罗马参选执政官的特权,认为庞培的新法律取消了这一特权。动作进展得太快了,保民官们情绪激动,另一位执政官从中阻拦。庞培克制自己不流露出任何异常反应。

然而,一项艰难的事业即将开始了。大约在同一时间,按照新的行省分配规定,毕布路斯,公元前59年执政官,赴叙利亚;西塞罗,公元前63年执政官,赴西西里岛。当恺撒和他的军团正在与卢克特顽强斗争时,罗马的贵族们并没有停止对他的辱骂。公元前51年6月(儒略历5月),马尔库斯·马凯鲁斯命令新科穆姆(Novum Comum,一个受拉丁法律管辖的城市)的一位公民,痛斥恺撒无论是否超越《瓦提尼乌斯公决》分配给他的权力,其结果都是建立了一个罗马公民殖民地。

然而,执政官的粗鲁受到了西塞罗和庞培的同时指责,庞培的父亲曾经是第一个将波河以北地区拉丁化的人。但是恺撒的命令受到了嘲讽,很明显,高卢行省总督已经不再使人害怕了。

公元前51年7月22日,元老院元老们要求庞培对他借给恺撒的军团做出交代。庞培碍于情面,拒绝立即召回他借给恺撒在高卢作战的军团,但在措辞上暗示了未来的召回意图,并宣布所有的行省总督都必须服从元老院的命令。

最后,公元前51年9月29日,虽然罗马人相信乌克斯罗杜努姆的狂热分子仍在抵抗,但马尔库斯·马凯鲁斯在元老院再次谈到了恺撒的权力问题。这一次，庞培反对考虑这个问题，提出在第二年3月1日之前审查这个问题会存在真正的不公，但他补充道永远不会同意恺撒在指挥军队的同时兼任执政官。这就像他同样无法接受"儿子想用棍棒打父亲"一样。这完全是多此一举，原因在于恺撒在庞培带头示范的引诱下，内心深处有了想要替代他的抱负，尽管他从来没有表现出来。但庞培此举最重要的是为了混淆概念和搅浑局面，以迫使恺撒放弃他公开发表并得到明确承认的要求，即在他担任执政官之前保留他的统治权。

库里奥的防御

　　恺撒和庞培之间的关系破裂最终发生在这个点上。公元前50年4月，执政官马尔库斯·马凯鲁斯把这个棘手的问题提上了元老院的议事日程，建议终止恺撒在高卢的统治，并在第二年的11月13日派遣将被任命的继任者。马尔库斯提出的解决方案表面好听，实则阴险。在公元前50年11月13日之前，公元前50至前49年的执政官选举大会本应该举行了。理论上而言，恺撒只需要参加竞选而不必出席，他的权利就会得到保障，他对起诉的担忧就会消散，并信守庞培对他的承诺。但是，如果说这种计策可能已经诱惑了恺撒一段时间，那么最近几个月事件的耽搁则延缓了他在高卢行省最后的征服进程，现在又进一步地阻止了他思考这件事。究竟是选择提前开启第二个执政官任期，还是将高卢并入罗马帝国，建立长达几个世纪的坚不可摧的组织从而获取荣耀，对恺撒而言，鱼与熊掌不可兼得。他应该在两者之间摇摆，从利益角度来说，他可能将注意力转移到了加速进入候选人资格的争夺上，这可能是对手们更希望看到的结果，因为在公元前50年夏天他所在地区的军队武装不可能解除，而且由于得到了老兵们的投票支持，他成功的可能性更大。

庞培为恺撒设计了一颗糖衣炮弹，并稳操胜券。如果恺撒接受了它，他可能会落入被操纵的投票选举的圈套里。如果他拒绝，元老院法令仍被采纳，那么他将在公元前50年11月13日被废除治权，他的执政官选举被推迟到公元前49至前48年夏季，这会产生一个致命的间歇期，贵族们的仇恨将把他淹没在无情的审判中。然而，任何两难境地都会有解决方案。对于他的奸诈挑逗，恺撒不屑一顾地拒绝了，理由不是为了个人方便，而是遵守规则。即两次执政官任期之间必须有十年间隔时间。

然后，当元老们装出不理睬姿态时，他们遇到了可以预见的最后一个障碍：库里奥的说情。库里奥是他们努力促进选举出来的保民官，尽管他轻率冒失、言行出格，元老们之所以推举他，主要是考虑到他对高卢总督的抨击谩骂和狂暴粗鲁。他们没有想到，恺撒与这位尖锐的侮辱者早已缔结秘密联盟，那些带着挑衅性夸张的抨击谩骂仅仅是一种假象。

元老们对保民官突然的角色转变感到愤怒，叫喊着说他为了全额偿还债务而被人收买了，并用徒劳的指控恐吓他。另一位执政官卢修斯·埃米利乌斯·保卢斯积极支持保民官库里奥，也加入了被收买的队伍，并受到不可侵犯的职位的庇护，一直持续到公元前50年12月9日，库里奥坚定不移地为恺撒提供了共和国法制最强大的盾牌：保民官的否决意见。

军团政变（公元前50年夏）

执政官马尔库斯·马凯鲁斯心甘情愿地等待保民官库里奥职务到期再重申他的意图，在此期间，他仅限于骚扰恺撒，不停地刁难他，故意激怒他，同时削弱他的力量。

公元前50年春，元老院下令，为了保护叙利亚不受帕提亚人的伤害，该省将增加两个军团力量，分别从西部行省总督的军队中抽取。庞培急于服从这一命令，因为这对于他没有任何损失，他把之前借给恺撒的军团交给元老院支配。恺撒也表示服从元老院命令，他把从庞培那里借来的军团以及驻扎于拉文纳的第十五军团送回意大利，仿佛他真心相信他们下一次会远征幼发拉底河。

当然，一到达意大利，他们就被送到卡普阿，再也没有移动。元老们利用爱国论调削减恺撒的力量，并组建内战的核心军事力量。恺撒看上去很重视他们，他一路走来都十分尊重他的同胞们，也没有忽视自身的利益。在阿尔卑斯山以南地区，他用十三军团的精英部队重新组建了第十五军团，填补了归还庞培所借的那个军团所造成的空白，并在山北高卢和其他地方征集了一批合编成师的步兵部队，增补了大量的骑兵部队。至于被抽离的部队，恺撒在他们离开之前向他们支付了两年的军饷，展示了模范性纪律和爱国精神，并增加了自己的军事力量，削弱了元老院认为从他身边夺走并据为己有的权力。

但庞培和元老们都没有注意到这一点。他们被这些可怜的援军所迷惑，被受命监督他们的将领虚构的画面所愚弄。这些将领们在出发时就接到了恺撒诡谲的指令，异口同声地描绘高卢军队疲惫不堪，有厌战情绪，只渴望归家与休息。

公元前50年12月1日的元老院会议

庞培被其傲慢自负蒙蔽了双眼：夏初，他在生病时给元老院寄了一封信，他在信里赞扬恺撒，态度谦虚，并表示和解，而他现在宣布，他只需要将双脚踏入意大利的领土便能够集结意大利的军团。从他的角度而言，执政官马凯鲁斯打破了几个月来一直使他难以忍受的谨慎态度。在公元前50年12月1日的元老院会议上，马凯鲁斯大肆宣泄，不仅针对10天之后就将期满卸任的库里奥，还针对恺撒，并揭露了恺撒的专制计划。之后，他邀请听众分组讨论以下两个问题：是否应该任命恺撒的继任者？是否应该取消庞培的指挥权？关于第二个问题，大多数人表达反对意见。而第一个问题，大家果断地一致赞同。然后，库里奥放弃了说情，这让元老们感到高兴，他在投票时提出了第三个问题，那就是同时安置恺撒和庞培是否合适。然后，元老们直接改变主意，以370票对22票的优势对库里奥的观点表示积极赞成。在第三次投票中，他们摧毁了前两次投票的成果，并给未来审议不一致的模式埋下了伏笔。

执政官马凯鲁斯感到狼狈不堪并怒气冲冲地宣布散会，大喊道"总有一天恺撒将成为你们的主人"；库里奥在离开的路上受到了热烈的欢迎，被人群视为救世主。

关系决裂（公元前50年12月7日）

刚刚取得的这种双重效果对恺撒有利，并使元老院陷入了一场滑稽的混乱之中，同时，是否有一天会彻底改变庞培制定的元老院法制呢？第二天，马凯鲁斯要求元老们取消他们的投票，向他们宣布恺撒率领10个军团从阿尔卑斯山下来，因此大家应当打败这个共同的敌人。库里奥申明马凯鲁斯的消息系伪造,并揭穿了他编造的谎言,然而这一切徒劳无益。马凯鲁斯无所畏惧地宣称:"如果有人在元老们的支持下阻止确保国家安全,他将以执政官的身份单独做主。"言出必行,他立即在同伴的陪同下去找驻在城界以外的庞培,并用剑指着他说:"我们请求您为了共和国的安全与恺撒作战,我们将驻扎在卡普阿和意大利其他地方军队的指挥权交给您,并赋予您权力根据必要情况组织各种士兵招募活动以提高战斗力。"

庞培模棱两可地回答说,他将听从执政官的意见,"除非有更好的事情要做"。也许他抱有幻想,以为在紧急情况下能有和解的希望。但是恺撒的密友希尔提乌斯于公元前50年12月6日晚上到达罗马,整晚与他的朋友卢修斯·科尔内利乌斯·巴尔布斯(L. Cornelius Balbus)和梅特卢斯·西庇阿交谈,并于12月7日清早返回,完全没有看到或寻找庞培。

庞培也在同一天去了坎帕尼亚,他的军团就驻扎在那里,库里奥于公元前50年12月9或10日夜晚结束了他的保民官任期,逃离了罗马城并投奔恺撒去了。

恺撒的预防措施(公元前50年12月中旬)

恺撒明白武装冲突不可避免。在为此做准备的同时,他不遗余力地指责他的对手。在分配完士兵们的冬季宿营地之后,恺撒前往阿尔卑斯以南的拉文纳,与他的十三军团在一起,这些士兵第二次以"统帅"尊称他。当库里奥向他转告罗马所发生的事情之后,恺撒命令扎营在马蒂斯克[Matisco,即今天的马孔(Macon)]的第八军团和第十二军团以及在纳博讷新招募的22支步兵大队跟他会合,然而,他一边暗中动员军队，一边公开增加谈判邀请。

在公元前50年12月10日成立的保民官选举团中，有两位恺撒的支持者：一位是他的大臣马克·安东尼，他毫不费力地完成平民法官的选举，并通过占卜官增补新成员；另一位是克拉苏在卡莱的前大臣的兄弟昆图斯·卡西乌斯·朗基努斯。

恺撒请这两位支持者以他的名义通知执政官们，一方面，他准备放弃自己的军团指挥权，只保留两个军团用于维护山南高卢的统治，直到公元前48年1月1日他成功第二次担任执政官为止；另一方面，他认可庞培在西班牙总督任期的延长。这样的和解条件并不像看起来那么容易接受。

庞培预计，一旦恺撒成功担任执政官，他在西班牙的治权将不再有价值，这并不是没有道理而言。他拒绝了这一妥协条件，执政官们在元老院对此事只字不提。

公元前50年12月21日，安东尼对平民发表讲话，劝说平民取消庞培在意大利征兵的权力，约束他率领卡普阿两个军团向东作战。

然而，事态发展的实际速度比全民公投计划的更快一些。

恺撒被撤职与元老院法令的最终决定（公元前49年1月1—7日）

公元前49年1月1日，新任执政官盖乌斯·克劳狄·马凯鲁斯和卢修斯·科尔内利乌斯·兰图鲁斯·克鲁斯召集元老院举行新执政官就任的开幕典礼。马凯鲁斯是同名前任（公元前51年执政官马尔库斯·马凯鲁斯）的堂兄弟。

会议正要开幕时，库里奥突然从拉文纳赶来并出现在他们面前，传达恺撒带来的消息。两位执政官本想要封锁这一信息，但是安东尼和昆图斯·卡西乌斯强迫新任执政官打开信件读给元老们听。

信中,恺撒一开篇就对自己所完成的工作赞不绝口。然后,他答应放弃军队指挥权,条件是庞培做同样的牺牲,也放弃自己的指挥权。如果庞培保留自己的军队,那么夺走他的军队是极不公平的,这将把他推向庞培的敌人。

元老们决定对这封信所要求的提案做出裁决,不通过他们个人的投票,而是按部门进行无记名投票。

只有凯利乌斯和库里奥对恺撒的议案投了赞成票。元老院的所有其他人,其中一些怀着诚意,还有很多人因庞培在城门口摆放武器带来的困扰选择投了反对票。保民官们还没有从他们的长凳上站起来,投票结果一出来,安东尼和昆图斯·卡西乌斯便为恺撒的声明说情,他们在连续两次会议上重复行使了否决权。

公元前49年1月7日,元老院确认了公元前49年1月1日关于恺撒提案的投票结果,并命令召回高卢总督恺撒,由其对手卢修斯·多米提乌斯·阿赫诺巴尔布斯接替恺撒在高卢的职务,并授予他征募4000名新兵的权力,而恺撒必须回到罗马,亲自向元老院递交行政长官候选人资格。

安东尼和昆图斯·卡西乌斯自然再次行使了他们的否决权。

最后,绝望的执政官们把"元老院终极决议"付诸表决并通过,这将使执政官、行政长官和总督庞培拥有无限的权力;同时敦促这两位保民官,如果想要避免他们坚持态度之后面临的暴力行为,就赶快退场吧。

安东尼怒火中烧地进行了激烈抗议,在众目睽睽下,攻击了神圣不可侵犯的护民官,似乎失去理智而采取了违规行为,他宣称自己是该行为的受害者，随后，安东尼愤怒地同昆图斯·卡西乌斯和库里奥从会场走了出去。

就在当天晚上，这3个人逃出首都，跑去拉文纳恺撒处。对恺撒来说，除了将其威胁付诸实践之外，没有什么能挽救他的脑袋和他的想法了。

内战——恺撒的政治原因

不论恺撒决定发动内战的后果如何，他完全有理由不逃避。他一生都在否认"元老院终极决议"的有效性。尤其当这种紧急措施针对他时，他是拒绝承认的。他有权利用法律条文躲避元老院的判决，因为无论如何，保民官们的否决意见已经使元老们违反主权平民投票公决而颁布的法令无效，而平民投票公决的结果从未被汇报过。他还可以援引"公约"精神，该"公约"于公元前60年签署，并于公元前56年重续于卢卡，公约在缔约方之间建立了一种平等关系，遵守诺言的荣誉感使他们不能因为其中一方的单方面决定而破坏这种平等关系。此外，他还应当利用元老院政府不可挽回的垮台局面。由于滥用职权，元老们的共和国已经误入歧途陷入了僵局，只能通过专制来摆脱无政府状态。如小加图一般的自由卫士们沦落到把捍卫自由的重任交到庞培手中，这个决定犹如一把双刃剑。而对于像西塞罗这样的观察家们，则在迷茫中大大提升了洞察力。西塞罗于公元前50年11月24日从西西里岛乘船抵达布林迪西，又于公元前49年1月4日回到罗马。这些观察家们在这场灾难性的战火刚一燃起时就曾明确预言，"为了一个人或另一个人的权力"，不管为了什么样的暴政，罗马人都将以道德准则的名义自相残杀。

事实上，在过去的十年里，所谓的共和国秩序通过三人式君主制（三头同盟）——后来变成两人式君主制（庞培和恺撒）——而维持下来。只有通过没有衰落或伪装的君主制，共和国秩序才能留存在翻新的城市和广阔的帝国中。

从历史的角度看恺撒最重要的借口，我们也可以称为同胞间自相残杀行为的合法性，就是针对罗马当时的情况，除了内战之外，他没有其他手段来实现自己的革命理想。

向君主政体的转变：《论共和国》

多年来，风尚的腐败和贵族的衰退已经瓦解了元老院统治机构。领导者自身也对这一切颇感失望。阿庇安说道，从公元前54年开始，部分元老低声议论，罗马只有在独裁政权中才能得到拯救。与此同时，西塞罗也在思考一般宪法的本质，特别是罗马宪法的变迁。西塞罗有时不得不承认，在所有形式的统治中，君主制即使不是最完美的，却仍然是本身缺陷最小的。在与西庇阿·埃米利安（小西庇阿）和拉埃柳斯之间的一次对话中，他发展了自己的论点。

公元前51年春天，西塞罗到达西西里岛之前①出版了长达6卷的《论共和国》。毫无疑问，当这部著作出版的时候，当共和国的丧钟响起的时候，西塞罗只能想到以一种仍然模糊、可改进甚至可撤销的形式实现君主制权力。

当时出于对骚乱的恐惧和对恺撒的仇恨，大多数元老倾向于投奔

---

① 作者注：这本书的写作开始于公元前54年，直到公元前51年才完成。西塞罗《法律篇》的创作开始于公元前52年，但直到公元前46年才出版。

庞培，可能因为庞培更尊敬他们而减少了他们的恐慌，与其说庞培是独裁者或国王，不如说他是寡头政治的保护者和代理人。

然而，我们无法界定政治宣传的效果，只能依据事实本身的影响来谈。政治宣传的效果来得又快又猛，使得西塞罗试图掩盖君主制的意图荡然无存；事实上的影响在于通过从宗教、自然和心理上寻求理由，以恢复君主在管理国家事务、控制军队或驾驶船舶等方面所必需的独裁权，这已经超过了西塞罗最初设定的目标。

正是由于他的成功，西塞罗改变了人们的想法，不再信赖最符合西塞罗的愿望以及庞培的才干和性格的不稳定的、不完美的和飘忽不定的监护制，转而倾向于恺撒长期以来渴望以其天赋实现的完整纯粹的君主制。

几个月之后，西塞罗以《论共和国》同样的论调夸耀恺撒退役老兵的功绩。

君主制取代共和制也是一件好事，政变指挥者对此深信不疑，对其政治体制的作用充满信心，并积极行动起来，目的在于将罗马世界从困扰它的邪恶状态中拯救出来。

恺撒的力量：军队和高卢

恺撒最终还是被自身实力带来的冲动所支配。有两个因素确保了他的优势。第一，他带着一支经过8年战争训练的军队，士兵们对这位以智慧、勇敢和正义征服了人心的领导人充满了感激和钦佩。第二，在他身后站着一个被征服的高卢，除了严酷的镇压之外，恺撒的荣耀光环，以及他近期的善行激发了高卢人对他的感激之情。

诚然，恺撒在高卢杀害了100万敌人，俘虏了100万奴隶，即使如

363

普鲁塔克所描述的那样，这些数字有所夸大，他们之所以夸大其词，是因为他的讨伐、集体大屠杀、谋杀计策和蓄意剽踪给人留下了可怕的印象。

从公元前51年底恺撒认为可以宣称长发高卢为罗马行省时起，他就向高卢人证明，通过彻底改变他以往的做法，罗马与高卢的友谊"将和他无情的复仇一样有效"。对于埃杜伊人、林贡斯人和雷米人，恺撒已恢复或维持他们作为罗马人民盟友的头衔。对于正式征服的其他民族，他征收了一笔贡税，但每年的数额如此之小——4000万塞斯特斯，以至于这笔款项只具备简单的象征性意义。

对于所有这些高卢民族，恺撒所要求的只是军事分遣队，高卢人十分乐意提供，因为其骨子里流淌着战士的血液，且他们注定要为恺撒服务：阿奎塔尼亚步兵、鲁特尼弓箭手，以及在各地招募的多达1万名骑兵。

同时，高卢人的想法毫无疑问也影响了恺撒的战斗意愿。即使恺撒战败了，最终征服高卢的这份荣誉也将永远伴随着他，此外，他通过吞并，将西班牙与意大利，莱茵河与大西洋连接起来，这样罗马共和国足以与辽阔偏远的亚洲各省抗衡，成为平衡东西方的重要力量。有了这个伟大的新地区取之不尽的储备，他将成为胜利者，这种确信使他打消了最后的顾虑。

神秘跨过卢比孔河（公元前49年1月12日）

从公元前51年开始，得知为了自我保护所要求的正当保障被拒绝后，恺撒把手放在剑柄上："这就是即将保护我的东西！"公元前49年1月，在跨越阿里米努姆（里米尼）以北的一条沿海小河卢比孔河之前，他不得不考虑谁能确保自己的安全。这条河将他管控的行省与意大利隔开，跨过这条河就算发动内战了。

在庞培和恺撒之间，在元老院和恺撒之间，不是靠言论，也不是靠法律，而是以武力分胜负。这一时刻已经来临了。一切的问题从根本上说是实力问题，恺撒相信士兵们的依恋和高卢人的忠诚会帮他解决不利的状况。

那么，恺撒为什么犹豫不决呢？

在恺撒所处的时代，天神征兆指引的胜利是不是行为的最高准则呢？在人间事务中是否牵涉到众神的参与呢？恺撒最终通过自己的理解，确认了众神的参与将使他建立的君主制合法化，因此他不需要进一步推迟战斗，通过战争获取这一切的行为将得到宽恕。

公元前49年1月12日黎明时分，恺撒迈出了决定性的一步，率领他的十三军团毫无阻碍地渡过了卢比孔河，并占领了阿里米努姆。恺撒对未来充满信心，已经感觉到神的灵性正涌入他的体内。当他到达决定命运的河边时，下令在田野里放出一群马作为赎罪的祭品。然后，直到收到来自上天的把他从尘世的禁忌中解脱出来的告谕，他才渡过这条河。

在卢比孔河岸边，一位身材极其魁梧、外形出奇俊俏的骑士吹起了芦笛。恺撒的士兵们闻声而来，他们当中有些人已经配备好了小号。突然，那个人从其中一位士兵手中夺去小号，冲向河边，边策马奔驰边使劲吹响小号，并顺利地冲向河对岸。这是故意上演还是神灵出现？恺撒立即动员他的军队。"前进吧，"他喊道，"到诸神呼唤的地方，到侮辱我们的敌人所在的地方去吧！骰子已经掷出了。"

我们通常只记得这句名言的最后部分，也是时候理解前面的话语了。作为罗马的大祭司，出身于众神庇护的罗马家庭，恺撒相信并利用这种神的力量。此时这种神的力量也激发了他的胆量，内战胜利后，恺撒继续通过它确立他的君主地位。

第五章
内战
（公元前49年—前45年）

内战的主要特征

跨过卢比孔河之后，恺撒将具备拥抱一切、夺走一切、再造一切的力量。从公元前49年初到公元前44年3月15日，5年时间已经足够他来摧毁庞培和元老院的军队，推翻元老们的共和国，建立起君主专制的基础。

在长达4个世纪的时间长河中，这种专制政体从最初的弱小发展到最终的强大，将以帝国的名义统治罗马、意大利和地中海地区，并试图拓展到君士坦丁堡。可以说，中世纪和现代世界的一些政体也是对恺撒专制政体的模仿，其思想仍然影响着现代意识形态。

在现代人看来，恺撒政体作为一种体制或时代趋势，在恺撒最终被害后得以继续存在。如此深刻的变革这样迅速地发生，令人惊讶。恺撒是在公元前45年9月回到意大利之后，方才取得绝对的胜利和主权。在那之前，他必须同时与敌人作战，摧毁在他看来必须推翻的共和国制度，并迅速建立属于自己的君主专制政体。这种体制在法国和当代欧洲的部分地区一直没有停止演变。因此，恺撒遥远未来的模仿者拿破仑·波拿巴，在执政府时期前两年的战斗中，便在较小程度上建立起相关框架。当然，为了评判这一系列令人惊叹的举措，最好的办法就是跟随恺撒一步一步进入令人炫目的行动中——他通过军事行动把深刻的改革和根本的变动交织在一起。但是，这种罗列行动的表述方式容易陷于分散，从而歪曲事件的意义，这些事件随着时间的推移砌在一起，却没有真正的连带关系，也没有共同的衡量标准。最重要的是，在笔者看来，它会导致人们忽视事情发展的连贯性。

恺撒以令人难以置信的速度完成了这些变革——经过长期的深思熟虑之后，他认为这些变革必不可少。因此，在本书的最后两章中，笔者没有沿用在其他章节中严格遵循的时间顺序，而将分别研究内战的各个阶段，以及恺撒胜利之后最终能够完成的主要工作。毕竟影响历史进程的是内战的结果，而不是发展过程。恺撒完成主要工作时带着一种源源不断的力量，人们只有通过汇总碎片信息才能理解整体意义。我们探讨的重点不应该拘泥于恺撒取得成就的具体细节，而应在于它发生过程中所具备的所有政治、社会和思想条件。否则，这些充其量也就只是追溯过往事实的粗浅论述，对我们理解当时的历史没有太大的意义。

第一节　征服意大利

从阿里米努姆（Ariminum）到安科纳（Ancône）再到阿雷提乌姆（Arretium）（公元前49年1月12—15日）

恺撒知道，一旦侵犯了意大利的边界，他就背上了叛国罪，剩下的只有征服意大利一条路。在跨过卢比孔河之前，他直截了当地告诫士兵们："现在回去还来得及。否则，一旦我们过了这条小河，一切都得靠武力解决。"

恺撒刚到达阿里米努姆，就制订了作战计划。首先，他让十三军团的士兵们燃起了即将强行夺取胜利的战斗热情。恺撒出现在士兵面前时，周围围绕着从庞培那儿逃亡的保民官，他的态度就像一个遭受恶劣迫害但决心要伸张正义的受害者。同时，他一边说一边撕扯着衣服，声音中带着哭腔，希望获得士兵们的怜悯之情。随后，他激起了士兵们对他的敌人，特别是对庞培的愤怒，并向士兵们宣读自己写的遗嘱来痛斥庞培的忘恩负义，在遗嘱中，恺撒指定庞培为自己的继承人，且时至如今，他并没有撕毁这份遗嘱。

接下来，他告诫他的士兵："你们的命运不可避免地与我自己的命运联系在一起，如果背叛我恺撒，后果会很严重——你们期待的回报将荡然无存。"

最后，他唤醒了士兵们的战斗欲望，通过向他们展示左手佩戴的戒指，发誓他宁愿摘下自己的戒指，也不愿像那些本可以（却没有）帮助他为自己的荣誉报仇并把罗马从奴役中拯救出来的人一样无所事事。恺撒确保了士兵们的忠诚之后，又看见阿里米努姆的一切都安静了下来，于是只留了两支步兵大队在身边，于当天（公元前49年1月12日）派遣3支步兵大队快速占领了皮索鲁姆（Pisaurum）、法努姆（Fanum）和安科纳，并把剩下的5个军团交给了安东尼，要求他们跨越亚平宁山脉夺取阿雷提乌姆，该地地理位置十分重要，可以俯瞰卡西亚大道（La Via Cassia），卡西亚大道与连接比萨和卢纳的奥雷利亚道路（la Voie Aurélienne）相交，并直接通往山北高卢。此外，恺撒丝毫未忽视另一个问题——他召集的军团两周后才能到达。他更关心的是自己的手下部队与高卢行省和大部分军队的联系，同时装出试图再次与对手和解的姿态。

假装谈判

大约在公元前49年1月17—18日，也就是儒略历12月22—23日，恺撒在阿里米努姆接待了元老院和庞培的委托人，委托代表们正式向他传达了1月7日的法令文本，要求他立即撤出意大利。两位使节的选择表明了很长时间以来对手的尴尬疑虑以及争取时间的意愿，其中一位是卢修斯·罗斯基乌斯·法巴图斯（L. Roscius Fabatus），恺撒的前军团长，另一位是公元前64年前任执政官的儿子卢修斯·尤利乌斯·恺撒，恺撒的远房亲戚之一。由于恺撒没有放松戒备和军事防范，因此拒绝接见元老院派来的使节，只是派出代表进行和谈。恺撒提出自己的谈判条件：一方面，他要求庞培解散自己的军队，暂停已经开始的军事动员，到西班牙担任行省总督；另一方面，他希望自己可以在下一次公民大会上获得执政官职位。他重申了解散军团的承诺，并宣布准备与庞培会面，以最终消除他们之间的分歧。

这种在最后时刻进行和解的尝试不可能受到重视，尽管对恺撒来说这是一项极高的权力。元老们担心双方和解之后他们会失去现有的权力。对庞培而言，他不能在这样的基础上欣然同意在卢卡第二次面谈的前提，如此至多只会产生不平衡的两头政治执政者，在这种情况下，他将被打发到西班牙担任行省总督；即使做最有利的假设，也就是恺撒担任执政官后绝不食言，他也将仅限于扮演位居第二的不那么引人注目的角色。此外，有些事件比谈判进行得更快。

庞培撤离罗马（公元前49年1月17—18日，儒略历50年12月22—23日）

正当委托代表们和恺撒方代表进行和谈的时候，惊恐的逃兵将消息传到罗马,称恺撒的第十三军团在其首领的命令下占领了皮索鲁姆、法努姆、安科纳和阿雷提乌姆。

这一道听途说的消息让元老们感到十分惊恐,在对恺撒的力量一无所知的情况下,他们感觉自己仿佛已经被一群敌人包围,将被野蛮袭击者的旋风卷走,如同深陷马略淹没其前辈们的血河中。他们赶紧听从庞培的指挥,庞培出于非常合理的理由,主张元老们撤退到卡普阿与聚集在那里的两个军团会合,在他们与恺撒混战之前,控制军队力量显得十分必要。于是元老们宣布他们将追随庞培和坎帕尼亚的执政官,留在罗马的元老院元老将被视为恺撒团伙并卷入叛乱者招致的谴责和惩罚中。

公元前49年1月17日当天,也就是儒略历前50年12月22日,庞培起程了。第二天,涌现了大批可怜的逃难者,贵族们带着妻子和孩子们混乱地撤退。执政官们举了一个例子来形容当时的慌乱场面:马凯鲁斯丝毫没有等待他的同伴,兰图鲁斯落在最后搬运国库的财富,将大部分财宝搬运到农神庙宇地下,而完全没有专注于组织总运输所需的车队。西塞罗突然从犹豫不决的状态走出来,并在黎明前逃走,借口是避免使人们注意到这次逃跑与之前荣誉的不幸反差,当西塞罗从西西里岛回来之后,在等待一场自满的胜利之前,他高傲地装饰了侍从官的束棒。当卢修斯·罗斯基乌斯·法巴图斯和卢修斯·尤利乌斯·恺撒回到罗马时,已找不到任何可以交谈的人。于是他们立刻继续赶路,往南寻找总督庞培以及赋予其权力的行政长官们,直到公元前49年1月23日,即儒略历前50年12月28日,才在忒阿努姆(泰纳诺)追上了他们,并向他们报告了和谈的情况。

交战双方的战斗热情

与此同时,情况进一步恶化:库里奥带着驻扎在皮索鲁姆的部队和在阿里米努姆的两支预备部队,从伊古维乌姆(Iguvium)撤走了在行省总督泰尔姆斯(Thermus)指挥下的小部分驻军,当他靠近时,驻军解散了,随后库里奥代表恺撒收到了自治市的仓促投降。因此,恺撒并没有后退到他所在的省份,而是加快了向意大利前进的节奏,坚定地向由亚得里亚海、卢比孔河、埃西诺河(l'Aesis)和台伯河上游流域组成的四边形挺进。他用暴力方式推翻了和解之言。庞培和执政官们再也不会被他的口头信息欺骗了。

尽管如此,庞培党人表面上还是假装同意恺撒的提议,但必须以恺撒放弃进攻和解散军队为条件,而且他们也没有确定庞培出发前往西班牙的日期。西塞罗在得知了这个回复的内容后,一时自以为共和国能够恢复和平状态。恰恰相反,这个回复表明元老们只要远离恺撒便能重拾勇气,同时,拉比埃努斯脱离恺撒并加入他们的队伍中,这让他们心荡神驰,从此以后,元老们将拒绝最轻微的让步。恺撒不可能误解这一点:卢修斯·罗斯基乌斯和盖乌斯·尤利乌斯·恺撒在返回的途中,很可能在安科纳就告知了恺撒庞培及元老院拒绝和解的心思,于是恺撒进入皮西努姆,然后径直向奥克西穆姆(Auximum)行军。看来双方交战不可避免,局势十分紧张,胜负就看各自的能力和运气了。

庞培的计划

庞培对这次突如其来的袭击感到惊讶,他像往常一样小心翼翼,宁愿离开罗马,也不愿在没有做好足够准备的情况下盲目地打防卫战。西塞罗在完全不必要的匆忙中附和这一弃战决定,却在同一天将其描述为荒谬的。但在接下来的几个星期里,他的担忧与日俱增,不得不严厉反思这种"可耻的疯狂行为"。

在现代,拿破仑同样强烈地谴责这件事情,他口述道:"罗马!必须保留罗马!庞培在内战开始时就应该把他所有的军队都集中在罗马。"但是,确切地说,庞培的军队比较分散,包括正在动员的新兵、驻扎在伊比利亚半岛的几个步兵大队,以及卡普阿的两个军团,如果庞培的军团力量是恺撒可以立即部署的军力的两倍,那么结果可能会不一样。拉比埃努斯指出了庞培手下军队的弱点:既不团结一致,也不均衡可靠。在这种情况下,庞培应当受到斥责,因为他没有认真准备就参与了战斗,也可能错误地忽视了占据罗马在心理上的重要性,但他完全有理由实施很可能已经构思好的撤退计划,这也许会抵消他缺乏远见的严重影响,并扭转大局,令其朝着有利于他的方向发展。从1月底开始,庞培很可能已经选择了将战区转移到东部,以便吸引恺撒离开战略基地,切断他与高卢、粮仓和预备部队的联系,迫使恺撒通过海路运送他的军队,后勤保障就会跟不上,很快就会出现无法填补的供给空白,最后,紧跟其后的西班牙军团将重新占领西班牙行省和意大利,恺撒的部队便会在无休止的追捕中筋疲力尽。

从军事角度来看,庞培的计划具有宏伟的深度与智慧。但这些计划的实现需要一致的观点、追捕的精神以及沉着冷静的心态,围绕在庞培身边的步调不一的同盟以及贵族们的紧张情绪都不能保证这几点,与此同时,这些人并没有忠实地为庞培服务,而是用他们的意见困扰他,用他们的矛盾阻碍他。此外,尽管庞培拥有战略头脑,却因为缺乏政治意识而犯了错,虽为他的副将们建议了目标和努力方向,但庞培及执政官们因傲慢自负拒绝考虑这些超出了他们能力范围的提议。

庞培失算了

庞培本应该马上把自己的想法强加于贵族们。相反，他把自己的真实想法隐藏了起来，采取拐弯抹角的方式曲折地前进，徒劳地希望能从惨痛的事件教训中引导他们服从自己的意愿。这样一来，他只会进一步挫败贵族们的士气，把大规模的演习变成一种无序的退缩。从公元前49年1月25日，也就是儒略历前50年12月30日开始，当他随部队前往拉里诺（Larinum）时，他表现得小心翼翼，不承认阿普利亚市是向布林迪西进军的第一站，并暗示他想更接近皮西努姆，在那里，拥护者们的忠诚有助于招募士兵，而且他准备一旦有合适的机会就回到那里，禁止恺撒接近罗马。但是他被自己设置的陷阱困住了，无缘无故地急派保民官卡西乌斯去寻找留守在卡普阿的执政官们，让他们返回罗马城，尽快清空国库的财产，并立即带着仍然藏在农神庙宇地窖里的财富回来，执政官们恼怒地拒绝了庞培的意见。

去罗马吗？用什么护卫队？怎样走出罗马？应该怎么做，又有什么保障呢？兰图鲁斯傲慢地断言他会考虑完成庞培交代的任务，于是庞培继续向北出发决定夺取皮西努姆。西塞罗于公元前49年2月7日（儒略历1月10日）报告了庞培的回复，然而，运气不佳的庞培丝毫没有预料到2月5日恺撒的士兵们已经占领了弗尔姆（Firmum），6日已占领特伦特姆（Truentum），到10日连阿斯库路姆（Asculum）也落入了他们手中，当庞培潇洒从容地表达自己的想法时，元老院已经无可挽回地失去了皮西努姆。这次突然入侵打断了韦布留斯·鲁弗斯已经开始在意大利进行的征兵活动。在其他地方，征兵活动也只取得了微不足道的效果。西塞罗在坎帕尼亚负责征兵活动时忽视了自己的使命，而执政官们模仿了他的惰性。只有恺撒在高卢名义上的继任者卢修斯·多米提乌斯·阿赫诺巴尔布斯似乎在阿布鲁佐大区拥有丰富的资源，精神饱满地组织招募，一共招募了12个军团，并将其中的4000人士集中在科菲尼涅乌姆（Corfinium）的城墙内。科菲尼涅乌姆是佩里尼亚人（Péligniens）的古老大都市，在社会动乱期间，鉴于这座城市在瓦勒里安大道（voie Valérienne）上的关键位置，它已成为起义的中心城市。罗马与亚得里亚海之间的这一纽带地处高山之间，四面八方特别是北面的陡峭绝壁阻挡了大高原，于是这座城市的地位得以加固。然而，多米提乌斯的第一次成功让他得意忘形，由于他的无能和肆无忌惮，他险些将庞培和元老院的命运带入灾难中——恺撒即将加速推进的军事行动带给他们的灾难。

围攻科菲尼涅乌姆（公元前49年2月15日）

弗尔姆沦陷之后，庞培从拉里纳（Larinum）撤退到卢西亚城（Luceria）附近，并于公元前49年2月6日（儒略历1月9日）将其军团驻扎于此。他首先向多米提乌斯发出警告，敦促他带着周围所有的军队从科菲尼涅乌姆城撤退：不仅包括他本人指挥的12个军团，还有盖乌斯·希鲁斯（C. Hirrus）从卡默里纳（Camerinum）带到翁布里亚（Ombrie）并交付给他的5个军团。

2月11日，即儒略历1月14日，庞培一大早就给西塞罗写信，信件中表示对多米提乌斯已于2月9日黎明时分离开科菲尼涅乌姆感到满意。然而，在下午，庞培非常失望，多米提乌斯并没有信守诺言。

2月8日（儒略历1月11日）晚上，除了兰图鲁斯·斯宾特尔总督从阿斯库路姆（Asculum）撤离的士兵外，多米提乌斯还看到了韦布留斯·鲁弗斯在皮西努姆组建的13个军团进入他的地盘，这些军团是鲁弗斯从侵略者的手中夺取的。这些重要的增援部队改变了他的计划。

2月9日，多米提乌斯没有下令离开科菲涅乌姆城，而是推迟了计划，甚至没有花费精力通知司务长，司务长在2月11日下午通过韦布留斯的一封信才收到通知。庞培对这种不遵守命令的无理行为感到不满，当场向这位摇摆不定的盟友确认了他先前的指示，并直接指出了多米提乌斯错误的态度以及违反军令的行为，如果他执意筹划将卫兵们部署在佩里尼亚人的势力范围附近，庞培不会立即前往卢西亚，至少不会动用韦布留斯和盖乌斯·希鲁斯的分遣队，因为这些力量不在他的管辖范围之内。

多米提乌斯对此置若罔闻。2月14日（儒略历1月17日），多米提乌斯悄悄地向司务长示意他想先观察恺撒，若恺撒轻视他的力量沿着海边挺进直指庞培，他将毫不犹豫地去与庞培会师；相反，若恺撒进入萨莫奈地区并首先攻击他，那么他将下定决心勇敢面对并顽强抵抗。

这一硬充好汉的决定表明了他对现实一无所知。庞培不支持此决定下采取的任何措施，而是随意地分配部队以至于减弱了自身的力量：他安排六个军团在阿尔巴·富肯斯（Alba Fucens），安排七个军团在苏尔莫纳（Sulmona），剩余的军团则留在科菲涅乌姆。随后，他终于在萨莫奈以北3里（4.4千米）处摧毁了一座重要的桥梁，这座桥梁是恺撒越过阿特诺斯河（Aternus）右岸并威胁萨莫奈地区的唯一通道。然而，此时恺撒的前卫部队已经出现在他的视线中，并在完成桥梁摧毁之前驱散了他的军团力量。多米提乌斯紧随其后，他并不担心，恺撒从2月15日（儒略历1月18日）起在离城墙很近的城市南部安营扎寨，拦截他与苏尔莫纳和庞培的联系。恺撒的部队比多米提乌斯预想的更多。从2月5日开始，他的第十二军团加入了位于弗尔姆的第十三军团。2月16日，恺撒突然把以下军事力量全部召集起来：从山北高卢召唤的第八军团，诺里克国王提供给他的300名骑兵，以及其征兵人员在阿尔卑斯山以南匆忙组建的两个军团。在12天之内，恺撒的军队已经从一个军团增加至六个军团。

第二天，也就是2月18日（儒略历1月21日），恺撒开始在科菲尼涅乌姆周围画一条8千米长的包围线，其手下的2400兵力足以布满这条线。

科菲尼涅乌姆沦陷（公元前49年2月21日，儒略历1月24日）

恺撒设计的这种土方工程的场面令多米提乌斯烦躁不安。趁恺撒不在时，多米提乌斯充当好汉，表现出值得称赞的干劲，以急躁的语气长篇大论地训斥他的士兵们，向他们许诺得胜后每个人都将分配到一块土地，并要求他们加固自己的堡垒，积极做好防御。但当他看到恺撒正在挖掘他无法攻破的封锁战壕时，他的傲慢和勇气荡然无存，只能寄希望于庞培并恳求庞培的援助。

然而，这是徒劳的。庞培只是一边斥责他，一边把这个荒谬的请求转达给执政官，并最后一次强调要求多米提乌斯尝试脱身，以坚定的威严合理并彻底地拒绝了他的请求。

然后，庞培丝毫不担心被围困的多米提乌斯，于2月18日离开了卢西亚，按照计划将两个军团经由坎努斯（Canusium）向布林德斯港口分批转移，并急于组织登船。

根据恺撒的说法，当多米提乌斯在2月19日意识到只有自己可以依靠时，他只想到自己脱身，却偷偷地背弃他的职责和士兵们。我们无法确定多米提乌斯是怎么想的，但可以肯定的是，第二天士兵们拒绝了战斗。

2月21日黎明前，兰图鲁斯·斯宾特尔代表士兵们向恺撒的哨兵请求安全通行并前往恺撒的帐篷，当着恺撒的面为此事辩护。恺撒没有给他时间展开雄辩，并立刻向他保证，他蔑视报复行为，看来也没有必要拉开战线来打倒这些抵抗分子了。当天正午，他跟在斯宾特尔后面走进了已投降的科菲尼涅乌姆城。他嘱咐市级行政长官归还多米提乌斯存放在他们手上的600万塞斯特斯，并给予站在敌方的多米提乌斯和元老们无条件的自由。

马略和苏拉都不曾如此对待同时代的敌人，这种慷慨的宽宏大量立刻征服了他们的心。西塞罗在给阿迪库斯的信中写道："拯救了敌人的恺撒和抛弃了朋友的庞培形成了多么鲜明的对比！"

在庞培生病期间曾热切祈祷他痊愈的市政当局突然与他分道扬镳，现在他们祝愿恺撒能够胜利；很快，科菲尼乌姆的士兵们决定要拥护恺撒征服西西里岛，他们整齐如一地站在恺撒的旗帜下。因此，由于多米提乌斯的傲慢无能，元老院在翁布里亚、皮西努姆地区以及在马赛斯人（Marses）和佩里尼亚人中间的征兵活动反而使他们原计划打败的首领（恺撒）的军队力量更加壮大，这些征兵活动为恺撒打开了意大利的大门。

围攻布林迪西（公元前49年3月9日，儒略历2月9日）

执政官们放弃了与恺撒争夺征兵的力量，踏上了通往海边的路以追随庞培。双方势力于公元前49年2月25日（儒略历1月28日）在布林迪西会师。

时候到了！恺撒在科菲尼涅乌姆投降的当天晚上开始起程奔向庞培及其军队，并于3月1日（儒略历2月1日）在阿尔皮（Arpi）度过了一晚。

八天之后，也就是3月9日，恺撒到达了庞培和元老们开始行动的港口，远远地望着庞培他们的船队，并带着筹划的事业以及手下的军队前往亚得里亚海对岸。

在势不可当的前进的喜悦中，恺撒曾想象自己能够将他们囚禁在布林迪西，并通过同时俘虏他们的部队和船只而立即结束战争。在过去的两个月里，好运气一直以令人难以置信的坚定步伐伴随着他。一次剑都没有拔，对立的城市在他面前纷纷敞开了大门；贵族们默默地忍受着被恺撒赦免的羞辱；而贵族们的士兵干劲十足地听候恺撒的命令。

在最后阶段，恺撒不满足于突然袭击正在逃亡路上的被元老院派系孤立的官员们。不久以前，他将多米提乌斯派遣到阿尔巴·富肯斯（Alba Fucens）的六个军团以及行省总督普布利乌斯·鲁提留斯·卢普斯从特拉辛（Terracine）带回来的三个军团并入了自己的军队，这些军团从远处看到恺撒的骑兵便迅速跟了过去。现在看来，他的计划虽然显得疯狂，但似乎也是明智的，如果充满智慧且头脑冷静的庞培没有预料到并挫败恺撒的大胆进攻，他的计划很可能已经实现了。

庞培将目光顽固锁定在自己的目标上，坚定不移地执行他的战略原则，早在2月中旬，庞培就把两个先锋部队分派到布林迪西，击败了意大利最小的特遣队，将所需的海军装备的订单发送给亚细亚的盟国、诸侯以及臣民。埃及的亚历山大城；叙利亚的推罗、西顿、阿拉杜斯，塞浦路斯，罗德岛，科斯岛，米利都，伊兹密尔（Smyrne），希俄斯（Chios），列斯波斯岛，直到拜占庭都响应了他的号召，他还没有到达指定的船只碰头地点，第一批征用的海军部队已经穿过了布林迪西市所在的地峡东北方向前面350米的航道，并把船泊在两个天然锚地之间，"就像鹿头夹在鹿角之间"。等到庞培来到时，他检阅了派往当地的部队，将大约3万人分成了50个军团，然后再次放弃了发动这些既不可靠又不协调的部队作战的计划，并立即开始了转运。

公元前49年3月4日（儒略历2月4日），第一支分队由30个步兵大队、执政官、元老院元老组成，他们在狄拉奇乌姆（Dyrachium）登船远航，庞培丝毫没有因远离对他们的监视甚至是预防他们的背叛而心烦意乱。其他人员跟随他们的步伐，任务完成之后，运输船将返回基地。

庞培逃离布林迪西（公元前49年3月17日，儒略历2月17日）

在等待运输船返回的同时，庞培利用剩下的队伍来保护布林迪西免受敌人的攻击。他堵住了围栏的大门，用街垒封闭了公共广场，将街道切断成沟渠，并在那里利用从阿莱西亚战役中吸取的教训回过头来对付恺撒，把锋利的木桩插入一丛栅栏和泥土之下；最后，他封锁了城墙外通向码头的两条主要道路，路上布满了潜伏着危险的尖头物。当恺撒来到广场时，超过一半的驻军已经逃走，剩下的军团足以

381

阻止他的攻击。

初次接触时，恺撒估量了任务的困难程度，并准确地认清了完成这项任务的唯一途径——通过一系列堤坝和叠加的木筏，来封堵港口。他刚把营地安顿好便发动士兵们以艰苦的劳动来完成这些工程。然而庞培进行了反击，他在停泊岸边的几艘船上搭起了三层高的塔楼，并将它们推向恺撒部队正在进行的工程，用箭和石弹拆散了这些工程的骨架，驱散了工人们。正在建筑工程的恺撒士兵们被击退之后变得灰心丧气，而庞培的自由撤退预示着作战时间的延长，恺撒甚为不快，试图通过他的代理长官（lieutenant）卡尼尼乌斯·莱比鲁斯（Caninius Rebilus）和斯克利博尼乌斯·利博（Scribonius Libo）让庞培暂停武装斗争，这样他们就可以面对面商议将共和国一分为二。

然而，尽管元老们远走躲避之后，庞培可以擅自做主，但他不允许自己被西塞罗出于对社会安定的追求而努力使他相信的那些美言所诱惑，而西塞罗认为恺撒的谦虚只是一种假象，他表示希望高卢行省总督恺撒与声称永远被视作共和国第一公民的庞培之间达成完整的协议。

庞培利用效忠宪法的声明掩盖了他的野心，直截了当地放弃了谈判，他说，在执政官缺席的情况下，他不承认自己有采取行动的权力。如果害怕死亡的话，他肯定不会如此谨慎小心。可是，经过9天的巨大努力，一切无济于事，布林迪西航道仍有175米宽度可通行，运输船从伊利里亚安全返回，庞培不再怀疑是时候撤离了。

公元前49年3月17日（儒略历2月17日）晚上，庞培率领20支步兵大队到达了公海领域。第二天，恺撒从错过胜利的痛苦中走出来，他占领了布林迪西并截获了两艘落后的运输船。

然而，恺撒是一位伟大的领袖，不会对庞培这种如逃亡一般的主动撤退感到高兴。这场撤退隐藏着巨大的报复风险，迫使他在几个月的时间里坚持一场可怕的斗争，以保持和扩大对罗马和意大利的控制，而庞培只是暂时放弃了管控权。

第二节　第一次西班牙战役以及夺取马西利亚

军事正确，政治错误

庞培正在顽固地推行他的战略。他利用控制海路的优势不断从希腊东部获取一些资源来装备和供给一支让恺撒无懈可击的强大军队；同时，他一直拒绝与恺撒正面作战，尽可能通过消耗对方的精力和让对方缺水少粮来结束战争，否则正面交战将摧毁所有的海岸。

庞培如理论家一般冷静与残酷，坚定地执行自己的计划，打算通过封锁伊比利亚半岛和罗马城从而让恺撒及其部下渐渐忍受挨饿的痛苦，最终恺撒将在他的手段下变成一具饿殍，这样所谓征服恺撒的行动很快就结束了；而在胜利后的第二天，尽管日期尚不确定，庞培只需像过去苏拉从希腊回来那样，以救世主的身份重现并以主人的身份征服罗马和意大利。

这一计划布局险恶，看上去无懈可击，却表明了策划者完全缺乏对现实情况的心理预期。庞培假定自己手下的军团成员如同恺撒及其士兵们一样，身上有某种高于普通人的耐性，可是他一下子就引起了罗马人民的愤慨。庞培及其拥护者的离开使罗马人民暂时处于恺撒的管辖范围之内。随之而来的威胁使他们一筹莫展。随着元老院军队的撤退，意大利人民惊恐不已，仿佛暴君苏拉的幽灵回到了罗马城，从公元前49年3月初起，恺撒在写给盖乌斯·奥皮乌斯（G. Oppius）的一封信中表明不会效仿苏拉，这封信的内容被广泛流传。而西塞罗指责庞培没有较好地模仿苏拉："苏拉所做的，庞培为什么不做呢——我们的格涅乌斯希望苏拉式君主制重现。在过去的两年里，他一直在反复思考着这种行为的不齿之处，他的周围仅有小苏拉式的拥趸——梅罗·苏拉（Meros Sullas）。"

恺撒对微妙的舆论动向十分敏感，并没有忽视这些不满的征兆。他立刻想到拉拢西塞罗以支持自己的事业，并通过西塞罗获取留守罗马的元老们的支持。3月26日（儒略历2月26日），恺撒从辛内萨（Sinuessa）给西塞罗寄了一封信，他在信中大力奉承西塞罗，批判敌人，并催促他回到罗马，表明自己非常需要他的建议。

两天后，恺撒在富尔米（Formies）见到了西塞罗，并对他施加了更大的压力。西塞罗不失客套又略带尴尬地躲开了，恺撒从这种委婉的中立态度中得出结论，那些不太愿意为其效劳的贵族也会像西塞罗这样做。恺撒深信他们精神上饱受折磨，物质上又无能为力，便直奔罗马，去元老院赴约，约会地点在战神广场，时间定于公元前49年4月1日。

恺撒在罗马

恺撒原本打算强行获取那些仍在犹豫是否追随庞培的元老们的支持，从他的角度来说，如此一来便给他未来的事业正式刻上了合法的印章。保民官昆图斯·卡西乌斯和马克·安东尼帮了他的忙，让元老们在城界外集合，这样恺撒就可以在不卸下武器和徽章的情况下正当地对他们发表讲话。但只有几个人参加了此次集会，这次活动更像是元老们私底下的秘密交谈，而不是真正的元老院会议。

恺撒表现得十分和善，如同听众所希望的那样，并没有指责或威胁任何人，为了证明自己并非主动挑起内战，他甚至建议派一个代表团去会见庞培，以期恢复共和国的和谐与和平状态。所有的元老一起为这些优美的语言鼓掌，但当涉及计划执行阶段的任务分配时，每个人都找借口推托，避免卷入其中。

经过三天徒劳无功的讨论之后，恺撒厌倦了这些人畏缩不前者的虚伪，决定使用委婉措辞以免除他们的管理职能，也就是说，假设元老们不存在，由恺撒独自承担管理责任，然后，将他实际权力的正规合法化推迟到更有利的时候。

同时，恺撒加快动员罗马人民，希望从他们身上获得更多的积极好感和迅速有效的力量。他向平民承诺给每人发放75第纳尔，并赶紧从岛上调运来小麦，同时发表了用武力占领粮食生产省份的言论，公布了他在布林迪西下达的命令，这些命令已经得以执行，即带领军队把昆图斯·瓦勒留斯（Q. Valerius）送到撒丁岛，把库里奥送到西西里岛，把图贝罗送到阿非利加，并通过这些措施预防饥荒，让广大民众吃下了定心丸。

恺撒因不愿意出席公民大会，于是通过保民官的效劳取消了进行敌对行动所需的全民公决投票。《罗斯基乌斯法》（Lex Roscia）通过将阿尔卑斯山以南的人口并入罗马，使被他列入计划20年的条款成为现实，同时为他的军团招募提供了新的便利，因为根据这部法律，所有波河以北地区的人都有资格参与军团服役。

另一部法律允许恺撒使用共和国的财产（aerarium），于是他立即予以执行。然而，当他想要动用国库储备金时，却遭遇了反对意见。根据阿庇安的说法，唯有在高卢遇险时才能够动用这些资源。执政官们之前的想法很纯粹，把这些储备金留在了国库里。其中一位保民官梅特卢斯脱离其同僚，援引了这一保障条款，并声称要行使他的否决权。

无论如何，考虑到在高卢的征服活动已经结束了，恺撒既没有因为自己的要求被拒绝而感到局促不安，也没有因为脱离了士兵们的武力难以解决诉求而感到尴尬。他警告梅特卢斯说要将他割喉处死，并以十分诚恳的语气补充道"做起来比说起来容易得多"。梅特卢斯没有再坚持，恺撒不由分说地没收了萨托鲁努斯神殿地窖里的1.5万枚金锭、3万枚银锭和3000万塞斯特斯，用其支付军需供给、答谢拥护者、为士兵们发放军饷。

通过这一系列斗争，恺撒从这座城市中获取了他所需要的一切资源之后，不再继续耽搁，小心翼翼地将犹太王子亚里士多布从庞培迫使其服从的秘密宪章中解放出来。随后，他在进入罗马的第八天便离开了，时值公元前49年4月7日（儒略历3月9日），正如西塞罗所预计和担心的那样，他要去西班牙作战了。

恺撒在西班牙的计划

事实上，恺撒并没有冒着风险对庞培军队过早展开追击，而是正确地判断，庞培即使组织大规模的反攻，也是漫长的数月之后的事情。因此，他首先必须提防任何背后突袭，将对手庞培在西部仅有的经验丰富的军队驱逐出去，其中包括西班牙的7个军团，以及这些军团侧翼的辅助部队。庞培原本可以带着已登船的部队与这些军团会合，也有关于庞培的类似意图的谣言传播开来，然而，伊比利亚半岛位置偏远，庞培可能遇到了军队补给的困难，这使他改变了主意。

庞培原本也可以把大部分西班牙部队转移到东部，因为他掌握着海洋控制权，但可以肯定的是，他将失去西班牙行省，对此他并不甘心。

由于庞培的撤退，恺撒摆脱了一位没有真正军队的将军，而现在他想利用庞培远离的优势来消灭没有将军的军队，这是合乎逻辑的。

恺撒无所畏惧，丝毫不担心罗马的情况，裁判官马尔库斯·埃米利乌斯·雷必达，也就是后三头同盟之一雷必达，他在执政官缺席的情况下正常行使主导权，并听命于恺撒，仿佛在罗马充当行政长官的角色。意大利其他地方也采取了措施预防粮食短缺，马克·安东尼的武装驻扎保卫了罗马的安全，足以抵抗外来袭击；山南高卢和伊利里库姆（Illyricum）的边界由盖乌斯·安东尼乌斯和马尔库斯·李锡尼·克拉苏来保卫；而海岸线很快就会受到海军舰队的保护，普布利乌斯·多拉贝拉（P. Dolabella）负责亚得里亚海，霍尔滕西乌斯负责第勒尼安海（mer Tyrrhénienne），俩人已经被赋予了组建和训练海防力量的任务。

确保意大利的安全之后，恺撒下定决心离开罗马，临走前通知军团长盖乌斯·法比乌斯随时准备率领他所指挥的位于纳博讷的3个军团翻越比利牛斯山脉，并命令特雷博尼乌斯将在索恩河（Saône）和罗尼河流域过冬的其他三个军团带到纳博讷。

最后，恺撒毫不犹豫地朝高卢边境出发，第八军团、第十二军团和第十三军团也纷纷从卢比孔河、布林迪西向西班牙行省进军。似乎

387

有足够多的人激励着他对短时间内成功结束这场新战役充满信心。

马西利亚的背叛

然而,战争总是充满意想不到的状况,恺撒刚刚经由悬崖峭壁翻越阿尔卑斯山脉,便与文蒂米利亚(Vintimille)的利古里亚人(Ligures)展开刀剑斗争,他的事业突然受阻,计划也被打乱了。马西利亚人作为罗马人民在高卢土地上永恒的希腊盟友,对恺撒关闭了大门。

对马西利亚人民而言,他们并不缺少令人尊敬的理由:首先,他们对联盟保持坚定不移的忠诚;其次,他们希望在目前的形势下严格遵守约定,不干涉罗马的争端;此外,他们由衷感谢这两位先后壮大了自己国家的竞争对手:恺撒最近为了马西利亚而攻击萨利延(Salyans),而庞培在20年前就曾与维瓦雷的赫尔维安人以及尼姆的沃尔克人(Volques)作战;因此,马西利亚人民不可能在城内接待这两位互相对立的恩人中的任何一位。

然而,这些都只是借口。事实上,古老的贵族共和国唯利是图,并没有那么憎恨元老院的敌人(恺撒),因为元老院的寡头统治让人感觉团结一致。然而,恺撒征服高卢之后剥夺了马西利亚进入凯尔特市场的权利,从商业角度而言,无法进入布列塔尼和莱茵河地区,这迟早会让它陷入经济匮乏的境地。

马西利亚人的中立只是表象,在这个表象背后,他们已经通过秘密契约与庞培联系在一起,并寻找着机会向损害庞培利益者进行报复。如果恺撒被欺骗了,他就会采取武力措施,因为这些中立的行为主导者不仅能够随意中断他的航行,而且能够拦截从艾克斯(Aix)

到弗雷瑞斯（Fréjus）的奥勒良道（la Voie Aurélienne），在附近力量的威胁下，这条路线成了西部两个半岛之间在陆地上的唯一直接联系。因此，恺撒决定强迫马西利亚人顺从，为了回应马西利亚主持政务的15名成员的声明，他开始着手在阿尔勒的军械库里建造12艘船，并在城墙上建造塔楼和弹盾。

开始围攻马西利亚

尽管恺撒在《内战记》（*Guerre Civile*）中小心翼翼地隐藏了这一意图，但他显然希望在西班牙敌对行动爆发之前结束与马西利亚人的冲突。恺撒没有忽视对马西利亚情报的搜集。恺撒知道他们把周围所有的小麦都储存在城内，并储备了相当数量的大麦和小米。在他们的仓库里，不仅有步兵的单兵武器，而且还有古代炮兵的重型武器，弩炮和弹射器。阿尔比斯（Albices）的利古里亚人为他们提供了成千上万精力充沛、忠心耿耿的雇佣兵。他们的围墙是按照希腊攻城战的规制建造的，配备了腰石，前面有护城河，既不与大海接壤，也不位于岩石边缘，围墙上面有一条足够宽阔的圆形道路，供防御者来回和防御机械操作，道路上按照一定的间距规则地布满了凸起的塔楼，在驻军交火时可以随时提供有力支援。

最为重要的一点，该城所在的半岛呈三角形，自然优势极大地加强了它的力量：北面靠着山丘；西边靠着大海；南边靠着如今的马赛老港——拉西顿港（Lacydon），一个永远平静的潟湖，在与外海相连的一侧由一个狭窄的入口收紧，另一侧则是由马赛圣河拉西顿河形成的一片沼泽，潟湖因圣河而得名。

恺撒也知道，马西利亚的劣势也不少：首先，马西利亚人并不多，至多4万人，只有不到1/4的人能参与战斗。其次，在很长一段时间里，他们依靠罗马共和国的海军警察，忽视了海军的维护，忘记了舰队的操纵方法。最后一点，尽管他们气势磅礴，但他们的堡垒只是一条普通的半法里长的界线。

有了在阿尔勒操纵的舰队，恺撒可谓得心应手，即使不完全封锁他们的港口，至少可以剥夺他们在海上的通行自由；最重要的是，他从意大利带来了三个军团，再加上去西班牙的路上征服的特雷博尼乌斯的三个军团，他有足够的武装力量通过不间断的对垒把这个地方包围起来，然后在离他最近的那段城墙上合理选择一个比峭壁更高的露台进行指挥，并将从那里夺取马西利亚，经过仅仅25天的迫近坑道作业之后，他开始猛烈攻击阿瓦利库姆。

马西利亚初次战役的失败

恺撒虽然对这些行动只字不提，但毫无疑问，他待在这座城里的一个月时间都耗费在为这些事情操劳上，他没有告诉我们具体在做什么，也没有得到他预期的结果。希腊人并不像比图里吉人那样缺乏经验。尽管他们没能阻止恺撒在卡默斯（Carmes）山丘上建立主要营地或划出防御线，但他们最终在其最高行政长官阿波罗尼德斯的领导下设法粉碎了恺撒的攻击。

当罗马士兵把土方工程推进到城墙时，马西利亚城墙上的希腊士兵往下放火焚烧了护壁板，然后，在冰雹般的手扔石块冲击下，罗马人在盾牌下肩并肩组成的"龟甲"方阵里的士兵都阵亡了，他们突然攻克了下城的一道门。在这两个地点，恺撒均被击退了，正如迪翁·卡西乌斯所说，他小心翼翼地隐瞒了这一次失败，这一失败既灼伤了他的自尊，也损害了他的利益。一切需要重新开始，且进军西班牙的计划不能继续推迟了。因此，他不得不将部队兵分两路，一部分参与他所计划的对庞培军队的进攻，另一部分参与对这座城市的围攻。

卢修斯·多米提乌斯·阿赫诺巴尔布斯利用恺撒慷慨授予的恩典获取自由之后，再次与恺撒为敌，就在恺撒对马西利亚久攻不下时，阿赫诺巴尔布斯出乎意料地进入拉西顿港，在科萨（Cosa）和吉廖岛（île d'Igilium，今法语写为Giglio）租用了七艘轻型船只，由他在伊特鲁里亚（Étrurie）庄园的佃户负责操作。

从那时起，恺撒被迫同时打两场艰难的战役：在西班牙，无论如何，他引以为荣的压倒性优势消失了；在马西利亚，恺撒削减的分遣队可能会体验到夺取任务的困难，尽管有着数量上的优势，但能否坚持到底还不可知。

然而，恺撒没有任何犹豫，展示出他顽强的一面。他正确地判断，如果击败西班牙军团，他在马西利亚的失败很快就会被忽略，他在这座城市里只留下了特雷博尼乌斯的3个军团，并委托其负责陆地上的围攻，敦促其在第一个土方工程的原址上重建第二个土方工程；同时他委托已经在维内蒂人（les Vénètes）的海军面前证明了自己实力的迪基姆斯·布鲁图斯负责指挥海上封锁，并将马西利亚的命运交给他们；而恺撒自己则带领第八军团、第十二军团和第十三军团从勒佩尔蒂要塞越过比利牛斯山，并很快与其代理长官盖乌斯·法比乌斯的部队会合，而法比乌斯于几天前在伊勒达附近与西班牙的庞培党羽接触，并已陷入困境（公元前49年6月初，儒略历5月）。

远征西班牙最初的困难

对恺撒来说，幸运的是庞培党人没有对他展开猛攻。与此同时，另一位科尔菲涅乌姆的逃亡者——韦布留斯向庞培党人传达了最高统帅（庞培）的指令，而他们可能对此命令表现得过于慎重，于是认为有必要把军队进行分割。

面对恺撒的威胁，近西班牙军团长卢修斯·阿弗拉尼乌斯在埃布罗河以南仅聚集了现有7个军团之中的5个：其中3个军团在他的直接管辖范围之内，另外两个军团由皮斯托亚的前获胜者、卢西塔尼亚的军团长马尔库斯·佩特列乌斯（M. Petreius）所调配，用于维护这些动乱山区的安宁。

剩下的两个军团听命于远西班牙军团长特伦蒂乌斯·瓦罗（M. Terentius Varro），瓦罗十分博学，尽管军事能力不那么突出，庞培党人没有调走这两个军团，而是让他们继续在瓦罗管辖的地区维持和平，并接管佩特列乌斯离开时托付给他们的地区。

另外，阿弗拉尼乌斯和佩特列乌斯没有选择在勒佩尔蒂要塞猛攻盖乌斯·法比乌斯并利用阵容优势消灭他，而是采取了等待时机的策略，从长远来看，这种策略只会削弱他们的力量。

从公元前49年5月初（儒略历4月）开始，这两支军队聚集在一起，巧妙地选中了伊莱尔达山和周围的高地来建立他们的作战基地，并不懈地坚持着。伊莱尔达市建在一座小山上，北部距离埃布罗河不到40千米。站在塞格雷河（le Sicoris，另写为Segrè）右岸一处116米高的陡壁上可以俯视这座城市，而塞格雷河的左侧一条支流的发源地位于勒佩尔蒂（Le Pertus）附近，对面是连接两河岸的唯一岩石据点。庞培党人将其军需补给隐藏在城里，并选择在该城南部无人居住

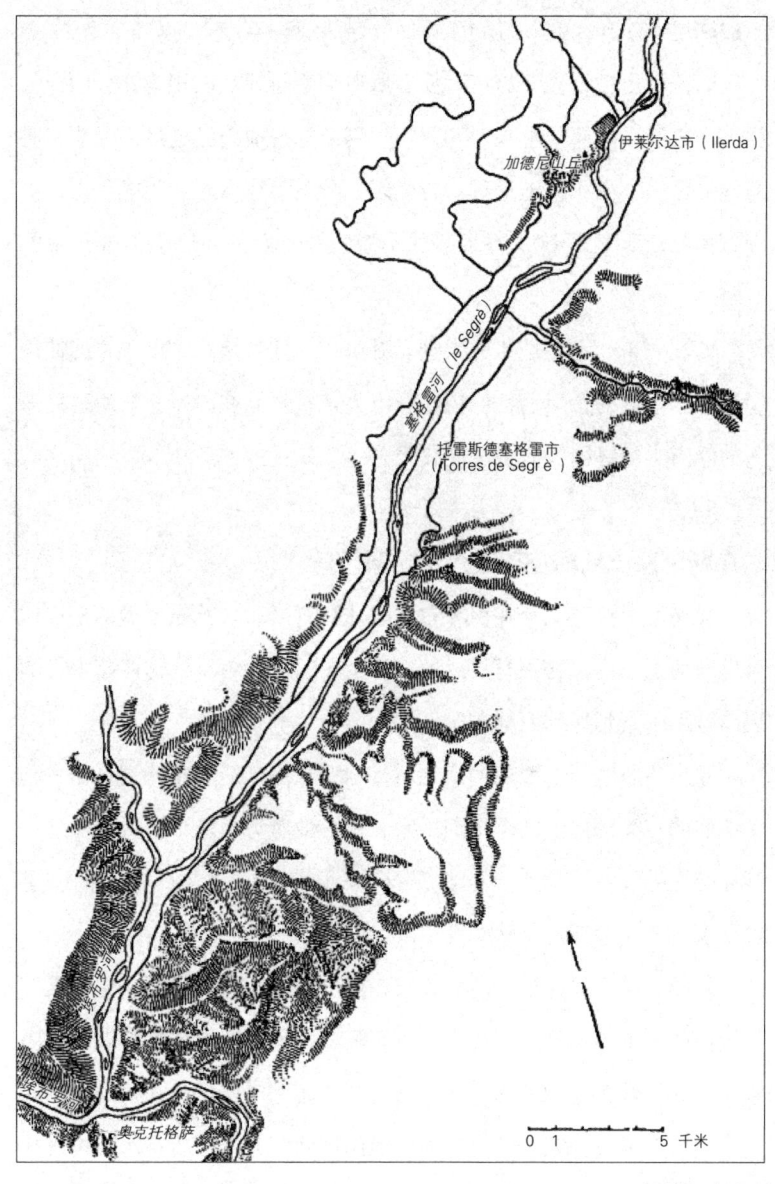

伊莱尔达地区

的加德尼（Gardeny）山丘上为军队筑起堑壕。

加德尼山丘屹立于城市对面，所在的高原地区面积为25公顷。安顿下来之后，阿弗拉尼乌斯和佩特列乌斯觉得他们已经足以躲避所有的危险：一方面，该地地理位置优越，敌人无法展开封闭式袭击；另一方面，他们已经准备好足够的军需物资，而敌人则会面临饥荒的威胁。

如此一来，无论恺撒党人选择哪里作为扎营地点，由于不能使用伊莱尔达坚固的桥梁，他们还是会沦为选择安顿在河岸上的西科里斯人的俘虏，最终因筋疲力尽而屈服。

盖乌斯·法比乌斯在伊莱尔达遭遇困境

盖乌斯·法比乌斯在伊莱尔达以北扎营之后，首先要做的是在西科里斯河上游搭起相距4里（约合6千米）的两座木桥，这两座木桥的袭击范围一直延伸到河的左岸。

经过一段时间的跟踪侦察之后，阿弗拉尼乌斯和佩特列乌斯发动了他们的骑兵部队。几个星期以来，双方敌对势力除了骑兵之间的小型冲突之外没有其他武装交涉。直到公元前49年6月20日（儒略历5月21日），西科里斯河突然暴发了洪水。

然而，洪水只冲走了两座临时桥梁中的一座，盖乌斯·法比乌斯率领的两个军团已经顺利过河，尽管阿弗拉尼乌斯匆忙带着四个军团紧追其后，禁止他们返回，然而盖乌斯·法比乌斯仍然来得及向这两个军团派遣增援部队，并灵巧地将他们撤回到右岸，所有军团成员几乎毫发无损。

恺撒的到来与最初的挫败

两日之后，也就是公元前49年6月22日（儒略历5月23日），恺撒亲自来到伊莱尔达，希望鼓舞士兵们发起进攻，这种意愿立即转化为行动。在到达后的第二个晚上，他就下令修复受损的桥梁。第三天，他只留下六个步兵大队在营地看守，并鼓动其余的士兵们进攻庞培党人营地。

刚进入加德尼山丘，恺撒就部署军队以吸引阿弗拉尼乌斯的进攻；然而后者纹丝不动，恺撒竟然在士兵们的掩护下安排挖土工人在山坡脚下构筑了一个新的营地，而敌人则躲藏在山坡顶上。

恺撒又试图使阿弗拉尼乌斯的军队脱离提供补给的城市，并出其不意地强占了中间一座山丘，即波戴尔山丘，而对手们曾因为疏漏没有占领它。

这一次，恺撒的计划被泄露了，在经历了一场艰苦混战之后，他的损失仍然不亚于庞培军队，他不得不放手，回到自己的队伍中去。更糟糕的是，开始下暴雨了。他在西科里斯河上临时搭建的两座桥梁在暴雨的冲击下断裂了，其营地和周边保障也被淹没了。

恺撒的情况越来越危急。他既无法尝试有效的远征活动，也无法收到勒佩尔蒂从高卢派来的增援力量。庞培党人已经想好要对恺撒施以怜悯，并散播谣言到罗马，称他被驱逐回到马西利亚，而且被士兵们背叛并孤立在困境中，即将饿死在伊莱尔达。

听闻这些传言之后，罗马人民纷纷向阿弗拉尼乌斯及其家人表达祝贺之情。元老们在没有确定胜利之风会偏向哪边时并没有表态，现在听闻此消息便开始收拾行李准备前往东方，要知道，在这之前，他们可是拒绝跟随庞培呢。

此外，西塞罗被这种不确定性困扰已久，疲于推算，于是抢先一步离开了，并在一时冲动之下于公元前49年6月7日（儒略历5月7日）登船去了加埃塔。当时他还没有得知谣言所传播的这一消息，这可是他全心希望得到的消息呢，而这次冲动的离开足以让他大肆吹嘘自己的大公无私。

阿弗拉尼乌斯进军奥克托格萨（Octogesa）

然而，这些谣言很快就被恺撒的坚持及其一系列操作所推翻了。

恺撒修复了被暴雨冲毁的桥梁，同时在伊莱尔达上游33千米处（往圣洛伦斯方向）建造了第三座桥梁，并模仿不列颠舰队建造了一些船只，这些船只如此之轻，以至于恺撒能够在阿弗拉尼乌斯完全不知情的情况下将它们通过四轮马车运到目的地。从那时起，他又重新建立了与高卢的联系。高卢行省为他送来了大量的供给物资，海军胜利的消息从马西利亚逐渐传到他耳里，恺撒军队的士气得到了增强，相反，其对手的信心开始动摇。

伊比利亚半岛北部的一些城市开始疏远庞培党人并拥护恺撒：韦斯卡、卡拉奥拉（Calagurris）、塔拉科。随后，周围的人群也开始纷纷效仿这一举动，如比利牛斯山脉以南的奥塞塔尼人（Ausetani）、位于埃布罗河口北面和南面的亚瑟塔尼人和伊洛加文人（les Illurgavons）。阿弗拉尼乌斯在最后一个部落征募到的步兵大队开始大量潜逃。

恺撒的想法从来不会出差错，现在他正在考虑使西科里斯河流的某一段能够涉水而过，从而剥夺庞培党人军队利用伊莱尔达桥所占有的最后优势。

面对这一威胁，阿弗拉尼乌斯和佩特列乌斯不知所措，决定将斗争转移到埃布罗河以南。一切准备措施都已做好了。他们事先在奥克托格萨河上架起了一座桥，在该河与西科里斯河的交汇处附近，他们自以为能够毫无阻碍地从西科里斯河左岸跨越过去，并避开恺撒的视线与追捕。

阿弗拉尼乌斯投降，庞培势力在内西班牙的损失（公元前49年8月2日）

然而，这一切都没逃过恺撒的监视。恺撒派人跟踪他们，只为了在更遥远的地区追上他们，那里地形起伏、气候炎热，此时正值夏日酷暑，烈日炎炎。在最令他们意想不到的时刻，恺撒冒险率领六个军团中的五个涉水渡过西科里斯河，在大批队伍到来之前向他们宣战了，如果他们想要达到目的，就必须参与战斗。

筋疲力尽的庞培派士兵不再遵守纪律，以百夫长为首的许多人甚至上前与恺撒的前哨们称兄道弟。阿弗拉尼乌斯并没有选择应对不平等的战争或直接投降，而是一边吹号一边向伊莱尔达撤退。在返回的路途中，士兵们日渐疲惫，愤怒情绪渐涨。行军越来越艰辛，并时不时受到恺撒骑兵的骚扰；阿弗拉尼乌斯刚刚建立一块营地，旁边便立刻出现了敌人的营地。现在，他希望双方能够正面交战。

然而，恺撒拒绝做不必要的牺牲。他让庞培党人退回到栅栏后面，并开始用战壕将其包围。对手们已经失去了突围的力量和希望。他们缺少小麦和木材，尤其是淡水。在过去的四天里，他们的马匹已经没有草料了。武器从他们手中掉了下来。

阿弗拉尼乌斯把他的儿子作为人质交给恺撒，并向他请求给出接受投降的条件。恺撒提出的条件彰显了他的持重有度，他将这种屡试不爽的分寸感作为他的行为准则和统治工具。阿弗拉尼乌斯和佩特列乌斯必须离开西班牙，立刻解散他们在西班牙的军队，并随后解散高卢和意大利边界的其余部队。

恺撒不会强迫任何人去为他服务，也不会伤害任何人。公元前49年8月2日，儒略历7月2日，庞培的军团长们未经讨论就投降了。从8月3日（儒略历7月3日）开始，他们中就有1/3的人重新返回了位于伊比利亚半岛的家园。卡莱努斯将带领其他人去瓦尔（Var），在那里，他将代表恺撒负责他们的遣散工作。

在40天时间里，恺撒只损失了几百人，就赶走了守卫西班牙行省庞培事业的唯一老兵部队，并从元老院共和国夺走了内西班牙的领地控制权。

恺撒征服瓦罗（公元49年9月底）

不到一个月，远西班牙也遭遇了同样的命运。军团长瓦罗以庞培的名义统治该地区，起初表现得胆怯而犹豫不决，但当他收到阿弗拉尼乌斯的急件时，内心燃起了一股热情，在信件里，阿弗拉尼乌斯夸大了他的第一次成功。人们曾看到他同时武装伊斯帕利斯（Hispalis，即今天的塞维利亚Séville）和加的斯的战船，不断地征用人力、物力，甚至整个军团，以及1万升小麦、2万磅白银和1800万塞斯特斯。因此，当瓦罗得知阿弗拉尼乌斯战败的真相时，感到格外痛苦。

然而，在难以攻克的加的斯小岛上，恺撒既没有给他闲暇时间思考人类事物的不确定性，也没有为他提供路径以继续斗争。昆图斯·卡西乌斯派遣了两个军团前来助瓦罗一臂之力，然而，援兵还未到达，他已经带着600名骑兵向远西班牙驶去了。

人们对庞培党人的做法感到愤怒，庆幸恺撒的到来，并羞辱其可怜的对手。卡莫纳（Carmo，今法语写为Carmona）、科尔多瓦（Corduba，今法语写为Cordoue）对瓦罗（Varron）关闭了城门；加德塞（Gadès）将瓦罗驻扎在那里的部队驱逐了出去；伊斯帕利斯［Hispalis，即今天的塞维利亚（Séville）］瓦解了其两个军团之一的军心。智慧的军团长唯一需要做的事情就是把第二个军团交给获胜者。于是瓦罗亲自来到科杜巴向恺撒投降，并把他所拥有的资产以及在加的斯收集的资源清单交给恺撒。

恺撒在科杜巴停留了两天，将瓦罗交出的资产据为己有，并特意召开行省会议，他主持会议时宣布将免除瓦罗向罗马公民征收的赋税，同时将瓦罗没收的财产归还给他们，随后他在加的斯也处理了这些事。此外，恺撒还将瓦罗据为己有的财富归还到了著名的大力神神殿（赫拉克勒斯神庙），然后回顾起他担任共和国财政官时期的一个梦：众神曾俯允他，并预言他将在这个神殿完成对宇宙的统治，而他目前正在实现这个预言。

当昆图斯·卡西乌斯重返归队时，恺撒将西班牙的行省管理权以及瓦罗之前的两个军团的指挥权交付给他，而他本人则率领昆图斯·卡西乌斯带来的两个军团乘坐瓦罗装备的舰队前往塔拉科。

历史重现了！就像在意大利一样，对手们的力量反而助长了恺撒本人的实力。作为整个西班牙的首领，恺撒在塔拉科靠岸了，聚集了人手，带领部队在陆地上前进并穿过了勒佩尔蒂。在勒佩尔蒂，他带着凯旋的喜悦和谦逊的心情在庞培古老的胜利纪念碑旁边竖起了一座简单的石坛，然后前往马西利亚（公元前49年10月初，儒略历9月初）。

马西利亚的海上封锁：奥利弗（Frioul）之战（公元前49年6月底）

当恺撒不在马西利亚时，副手们的活动似乎仅延伸到了马西利亚前面的海滨大道，然后他们在陆地上维持对当地的封锁，而庞培党人在西班牙的崩溃将不可避免地导致马西利亚的陷落。

恺撒起程前往伊比利亚半岛后，迪基姆斯·布鲁图斯按照他的指示迅速在阿尔勒装备了12艘战舰。随后他就让这些舰队自由进入了公海领域。

阿波罗尼德斯没有阻挠恺撒军团完成他们的防御工程，马西利亚海军上将帕梅诺（Parmeno）没有在玛丽安海沟（Fosses Mariennes）出口处阻止恺撒的罗马舰队，一段时间后，他不得不为最初的疏漏付出代价。

事实上，迪基姆斯·布鲁图斯并没有做出任何努力来强行通过关口，因为在希腊士兵近距离的射击下，他手下的重型海船无法顺利通过这个狭小的关口。他没有用侧翼力量来抵挡对手的攻击，而是躲避在斯托查德（Stoechades）后面，并寻找机会向敌人发起进攻。

彭德罗格和拉通诺对他们的24艘轻型战船的速度充满信心，时值春日，清晨的海面风平浪静，这些战船刚刚驶离莱西登港，迪基姆斯·布鲁图斯就对其展开了追击，并最终在奥利弗附近追上了它们。

马西利亚人敏捷的轻舟被罗马人数量众多、力量强大的桨帆战船撞得粉碎。罗马士兵用拳头和铁钩猛击敌人，马西利亚人当场愣住了，两军之间的海战演变成了步兵之间的肉搏战，最终迪基姆斯·布鲁图斯率领的军团取得了胜利。

整个过程中，迪基姆斯·布鲁图斯没有损失任何一个军团，他成功击沉了敌方的9支分队，并俘虏了6支分队。正如我们所看到的，迪基姆斯·布鲁图斯在伊莱尔达战役最糟糕的时刻取得胜利，此次胜利在恺撒的大力宣传之下，促使西班牙北部的主要城市脱离庞培党羽（公元前49年6月末，儒略历5月末）。

托伦特姆战役（公元前49年7月）

尽管马西利亚人在奥利弗战败了，但至少作战勇气并没有被摧毁。他们用精力更充沛的水手赫尔莫（Hermo）取代了帕梅诺，重新建立了一支由17艘船组成的舰队。随后，他们得知庞培从狄拉奇乌姆派遣了16艘船前来营救他们，这些战船正在卢修斯·纳西迪乌斯（L. Nasidius）的率领下靠近马西利亚，于是他们在增援部队到达之前再次出动了。

与此同时，迪基姆斯·布鲁图斯凭借上次俘虏的六支敌军分队增强了战斗力，猛烈攻打敌方在托伦特姆（Tauroentum，位于萨纳里和土伦之间）公海正在集结的两支舰队（赫尔莫的舰队和纳西迪乌斯的援军），并以同样的方式再现了他的第一次胜利。最终马西利亚军团只剩7艘船返回莱西登港，而纳西迪乌斯则逃到西班牙，他们只能为海上主权的失去以及庞培援兵的折损而默默哀悼（公元前49年7月，儒略历6月）。

陆地上的封锁

然而，只要庞培军团仍坚守在比利牛斯山脉的另一边，他们就丝毫不会感到绝望；特雷博尼乌斯接连设想出了用来摧毁敌军防御的各种手段，并对此进行了细致描述，尽管敌人的防御似乎并没有什么意义，但恺撒表示十分满意，相比于围攻者的巧妙设计，这些描述更加体现了被围困者的凄惨与顽强。

在城墙的中央，特雷博尼乌斯无视信仰，将目标指向了圣波美的神圣森林，并通过堆放圆木重建了点火的平台，恺撒可能目睹了这场大火。马西利亚人再次带着弩炮和铁棍冲向大火并将它扑灭了。特雷博尼乌斯放弃了这场正面进攻，他本有希望通过整体筹谋来克服困难，可是他转而攻击围墙附近一个更脆弱的区域，也许是在他兵力部署点的左侧，靠近港口的深处。

然而这一次，他的努力并没有取得预期效果。在矿石平巷前，被围困的人将墙外沟渠加深到同一高度并灌满了水，淹死了他的工兵们。随后，在用一块织带遮蔽的高大砖塔的保护下，他试图把一条塞满了瓦片的木制长廊推向围墙，其大小经过精确计算，可以容纳一只公羊及其饲养者。但当这一龟甲型掩蔽物靠近时，马西利亚人用一个巨大的套索套住公羊的头，并在轮子上滚动缆索，固定了这个庞大的装置。

由于厌倦了战争，特雷博尼乌斯回到了他最初的计划，放弃了易燃区域，选择了一条内部大道，这是一条名副其实的引道，在砂浆泥土屋顶的保护下，整个部队终于可以利用六英尺（1英尺合0.3048米）厚的砖墙以及内部分割的柱石，在对面的围墙上练习并找到突击纵队可以冲击的突破口。

马西利亚投降（公元前49年10月末）

照《内战记》来说，这项工程视角独特，充斥着难以置信的胆大果断，突然让被围困的人相信持续了6个月的抵抗毫无益处；也就是在那时，马西利亚人把卢修斯·多米提乌斯·阿赫诺巴尔布斯遣送回东方，在跟恺撒投降前向特雷博尼乌斯请求并达成停战协定。

这个结果正好吻合阿弗拉尼乌斯战败和特雷博尼乌斯战胜归来的消息，以至于我们不会被《内战记》中的暗示所诱导。马西利亚人被制服的原因既不在于军事坑道或作战设备，也不在于特雷博尼乌斯的攻击。真正的原因在于对手的全面围困以及紧跟其后的迪基姆斯·布鲁图斯指挥的海战的胜利；再就是随之而来的苦难和饥荒，以及他们因此所遭受的流行病；最后是心理上沉重的打击，西班牙庞培势力的投降使他们的英雄主义以及所经受的苦难变得毫无意义。

恺撒的叙述在其想象的虚构加工下显得具有戏剧性。但事实情况是，恺撒先后在陆地上和海上剥夺了马西利亚的希望，从而使它逐渐陷入窒息状态，这一点更加具有戏剧性，一个由英勇水手组成的古老城市悲哀地变成了过往。

希腊文化在高卢的终结

然而，恺撒于公元前49年10月底来到马西利亚时，既没有摧毁这座城，也没有开展掠夺活动。相反，为了向马西利亚过去的声誉表示敬意，恺撒通过治外法权这一特权确认了它一直享有的独立，但同时剥夺了它使用这些权利的方式。这座古老的城市被迫向恺撒交出财富、武器、设备和船只，甚至可能放弃铸造银币，并确认放弃了几乎所有的领土，这些领土已经沦落到被包围的地步，甚至包括郊区以及尼斯和耶尔群岛（les Stoechades）零星的土地片区。

两个新组建的军团将以罗马的名义守卫在城墙的废墟上；恺撒随

后在该省割让给罗马的领土范围内安顿老兵们，阿劳西奥（奥朗日）凯旋门上的半浮雕纪念的就是这座昔日辉煌的没落古城，直到今日一直存在。弗凯亚人的马西利亚被包围在纳博讷省内。

随着希腊文化的没落，他们只能默默怀念已经永远逝去的光辉过去。这场停滞不前的斗争以及由此导致的表面和平、实则矛盾不断的状态，成了内战的简单插曲，推动拉丁文化在高卢大地上取得决定性的胜利，在历史上具有重要意义。

皮亚琴察（Plaisance）兵变（公元前49年11月中旬）

旧共和国的命运很快就尘埃落定了，恺撒转而为他在马西利亚得知的两件大事而操心，一件让人欢喜，另一件则令人沮丧。在罗马，恺撒的支持者们已经掌握了局势，犹豫不决的人则逃向了庞培阵营所在地，裁判官雷必达轻易地把恺撒塑造成了合法的独裁者。

但另一方面，在皮亚琴察，他在瓦尔曾治理过阿弗拉尼乌斯手下的四个斗志松懈的军团，这些军团士兵们刚到达意大利就开始违反抢劫禁令，尤其是收到派遣他们去布林迪西的命令时，立刻开始发动起义。他们意识到这次的路线只是向东方迈进的第一步，好不容易忍受住了西班牙战役的磨难，更艰苦、更遥远的战役将接踵而至。

顺从的士兵们至少想要稍作休息，其他人则在谈论扔掉武器的事。这些筋疲力尽的步兵大队拒绝前进，其中好几个军团在当地开始抢劫掠夺资源，仿佛意大利成了一个被征服的国家。这次叛乱十分危险，对恺撒构成了极大威胁，因为他的优势在于其军队的凝聚力，可以预料的是，这些违纪和混乱的行为带来的后果迟早会蔓延到他身上。因此，他推迟了在这座城市进行独裁统治的时间，勇敢而机智地应对危险，表示出了优秀领导者的驾驭能力。他将状态疲乏的部队聚集在皮亚琴察，根据迪翁·卡西乌斯的转述，在一次令人钦佩的演讲中，他那专横而有吸引力的声音仍在回响，他用夸赞的话语鼓励那些从未犯错的人，号召士兵们面对现实，唤醒大家的责任意识，当他重新征服人心之后，便用精心策划的强硬手段惩罚叛乱者：对闹事者所在的第九军团成员进行抽杀，即每10个人抽杀一人，同时解散发生这些可耻行为的第九军团。此次严酷的处罚非但没有激起士兵们心中怒火，相反，他们感到十分内疚，羞愧又懊悔地恳请恺撒的宽恕。恺撒对此不置可否，一方面，为了减轻最初的定罪，他命令第九军团的军官们起草一份120名罪犯的名单，并通过抽签的方式处决了其中的十分之一。另一方面，当所有的军团成员都将集结在布林迪西时，他推迟了之前的解散令。这也为士兵们打开了希望之门。第九军团成员出于对宽恕的渴望，开始向其他军团看齐。

通过恩威并施的措施，恺撒重塑了士兵们的刚毅品质，重振了军队的灵魂（公元49年11月中旬）。

恺撒第二次回罗马（公元前49年12月）

大约两个星期之后，恺撒回到了罗马。由于对手们的无能，恺撒经常被赋予独裁的权力，并通过充分行使权力以抚慰朋友、重振经济、安定人心。同时，他启动了政治和社会改革，如完成罗马对阿尔卑斯山南地区的彻底征服，鼓励受害者对元老院发出正义的呼唤，增加对穷人的资源分配，并减轻债务人的负担。

但就像第一次一样，恺撒第二次在罗马城停留时仍然致力于为冲突做好战斗准备。战争是耗费银两的无底洞，国库里已经没有剩余的财富了，恺撒已经将国库消耗到只剩最后一个塞斯特斯了。

伟大的祭司（恺撒）异常干脆，有条不紊地搬走了存放在卡比托利欧山的朱庇特神庙（temple de Jupiter Capitolin）内殿里的有价值的所有供品；然后，他悄悄地将这些贡品送去融化铸造了。奥里斯金币（aurei）、第纳尔银币（denier）和银币奎纳里乌斯银币（quinaire）的发行无疑可以追溯到这一时期，钱币学家通常认为这些货币发行于公元前49年。出于厚颜无耻的虚伪心理，他在所有的银币上都轧制了虔诚的标志，反面铭刻着恺撒的名字，正面则第二次刻上恺撒大帝的头衔。这样，他既保证了士兵们的军饷，又预防了所有动荡时期都会出现的累积性问题，同时通过银币的设计暗示希望尽快用已经被授予的独裁统治权来换取正常的权力，并装出拒绝接受特殊绝对权力的样子。

恺撒利用独裁统治的权力将已经征服的省份分配给自己选择的管理者：撒丁岛交给塞克图斯·佩多凯乌斯（Sextus. Peducaeus）；西西里岛交给珀斯图米乌斯·阿尔比努斯（Postumius Albinus）；阿尔卑斯山南交给马尔库斯·卡里迪乌斯（M. Calidius），阿尔卑斯山北交给迪基姆斯·布鲁图斯；近西班牙交给雷必达，远西班牙交给昆图斯·卡西乌斯，后者已经统治那里4个月了。

与此同时，恺撒召集了罗马公民大会，大会选举恺撒和普布利乌斯·塞尔维利乌斯·伊萨乌利库斯共同作为执政官，普布利乌斯是恺撒所希望共事的同事，其父亲自命不凡，是恺撒的竞争对手，普布利乌斯曾继承了其父的大祭司一职。恺撒一旦被任命就放弃了不再需要的独裁统治，理所当然地代表了古罗马共和国的庄严权力。公元前48年1月1日，他开始正式反对庞培、元老院及庞培的同伙。

公元前49年12月中旬，恺撒以正式而合法的威严立即对叛乱者发动了战争。

第三节　狄拉奇乌姆与法萨罗

恺撒的进攻决心

恺撒迫切希望立刻投入战斗，因为时间越久，对手的优势就越明显。对方军队在数量上已经超过了自己，而且每天都在一点点地增强实力，近期还会在远方的边界上继续增加征兵额，这些正是恺撒所不具备的优势。对恺撒来说，速度比以往任何时候都更起决定作用。但另一方面，他的进攻也面临着诸多困难，从当时的情况来看，除恺撒之外的任何人可能都不具备直面这些困难的勇气与解决这些困难的能力。

庞培的准备工作

事实上，在公元前49年这一年中，庞培已经采取了行动。陪同或投奔他的200名元老狭隘的复仇情绪并没有扰乱他的计划与任务。元老们只关注要采取的制裁措施或要实施的复仇计划，好像他们的事业已经胜利了一样。元老们在塞萨洛尼基共享最好的住所，并鲁莽地在元老院进行枯燥无味的商议。

与此相对，庞培尽管已经58岁了，且最近染上了一些疾病，却仍然拥有年轻人的活力和热情，在马其顿贝罗亚（Beroea）营地集结了一批不断增加的军事力量，组织士兵们不断进行类似于步行、跑步、扔标枪的运动。

这些军事力量包括他从意大利撤出的5个军团；由西西里岛两个军团合并组建重新命名而来的加美拉（Gemella）军团；一个由克里特岛和马其顿的老兵组成的军团；以及兰图鲁斯（Lentulus）执政官在亚细亚征集的两个军团。在这9个罗马公民军团中，庞培把以下力量也编入其中：阿弗拉尼乌斯在西班牙军队遣散时带走的士兵们，在任何地方都积极拥护他的志愿者们，以及他的舰队在伊利里亚的克尔克岛从安东尼那里得到的15个步兵大队。

补足这些力量之后，庞培又增加了一大批辅助人员，包括从斯巴达、克里特岛和本都而来的1200名前锋和3000名徒步弓箭手。此外，庞培为他们装备了一支7000人的骑兵队伍，其中并肩共同服役者包含庄园的牧羊人和元老们的儿子；在亚历山大的加比尼尼（Gabiniani）抽取的日耳曼人和高卢人；第奥塔鲁斯、卡斯特（Castor）和塔尔孔达留斯（Tarcondarius）的加拉特人（Galates）；阿里奥巴尔赞三世（AriobarzaneⅢ）手下的卡帕多西亚人；拉斯库波利斯（Rhascuporis）的色雷斯人，他们在科提斯（Cotys）国王统治之下并由萨达拉斯（Sadalas）王储指挥；以及科马基尼的安条克国王派来的弓箭手们。一共5万名战士，连同庞培的岳父梅特卢斯·西庇阿原本打算从叙利亚运到欧洲的两个军团也被添加到公元前48年的战备中。

尽管军团成员众多，庞培却能够顺利地为这一大批人群提供后勤补给，这得益于各省、各附庸国国王或群体贡献的税赋。此外，他从拉里诺和布林迪西征用了五六百艘船只，货物从色萨利、亚细亚、埃及和克兰尼不间断地发送到东部的各个港口。这个舰队保证了他的通信自由，而且似乎切断了敌人的通信。

庞培并没有把指挥权交给加图，因为加图可能会利用这一权力抑制和废除庞培的权力。相反，他选择了毕布路斯，尽管后者缺乏特殊的才能，但他积极听从庞培的指挥，对庞培的坦率与忠诚坚定不移，且对恺撒怀有憎恨之情。

最后，庞培希望从伊利里亚开始攻击敌人，选择了位于阿尔巴尼亚北部的狄拉奇乌姆作为军火库、仓库。这座城市位于一个大海湾的北部，在一座多山的半岛尽头，紧挨着大海和一片潟湖，没有空军联队的敌人无法接近它。因此，当冬季糟糕的天气迫使他指挥的部队中断训练时，庞培认为是时候在这个不可动摇的基地范围内建立其冬季宿营地了。

塞萨洛尼基的元老们认可了他的决定，并正式将他推上总指挥之位。临近公元前49年12月中旬，他率领军队前往亚得里亚海海岸。尽管元老会议的召开极其顺利，但决定执行起来却过于滞后了。

恺撒大胆地进入伊庇鲁斯（Épire）（公元前48年1月4—5日）

正如我们所看到的，恺撒已经向布林迪西进军了。他带着强烈的决心，希望在严寒的冬季于敌方舰队封锁港口之前尽快渡过大海，并至少带着他的大半部队在对岸登陆。在那里，狄拉奇乌姆，利苏斯（Lissus）、阿波罗尼亚和奥利库姆（Oricum）都臣服于恺撒的对手们。

由于距离太过遥远，庞培等人对恺撒的行动知之甚少，他们认为恺撒会久留在罗马享受其新权力，并相信，由于他的海军力量薄弱，他要么从达尔马提亚地区采取入侵大陆的计划，占领该地区的首都萨罗纳；要么将入侵计划推迟到第二年春天，因为在冬季气候恶劣的条件下入侵本身具有风险，并可能以灾难告终。

因此，庞培等人并不着急，而是安心地过着舒适的日子。当庞培缓缓向伊利里亚挺进时，毕布路斯完全不了解如何采取必要的防护措施，把海船划分成6个舰队，分别驻扎于埃及、腓尼基、叙利亚、罗德岛、亚洲和阿哈伊亚（Achaïe）的港口之间，只保留了138艘战船来监视整个亚得里亚海：派遣18艘战船到奥利库姆前面的奥罗纳湾（Aulona）；并将直接听命于他的110艘战船集中在科基拉岛（Corcyre），而并没有动员它们不间断地进行海上巡航。

然而，恺撒可以将他的7个军团集合在布林迪西，其中只有一个新兵军团和几百名骑兵，并组织他们登上他号召集体动工修建的各式各样的船上。公元前48年1月4日（儒略历前49年11月28日），在漆黑的夜晚，恺撒等人借助南风起航，并于第二天晚上悄无声息、安然无恙地登陆帕莱斯特（Palaeste）——接近阿克罗塞劳尼亚（Acrocéraunie）的南端，与毕布路斯舰队停泊的科西拉（Corcyre）和庞培的副将卢修斯·托夸图斯及帕提尼亚人（Parthiniens）守军驻扎并封锁的奥里库姆（Oricum）距离相等。

第二天，恺撒出现在这座城市，那里的希腊人不愿支持围攻战，拒绝与罗马人民的执政官作战，并迫使托夸图斯放下武器。

得知这次投降的消息之后，阿波罗尼亚的庞培党人躲到城堡避难，然而，阿波罗尼亚人明确宣布他们打算在城墙内欢迎共和国的最高行政长官，于是，庞培不得已开始逃跑，以免落入恺撒手中。

随后几天，拜利斯（Byllis）和阿曼蒂亚（Amantia）也向恺撒投降。

狄拉奇乌姆地区

在一周之内，庞培等人认为不可思议的事情成真了：恺撒带着他的大部分军队登陆，并使自己成为北伊庇鲁斯的主人，准备回来攻击其敌人的4个堡垒。

庞培的意外

毕布路斯收到他派遣的海军司令从奥利库姆锚地发出的通告之后目瞪口呆，他们目睹了这座棱堡的陷落而没能采取任何预防措施。毕布路斯明白了自己所犯错误的严重程度，回到了本应该开始行动的地方；停止了一切活动之后，他从科基拉岛出发去阻断恺撒返回布林迪西的交通路线。他放火烧毁了30个据点，并提高警惕，禁止那些已经逃过反方向阻截的人再次经过。

至于庞培，现在轮到恺撒负责提醒他处境的不幸了。恺撒把韦布留斯·鲁弗斯派到庞培身边，表面上向他提出虚伪的请求和建议，实际上，笔者认为，正是这些邀请诱使庞培采取了更迅速的行动。他的部队还没有向西面越过坎达维（Candavie）峡谷（奥赫里德湖以西），他便使其加快脚步，昼夜奔波。尽管庞培军队在数量上有巨大的优势，但他十分小心谨慎，不主动发动进攻，并且满足于守卫狄拉奇乌姆。

如果庞培的军队及时到达，且毕布路斯继续在海上保持良好的警戒，那么对手恺撒的力量就会逐渐减弱，毫无疑问庞培将轻而易举赢得第二局斗争。

恺撒与马克·安东尼在狄拉奇乌姆会合（公元前48年3—4月）

事实上，恺撒的处境是不利的，而且岌岌可危。他采取了攻势，而他身边只有2/3的人手。他在阿普苏斯河（Apsus）的左岸筑垒固守。当对岸的庞培从狄拉奇乌姆得到所需要的丰富食物时，恺撒却沦落到依靠一个经济贫穷、资源匮乏的国家给予定量供应。

更糟糕的是，恺撒在布林迪西把5个军团的指挥权交给了马克·安东尼，他担心这些士兵要么被毕布路斯的巡逻队逮捕了，要么被囚禁在出发的港口。他迫不及待地想让他们重新归队，于是想着独自一人，利用一艘借来的破旧船只，伪装起来回去寻找他们。海面上波涛汹涌，由于船长担心海浪太大，迟疑着不肯出发，恺撒不再隐姓埋名，说了一句绝妙的话使他下定决心迎风搏浪：鼓起勇气，你载着的是恺撒和他的命运。

然而，当小船开始航行时，他不想冒着死亡的风险，又改变主意回到了岸边。无论人们如何看待这则逸事，可以肯定的是，其他士兵们花了两个月的时间才加入恺撒的队列。第一次外出时，运输队为了躲避毕布路斯，只好折回，他们返回基地时发现有一艘船失踪了。他的部队和保卫他们的12艘巡洋舰不得不骚扰斯克里博尼乌斯·利波（Scribonius Libo）带到圣安德烈岛（île Saint-André）的由50艘桨帆战船组成的舰队，直到后者放弃对他们的封锁。这支舰队就停泊在布林迪西港入口的对面。直到公元前48年4月中旬，由于道路畅通，南风刮起，马克·安东尼在夜幕降临时发出了起程的信号。根据《内战记》的记录，他在穿越过程中发生了很多奇怪或奇迹般的事件。第二天早上，他发现了敌人的舰队，与此同时，大约中午时分，伊庇鲁斯海岸凑巧风平浪静，组建的舰队停止了前进。

此后不久，南风又猛烈地刮起来，马克·安东尼及其船队偏航向北驶去，不仅超越了恺撒的营地，也越过了庞培的营地和狄拉奇乌姆半岛，以至于他们只能到更远的地方登陆，也就是宁法姆（如今的圣让·德·梅杜瓦）。恺撒在《内战记》中暗示，在意想不到的机会之后，这对他来说是一个可怕的劣势，因为他将被迫在敌人的威胁下想办法与抵达者安东尼会合。

但细想下来，这对庞培来说可能是更可怕的劣势，他随后得知营救部队轻而易举地从宁法姆夺取了利苏斯，就像恺撒不久前在奥利库姆和阿波罗尼亚一样。于是庞培不得不采取行动，既要与狄拉奇乌姆保持联系，又不让自己被困在恺撒和马克·安东尼之间。

不论庞培的安排多么谨慎，他最终都没能阻止敌人会合。而且，庞培的防御意愿十分强烈，为了躲避战斗，他不得不撤退到阿斯帕拉吉乌姆（Asparagium），很快他与他在伊利里亚地区最强大也是最后的要塞——狄拉奇乌姆在陆地上的联系就断了。

庞培的被动

至少庞培能够保持海上的联系。他从阿斯帕拉久门转移到沿海地带，为了扎营，他选择了佩特拉（Petra）背靠白色悬崖的高地，这块悬崖绵延半公里长，陡峭地耸立在狭窄的海滩上方100米高处。当然，恺撒紧跟其后，并率领他的12个军团来到了这个阵地对面的山丘，峡谷以北被一条沿海的小河——奇米尔河（Chimhil）冲出很多窟窿，小河位于阵地与狄拉奇乌姆潟湖之间。

然而，庞培的兵营可以俯视敌人的四面八方，实际上在山坡上是难以靠近的。在山坡的另一边，他指挥着向南延伸的地形平坦的国家。在一个由铁链和岩石组成的迷宫脚下，既有骑兵所需的牧场，也有船只的锚地，这些船只继续从狄拉奇乌姆运送军队的补给物资。船队来来回回，也许从未像现在这样宁静和安全。几个星期以前，由于任务艰巨，毕布路斯因过度劳累和心情焦虑去世了。他的离去使庞培舰队失去了最高领袖，但丝毫没有减缓他们的活动，也没有放松他们与陆地部队的合作。其中一支部队的首领是庞培的长子格涅乌斯，他已经成功地在奥利库姆和利苏斯摧毁了恺撒仍然拥有的所有船只。

庞培坚持采取一种符合他性情的被动态度，过于小心谨慎，甚至有些消极。在这种情况下，似乎他一出现就比敌人占优势，然而他的状态萎靡不振，认为敌人无法坚守到最后一刻。但另一方面，他高估了自己的能力，同时低估了恺撒手下老兵们的耐力及其将领非凡的眼光。

恺撒的包围战

恺撒意识到，一方面，从长远来看，完全依靠海上供应将会有许多不尽如人意的地方，由于与陆地隔绝，坚持抵抗最终会以耗尽自我而告终。另一方面，在如此混乱的山地中，整体区域的地形已经固定，他只需要逐一封闭在大自然无法逾越的障碍之间开辟的通道，并以有限的力量包围整个地区。

恺撒可能还记得阿莱西亚的例子，勇敢构思宏伟的计划以围困躲避在山区后面的庞培，根据这一计划，他甚至不必动用所有的军事力量。西庇阿想要阻挠叙利亚两个军团的进军，于是选择了合适的时机奔向他的女婿庞培。他派出了两个军团执行上校多米提乌斯·卡尔维努斯的命令，并在东部与他们会合。他出发时只剩下大约3万人，自认为这部分力量可以组建成巨大的防御堡垒。

庞培既不想与恺撒作战，也不愿让出土地，便通过不断响起冲锋号让恺撒的士兵们感到局促不安，并在帕拉迈（Palamai）以南地区不断修建防御工程和堡垒以尽可能扩大自己的防御圈。这样庞培的势力范围不仅包含了位于如今莱斯尼基亚河（Lesnikia）以北的整个平原地区，确保了军马饲料的补给，而且把恺撒的包围部署推向了荒唐的地步。事实上，庞培的工程覆盖了4200公顷的面积，而恺撒的界线则环绕呈圆形，从狄拉奇乌姆以南的海域到达尔吉河（Dartgi）以北的海域，占地约5500公顷。

"从来没有在任何战争中实施过如此宏大的工程"，他们鲁莽造就的巨大工程似乎受到了拿破仑的谴责，并在随后受到了"正当的惩罚"。

庞培放弃狄拉奇乌姆（公元前48年7月中旬）

然而，也许这一事件并没有完全证实这一苛刻的评价，也没有完全证实古希腊罗马作家们带有倾向性的描述，而归根结底，这一评价是以古希腊罗马作家们的描述为基础的。恺撒无法向公众透露他的长远计划要求他军团的士兵们付出何种超乎寻常且旷日持久的努力，而他从一开始就取得了比应有的更具决定性的结果，在笔者看来，这显示出他的谋划是经过深思熟虑的。尽管他在狄拉奇乌姆重复了在戈高维亚的错误和部分失败，但是，就像在高卢一样，他对这次复仇充满信心，笃定在一场不能逃脱的战斗中，自己最终会取得胜利。刚刚入夏，他所进行的围攻便已完成，此时平原上的草已经不足以保证牲畜的饲料供应。因此，庞培被迫将他的骑兵部队送回到狄拉奇乌姆半岛。后来河流干涸了，庞培当时的处境比第一次世界大战中达达尼尔海峡的英法联军的处境更加不利。因为旧式海船的吨位很小，当时庞培对海洋的了解程度远远不如1915年的英法联军，这些因素使他的行动具有更多不确定性。恺撒军团粉碎了庞培对狄拉奇乌姆的攻击。尽管如此，他也无法对庞培展开可能会结束围攻的突袭。

然而，随着时间的流逝，庞培党人与对手们只是互相消耗着精力与勇气。不久，被围困的人便感受到了围攻者的痛苦。庞培第一次被迫按照敌人的意愿行事，随后他向南猛攻，在血腥的反攻战中被牵制住，随后顺利脱身，并撤营潜逃。在庞培看来，这是一次辉煌的成功，因为尽管恺撒做出了壮烈的牺牲，但当元老院军团强行夺取平原堡垒时，恺撒并没能阻挡他们的势头。同时，恺撒也无可抱怨，正如维钦托利在戈高维亚一样，庞培已经错失了击溃恺撒的机会，他已经完全按照恺撒所希望的那样撤退了（公元前48年7月上旬）。

交战双方向色萨利行进

事实上，庞培向东撤退之后，必然很快被迫参与这场18个月以来他一直想方设法尽力避免的战争。自从庞培撤退之后，加图指挥的15个步兵大队控制占领了狄拉奇乌姆。然而，庞培仍然没有调整战略，他被驱逐出亚得里亚海海岸，那里的乡村遭到蹂躏，其他城市都被恺撒占领了，他只好转向爱琴海，越过军队无法生存的高原地区，来到他所控制的海域附近的唯一的平原国家，以调整恢复军队的士气。于是，庞培重新踏上了艾格纳提亚大道（voie Egnatia），庆幸与恺撒保持了距离，一心希望将手下的军团与其岳父西庇阿的军团早日聚集在一起。西庇阿在阿利阿克蒙河［l'Haliacmon，又称维斯特里察（Vistritza）］上遇见了上校多米提乌斯·卡尔维努斯，于是公元

417

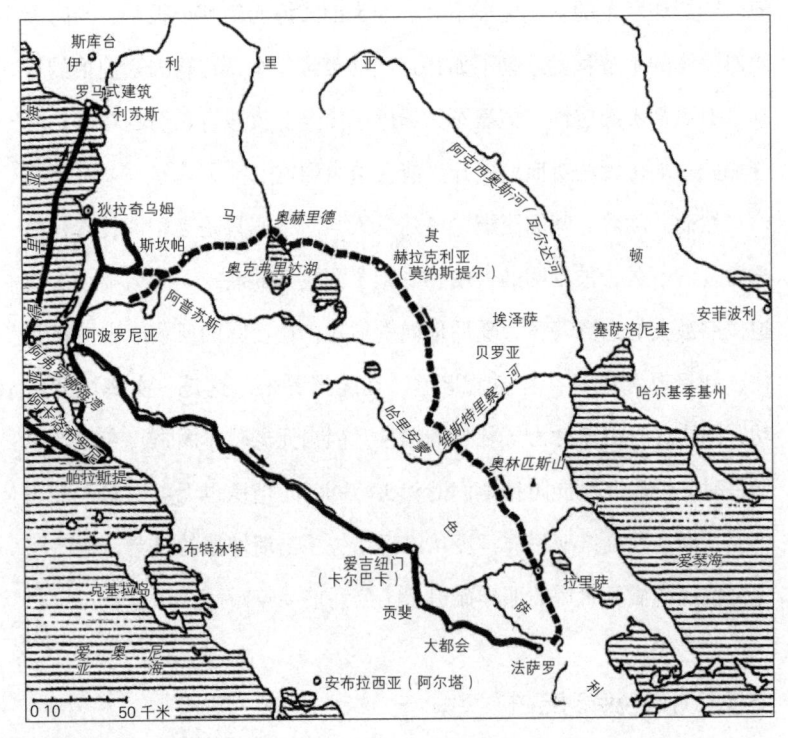

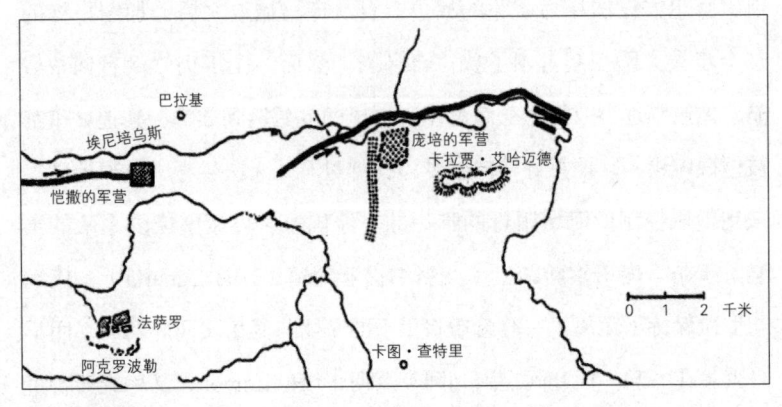

向色萨利进军

向色萨利进军

前48年6月,他一直在努力躲避对方的攻击。在一次部分交战之中,多米提乌斯·卡尔维努斯突袭了西庇阿,随后中断了联系,向北出发,前往富饶的佩拉戈尼亚(Pélagonie)地区①。他在离赫拉克利亚(Heraclea)不远的地方安营扎寨,突然他发现对面潜伏着恺撒事业的背叛者——庞培派来侦察情况的阿洛布罗基骑兵,于是他迅速躲避敌军,经过奥雷斯蒂德(Orestide)山脉突然转向南边。根据《内战记》的记录,直到那时他才通过两次背叛罗马人的高卢人口中得知狄拉奇乌姆的突破以及庞培的进军。事实上,一切都进展顺利,仿佛他收到了首领的信件并一点点地执行了预言的指令。

得知庞培撤退的消息之后,西庇阿尤其害怕落入敌人的手中,于是他自然采取了相反的行动,并沿着阿利阿克蒙河河谷行进,来到了色萨利。庞培了解岳父前进的方向之后,对自己的命运表示放心,于是立即改变了路线,朝着同一方向前进,同时批准精疲力竭的士兵们适当歇息一会儿,放慢了行军速度。然而,恺撒之前没有抱太大的希望,仅仅在奥利库姆和阿波罗尼留下了必需的驻军,自己则朝着相同的目标快速前进,并抄近路沿着维约萨河(Voiousa)河谷而上,以至于在爱吉纽门(Aeginium)附近及时地与格奈乌斯的两个军团重新会合了。当他到达色萨利南部时,庞培还没有深入色萨利北部。

恺撒走出伊庇鲁斯后进入的第一个城市是贡斐(Gomphi)。然而这座城市并不欢迎他,于是他发起攻击并占领了该城。就在当天晚上,他出现在大都会(Métropolis)附近的城前,把前一天抓到的囚犯们推到了城墙脚下,人们看到这一画面之后便失去了抵抗的欲望。

---

① 译者注:如今马其顿共和国的西南部。

他们在恺撒的第一次警告之下屈服了，随后便得到了恺撒的慷慨款待与回报。这份宽容与贡斐的残酷遭遇形成了鲜明对比，改变了这个国家人民的态度。拉里萨因西庇阿出现以及庞培靠近而受到了牵制，除此之外，色萨利的其他城市均向恺撒投降，承认他为共和国的执政官，正如6个月以前除了狄拉奇乌姆地区的伊利里亚一样。

公元前48年7月，这片广阔而平坦地区的粮食在阳光照耀下成熟了，所有资源都落入了恺撒的手中。几个月以来，他已经通过努力使庞培失去了在海洋控制权方面的相对优势。而且，庞培为了等待时机，相比恺撒而言，军队精力消耗得更快。

法萨罗（公元前48年8月9日）

庞培屈服于事实，并没有听从元老院元老们鼓动付诸战争。自从狄拉奇乌姆战线被打通之后，元老们的傲慢自负即使没有转化为令人不快的争吵，也似乎达到了滑稽怪诞的程度。庞培为战斗做好了准备，而这场战斗在敌人的推动下变得不可避免了。

公元前48年7月底，庞培从拉里萨出发去迎战恺撒，并占领了卡拉贾·艾哈迈德（Karadja Ahmet）高地。该地位于法萨罗古城东北方向两法里，河流左岸及恩尼普斯（Enipeus）南部。在当地建立营地时，庞培尊重其岳父退职执政官行省总督的头衔，在统帅营帐中心为西庇阿搭起帐篷，而自己的帐篷则在旁边，紧挨着他所聚集的100个步兵大队。

在庞培的对面和下方，恺撒总共仅部署了80个步兵大队，并处于十分不利的地理位置。然而，恺撒每天都派骑兵去收集草料，仿佛自己的骑兵可以与对方7倍之多的力量抗衡一样。此外，他每次将自己的战斗编队靠近敌方一点点,多次向对手们挑起战斗。

最终,庞培决定接受挑战,向士兵们发出了吉兆口令——"不可战胜的赫拉克勒斯"(Hercules invictus)。公元前48年8月9日,庞培一大早就将兵力部署到平原上。他的右翼由西班牙和东方军团组成,听命于兰图鲁斯,并靠着恩尼普斯陡峭的河岸保护自己不易被敌人包围。在中部,西庇阿将两个意大利新兵军团编入了他的叙利亚军团。在左翼,阿赫诺巴尔布斯指挥着另外两个意大利军团,这两个军团通过公元前50年从高卢遣返的两个旧军团发展而来。庞培置身于这些军团后方,他率领的是一支混杂军队中始终令人觉得靠不住的精锐部队。他将7000名骑兵几乎全部集中在最左翼,由他最优秀的副官拉比埃努斯(Labienus)指挥。前一天晚上,在关于战争的首领会议上,或许他确实满怀信心,或许他认为作为领袖有责任传达这种感觉,于是他对自己的杰出布局以及乐观的作战态度进行了论证。当然,他补充道,为了避免右侧局面无法控制,他为步兵保留了一个纯粹的防御角色,当士兵们一步一步地布满右侧时,骑兵会从他的左侧转向恺撒的军团,然后在突击冲锋中向后袭击敌人。

可惜,不论是因为庞培所处的地形不利,还是因为其步兵素质不过硬,他最后都没有顺利达到预期的目标。恺撒立即识破了这一绝妙的战术,并避开了其中的危险性。马克·安东尼对抗兰图鲁斯,上校多米提乌斯·卡尔维努斯对抗西庇阿,普布利乌斯·苏拉(P. Sulla)对抗阿赫诺巴尔布斯,恺撒把最疲惫的军团放在他的左侧,靠近恩尼普斯河床的宁静区域,而把最优秀的士兵,即第十二军团和第十军团放在他的最右侧,那里不可避免地会出现围攻的威胁。然后,他向大家发出一个口号——"胜利女神维纳斯",这似乎在承诺胜利,让人感觉周围有神灵的保护。他将其部队分成梯队按照三条传统路线纵深部署,并要求最后一个队列的士兵们在接到正式命令之前不要移动。

恺撒懂得避免主动攻击的弊端,当士兵们被敌人的静止不动搅乱心神,恺撒才同意发起进攻。他批准老兵们不参与最困难的战斗,并在猛攻的过程中偶尔调整休息再继续作战,给予他们一定的喘息机会。

而庞培甚至指望趁老兵喘息的机会来减弱对手的冲击力。最后,庞培提前假定手下的1000名骑兵会被一大批敌人驱散,于是他从第三梯队中抽取了6个编队倾斜着安排在第十军团后面。当卡尔维努斯冲锋突击时,庞培党人一个轻微的口号即足以令袭击者头破血流。

事实上,庞培党人挡住了对手的突然袭击,对于他们而言,这场战争以胜利开始,却以溃败而告终。从那时起,庞培的计划就付诸东流了,因为战斗的重担落在步兵身上,而步兵已无力担负重任。庞培势力在6个反击大队的推力下,先是左翼阵线向后退缩,然后在恺撒的第三新兵分队的进攻浪潮下四处投降,恺撒的右翼获胜,其他方向军力完好无损。

最后为了结束战争,恺撒向前线发动了总攻。庞培一看到骑兵们掉转马头,立刻爬上营地去避难了,他甚至失去了防守的能力。到了中午,恺撒的士兵们已扫荡完平原,尽管疲惫不堪、酷热难耐,他们仍毫不犹豫地轮流爬上山坡,跨过沟渠。当他们靠近时,庞培扔掉了他的指挥徽章,骑上了面前的第一匹马,带着几个同伴从军营的正门逃到了最近的海滩。

法萨罗战役就这样结束了,在这场战役中,庞培在几个小时之内失去了他的军队、营地和军事荣誉（公元前48年8月9日）。至于恺撒，他在第二天晚上抵达拉里萨，围住了最后一批逃亡者之后，他不无自豪地拟定了胜利的总结：他的2.2万人中只牺牲了30名百夫长和200名军团成员。然而，庞培等人不得不在两天内哀悼1.5万人的死亡（包括退位执政官兼行省总督阿赫诺巴尔布斯），另有2.4万人沦为俘虏。

第四节　远征东方

庞培逃亡（公元前48年8—9月）

在很长一段时间里，庞培党人无法从法萨罗战役的溃败中恢复过来，随后其舰队自发解散了。他们需要几个月的时间来重整军队，然而，除了庞培，他们找不到一位称职的指挥者。

鉴于庞培党人的溃败，恺撒调整了自己的行动计划。对于精疲力竭的士兵们，恺撒允许他们放假休息。同时，他安排马克·安东尼指挥和派遣大部分老兵到意大利过冬。而恺撒自己则一路追逐庞培，他想趁庞培还没有恢复理智，重新聚集起财富和军队，彻底打败庞培。

恺撒带着追击所严格必需的兵力，沿着希腊东部的道路向前冲去。东希腊人过于崇尚成功，甘于对胜利者俯首称臣。战败的庞培为自己的生命而战栗，一直逃到佩内河（Pénée）河口，并感受到了黑夜般的迷茫。第二天，即8月10日，他乘坐一艘商船驶向安菲波利斯（Amphipolis），同行者还包括两名执政官和戴奥塔罗斯国王（roi

Déiotaros），共计约30人。之后，他朝着密特里尼驶去，在那里，他的妻子科妮莉亚和小儿子塞克图斯（Sextus）登上了船。然后他沿着亚洲海岸行驶，需要食物或水时才中途停靠港口，并最终在阿塔利亚停船靠岸。他在选择避难场所时仍然犹豫不决。

经过两周的深思熟虑与思想斗争，庞培最终听从了西奥帕尼（Théophane）的意见。西奥帕尼建议庞培不再向"万王之王"寻求昂贵的、带有羞辱性的，甚至不可靠的庇护，而是选择起航前往3天即可抵达的埃及。

公元前51年托勒密十二世去世时，当时只有10岁的新国王托勒密十三世曾象征性地以庞培作为监护人。毕竟，庞培有权选择投靠一个支持其事业的国家，而且去年已有50艘埃及船只排列于其长子格涅乌斯的旗帜下。

公元前48年9月28日，庞培在58岁生日那天最终带着舰队、钱币以及他在西里西亚和塞浦路斯港口聚集的大约两千人到达了埃及海岸。

庞培之死（公元前48年9月28日）

庞培在到达佩鲁兹（Péluse）时停了下来，或者是因为三角洲以东的逆风阻止了他向亚历山大里亚推进，或者更确切地说是因为他被告知了这个地区当时正在发生的大事件。庞培确实运气不佳，刚逃离罗马人的内战便被卷入埃及内部的混战中。

根据奥勒忒斯的遗嘱，托勒密十三世应当与其姐姐克利奥帕特拉结婚并共同执政。然而，克利奥帕特拉比托勒密十三世年长7岁，她同时拥有超人的智慧、卓越的语言天赋、迷人的嗓音，并热衷权威、爱施诡计。

王室里有3位要员,即宦官波提纽斯(Potheinos),修辞学教师希俄斯的狄奥多图斯(Théodote de Chios),战略家阿基拉斯(Achillas)。这3位喜欢参与行政事务的议院侍从很快便意识到,如果任由王后在其夫君的宫廷中行使权力,那么她的影响力会继续增强,王后很快便会剥夺他们的权力并损害他们的利益。

前段时间,他们把王后驱逐出了亚历山大里亚,但克利奥帕特拉声称将带领在叙利亚沙漠征募的阿拉伯人队伍通过武力方式返回。为了禁止她通过非法方式返回亚历山大里亚,13岁的小法老、摄政王们以及军队前往毗邻佩鲁兹的海角——凯松(Kasion)。

庞培将舰队停靠在离他们聚集点一段距离的地方,并派遣一位议员乘坐小艇以其名义请求托勒密王朝的接待。对此王室议事员们意见不一。尽管庞培在内战中失败了,一部分人倾向于接待他,要么是为了纪念他对奥勒忒斯的友谊,要么私下盘算利用此次援助获取报酬。另一部分人则更倾向于拒绝他,因为他们害怕看到庞培致使其军心涣散,没收他们的资源并接管政府。

狄奥多图斯也表示同样的恐惧,但他察觉到,接受或拒绝援助庞培均存在一定的危险性。若拒绝庞培,埃及会招致庞培的敌意,而不会转移恺撒的敌意,因此,这种两难境地使大家处于恐慌中。修辞学教师找到了一个摆脱困境的办法——杀死庞培,这一主意很快便得到了大家的认可。

于是,阿基拉斯带着几位仆人和两名加比尼占领军军官——赛普提米乌斯(Septimius)和萨尔维乌斯(Salvius)登上了一艘渔船,他划桨靠近庞培的战船。当他靠近庞培时,声称附近的浅滩影响了全体船员的航行，为之道歉，同时请求庞培借给他一些船员并一起与法老会合。

庞培丝毫没有怀疑，便跟随其中一位释奴菲利波斯（Philippos）上了船，并坐在前排读起了他的希腊文讲稿。他打算见到埃及法老之后把这篇演讲稿读给他的"被监护人"听一听。就在快要靠岸时，庞培抓住释奴的胳膊刚准备站起来，赛普提米乌斯从后面用剑击中了他。然后，庞培用外袍的褶皱遮住了脸，并从容地忍受谋杀者的其他攻击。

在海上，庞培的妻子、儿子和朋友们惊恐地目睹了这一切，这起谋杀案的阴险卑鄙受到了卢坎①的谴责，唤起了但丁的愤怒，并使"叛徒托勒密"陷入了地狱的深渊——在该隐②下方，在犹大旁边。

当罗马舰队在惊恐中离开时，刺客砍下了庞培的头，并将他被斩首的尸体扔给了虔诚的菲利波斯。那天晚上，在一位路过的米特拉达梯战争老兵的帮助下，他在由沉船残骸堆起的火堆上将其焚化，并将其骨灰埋在了海滩上的沙子中（公元前48年9月28日）。

恺撒来到亚历山大里亚（公元前48年10月2日）

埃及人不必为他们残忍的卑鄙行径而感到羞愧，他们授予庞培荣誉称号，称呼他为"罗马人坚定支持的殉难者"。然而这一切仅仅对恺撒有利，他不必亲手沾染敌人的鲜血便将其消灭。同时，这也提前证明他对托勒密王朝事务的野蛮干预是正当的。

---

① 译者注：卢坎，罗马诗人，公元39年—65年。
② 译者注：《圣经》中亚当的儿子，刺杀了亚伯，被上帝逐出人类家庭聚居的地方。

恺撒跟随逃亡者庞培的脚步，先到达安菲波利，后来从陆路转到了达达尼尔海峡。在那里，恺撒带领第六军团登上了幸运舰队，正准备跟着军团一起穿越海峡时，俘虏了庞培党人卡西乌斯准备带领进入黑海的10艘桨帆船。倘若卡西乌斯想要攻击法萨罗战役的获胜者，恺撒很容易就会摧毁对方的整个船队。

之后，恺撒在特洛阿城（Troade）停留下来，参观了传说中的特洛伊遗址，并在以弗所接见了爱奥尼亚和欧莱德的代表团。后来去了罗德岛，那里的岛民壮大了其舰队力量。此外，他会见了第二十七军团，即昆图斯·弗非乌斯·卡莱努斯（Q. Fufius Calenus）从阿哈伊亚（Achaïe）派遣过来的兵力。此时恺撒才得知庞培经过塞浦路斯的行程，并推断出庞培正向埃及驶去。

于是恺撒一直向南行驶，希望能在那里追上庞培。

公元前48年10月2日，恺撒带着运输船和35艘战舰进入亚历山大港，其中包括护送他们的10艘罗德岛战船。

恺撒对埃及的保护权

恺撒在船上等待着确认其对手的死亡。消息刚刚传到，狄奥多图斯就带着庞培的戒指和首级来了。也许这位修辞学教师希望通过此举获得恺撒的感激，同时也希望恺撒做出决定离开这片似乎与他毫无关系的土地。

然而，恺撒在看到这些可悲的遗物和遗骸后，泪如雨下。尽管托勒密十三世当时不在埃及，恺撒仍然下令靠岸并安顿在王宫里。

在写给意大利的公报中，他或许会解释道，之所以没有离开埃及，是因为被地中海季风困住了，与此同时，他认为自己有责任为庞培的英灵举行体面的葬礼。该公报的内容在《内战记》中也有提到。

可是，恺撒的行动再一次与其言辞相矛盾。恺撒靠岸之后，他让侍从官跟紧身后，仿佛罗马执政官登陆罗马大地上一样。一旦察觉到亚历山大人充满敌意的征兆，他便吩咐管理亚细亚和邻近省份的副将——多米提乌斯·卡尔维努斯从当地特遣队中抽调两个军团前往埃及，这将使恺撒的军队力量增加一倍。显然，恺撒想要利用内战的一段插曲来实现他青年时期的雄心壮志之一，使他的祖国意大利对尼罗河流域的保护权变得有效而切实。

托勒密十三世刚从佩鲁兹回来，恺撒就强行让他屈服了。为了表明对年轻法老的仁慈之情，恺撒只是强调战争捐税会为对方增光，在他看来，埃及君主对庞培的帮助使他有理由索要这笔捐款。然后，他要求君主偿还托勒密·奥勒忒斯拖欠的债务，命令他解散凯松的军队，最后表明他打算亲自以执政官的身份平息这场姐弟之间关于王权的争端。

几天之后，克利奥帕特拉在恺撒的秘密邀请下返回了亚历山大，并上演了一部好戏。她买通了亚历山大港口的灯塔看守人，用一条运输床上用品的旅行毯子将自己包裹起来，以便穿过宫殿大门时不被发现。根据普鲁塔克的描述，正是通过这种诡计和勇敢相结合的方式，这个20岁出头的女人以其睿智和魅力燃起了成功者恺撒内心的激情。

然而，恺撒在不认识克利奥帕特拉的情况下便召唤了她，哪怕他们之间没有爱情，恺撒在她面前也感到心情愉悦。恺撒想维护自己作为罗马裁判官的权力来裁决托勒密王朝的命运，克利奥帕特拉正好为恺撒带来了机会。根据奥勒忒斯的遗嘱，他把埃及王国移交给托勒密十三世和克利奥帕特拉共同统治，为了平息这种专制态度在臣民中引起的骚动，他把从罗马帝国分离出来的塞浦路斯岛的主权按照同样的分割条件移交给了奥勒忒斯年幼的子女——阿西诺伊和托勒密十四世（公元前48年10月中下旬）。

波提纽斯的诡计

然而，从爱国主义视角而言，这种让步可能让人感到痛心，也并没有阻止周围的怒火在亚历山大的爆发。宦官波提纽斯认为，恺撒的安排很快就会让他付出高昂的代价，而以前被他驱逐的克利奥帕特拉是唯一的受益者。

波提纽斯有勇有谋。一段时间以来，他一直在密谋疏远恺撒，引起军队和平民对他的敌意，一方面故意剥削压榨平民们，另一方面给军队分发发臭的饮品和变质的食物，此外还计划在食品中对恺撒下毒。然而，毒死恺撒的企图失败了。

一计不成又生一计，波提纽斯通过威胁和许诺，秘密让阿基拉斯下决心与佩鲁兹的军队一起向宫殿进军。在路上，阿基拉斯遇到了使者们，使者们本应以托勒密十三世的名义讲话，却按照恺撒的意愿命令他停下来。阿基拉斯命令手下将使者们痛打了一顿，并加快了前进的步伐。所谓的亚历山大战争正式拉开了帷幕（公元前48年10月底）。

阿基拉斯向亚历山大进军（公元前48年10月底）

恺撒手下的军官讲述此事时得意地描述了所有的波折，由于过分沉浸在众多的细节之中，基本的脉络反倒变得模糊起来。但这是恺撒预料之中的战争。而且，尽管战争过程充满了动荡不安的插曲，但很明显达到了恺撒想要的结果。

阿基拉斯拥有2.2万名步兵和2000名骑兵。虽然这支军队作风散漫又唯利是图，其最强大的核心力量由公元前55年加比尼亚尼人（les Gabiniani）的残余部队构成，但其战力还是十分可观的，以至于罗马人安排6000名步兵都很难与之对抗。

此外，这座大约50万人的城市对罗马人满怀敌意。恺撒早前通知的增援部队还没有到达，因此无法发动进攻，与此同时，他必须顽强抵抗，并不惜一切代价维护他作为法萨罗战役的胜利者而赢得的充分的海上通信自由。恺撒不仅改造了他所占据的位于这座城市与亚历山大港之间的内宫，而且将邻近的剧院变成了一个坚不可摧的堡垒。当埃及部队走上通往那里的街道并失去数量上的优势时，他便粉碎了对手的攻击。

与此同时，当阿基拉斯到达皇家舰队停泊的码头时，恺撒出人意料地放火焚烧，阻止阿基拉斯夺走该地，并将作战装备全部摧毁，包括没有离开埃及海岸线的22艘三层桨帆船，法萨罗战役之后从亚得里亚海返回的50艘桨帆船，以及留在军火库里的38艘战舰。

恺撒点燃的火焰燃烧得如此猛烈，以至于在南风的推动下，大火吞噬了附近的小麦仓库，并蔓延到著名的托勒密图书馆，其中40万册图书化为灰烬。在炽红的夜色中，亚历山大人和他们的士兵被此次巨大的灾祸所震惊，再也无法摆脱这一令人目瞪口呆的景象所带来的阴影。

而恺撒则突然夺取了灯塔小岛，并在那里驻扎了一支卫兵。因此，阿基拉斯最后还是战败了，无论是在宫殿前的大陆上，还是在亚历山大港的海上,他都被击败了。那儿只剩下罗马舰队以及控制出入的军团(公元前48年11月上旬)。

恺撒被围困在宫殿里

恺撒的军事补给由海路提供,他只需坚持等待士兵们的到来即可。他到处呼唤士兵前来支援他。在小亚美尼亚,恺撒多次派人前往卡尔维努斯的营地,向他重申尤为紧急的指令;在西里西亚和叙利亚,米特拉达梯尤帕托的私生子佩迦摩的米特拉达梯二世〔Mithridate de Pergame,其母亲是加拉太人(Galate)〕,出于与恺撒的个人友谊,负责在罗德岛人(les Rhodiens)中为部队招募士兵。

在新兵到来之前的4个月时间里,恺撒以坚定的决心和丰富的计谋不断击退埃及人,当埃及人隐约感觉到其自主权取决于这场斗争时,战争变得更加激烈。

首先,恺撒用一堵不易燃的连续墙体包围了宫殿。随后,他按照袋形阵地部署防御,希望形成600到700米宽的洼地,将亚历山大一分为二,在那里马雷奥蒂斯湖(lac Maréotis)①的水流向洛基亚斯(Lochias)海角附近。然而,这一愿望并未实现。

此外,恺撒说服波提纽斯叛变,并随后命人将其斩首。

与此同时,恺撒鼓励阿西诺伊和宦官该尼墨得斯逃跑。由于叛军中来了一位王族公主,从某种程度上而言,承认阿基拉斯叛乱的合法性似乎是轻率的。然而,恺撒一心想清理周围的势力,并利用机会与逃亡者在对面的营地中制造不和。该尼墨得斯在营地很快就与阿基拉

---

① 译者注:即今天的马里乌特湖(lac Mariout)。

斯发生了冲突，并在阿西诺伊的命令下将其处死后取而代之。

该尼墨得斯的作战行动（公元前48年12月初）

然而，这种背信弃义的算计让恺撒付出了巨大的代价。宦官该尼墨得斯天生拥有勇士般的能量，几乎立刻就以更强的动力投入了行动。他首先试图通过功能强大的机器将海水引入为王宫提供淡水的尼罗河管道，从而将恺撒驱逐出去。

恺撒因此迫不得已而钻井取水。随后该尼墨得斯开始盘算着利用西港武器库或尤诺斯特港（Eunoste），尤诺斯特港在海普斯特堤道①（Heptastade）的另一边，在他管控的范围之内，可以用来重建一支舰队。

然而，这一步骤尚未完成，第十七军团出现了，多米提乌斯·卡尔维努斯上校已经找到了通过船只将他们运送过来的方法。尽管第十七军团错过了灯塔的入口，恺撒不得不将他们从切尔森索斯（Chersonnèsos）海角牵引到亚历山大里亚，但他成功完成了这一危险的行动，没有损失一艘运输船，并击沉或夺取了4艘试图阻挡的埃及战船，趁机利用优势封锁了尤诺斯特港。

该尼墨得斯仍然坚持自己的海军建设计划，很快装备了22艘三层桨帆船和5艘五层桨帆船，还不算他从尼罗河通行税征收处借来的未铺设甲板的船只。他自认为足够强大，可以自由进入尤诺斯特港，并扰乱恺撒的航行。很快，卡尔维努斯跟随海军上将尤夫拉诺尔（Euphranor）带领下的罗德岛后卫部队进入了尤诺斯特港，他们突

---

① 译者注：托勒密时期亚历山大里亚居民在堤坝上建造的堤道。

然攻克了埃及水兵们的5艘船，给他们以沉痛的教训，并允许敌军士兵们毫发无损地按照自己的意愿选择退役。其余的埃及舰队通过躲避在海普斯特堤道的阶地而逃脱了袭击。

这个布满巨大建筑群的码头在两个港口之间，将陆地与毗邻灯塔小岛的大岛连接起来，并与它同名。这就是为什么从第二天开始，恺撒想要剥夺敌人的这些庇护所。他突然出现在法利人（Pharites）身边，把他们打得落花流水或令他们撒腿逃跑，并将他们的房子夷为平地。然后他试图夺取海普斯特堤道。他相信可以更快地做到这一点，因为他在岛上发起进攻时已经占领了岛的北端，并封闭了拱形通道，即码头通往内河航运的必经之路。他把精力集中在另一条通道上，这条通道在城市的另一端，同样连通尤诺斯特港和亚历山大里亚。

然而，该尼墨得斯监视着这一切并发起了反攻。由于敌方人数过多，恺撒的军团成员只能以最快的速度游回到亚历山大里亚，并登上船以自救。恺撒不得不像士兵们一样跳入水中，并脱掉了统帅的外套。随后这件外套落入了埃及人手中，该尼墨得斯高举这一纪念性的战利品以示胜利。这位宦官有理由对他所取得的结果感到自豪。他消灭了800名军团成员，险些杀死了他们的将军，他的舰队又重新具备了阻扰罗马船只离岸和进入亚历山大里亚的能力，海普斯特堤道下的两座桥最终处在他的掌控之下（公元前47年1月中旬）。

帕加马的米特拉达梯二世的援助部队

然而，这次成功来得太晚了。公元前47年1月底，帕加马的米特拉达梯二世已经在巴勒斯坦扎营，同时，他增加了招募的士兵队伍，这些士兵们来自庞培最凶恶的敌人：马尔霍斯（Malchos）的纳巴特人（Nabatéens），阿雷塔斯（Arétas）的后继者们，以及大祭司海卡努斯（Hyrcan）动员起来的1500名犹太人，他们由大希律王的父亲安提帕特指挥。

公元前47年2月中下旬，米特拉达梯离开阿斯卡隆（Ascalon），沿着船只排列的海岸线前往埃及。这支船队毫不畏惧埃及舰队，埃及舰队位于尼罗河河口，专门追击恺撒的补给舰，刚刚被卷入到一场大型的海战中。

克劳狄乌斯·尼禄是未来皇帝提比略（Tibère）的父亲，他指挥着罗马的船只，但《亚历山大里亚战记》的作者将这一荣誉归功于罗德岛海军上将尤夫拉诺尔，他就像特拉法尔加（Trafalgar）海战中的纳尔逊（Nelson）[1]一样，在战争取得胜利时英勇牺牲了。这一事件解释了为什么除了恺撒之外，米特拉达梯的进军未被扰乱，甚至可能没被发现。

公元前47年2月底，帕加马的军队突袭了佩鲁兹驻守的埃及军队，占领了这座城市，绕过三角洲，穿过奥尼亚斯（Onias）向孟菲斯挺进，并在那儿越过了尼罗河。

在卡斯特拉·尤达乌鲁姆（Castra Iudaeorum）[2]附近，可能位于尼罗河西边，米特拉达梯与埃及人产生了正面冲突。多亏了英勇的安提帕特，他打破了敌人的防线，继续向北前往亚历山大里亚。

---

[1] 译者注：特拉法尔加海战发生在1805年，是拿破仑战争时期的一次重要战役，也是英国海军史上的一次巨大胜利。10月21日，英法舰队在西班牙特拉法尔加角外海面遭遇决战，战斗持续5小时，由于英国舰队的战术优势，法国海军遭到惨败，但英军主帅霍雷肖·纳尔逊海军中将也在战斗中阵亡。

[2] 译者注：古罗马兵营，指罗马人用作军事防御阵地而构建的建筑物或预留的地块。

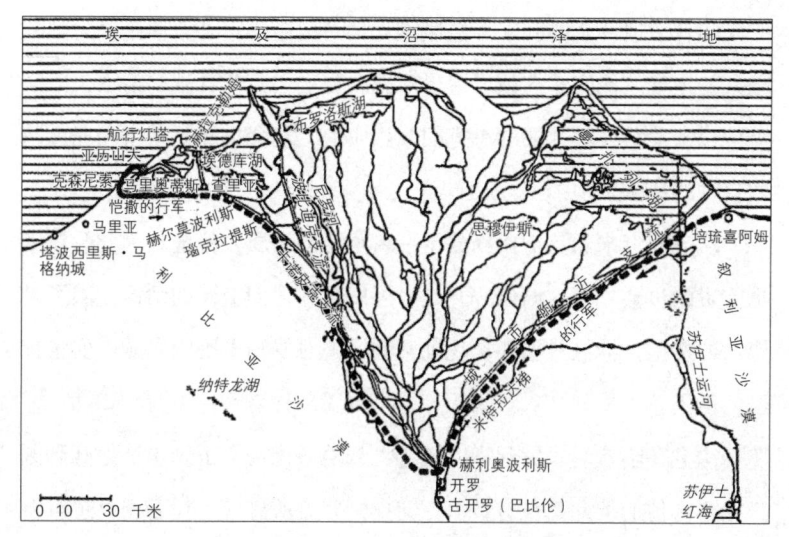

帕加马的米特拉达梯二世的行军路线

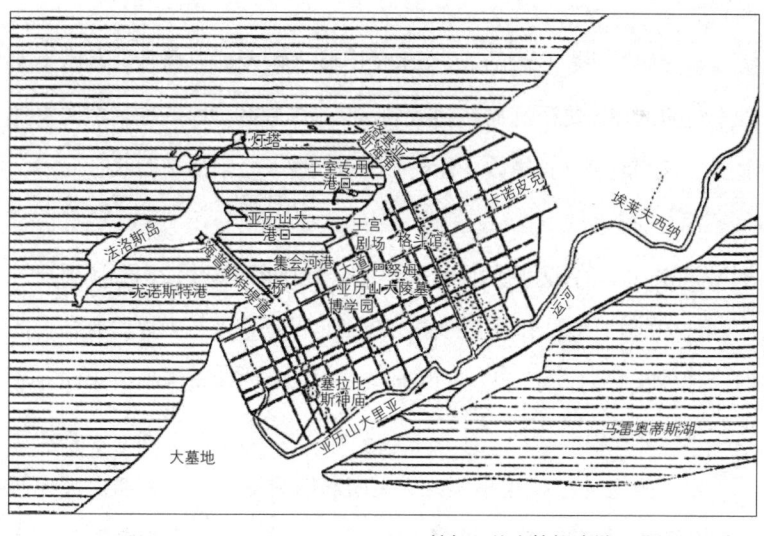

帕加马的米特拉达梯二世的行军路线

435

恺撒排挤托勒密十三世

随着增援部队的到来，恺撒感觉是时候做决定了，于是竭力削减敌人的士气。他突然向该尼墨得斯提出看上去十分真诚的请求，即请求他交出罗马方被逮捕的军官们，相应地，他会批准托勒密十三世回归自己的军队。

从表面上来看，恺撒释放了一名重要的人质，但他却因此收获了更宝贵的机会。当这两位分开时，可以听到他们交谈的话语充满了最温情的友谊。恺撒恳请法老托勒密利用他对罗马人民的忠诚以安定自己的王国。

法老在临走时大哭起来，仿佛见到恺撒比占有王国更让他感到刻骨铭心。他们彼此都没有被对方的虚情假意所愚弄，托勒密只想重新获得因恺撒的出现而失去的全部权威。恺撒估算法老托勒密怀着这样的野心。

与此同时，罗马人的下一次胜利会更加容易，这将使托勒密王朝处于恺撒的控制之下，而托勒密王朝则以失败和背叛的罪名两次蒙受耻辱。这场胜利来得更妙，让恺撒得以摆脱了之前的被动状态。

尼罗河战役，夺取亚历山大里亚（公元前47年3月27日）

公元前47年3月25日，托勒密登船起程，希望与士兵们会合。此时，他的士兵们位于查里亚（Chaerea）以南约10千米处，正在敌方营地里围攻米特拉达梯。

到了晚上，恺撒也率领一个军团和骑兵登上了船，船上灯火通明，他们朝着托勒密远去的方向驶去，似乎想要追上王室舰队。然而，恺撒更希望在陆地上击败敌人。所有的灯火熄灭之后，他折回到切尔森索斯角,在那里下船后,在埃及明朗的夜色中,他加快了脚步,绕过了马雷奥蒂斯湖。这个湖在古代没有超过西边的海角,所以他很快就奔驰了大约30千米,与同盟者拉开了距离。

3月26日(儒略历2月5日)黎明,恺撒突然与帕加马的米特拉达梯二世会合了。

埃及人对这一切表示目瞪口呆、惊慌失措,该尼墨得斯的英勇无法再保护他们,于是他们恳求讲和,却被拒绝了,恺撒立即采取了攻势。他手下的高卢骑兵和日耳曼骑兵通过了分隔军队的运河,而军团成员们则跟随着他们扔在地上的树枝标记从河的一岸到达了另一岸。整齐排列在岸边的埃及哨兵要么战死,要么向营地撤退。

埃及士兵们强大的营地之前建立在一座沙丘上,以至于恺撒没有尝试着让筋疲力尽的手下们攻打并破坏此营地,如今这一沙丘不复存在。恺撒将进攻推迟到了第二天,一开始试图突破圆形山顶下最容易接近的山坡,然而这一行动只是徒劳一场,随后,他发动了3个精锐部队前往最陡峭的侧翼,由军团长卡菲莱纳斯(Carfulenus)负责指挥,敌人认为此地难以靠近,于是并没有驻军防守。

恺撒的精锐部队爬上斜坡,跳上山顶,随后以跑步的速度从山上冲下来突然出现在埃及人身边,埃及人受到突然袭击之后惊慌失措,混乱地冲向尼罗河,快速登上他们停靠在河岸边的小船,逃跑过程中一片混乱。许多人在逃亡路上便被砍杀了。大多数人在拥挤着登船时随船只一起沉没了,因为船只无法承受他们拥挤时的超负荷重量。他们中的1.2万人投降,2.05万人战死,托勒密十三世因身上佩戴着金色护胸甲,身份被识别出来了,于是他的遗体被扔在了河岸上。

然而恺撒并没有把心思放在计算他的俘获物和伤亡者上。他带着唯一的骑兵部队驶向了亚历山大里亚。恺撒获胜的消息先于他本人到达了那里，大家看到他穿着的王室护胸甲便更加确认了这一消息。亚历山大港的百姓们瑟瑟发抖，抬着神的雕像，俯伏着向他投降。当天晚上，恺撒以凯旋者的身份回到了早上仍然被围困的宫殿，穿过曾围困他长达6个月的防御工事，如今这里已空无一人（公元前47年3月27日）。

从现在开始，埃及将成为恺撒想要的样子。他努力避免将埃及列为罗马的一个行省。在这方面，恺撒是非常明智的。埃及除了神权君主制之外不包含任何其他政体，这与罗马政体并不完全一样。因此，如果严格要求继任的君王们保留前人所认可的这一制度，这将是不合逻辑的。

在侍卫的监护下，恺撒将反叛者阿西诺伊急遣回罗马，让克利奥帕特拉与她年仅10来岁的兄弟托勒密十四世成婚，并把托勒密王朝这对新任王室夫妇围困于尼罗河流域。为了遵循表面的形式，恺撒再次执行了奥勒忒斯的遗嘱条款。但事情的本质却是恺撒将塞浦路斯岛再次并入罗马帝国，并保留了罗马对埃及的管辖权。而埃及王后在恺撒的协助下顺利登位，并成为他的情人，任凭他摆布。

埃及投降（公元前47年4—5月）

亚历山大里亚人被征服之后表现得十分温顺，恺撒毫不怀疑这一点。他与克利奥帕特拉一起乘坐游船，这艘游船的新房装饰得十分美丽，他们出发前往尼罗河上游，去探索这片奇特而神秘领域的其他地方。他越过了阿非利加第一瀑布——维多利亚瀑布，在埃塞俄比亚边境停了下来，直到两个多月后才回到首都。

在这么长一段时间里，恺撒这种异乎寻常的忙里偷闲行为使他遭受了不少指责！这些指责的言论体现在西塞罗的发问中，他在书信中十分巧妙地责怪恺撒，指出尼罗河战役之后，他不得已归附于恺撒。

事实上，大家对恺撒安排400艘游船紧随其后的行为以及他否认军团成员反抗的态度表示十分不满，甚至可以说，众人的不满情绪远远不止这些。军团成员们对恺撒的懈怠感到愤慨，对他的婚外情感到恼火，这也许会迫使他们改弦易辙。众人提出的最好理由是"军队对一名游客来说是过于笨重的装备"。这一切使我们转而相信恺撒会疯狂般地将亚历山大里亚的部队撤走。

此外，这则逸事似乎是以拒绝越过希达斯皮斯河（Hyphase）为蓝本，马其顿人之前曾将亚历山大阻挡在希达斯皮斯河。与此同时，关于恺撒所参与的历史剧中的风流插曲，我们在这里适当减少了一些笔墨。

在过去的两年里，恺撒太过劳累，总是处于战争、危险、紧张的工作或焦虑中，突然迎来了放松的有利时机，他立刻积极投入到了充满温情的休假中。诚然，在埃及灿烂的天空下，在这片神圣的土地上，在君主享有的希腊化的奢华和优雅中，这位享乐主义者毫无愧疚地享受每天的时光，并愉快地在他的好运通告栏上添加了一部王室剧本。

可是，在克利奥帕特拉的怀抱和盛宴中，恺撒既没有忘记他的权力条件以及作为领袖的职责，也没有忘记罗马的利益。这次骄奢淫逸的远游同时也是他作为船长侦察路线以及作为政治家调查情况的过程。就像在亚历山大里亚一样，他参观了亚历山大的陵墓，聆听了哲学家的课程，领会了天文学家讲授的科学知识，希望通过日程安排直接了解他脚下的法老国家的习俗和组织、奇迹和资源。作为现实主义者,他环游了埃及的整块领地。当他结束游玩并心甘情愿回到基地时,他小心谨慎地将王后——他的情人,以及他所征服的王国托付给了3个军团。现在他已成为这个王国的真正主人,而且这些军团也永不会离开他。

直到公元前47年6月底,恺撒走出了享乐状态,出人意料地去了亚细亚。法尔奈克(Pharnace)的起义动摇了罗马在亚洲的统治,恺撒此次出发正是为了维护领土的完整、恢复军队的威望以及罗马统治的主权。

法尔奈克的起义

法萨罗战役之后,庞培的军事溃败使他失去了个人威信,作为间接后果,这次失败颠覆了他之前在亚细亚东部树立的地位。米特拉达梯尤帕托的婚生儿子法尔奈克,因背叛恺撒而被庞培立为博斯普鲁斯辛梅里安王国的君主,他认为现在时机已经成熟,可以考虑从占有者手中夺回从其父亲王权中脱离出来的那部分世袭政权了。

迪约塔罗斯和阿里奥巴尔赞三世所拥护的庞培战败了,在法尔奈克看来,夺取他们的王国似乎很简单。他入侵了迪约塔罗斯统治下的小国亚美尼亚以及阿里奥巴尔赞三世统治下的卡帕多西亚。可惜他的算计失误了。

首先,迪约塔罗斯和庞培一起离开了安菲波利,临走前并没有通知法尔奈克。随后迪约塔罗斯来到亚细亚,他与阿里奥巴尔赞三世共同宣布已经准备好向恺撒交付他所要求支付的金额。

其次,由庞培建立并在三头同盟的影响下得到调整的秩序来自罗马本身。恺撒无法忍受一个野蛮统治者的反复无常给他带来损害。多米提乌斯·卡尔维努斯上校作为恺撒在亚细亚的代理人，在迪约塔罗斯的请求下，果断发表自己的观点，宣称罗马人民容忍类似的篡夺行为是可耻的，并敦促法尔奈克不要再利用内战时机犯错。

法尔奈克感到狼狈受窘，放弃了卡帕多西亚，与其说是因为他想服从，不如说是因为他认为此地难以防守。但他声称，在恺撒做出裁决与介入之前，他会紧紧抓住其王朝曾经拥有的小亚美尼亚，并越过卡尔维努斯请求恺撒进行调解。

尼科波利斯的战败（公元前47年12月）

多米提乌斯·卡尔维努斯没有再耽搁，就带着阿里奥巴尔赞三世借给他的一支骑兵和4个军团出发去了争端之地。这4个军团包括没能运送到埃及的第三十六军团，从本都撤回的一个军团，以及迪约塔罗斯提供给他按照罗马方式组织的两个军团。他选择了最艰难的道路，同时，这也是最安全的道路。他沿着山线行进，试图到达法尔奈克所驻扎的尼科波利斯，而这条山线从科马纳开始，将卡帕多西亚与大亚美尼亚分隔开来。

多米提乌斯·卡尔维努斯在这座城市附近扎营的第二天晚上，国王法尔奈克截获了恺撒写给其副官的一封信。在信中，恺撒表示阿基拉斯在亚历山大里亚的进攻仍然十分激烈，并以急切的语气向他重申了增援请求。当然，法尔奈克直到读完之后才把信传送到目的地。可惜收信人的理解与写信人原本想要传达的意思恰恰相反。卡尔维努斯没有采取任何商谈措施，直接发起了进攻。

然而，混战对卡尔维努斯来说十分不利，埃及的坏消息鼓舞了法尔奈克。尽管法尔奈克仅仅给位于左翼的第三十六军团造成了微不足道的损失，并打破了军队良好的秩序，但他将其手下的3个军团深入到了敌军的右翼和中部（公元前47年12月）。

随后，卡尔维努斯撤退到了亚细亚行省，胜利的国王法尔奈克占领了本都，也就是其父前不久并入罗马统治下的旧王国。他继续在那里采取令人愤慨的粗暴言行，掠夺罗马居民。卡尔维努斯战败撤退之后，他们毫无防备地忍受着法尔奈克的贪婪和损毁。

恺撒的复仇

如果这些袭击行为不受到惩罚，那么罗马在东方的权威就会荡然无存；恺撒不可能不对这些攻击进行堪称儆戒性的镇压。一方面，恺撒在埃及收到了来自意大利的坏消息。公元前48年底，大家宣布恺撒将实施第二次独裁统治，如果他在公元前47年将马克·安东尼提拔为骑士统领，那么将无法避免发生城市动乱或军事叛乱。

另一方面的坏消息来自总督负责的阿非利加行省，自从公元前47年春加图来到乌蒂克（Utique）以来，在努米底亚国王朱巴一世的帮助下，贵族党重新振作起来并重组了军队。

然而，尽管这些情况令人担忧，但恺撒有充分的理由认为这些情况不应该使他放弃紧急而必要的报复行动。他在离开亚历山大的路上，默默假定卡尔维努斯已经治愈了其军队的创伤，一心希望用胜利的光辉来弥补尼科波利斯战败的痛苦。

为了加快进程，恺撒选择了海上路线。公元前47年7月13日，恺撒与他所率领的第六军团老兵一起在安塔基亚下了船，那里的居民对他充满了好感。他在那儿只停留了几天，并将叙利亚省的管理权限移交给了他的亲人兼朋友塞克图斯·恺撒。随后，他到达了塔尔斯（Tarse），在那里召集了奇里乞亚各城的代表，向他们宣布了其不可更改的决定。之后他进入卡帕多西亚，在那里他获得科马纳（Comana）的贝娄娜（Bellone）神庙祭祀头衔，支持比提尼亚的尼科美德①（Bithynien Lycomède），并特意令阿里亚拉特（Ariarathe）臣服于其兄弟，即国王阿里奥巴尔赞三世（Ariobarzane III）。接着在加拉太，他宽恕了迪约塔罗斯，并带着一些威胁性的保留，以宽恕为代价强制他现场交出一个新军团。

最后，军队力量得到巨大增强之后，恺撒深入到本都，寻找法尔奈克。法尔奈克进入泽拉（Zéla），在城市北部的附近扎营。这座城市位于平原的中心地带，特里亚留斯（Triarius）战败的惨痛记忆仍然笼罩在这片平原上。

泽拉（公元前47年8月2日）

恺撒刚刚得知尤帕托的婚生子的情况，在袭击敌人之前，带头行军，把能动员起来反对敌人的所有微不足道的力量都聚集了起来。这些力量中，除了第六军团和迪约塔罗斯交出的新军团，还包括卡尔维努斯在尼科波利斯溃退时解救的军团，以及本都的军团，这个军团遭受了严峻的考验，在此期间，恺撒一直在努力重振士气。

这次集结刚结束，恺撒就出发前往泽拉以南45千米处与法尔奈克交锋，并将部队扎营在距离敌人只有7千米的地方。国王法尔奈克构

---

① 译者注：原文是Lycomède，根据上下文语境及史实，疑为Nycomède，即尼科美德。

筑防御工事的高地对面有一座山丘，与之相隔的是一条深深的峡谷，罗马人乍一看就知道了它的战略价值。

在半夜，恺撒命令卸下行李的士兵们快速行进，后面跟随的仆役载着铺设新阵地的材料和木头，他们悄无声息地接近了这块高地。黎明时分，恺撒轻而易举地占据了这个位置，并立即开始筑垒固守。

法尔奈克从尼科波利斯战役之后自认为这是一场闪电战，看到这一幕时，他毫不犹豫，立刻下定决心在恺撒完工之前将其驱逐出去。他命令士兵们在双轮马车后面从营地上全速冲下来，利用在俯冲过程中因重力获得的加速度穿过中间的凹陷洼地，冲击对面斜坡的起点，试着攀登对面的山丘。

这一波操作如此奇特反常以至于恺撒方面丝毫没有预料到，于是新兵们惊慌失措。对方在某一瞬间差点儿成功了。然而，老兵们保持了头脑冷静。在恺撒的召唤下，其他的军团成员从恐惧中恢复过来，放下刨地的鹤嘴镐，拿起武器，经过短暂的犹豫之后，冲上前去，用重标枪连续齐射攻击者，随后用剑猛刺他们的腰部，在峡谷底部击溃敌人，幸存者们在那里互相撞击跌倒。

罗马人到达本都5天之后，仅仅经过4个小时，就取得了泽拉之战的胜利。这次胜利抹去了尼科波利斯战役溃败的痛点，摧毁了法尔奈克的起义，并征服了罗马唯一一个因内战而短暂分裂的行省（公元前47年8月2日，儒略历6月12日）。"我来，我见，我征服"（Veni, vidi, vici），恺撒在写给罗马的一位朋友的信中为他闪电般迅速的胜利而欢欣鼓舞。

恺撒成为东方之主（公元前47年8—9月）

国王法尔奈克几乎是孤身一人从战场的厮杀中逃了出来，但经由锡诺普一回到他统辖的博斯普鲁斯王国（Bosphore Cimmérien）境内，便倒在了他的妹夫阿桑德罗斯（Asandros）的打击之下。

与加拉太人的特罗克米部落（Galates Trocmes）四分领地[1]同一时间，恺撒急忙将博斯普鲁斯王国授予了帕加马的米特拉达梯二世，与其说是因为这位东方王子的双重血统，不如说是对他在埃及所做贡献的认可。

为了惩罚迪约塔罗斯参与庞培战争，恺撒取消了他在小亚美尼亚的权力，并将小亚美尼亚划分到阿里奥巴尔赞三世的卡帕多西亚王国。恺撒只是经过毕提尼亚，随后在亚洲行省也几乎没有耽搁，可是到处都回响着他至高无上的声音，大家认真倾听他的发言。他要么接受大家的敬意和金冠，为大家发放特权或免除赋税；要么按照庞培的规定要求征用人力、船只和银两；要么将自己的一部分财产归还给以弗所的狄安娜[2]（Diane），并清空推罗的赫拉克勒斯的宝藏。

就这样，恺撒征服了王朝与城邦，随后，他将一些区域的管辖权赋予卡尔维努斯，不仅包含亚细亚行省，还有它周围的领土，以确保他的意愿得到尊重和遵守。一切安定之后，他带领唯一的第六军团起锚向意大利出发。他中途停靠雅典，那里的人们以先前支持贵族一样的热忱祈求他的宽恕，却招致了他带着蔑视的赦免："你们死有余

---

[1] 译者注：加拉太人分为托利斯托波（Tolistob）、特克托萨季（Tectosage）、特罗克米（Trocrne）3个部落，每个部落又划分成4个支系，即四分领地（tétrarchie）。
[2] 译者注：罗马神话中的月神。

445

辜，是不是要一直把自己的救赎归功于对祖先的怀念？"之后，他去了帕特拉斯（Patras），并从那里乘船前往塔兰托。

公元前47年10月初，在离开21个月之后，恺撒比大家预期得更早地回到了罗马，及时解决了那里出现的困难，并准备讨伐与他势不两立的元老们在阿非利加聚集的数个步兵大队，后者企图重燃战火，扭转时运。东方战役本应该使他们的幻想破灭。然而，也许恺撒使用如此拙劣的手段获取过如此辉煌的成就使他们心绪难平。

尽管元老们拥护庞培为首，并控制着海上资源以及世界上最大的财富，但恺撒仍然击败了他们。他刚刚以极快的节奏征服了不久之前并入罗马统治的东方以及庞培的拥护者，并将这块广袤土地上的大量资源据为己有。而且他在此之前带着少数士兵征服了埃及，并独揽了无穷无尽的储备资源。

事已至此，在几个平庸的领导者之间孤军奋战又摇摆不定的元老们如何能够战胜恺撒？

第五节　最后的动乱：塔普苏斯与蒙达

意大利的骚乱（公元前48年—前47年）

由于债权人和债务人之间的冲突引起的内乱，以及日益增加的军事收买威胁，几个月以来，罗马人一直生活在恐惧不安之中。法萨罗战役的老兵们被安东尼带回意大利，老兵们只想效仿他们的将军，像他一样享受高声欢呼的快乐，后者招摇地出现在无穷无尽的宴会上，与哑剧演员和舞者尽情撒欢。当赢得的战利品迅速减少时,他们强烈要求获得之前承诺授予他们的奖金及土地。然而,这些承诺迟迟未能如其所愿顺利兑现,他们开始心烦意乱。

从公元前47年1月中旬(儒略历48年2月初)开始,这种不满演化成一种掠夺性的骚动,使他们完全失去了纪律的约束。

此次混乱迫使罗马独裁官暂时放弃罗马盛宴,安东尼为了平息动乱,动身去了坎帕尼亚。公元前47年6月,他以为已经完成了任务,便回到了罗马。

公元前47年8月底,儒略历7月中旬,伴随着泽拉之战获胜的消息,老兵们中间开始谣传获胜者只是回来再次动员他们打仗,于是他们造反了。第十二军团成员开始嘲骂苏拉——恺撒命令的传达者,用石头驱逐他。

叛乱蔓延到了其他部队。撒路斯提乌斯被任命来平息这场风波,尽管他已经将每位军团士兵所能收到的奖励承诺提高了1000第纳尔,但为了躲避谋杀,他不得不迅速离开。

恺撒于公元前47年10月初(儒略历8月中旬)回到罗马时,再也不能保持丝毫的幻想了:在一场针对贵族阶级的复辟军队的必不可免的战役前夕,他面临着被自己人抛弃的危险。

恺撒重新控制军团(公元前47年10月底)

为了后续的战斗和取得最后的胜利,恺撒需要不惜一切代价重新征服军团。他对自己的个人能力充满了无畏的信心。正如18个世纪后,拿破仑沉思着逃离厄尔巴岛,恺撒期待着仅仅出现在他的军团中便会产生奇迹。

恺撒假装屈服于军团成员的挑衅。在他们已经放下武器的条件下，他不反对反叛军团向罗马进军。他甚至宣称准备倾听军团老兵们的怨言，如果这些不满有充分的理由，他将满足他们的要求。

与此同时，恺撒关闭了罗马城的防御壁垒，将第六军团的士兵安置在大门口，并将骚乱的洪流引向战神广场。一旦叛乱者开始聚集起哄，恺撒立刻突然出现在他们面前，并问他们想要什么。他们顿时愣住了，仅仅叫嚷着想要休假。于是恺撒只说了一句话："我同意解雇你们！"

这种出乎意料的回复使大家陷入惊愕的沉默中，恺撒立刻打破这种沉默并诚恳地补充道："我会兑现之前承诺给你们的那些奖励，但我会与其他人一起庆祝我的胜利。"

这份淡定与从容突然驱散了大家的愤怒之情。大部分叛乱者突然开始后悔要求休假，其实他们只是希望获得额外的赔偿。

恺撒进一步扩大战果，假装重申其决定并称呼他们为"公民"，仿佛他们的解聘已经成为既定事实。军团成员们难以忍受这样的称呼，因为这意味着其荣誉与地位的下降，第十军团之前的反叛者们表现得最为激动，齐声高喊道他们是士兵，并希望继续做恺撒的士兵，其他人也随声附和。

在这一著名的场景中，恺撒扮演了人类喜剧大师的角色，并重塑了其军队的统一性。他恢复了自己的军事力量，这使他能够在没有征召的情况下解决罗马的债务问题，并将带领其军队结束一场战争，这场战争是由日薄西山的贵族们与努米底亚国王朱巴一世在阿非利加结盟挑起的。

战败者的混乱与加图的历险（公元前47年夏秋之际）

几个月来，那些被击败的乐观主义者已经重拾勇气并展开了在非洲的复仇计划。从公元前49年开始，他们被驱逐出高卢和西班牙。在法萨罗战役之前，他们不仅失去了伊庇鲁斯，还失去了萨比努斯征服而来的埃托利亚（Étolie），以及被卡莱努斯夺走的福基斯州（Phocide）、维奥蒂亚洲（Béotie）和阿提卡（Attique）。

在法萨罗之后，东方向他们关闭了大门。对意大利和西西里已无能为力，当看到卡西乌斯的桨帆船布满恺撒的利剑时，他们再也无法依靠狄拉奇乌姆，自从外来舰队回到罗德岛、腓尼基和埃及的基地之后，狄拉奇乌姆便处于包围之下，不堪一击。他们的罗马船只托付给了奥克塔维厄斯，在埃皮达鲁斯（Épidaure）的科尼菲西乌斯和瓦提尼乌斯（Vatinius）舰队的联合进攻中失败了，科尼菲西乌斯以恺撒的名义管理伊利里亚，瓦提尼乌斯划桨从布林迪西赶来。于是，法萨罗的逃亡者刚抵达他们的练兵场，就无序地撤离了那里，带着加图设法保住的15个军团和拉比埃努斯从色萨利救出的1600名骑兵退回到科基拉岛。

从庞培党羽的领导者们在岛上召开的第一次会议开始，由分散军团成员组成的军营里便充斥着纷杂的言论与严重的分歧。会议的主持权转移给了加图，自战争开始以来，他便以隐晦的力量强烈要求这一点。但是当庞培不在了，指挥权交付给他时，他却拒绝了，理由是他仅仅担任过裁判官，从法律角度而言，他无权命令曾经的执政官们；于是他不顾常理，提议根据宪法规则将会议主持权交给在场最资深的执政官，那就是西塞罗了。

西塞罗谢绝了这一荣誉，并不是因为怀疑自己的军事才华，而是因为他失去了成功的希望，并毫不拐弯抹角地坦白了这一点。

格涅乌斯·庞培（Cn. Pompée）被这种打退堂鼓的态度激怒了，高举兵器向他冲过去，若加图没有及时介入，他便会将西塞罗砍杀于刀下。

这次会议在放弃战争的元老们之间的分歧中结束了，马尔库斯·马凯鲁斯起航向列斯波斯岛驶去，西塞罗起程去往布林迪西，其余的人则动身前往阿哈伊亚向卡莱努斯寻求庇护，态度坚定的元老们决定坚持到底。然而，元老们脑海中除了向庞培寻求计划之外别无他法。

加图起锚去寻找其伟大领袖。他占领了帕特拉斯，可是卡莱努斯的士兵们在他靠近那儿时将其撵走，于是他归附了福斯图斯·苏拉和佩特列乌斯。随后，他经由基西拉岛和克里特岛驶向埃及，希望在那里与统帅会合。

在位于帕里奥尔（Paliure）的邦巴（Bomba）海湾，加图看到仅仅载着科尔内利娅、塞克图斯·庞培以及随从人员的船只。于是他得知了两则消息：联盟领导者庞培的死亡，以及梅特卢斯·西庇阿前往乌蒂克的消息。第一则消息关于庞培之死，引起了其他各种背叛，尤其是卡西乌斯的背叛，他由此错误地推断出埃及宣称拥护恺撒，他必须往后撤退。从第二则消息中他推断自己也不得不到阿非利加寻求救赎。

加图在本哈西（Benghasi）下船，将手下的大约一万人经由陆地引向大莱普蒂斯的荒芜地带，他们在秋天阳光照耀下的滚烫沙地上经历了30天漫长的痛苦行军，尽管这个决定显得愚蠢，然而他有理由相信通过这种方式不仅能找到一个安全的庇护场所，而且还能找到重振战斗士气的有力手段。

公元前49年—前47年的阿非利加

阿非利加地区盛产谷物，从北部海岸的沙洲到大西洋，它像一个巨大的岛屿，延伸在撒哈拉和大海之间。从公元前49年春天开始，恺撒察觉到了这一地带至关重要的作用，为了防止资源为敌人所用和被庞培党人孤立，他要求库里奥尽快从西西里赶到阿非利加，并将阿非利加吞并到他的势力范围之内。这项任务似乎比较容易。

罗马省覆盖了之前迦太基古国的领地，在此之外，毛里塔尼亚被两位国王分割占领，博古德占据西部，巴克斯二世（Bocchus Ⅱ）位于穆鲁查（Mulucha）东部，他们尊重那些共同分割努米底亚的人，马西尼萨（Masinissa）占据西部，朱巴一世是上任君主，位于主要城市切尔塔（Cirta）以东。

至于该省本身，只有一个军团看管，10艘旧桨帆船组成了一支舰队，在总督的官邸乌蒂克港周围监视海岸情况。元老院没有能力让这些微不足道的力量朝着一致的方向。事实上，元老们已经让盖乌斯·孔西迪乌斯·隆古斯（C. Considius Longus）离开了，这位行省总督在阿非利加的任职于公元前50年到期，在没有等待继任者的情况下，勉强按照规定将该省的管理权转交给临时副总督里加卢斯（Q. Ligarius），自己则登上前往意大利的第一艘船，迫不及待去争取公元前49年至前48年的执政官职务。

随后，元老们接受了另一事实：被任命接替其行省总督职位的卢修斯·埃利乌斯·图贝罗（L. Aelius Tubero）以健康状况为理由未立即回到岗位上。在内战准备期间，他们一方面由于代理总督的素质存在争议，允许孔西迪乌斯（Considius）回到乌蒂克（Utique），另一方面批准了庞培对普布利乌斯·阿提乌斯·瓦鲁斯（P. Attius Varus）自相矛盾的任命，赋予他同样的头衔和同等的权力。

如此算计得很好，可别忘了还有里加卢斯，对于一支软弱的军队和无能的舰队来说，这样至少多出了两位领导者。也许阿提乌斯·瓦鲁斯有能力施加自己的影响，并与他的同事们联合起来，催促在全国范围内征募两个额外的军团。然而，只要有一点技巧，库里奥就会在这些新兵接受训练之前突袭敌人并将其击败。

库里奥登陆阿非利加（公元前49年8月初）

公元前49年4月23日，加图离开了西西里，放弃与恺撒党人长时间的争夺。3个月后，库里奥将4个军团中的两个留在了被永久征服的岛屿，带领另外两个军团和500骑兵踏上了前往阿非利加的旅程。两天半之后，他们毫无阻碍地靠近了托纳拉（Tonnara）海湾的安奎利亚岛，那里距离邦角半岛西北部的克鲁皮亚（Clupea）17里（约合25千米）。负责护送库里奥的12艘桨帆船赶跑了在登陆地周围巡航的一些士兵，这些士兵向南出发，驶向哈德鲁梅特港（Hadrumète）。他们逃跑得十分匆忙以至于使海军上将的船只搁浅了，随从船员最后只能抛弃了船只。

这一意外情况增加了库里奥的作战舰队，于是库里奥立即命令其下属马尔修斯·鲁弗斯（Marcius Rufus）将其舰队送到目前无人防守的乌蒂克港，而他自己则在两天之内带着军团去了距离"首都"4法里（约合16千米）的巴格拉达。当军团成员就地驻扎休息时，库里奥带着他的骑兵来到离城墙只有6千米的卡斯特拉·科内利亚（Castra

Cornelia）兵营地址，从前，阿非利加人最早曾在此地向汉尼拔发起反抗。库里奥从那儿开始在城市郊区大肆抢劫，攻击阿提乌斯·瓦鲁斯从乌蒂克港带出来的步兵，带着双重战利品回到了营地：一是骑兵抢来的赃物，二是其舰队在检查船舶时将200艘商船洗劫一空的战果，后者更为可观。

大家欢呼库里奥为统帅，而他早期成功的轻易获取导致了后来过早行动的轻率行为。

乌蒂克港的胜利（公元前49年8月中旬）

库里奥对卡斯特拉·科内利亚兵营地提供的安全宿营地表示不屑，并一下子赶到紧邻围墙的乌蒂克港以南地区扎营。阿提乌斯·瓦鲁斯利用这种邻近关系达到散播消息的目的。

库里奥的大部分士兵都是在阿布鲁佐地区从多米提乌斯·阿赫诺巴尔布斯那儿应征入伍的。他们中的一些人受到了昆蒂留斯·瓦鲁斯（Quintilus Varus）怂恿消极怠工，后者曾在科菲涅乌姆被恺撒囚禁，随后在法萨罗被恺撒赦免，他曾发誓要再次与恺撒作战，于是航行来到阿非利加。

庞培党人受到这些逃兵的鼓舞，如果真动手打起来，他们对斗争将会获胜不再有丝毫的怀疑，于是发起了一场他们认为一定会赢的战争。然而，库里奥刚刚得知阿弗拉尼乌斯在西班牙投降的消息。他向其军队宣告了这一消息，士兵们突然受到了胜利信息的鼓舞，他们满怀信心地投入作战。

阿提乌斯·瓦鲁斯的骑兵越过了将他们分隔的峡谷，但第一次突击是可怕的。他们不但没有将敌人包围，反而在敌人的打击下溃败了，并在溃乱中冲倒了原本准备突击的步兵，步兵队伍只能混乱地向城墙后退，跌倒在城门外。

在战斗和追击中，恺撒党人只失去了一名士兵；阿提乌斯·瓦鲁斯的军队中有500人死亡，1000人受伤。这对库里奥来说是一次漂亮的胜利（公元前49年8月中旬，儒略历7月中旬），但也是最后一次了。

库里奥的战败与死亡（公元前49年8月20日）

事实上，库里奥刚刚开始包围场地，东方努米底亚国王朱巴一世作为伟大的马西尼萨后裔，其势力范围从切尔塔延伸到非洲北部海岸的沙洲，他突然站出来支持阿提乌斯·瓦鲁斯。朱巴一世违背了中立原则，他对库里奥持有新仇，库里奥担任保民官时曾冷漠地提议吞并他的王国，同时他对恺撒也怀有旧恨，恺撒在公元前64年访问罗马期间曾在一次意外的口角中拔掉其胡须公开侮辱了他，两年之后，因恺撒插手，他无法对叛军王子马辛塔展开复仇行动，这使他受到了不可挽回的伤害。

朱巴一世已经暗中分批量给阿提乌斯·瓦鲁斯提供了骑兵和步兵力量。如今他已部署好兵力前来援助乌蒂克，其副手萨布拉（Saburra）带领着一支军队、60头大象以及包含2000名精英骑兵的私人护卫队走在前面10千米处。

库里奥并没有估量到此次进攻的规模，他认为第一时间从卡斯特拉·科内利亚半岛撤退是明智的。既然他可以通过海路在那里实现军事补给并无限期地停留在那儿，他就应该在那里等待留在西西里的两个军团，在与他们会合之前不放弃这个稳固的阵地。

由于自以为是的性格，库里奥被朱巴一世国王采取的分批部署策略蒙蔽了双眼；在乌蒂克以南15千米处，他的骑兵们错误地把萨布拉先遣队看作了整个努米底亚军队，库里奥仅仅留下了5个步兵大队在卡斯特拉·科内利亚，并率领另外15个步兵大队在半夜出发去会见另外两个军团成员。

在崎岖的地形中穿越了25千米之后，库里奥在黎明时分看到敌人缓慢而有序地撤退到巴格拉达和沙瓦特山丘之间绵延五六千米宽的平原上。他自认为敌人正在试图逃跑，事实上，他们正在与大部队靠近，库里奥忽视了地方后备力量的存在，而朱巴一世已从中派遣守卫力量。于是库里奥加快了步伐。但当库里奥看见努米底亚国王朱巴一世支援萨布拉时，突然转过身来，面色严肃。

库里奥完全没有反应过来，他一心只想着带领缩减到200人的骑兵和疲惫不堪的步兵队伍继续向前冲。于是，他的军队在敌人接二连三的袭击下乱了步伐，被打得粉碎；库里奥宁愿死在军队中间，也不愿羞愧地在恺撒面前单独出现。只有卡尼乌斯·雷比卢斯（Caninius Rebilus）和阿西尼乌斯·波利安（Asinius Pollion）带着几个骑兵逃过了大屠杀。卡斯特拉·科内利亚的步兵们由于及时收到通知，在最恶劣的环境中成功返回西西里岛（公元前49年8月20日，儒略历7月20日）。

大约20天后，恺撒党人就从阿非利加撤离了。然而元老院没有理由高呼胜利。这次成功的主要原因在于利用努米底亚国王战胜了罗马人，为了弥补对方此次的损伤，元老院在塞萨洛尼基颁布了一项法令，授予努米底亚国王盟友的头衔，此外，在乌蒂克下令对库里奥余党进一步屠杀之后，他们才敢回到自己的国家。

恺撒的成功是为了服务于罗马帝国，而与此相反，元老们只有通过贬低他们的祖国才能取得胜利。至少，他们应该以这一行为为耻，在朱巴一世的保护下继续保留阿非利加行省的管理权，然而，他们仍然在公元前48年被四处驱散，在那里被迫组建他们的兵营。

西庇阿的准备工作（公元前48年—前47年）

公元前48年底加图为庞培党人带来了增援部队，公元前47年恺撒长时间在东方逗留也给了他们更长的期限，这使他们不仅可以恢复元气，还可以逐件组装重型战争机器。根据领导者指令，法萨罗的参谋部在乌蒂克重组。加图再次拒绝指挥权，并将最高权力交付给梅特卢斯·西庇阿，后者的智谋远不及加图高超，但行省总督和"元帅"的双重头衔使他在竞争中脱颖而出。

孔西迪乌斯·隆古斯和阿提乌斯·瓦鲁斯在众人前面放下了束棒。为了弥补其缺点，这位大将只需要汲取周围人的美德：加图的无私正直，格涅乌斯·庞培的尖锐犀利，奥克塔维厄斯、阿弗拉尼斯和佩特列乌斯的经验，以及拉比埃努斯的才华。西庇阿得到了他们的建议和帮助，以及朱巴一世必要的联盟支持，后者尽管未同意向他俯首称臣，但由于最近被罗马元老院（恺撒党人的意愿占主导地位）视为公敌，于是不再拒绝他的援助，也无法断绝与他的团结关系，西庇阿将该省转变为罗马贵族的一个巨大堡垒。

为了确保西庇阿所声称代表的罗马政府的连续性，他铸造了金币和银币，上面印有他的名字、带有保护大象标志的非洲形象，以及对这块非洲土地的神灵祈求，希望共和国的分支将就此复苏。

此外，西庇阿还采取了必要的军事措施：储存、征兵、生产制造和水泥工程。到公元前47年底，他已经将他招募的4.5万名步兵分成10个军团，重组了近1.5万名骑手；通过税收和贷款垄断了流通现金；储存了食物，特别是在艾尔迪约姆（El Djem），270万升小麦被存储起来，在切尔西纳岛（Cercina），一位大臣被派遣到仓库一直守护粮食。在西庇阿和加图的悉心指挥下，乌蒂克的城墙变得更坚固了。在其他地方，如库尔巴（Curubis），开放的城市也被城墙包围了。此外，他们将驻军安置在重要的集结点以及道路的十字路口：克鲁皮亚和苏克拉比奥德（Souk-el-Abiod），哈德鲁梅特港及其南部地区，特别是在乌齐塔和塔普苏斯。最后，他们逐步组建起一支由大约50艘船组成的七拼八凑的舰队。

西庇阿的弱点

这些努力很可能已经超出了恺撒的预测，在恺撒远离意大利的情况下，他们的举动在罗马给大家留下了深刻的印象。公元前48年底，西塞罗仍然不相信他们的现实，以至于暗自庆幸没有与"非洲人"联系在一起，并直截了当地谴责那些"为了保卫共和国而依赖最肮脏的背信弃义的野蛮人，尤其是与一支常胜之师对抗"。

然而，公元前47年初，西塞罗的态度发生了转变，几乎开始欣赏他们："关于阿非利加事务，没有什么比他们说的更有力，也没有组织得更好的了。"5个月以后，他以最严肃的态度记录了西庇阿即将再一次闯入意大利的传闻。事实上，后者不可能将其军队转移到意大利；即使在阿非利加本土，这些兵力也完全没有看上去那样可观。只有朱巴一世供养的大量骑兵部队构成了真正的威胁。

至于其余的力量，只剩下从狄拉奇乌姆带来或从法萨罗逃脱的残兵败将。元老院的军团成员中只有少部分由阿非利加行省的罗马公民组成，大部分成员则是混血儿、当地人，甚至是奴隶。此外，因为这部分人是从反对庞培党人的人中强行征调来的，军事力量显得更加不稳固。

领导者剥夺他们的收成和牲畜，强迫他们遵守奴隶法规，接受人质的运送和集体移居。这部分人在最严酷的威胁下强压住怒火。加图对乌蒂克的居民也持怀疑态度，而乌蒂克的警察由他来管理，在没收了他们的武器之后，加图将其中能够拿起武器的反抗者带到城外的一个集中营里关押起来，以至于到处都充斥着愤怒之声，恺撒的到来使这个脆弱的阵营仅因恐惧就彻底瓦解。

恺撒登陆哈德鲁梅特港

公元前47年12月17日，儒略历10月23日，恺撒进入其西西里基地利里贝，除了4000名骑兵之外，他还动员了10个军团，其中包括5个老兵军团，如果设法将这些力量运送到非洲，他毫不怀疑能够击溃敌人。尽管他已经获得了无可争议的海上优势，但这并没有为这次海上登陆提供所需要的大量运输工具。

在缺乏船只的情况下，恺撒采取了逐步入侵的计划，按照不同的时间出发。

公元前47年12月25日，儒略历10月31日，恺撒起锚率领由2000名骑兵和6个军团组成的第一梯队成员直接驶向哈德鲁梅特港，希望来一次突然袭击。为了将此次作战意图隐藏起来，恺撒克制地不把目标告诉船长，仅仅邀请他们跟随司令舰行动。在遭遇狂风暴雨的情况下，大部分船只消失在视线之外。因此，当他着陆时，身边只剩下3000名步兵和150名骑兵。然而，恺撒仍在继续指挥。有人将罗马人在阿非利加的所有成功都归功于小西庇阿的存在，恺撒内心十分反感这种预言。于是，他将计就计，将西庇阿家族一个无名小卒带到指挥部，试图改变对他不利的征兆。也许人们会将此次登陆失败归结于这一点。

恺撒有足够的力量来阻止哈德鲁梅特港守军孔西迪乌斯的攻击。然而，他目前并没有足够强大的军队，无法包围或夺取这块土地。

恺撒试图劝降西庇阿的副总督，可是西庇阿亲自处决了为恺撒送信的人，并将没有拆开的信件转交给他的领导者——罗马人民唯一的君主。

恺撒没有继续坚持，而是撤退去寻找一个更偏南、更难以接近的港口。

公元前46年1月1日，儒略历前47年11月5日，恺撒在鲁斯皮纳附近扎营，然后向南移动。幸运的是，他的一些运输部队也选择了同样的方向。恺撒与他们取得了联系，胜利会师。恺撒召集了驻扎在那里的部队，并带着这8000名士兵，征服了12千米外的小莱普蒂斯（Leptis Minor）。

恺撒驻扎在鲁斯皮纳

这次征服为其后续赶来的力量提供了必要的避风港。但在城外，他的部队力量仍显得太过薄弱。然后，他瞥了一眼四周，选择行军过程中经过的鲁斯皮纳半岛作为营地，该半岛位于哈德鲁梅特港和莱普蒂斯·迈纳之间，绵延15平方千米，其地峡从20至30米的高处俯瞰着周围的平原。

公元前46年1月2日，儒略历前47年11月6日，恺撒将部队安顿于此，这就像是阿非利加的狄拉奇乌姆。为了寻找迷路的运输部队，他启动了三层桨帆船，并派遣负责切尔西纳岛上仓库管理的副官撒路斯提乌斯进行搜寻。

第二天，也就是公元前46年1月3日，恺撒与大部分运输部队会合了，翌日他率领30个步兵大队出发，征用了周边国家的建筑木材、存储谷物以及驮重牲口。这是他真正处于危险之中的唯一一天。因为孔西迪乌斯在哈德鲁梅特港发出警报后，佩特列乌斯和拉比埃努斯在4天内带着近一万名骑兵从乌蒂克赶来。上午11点左右，他们试图用狂暴的冲锋把恺撒手下的1.2万名步兵包裹在尘土中，这些步兵离他们半岛的战壕还有5千米远。

恺撒利用他的才华立刻找到了抵御方式。在拉长战线迫使敌人延长包围他们的椭圆战阵之后，恺撒将他们分成两队，并在两条战线上展开混战，通过侧翼力量解除通往营地道路上的障碍，而对方分队的猛烈回击并没有切断他的去路。恺撒非常幸运地逃脱了，当拉比埃努斯将包含佩特列乌斯本人在内的伤员们聚集在运输车上并艰难返回哈德鲁梅特港时，恺撒非常满意地享受清点第一批俘虏的快乐，他的出现使这些叛逃者不可避免地落入其手。

西庇阿的进攻被西提乌斯阻止

然而，对恺撒来说，保持警惕是很必要的。

公元前46年1月6日，儒略历前47年12月12日，西庇阿率领8个军团以及3000名骑兵开始行动了。大约于前46年1月15日，儒略历11月20日，他在乌齐塔以北占据了阵地，距离鲁斯皮纳营地约9千米。恺撒预计一旦朱巴一世将其部队与他的兵力联合，他就会发动攻击。因此，为了破坏这次进攻，恺撒及时请求摩尔人国王协助对抗他们憎恨的努米底亚人。

公元前49年底，恺撒授予摩尔人"罗马人民的朋友和盟友"的称号，并通过密使引导他们安排布局。在西部，博古德试图保护西班牙免受"共和"势力的侵袭，而巴克斯二世在西提乌斯的斥责下已经准备好在东部进行有效的干预。

此西提乌斯来自尼赛里，自从在喀提林的密谋中受到连累之后，非常满足于在毛里塔尼亚居住。这位奇怪的冒险家不时展现出迪普莱克斯（Dupleix）或塞西尔·罗兹（Cecil Rhodes）般的气魄，飞快抓住为恺撒服务的机会重新创造他在罗马的财富。他一开始因破产向巴克斯二世借了高利贷。随后，作为不道德的理财家，他无所顾忌地采取冒险行为，不择手段来发财致富。西提乌斯把王国的警察力量组织起来。如此聚集起来了一批兵员力量，在通常情况下，这批兵员与拒绝顺从的部落作战，虽然人数不多，但训练有素。他说服巴克斯二世用这些力量来对付努米底亚人。

当朱巴一世带领其军队离开王国奔赴行省时，他向敌人扑过去，穿过马西尼萨的诸侯封地，并利用其守卫者离开的机会，有次序地蹂躏它们，并夺取它们最大的都城切尔塔。

朱巴一世刚刚得知这次袭击便立刻转身来击退西提乌斯，尽管他已经非常接近西庇阿。这正是恺撒所希望的结果，先瓦解对手们的力量，再给予士兵们希望，鼓励他们一个接一个地击败敌人。

乌齐塔战役

与此同时，撒路斯提乌斯与第二梯队军团先后抵达他在鲁斯皮纳的营地，撒路斯提乌斯带着他从切尔西纳岛上的德西米乌斯（Decimius）总督那里偷盗的大量小麦。第二梯队军团的银行家拉比里乌斯·波斯图穆斯（Rabirius Postumus）已前往西西里岛以加速远征。恺撒现在有3万多人，因此能够掌握战争的主动权。

公元前46年1月25至26日的夜晚，儒略历前47年11月29至30日，他把鲁斯皮纳半岛上的战壕撤掉了。第二天，他来到距离乌齐塔城墙不到1500米的地方。然而，他并没有试图围攻这座城市，也没有试图接近敌人。由于对其部队的战斗力充满了信心，他开始实施冬天善用的战术，通过扰乱敌人，使他们距离补给中心越来越远，以此让对方的分遣队开小差，在城市里叛逃，与此同时，逐渐扩大他自己的行动范围，提高补给效率。

而西庇阿试图向恺撒发起一场对阵战役，但因为决战的时机尚未到来，因此一无所获。西庇阿劝说朱巴有必要将一半兵力交给曾战胜库里奥的萨布拉，以击退西提乌斯的部队，并亲自率领另一半兵力（包括3个军团、800名骑兵和30头大象）前来援助自己。为此，西庇阿也许诺朱巴在共同取得胜利后将阿非利加行省正式赠予他。

恺撒并没有因为其意图而分心。他占领了一个山包，随后又占领了另外一个，以至于他的战壕和棱堡最终包围了东边俯瞰乌齐塔的整个高原。但是他并没有与敌人直接交战，只是满足于给对手构成持续且令人沮丧的威胁。

一晃过了几十天，恺撒并没有表现出准备攻打广场或军营的样子，西庇阿和朱巴也没有推迟或破坏其迫近坑道作业。日复一日，他让士兵们尤其是第五军团的高卢人逐渐习惯观察大象，适应大象的叫声、气味和反应；与士兵们一起用双手掏空当地的仓库物资；劝说他们接纳罗马叛逃者并遣送其回到努米底亚，从而与对面的人友好相处，以此煽动国王手下的臣民叛乱并协助西提乌斯。

两个月很快过去了，也就是公元前46年1月底至3月初，儒略历前47年11月底至前46年1月初，恺撒逐渐消灭敌人，自己的部队伤亡很少。之后，出乎意料的是，他把演练场转移到了南边40千米处。

阿加尔战役

以下几个原因证明了恺撒此次迁移的益处：乌齐塔地区因交战者摧毁了当地资源而倍加贫困；位于小莱普蒂斯以南约60千米的海滨小镇阿霍拉（Acholla，现在的布特里亚地区）主动投降了；敌军舰队已无力阻挡他的行动，他们可以扬帆远航；最重要的是，包含"铁师"部队的第三梯队已经从西西里赶过来。

公元前46年3月15日前不久，恺撒烧毁了位于乌齐塔的营地，并携带他的行李、率领他的军队按照战斗秩序前往阿加尔小镇，由于缺乏碑铭、路线古老，我们无法确定其确切位置，当地居民效仿邻居阿霍拉恳请恺撒到来，于是他立刻在附近安顿下来。

西庇阿和朱巴不敢扰乱恺撒的迁移活动，于是他们只能来到距离他大约10千米的地方，在一个已不可考的小镇特加（Tegea）周围的高地上驻扎下来。在特加和阿加尔周围，对手们重新开始了在乌齐塔玩的捉迷藏游戏。只是这次角色颠倒了。现在是恺撒寻求进攻，而同盟军则避开了。多亏了一位参与这次非洲战争的军官，他不遗余力地向我们讲述了他参加过的这些壮举的细节，但是一步一步地探究这个故事将是徒劳的，由于缺乏地形细节，我们无法追寻踪迹。最重要的是，在恺撒多次试图围捕敌人的过程中，西庇阿抵抗的强度越激烈，

463

恺撒的支持者就越多。所有邻近的城郊居民都向他发出了服从和请求驻军的信息。

如果说朱巴手下的努米底亚人阻止了瓦加（Vaga）的叛变并屠杀了当地的人口，恺撒则先后占领了加贝斯湾（Petite Syrte）入口处的齐塔（Zeta）、萨苏拉（Sarsura）和泰奈（Thenae）。他从萨苏拉出发前往只有17千米远的蒂斯德鲁斯镇（Thysdrus），孔西迪乌斯在那里守卫着收集的食物。然而恺撒既没有时间封锁，也没有力量攻克守卫者。

公元前46年3月28日，恺撒两手空空却昂首挺胸地返回阿加尔营地，因为西庇阿和朱巴都没有离开各自的营区。在返回途中他非常开心能够与西西里部队的第四梯队也就是最后一个梯队的力量重聚，包括4000名因为生病或休假暂时无法重返各自单位的军团成员，400名骑兵，上千名投石兵和弓箭手。这些增援部队弥补了他所派遣的守卫既得市镇的哨兵队力量分散的不足，而增援力量的到来让他加速做出决定。

塔普苏斯（公元前46年4月6日）

在哈德鲁梅特港南部，同盟军只占有沿海地区的一座城市——塔普苏斯。这座城市的地理位置看上去好极了，位于两条地峡呈直角交会的海角上，一个巨大的内陆湖泊——莫克宁的塞布哈（Sebkha de Moknine）与大海交汇在北面和东面形成了这两条地峡。

塔普苏斯位于莱普蒂斯·迈纳以南15千米、阿加尔以北25千米，当地居住着忠于元老院共和国的公民，大量的兵力驻扎于此，并听命于前任行省总督盖乌斯·维尔吉利乌斯（C. Vergilius）。鉴于这些情况,同盟军只需在两条地峡上建立起水坝,且保证隐藏在水坝上的士兵不被发现,那么塔普苏斯就不会被恺撒包围。但是,该策略看起来越是冒险,恺撒的对手们就越不可能抵挡此策略带来的诱惑。

公元前46年4月3至4日的夜晚,正如一个月前在乌齐塔营地一样,恺撒离开了阿加尔营地;4月4日黎明时分,他出现在塔普苏斯并开始围攻敌人。第二天,紧随其后的同盟军突然出现在东方地峡的入口处。朱巴和阿弗拉尼乌斯在两个不同的营地筑工事自卫,西庇阿率领其余的军队和大多数大象在夜幕降临时开始行动:他沿着内陆湖的西岸向北走去,并在公元前46年4月6日的黎明时分,在距离恺撒的营地只有两千米的北部地峡的山脊上搭起了营地。最后,他对敌人设下圈套,引导敌人靠近他。

很快,在行省总督诺尼乌斯·阿斯普雷纳斯的指挥下,他用两个军团掩护着塔普苏斯,并带着其他人前去与西庇阿会合,在战斗编队的3条战线上,老兵被安排在两翼,出于谨慎的考虑,他将专门擅长与大象作战的第五"云雀"军团分为数队,并将其轻步兵分散开来,给他们安排的任务就是用投枪和投石器吓唬那些厚皮动物,即大象。他的军队充满了战斗热情,呼声响成一片,右边的一只喇叭也准时吹响了冲锋号。

也就是在那里,即毗邻撒哈拉地区咸水湖的沼泽地对面,恺撒已经计划好了其行动,并像飓风一样迅速取得了胜利。同盟军的大象被箭和投射物打中之后,转身互相攻击和踩踏。在随之而来的混乱中,第九军团和第十军团的成员们向前冲过去。在他们的猛攻下,左翼敌人被击溃,杀戮和恐慌席卷了整个前线。

恺撒只安排了一部分力量去追赶溃退的敌方部队,转身带着大部分力量去进攻阿弗拉尼乌斯和朱巴的营区了。西庇阿战败的消息在他到达之前已经传到了同盟军耳里，因此当他占领营区时，敌人已经一哄而散。受到恺撒军队的攻击之后，阿弗拉尼乌斯和朱巴如之前的西庇阿一样，没有和自己的士兵打好招呼便逃走了。

在这个令人难忘的早晨，恺撒党人默默哀悼战死的50名士兵。另一方面，他们决意猛烈追击，杀死了一万敌军。恺撒一下子就摧毁了敌军联盟。从公元前46年4月7日，儒略历2月7日开始，他命令3个军团继续围攻塔普苏斯，并派遣另外两个军团占领蒂斯德鲁斯。而他自己在给勇士授予荣誉勋章之后，允许第五军团成员佩戴有大象标志的军章，并率领另外5个军团前往乌蒂克。

加图死于乌蒂克（公元前46年4月12—13日）

公元前46年4月8日晚上，乌蒂克总督——年轻的加图已经得知塔普苏斯的灾难。尽管人们的情绪十分忧虑，但他认为必须要求西庇阿和朱巴离开首都，而自己首先想到的是留守抵抗。

9日上午，他恳请300人集会（Trois-Cents），也就是说，可能代表城中罗马居民的议事会履行他们的职责。然而他们只有借助释奴的力量才能重建少数几个步兵大队。尽管大家尊重加图，但他们对参与完成一项从未热爱过的事业而做出自我牺牲犹豫不决。从塔普苏斯逃离的1500名骑兵可悲地进入他们的城墙，在溃败和疲惫的愤怒中一路焚烧和掠夺了菲拉迪·马尤斯（Pheradi Maius），并提出要痛打乌蒂克的所有犯罪嫌疑人，目睹这一切，他们正式拒绝了加图的所有提议，并明确向他表示，为了避免引起恺撒的敌意，他们会派一个求饶使团到恺撒那儿。

直到这时，加图才意识到这一局也已经输了，现在他只有两个想法：第一，确保城市秩序，拯救在那里避难的罗马元老的生命；第二，当这项任务完成以后，选择自杀而不是逃跑的方式，以此避免苟得恺撒的宽恕或被其复仇。

4月12日晚上，加图与晚宴上的宾客讨论了哲学问题，坚称好人永远是自由的，听众们在其中感受到了其悲壮的决心。在走进卧室之前，他亲吻了一下儿子，重读了《斐多篇》，并极其粗暴地向仆人们索要他的剑，以至于仆人们再也没有勇气把剑藏起来了。午夜刚过，他迫不及待想知道载着元老们及其家人的船是否已经离开港口；随后，他把给他带来肯定回复与极大宽慰的奴隶打发走，并在孤身一人时把剑插进了腹部。他没有当场死亡，而是晕倒并失去了知觉。当恢复知觉时，他立刻推开为其包扎伤口的医生，尽管有儿子和朋友在场，他还是坚决地牺牲于重新撕开伤口的痛苦之下。加图因此被后人称为乌蒂克的加图，他不仅成了罗马"共和党"的最后信仰者，他的死也使"共和国"本身变得更高尚。这种极端的死亡方式令人震惊，更多是受到了斯多葛派无望乐观主义的启发，而不是柏拉图脆弱希望的影响，斯多葛派将此作为宽宏大量的典范以及古代智慧的顶峰。

加图通过这种英雄主义实现了这一政体的理想化，因为他热爱自由，所以他不想苟活下去；同时，由于他的盲目教条，他既没有及时改革，也没有及时阻止不可避免的复仇清算。

恺撒的胜利

恺撒一点也不喜欢加图，在两卷书里特地以尖刻的语气驳斥那些纪念加图的颂扬之词，并遗憾地表示这样的结果让加图错失了得到原

467

谅的光荣机会。

约莫公元前46年4月中旬，沿途攻克乌齐塔和哈德鲁梅特港之后，他得意扬扬地潜入乌蒂克。从阿非利加行省范围内的各个区域来看，各条战线的军事胜利都在为恺撒的伟大胜利保驾护航：塔普苏斯广场的败落；孔西迪乌斯放弃了蒂斯德鲁斯，北非柏柏尔骑兵为了瓜分孔西迪乌斯的钱财在努米底亚大草原上将其谋杀；西提乌斯击毁了萨布拉；在希蓬（Hippone），西提乌斯劫持了西庇阿及其侍从们本想要逃脱的船只，最高统帅带着无奈与勇敢从船顶快速跳进了海浪中；还有来自西提乌斯的另一重惊喜：在福斯图斯·苏拉和阿弗拉尼乌斯偶然走到的偏僻道路上，恺撒军团的成员违反了将军的命令，在不久之后将他们割喉杀死；最后，朱巴的臣民发动了叛乱，他们当着他的面关闭了他在扎玛·雷吉亚（Zama Regia）住所的大门，迫使他向他的不幸同伴马尔库斯·佩特列乌斯（M. Petreius）提议决一死战，这至少免去了他们死在敌人手中的耻辱。

除了恺撒实际宽恕的少数俘虏之外，福斯图斯·苏拉的妻子、加图的儿子、三四名逃犯、塞克图斯·庞培、拉比埃努斯、阿提乌斯·瓦鲁斯，他们都在格涅乌斯·庞培之后到达西班牙，共和党军队的领导人在大屠杀中消失了，他们的政党像朱巴的财富或努米底亚王国一样被彻底摧毁了，恺撒前往扎玛恳求拍卖朱巴的财产，他分发了王国的一些财富，同时进行了相关制裁。

公元前46年6月13日（儒略历4月14日），恺撒在乌蒂克港起锚前往意大利。

恺撒的幻想

恺撒认为他与元老院贵族之间的纷争已经告一段落，于是在返回时故意绕远路闲逛。他没有驶向西西里，而是去了撒丁岛，并于公元前46年6月15日（儒略历4月16日）在卡拉莱斯（Carales）靠岸后，在此耽搁了12天环游全岛，希望改善此地的境遇，但同时又不忽视通过罚款和没收来惩罚那些曾公开协助他的敌人的城市（如苏尔西）和个人。然后，从他确定离开的那一天，即6月27日（儒略历4月28日），逆风就来了，于是他又等待了28天，直到公元前46年7月25日（儒略历5月25日）才返回罗马。

广大群众兴高采烈地迎接恺撒的归来，以倍加隆重的方式庆祝此次胜利，这种雀跃的心情并不是假装的，8月到9月的辉煌仪式证明了他的无限权力。在7个月的时间里，即正式年份的8月到11月，以及随后与天文年相匹配的另外3个闰月中，他全身心地投入到给自己安排的组织任务中，坚信敌人们会在流亡中四分五裂，并在一场他没有遭受过任何失败的斗争中彻底地崩溃，再也无法干扰他执行计划。

然而，在这一点上，也许是整个内战中唯一的一次，恺撒的预测出现了错误。就像法萨罗的逃亡者，由于朱巴联盟在阿非利加重新挑起了敌对行动，塔普苏斯的逃亡者利用比利牛斯山脉以外的军团长之间发生的分歧，以及其中一位军团长的敲诈勒索在贝蒂斯各城市激起的叛乱，在西班牙重新发动了战争。

卡西乌斯在西班牙的过错（公元前49年—前48年）

恺撒在公元前49年曾任命卡西乌斯管理内战之后的西班牙，同时将瓦罗的两个军团授予他。他比较怀疑这些部队的忠诚度，因为一方面,所谓的"国民"或土著全部都是现场招募的,另一方面,自公元前54年以来就驻扎在伊比利亚半岛的部队已经深受西班牙影响,于是他在年底派出了在意大利特别组建的两个军团——第二十一军团和第三十军团,使这些部队的人数增加了一倍。

可惜,卡西乌斯配不上恺撒根据他对这个国家的了解而赋予他的军事指挥权。他不断压榨管理范围之内的各个行省,很快便成为大家仇恨的对象。渐渐地,他感到自己在敌国被孤立了,并深感忧虑。为了恐吓他们,他从当地人中抽取了一些力量组成第五军团,并通过征兵增加了3000名骑兵,以增强军事力量。同时,由于他极大地疏远了平民,因此这支部队是否忠心对他来说显得尤为重要。为了拴住这些军队,他不得不在卢西塔尼亚雇用他们进行血腥的镇压,并给予他们优厚的待遇。

然而,这些士兵将此转化为新的敲诈勒索,并带着其他士兵一起堕落,结果激怒了西班牙人。公元前48年春,恺撒下令安排卡西乌斯前往阿非利加遏制朱巴,于是卡西乌斯在科杜巴勤勉地集结军力,渴望在新的土地上获得丰厚的报酬。西班牙人希望让他为之前的压迫付出代价,而且他手下的一些士兵对在西班牙以外的领地服役表示厌恶已久,于是他们联合起来反对卡西乌斯。意大利的拉丁人(桑蒂蓬塞)密谋在他准备赴阿非利加期间暗杀他。

在科布达(Corbuda)集会广场的大教堂里,当卡西乌斯审查令他感到震惊的请愿书时,一名请愿人用匕首刺中了他两次。卡西乌斯只受了轻伤,并对此次暗杀活动的主犯和同谋施以酷刑。然而,关于他死亡的风声已经传到城市和军营之中,对其军队来说,这是解散的开始。

西班牙军队的解散（公元前48年）

两个军团从瓦罗的占领军中分离出来，并拥护大臣马尔库斯·马凯鲁斯·埃斯特尼纳斯（M. Marcellus Aesterineus）为领袖。马凯鲁斯·埃斯特尼纳斯刚刚听到法萨罗的消息，并高声表达了对恺撒的忠诚，但是他仍然给予士兵们满足感，围攻乌利亚城［Ulia，即今天的蒙特马约尔（Montemayor）］，以及卡西乌斯在该地的城墙下为对他保持忠贞不渝的3个军团搭建的营地。尽管敢于围攻此地的叛军已将庞培的名字从盾牌上抹去，但是他们仍然对前任总督遗留下来的事业抱有强烈的赞同感，而且他们刚刚为此战斗过，将阿非利加交给前总督的拥护者。

事实上，卡西乌斯无法动弹，他不可能完成恺撒为他制订的计划。相反，其盟友博古德国王及其分遣队，与海格立斯擎天柱的看守人所部署的西班牙人和摩尔人混杂在一起，被命令快速从阿非利加前往西班牙援助他。随后，博古德国王到达此地，近西班牙行省总督马尔库斯·埃米利乌斯·雷必达也率领35个步兵大队到来，恺撒通知由特雷博尼乌斯取代卡西乌斯，后者接受了自身的失宠，带着个人战利品起程去了马拉加（Malacca，今写为Malaga），并陷入了埃布罗河入口的风暴中。

这些举措使大家放松了下来，并暂时推动了后来远西班牙的城市和军团在新总督的威严下重新集结（公元前47年）。然而，如果特雷博尼乌斯认为这些表面和解的势力能够团结一致，那他就大错特错了。

城里的居民怨恨恺撒安排卡西乌斯这样一个剥削者担任他们的首领，军队成员害怕因为违纪而受到处罚，他们只盼着能有一个有利的机会以背叛他们向来不情愿效力的政党；很快他们便意识到贵族们在阿非利加鼓动的力量的重要性，并与他们秘密谈判。

格涅乌斯·庞培到达西班牙（公元前47年底）

公元前47年底，西庇阿和加图彼此协商说服格涅乌斯·庞培前往西班牙。格涅乌斯·庞培是伟大的庞培的长子，当年31岁，他被一种强烈的力量支配着———心想着为父亲之死报仇。也许对他产生诱惑的是这项使命的冒险性和独立性，在一个人人需要其家族庇护的国家，这的确能够使他获得荣耀。

在准备好运输部队所需的30艘舰船之后，格涅乌斯便在乌蒂克港登船起航了，其军队成员包括朱巴从库里奥手上夺走的阿洛布罗基骑兵与一个重组军团，该军团成员不仅包含《阿非利加战记》（*De bello Africo*）作者所提及的一群奴隶，还有阿弗拉尼乌斯旧军队的老兵们，他们很高兴看到曾服务过的省份，其中许多人可能来自这些省份。

格涅乌斯在代利斯（Dellys，古称Rusuccuru）战败了，摩尔驻军对此丝毫未感到惊讶。随后，格涅乌斯直接朝着巴利阿里群岛驶去，除了伊维萨岛地区的攻占比较艰难之外，他轻而易举地夺取了巴利阿里群岛。但一场不幸的疾病让格涅乌斯一直滞留在那里，直到塔普苏斯战役打响。

与大家预期的情况相反，在格涅乌斯生病期间，其手下的联军节节溃败，然而这一切并没有改变格涅乌斯在西班牙的盟军的安排。那些反叛卡西乌斯的军团能想到，恺撒胜利之后不会宽容他们，格涅乌斯·庞培的到来，反而让他们感到一丝安慰。于是，他们在格涅乌斯起航前往伊比利亚半岛之前,就宣布支持他,再次叛变,推举两位普通的骑兵——提图斯·斯卡普拉(T. Scapula)和昆图斯·阿普罗尼乌斯(Q. Apronius)作为首领,将特雷博尼乌斯从贝提卡(Bétique)驱逐出去,并前往围攻新迦太基。他们在挖战壕的海岸上与格涅乌斯会合,在格涅乌斯的命令下,他们激动地整队,并在双方军队的合力进攻下占领了偏远的首都,但该地在近西班牙非常著名。

继阿非利加之后,西班牙将成为恺撒再次面对敌人中最后幸存者发泄仇恨的封闭区域。

恺撒的拖延

刚开始恺撒一点都没有在意,就好像这是一场无关紧要的剧变一样,充其量只是一场局部叛变,他相信副手们很快就能制服敌人。在这些饱受卡西乌斯贪婪蹂躏的国家里,这场运动一周比一周演变得更加激烈。在家族姓氏的威望影响之下,如今格涅乌斯·庞培身边围绕着一些从塔普苏斯归来的人,如他的弟弟塞克图斯·庞培、精明能干的阿提乌斯·瓦鲁斯(Attius Varus),以及脾气暴躁的拉比埃努斯(Labienus),战争的失利从未削减这位军人的狂热之情。

卡西乌斯的士兵们坚守在附近的乌利亚小镇上,他很快就把外部力量全部征服了。在这个繁荣省份的市民和农民中,格涅乌斯·庞培征募了足够的兵力,如果算上把他召唤到新迦太基的叛乱部队,再加上他在溃退前从非洲带来的兵力,或者在崩溃之后从阿非利加接收的军队,总计至少11个军团,以及数千名骑兵和轻步兵。他从一座城市到另一座城市,丝毫没有恐惧的阴影,并让所有人都服从自己,他的能力似乎超过了其父。

在撒丁岛的将领们起初反对格涅乌斯·庞培，佩迪厄斯和昆图斯·费边·马克西姆斯（Q. Fabius Maximus）不敢与他对抗，小心翼翼地在近西班牙南部边界的奥布尔科（Obulco）停了下来。随后，他们紧急呼唤恺撒的救援。根据他们的迫切恳求，恺撒最后意识到了问题的严重性，于是派来了增援部队。而恺撒本人则等到聚集了足够多的人并保证突袭军队的军需供给无虞之后才出发。

此时恺撒不必再担心海上运输的问题，于是他可以根据情况，在认为有必要的时候自由地扩充后备力量。除了坚决忠诚于他的远西班牙3个军团，在近西班牙动员的3个军团，以及佩迪厄斯和法比尤斯从撒丁岛调来的军团之外，他另外增加了最好的老兵部队、第六军团和第十军团，尤其还有一支骑兵部队，其兵力和素养将赋予它不可抵挡的力量。早在他离开之前，他就把这些成员运到了奥布尔科。然而，当他最终完成了这个任务时，也就是年底的执政官选举之后，可能是在公元前46年12月的头几天。他以极快的速度骑马前进，并在27天内就从罗马赶到了奥布尔科。在最后几个梯队军团到达之前，他像闪电一样出现在已经集结的部队中。紧接着，他将再次参与到战斗中，因为敌对势力在新年之初又开始活跃了。

第二次西班牙战役

敌对行动仅仅持续了两个半月。此次战争难以定性，战线图更加复杂。尽管格涅乌斯·庞培十分骄傲，但他意识到了自己的劣势。尽管他比敌人多两个军团，但他手下的骑兵无法对抗人数众多且充满活力的恺撒骑兵部队，而且他被迫将这些力量分散安置。其中一部分力量前往支援没有任何进展的乌利亚围攻战，另一部分力量由其兄弟塞克图斯·庞培率领前往科杜巴进行防守。而且，他也知道，除了来自瓦罗旧军队的两个分队，以及由阿弗拉尼乌斯的士兵们重新整编的一支军队之外，他的步兵大队混杂集结了卢西塔尼亚当地人、西班牙移民和逃亡的奴隶，这些人的力量和纪律都无法与恺撒的军队相提并论。他最大的优势在于占有资源储备充足的城市，恺撒及其军队位于城墙之外，在隆冬将会遇到供给困难的问题。因此，克斯图斯·庞培采取了与公元前48年其父一样的策略，将战线拉长，使无法取得正面对决的对手因等待战争而疲乏不堪。

与此相反，恺撒的任务则是不惜任何代价寻找正面决战的机会，以便尽快在旷野上展开战斗。他不仅尊重自己的性情，还尊重手下们的意愿。长期以来，战事不断，恺撒手下的士兵们早已疲惫不堪，对永无休止的征战感到愤怒，他们不断地争取胜利就像西西弗斯永无止境地在推巨石一般。如果格涅乌斯·庞培及其部下以保护自己的性命为重，消极应战，那么恺撒党人就会被一种焦躁所困扰，这种因焦躁引起的愤怒并没有能表达出来的足够理由，却表明了他们的进攻热情。

恺撒激起了士兵们的复仇情绪，并向他们表示，这一次他们不像在色萨利和塔普苏斯一样与罗马人的政党较量，而是与罗马的外省叛徒打交道，与少数强盗发动的叛乱行为做斗争。

恺撒第二次远征西班牙将引发一场可怕的战争，战斗过程极为残忍，牺牲的人数也相当之多。但它却发生得非常迅速，而且过程极其简单。

在科杜巴周围的作战（公元前45年1月）

恺撒刚到奥布尔科就已经意识到，让乌利亚围攻者选择放弃的最稳妥的方式是去攻击敌人最重视的阵地，而不是去援助次要或偏远的城市，就像当初在高卢时阿维尔尼人包围戈尔戈比纳一样。当时他距离科杜巴只有约60千米的路程。他匆忙赶路，甚至在与最后的增援部队会合之前就到达了那里。恺撒手下骑兵们疯狂砍杀刚刚出城的市民，他装出立刻要开始围攻战的架势。

科杜巴位于巴埃提斯河以北，其右岸布满了围栏，这一位置本应让塞克图斯·庞培放心。可当他发现恺撒在城东扎营并在河上架起了一座石笼桥，仿佛打算包围科杜巴，将其与西班牙其他地方隔绝一样，他吓了一跳，恳求他的兄弟前来援助。

正如恺撒希望和预计的那样，格涅乌斯·庞培放弃了对乌利亚的围攻，并在该地对面和南部的高地筑垒固守，这块高地位于巴埃提斯河左岸的上方，距离通往城市的石桥大约1500米。随后恺撒假装想要通过在地底挖路将旁边的石笼桥与通往城市的石桥连接起来，事实上，他根本无法登上石桥。

格涅乌斯派出收集草料的骑兵攻击恺撒部队的挖土士兵，予以有力回击。恺撒以牙还牙，派人手对格涅乌斯被分配同样任务的工人们展开背后袭击。双方营地展开了速度之争，仿佛在攀比看谁最先到达石桥。但恺撒对这一乏味的挑战根本不感兴趣，他也不想围攻科杜巴，只是通过制造假象和小规模冲突来赢得时间。当他完成军队的集结之后，于晚上点燃了营地里的灯火，让敌人误以为他还在那里。

恺撒匆忙撤离营地，悄悄地通过石笼桥越过巴埃提斯河，放弃了难以围攻的科杜巴以及难以动摇的格涅乌斯堡垒。他率领部队一口气行军28千米,并在阿特瓜(Ategua)周围修建了他的战壕,这是庞培党人一直坚守的一座古城,因为它占据了巴埃提斯河支流勒萨尔苏姆河(Le Salsum)右岸一座山丘上的重要位置,此地粮食丰富。

围攻与占领阿特瓜(公元前45年2月19日)

当恺撒完成了防御工事之后,格涅乌斯·庞培只能尝试着解救被围攻的阿特瓜,尽管他不愿意让士兵们在严酷的季节里感到疲惫不堪。他从科杜巴撤营,并将部队带到被围困的城池之下。

恺撒的防御使格涅乌斯产生了一种必要的担忧,于是他适当保留了实力,而让其最优秀的指挥官之一穆纳蒂乌斯·弗拉库斯(Munatius Flaccus)在阿特瓜指挥防御,然后将自己的营地转移到外围。他只冒险参加局部的小规模战斗,却遭受了严重的损失,就像在卡斯特拉·波斯图米亚纳(Castra Postumiana)一样,他无法将恺撒哨兵队赶出这一偏僻的棱堡。

最后,在恐怖的政治氛围下,格涅乌斯让自称想要得到拯救的市民们失去了勇气。不久他们就与当地驻军发生了冲突。少数几名驻军士兵已经潜逃了。

大多数士兵倾向于和阿特瓜市民商谈,但其中一些曾是卡西乌斯和特雷博尼乌斯手下的叛逃者,他们的内心并不平静,担心可能会因为被判重罪而受到严厉的惩罚,于是他们先下手为强,杀害了对其怀有敌意或态度冷淡的平民。

在穆纳蒂乌斯·弗拉库斯的命令下,他们以割喉的方式杀害了居住在房屋里的主人,并把受害者的尸体从城墙上抛出去。眼前的景象让之前逃跑的平民感到更加惊恐。

但这场大屠杀并没有让格涅乌斯们的出路更乐观，他们的首领，就像修女安妮[1]一样，仍然看不到未来。然后，轮到穆纳蒂乌斯·弗拉库斯投降了，他请求恺撒饶命。恺撒回答说因为他是恺撒，会履行诺言，于是弗拉库斯为恺撒打开了阿特瓜的大门（公元前45年2月19日）。

胜利者们在目睹敌军投降的喜悦中第三次向他们的统帅致敬欢呼，并尊恺撒为君主。类似的欢呼声仍然在他耳边回荡，一次是公元前60年他在西班牙资深裁判官任期结束时，另一次是在内战前夕他从已平定的高卢返回罗马之后。然而，不论恺撒的战绩多么辉煌，其老兵们在法萨罗或塔普苏斯战役之后都不敢再让他听到欢呼声，这些胜利是用众多罗马人的鲜血换来的。

阿特瓜战役之后，他们重新为恺撒欢呼，因为在他们看来，此次胜利摧毁了叛乱者，而这一切发生在格涅乌斯·庞培眼皮底下，他在焦急的防守中愣住了，这证明了他的无能，并宣告了即将到来的败局。

蒙达战役（公元前45年3月17日）

恺撒并没有能让格涅乌斯·庞培下定决心开战以解放阿特瓜。尽管短兵相接，但恺撒尝试着占领其他地方以引诱他。格涅乌斯·庞培越来越怀疑这场战斗结果会如何，越来越不愿意继续。他带着武器漫步在萨尔苏姆河沿岸，心事重重，既想通过他的出现来维持对城市的

---

[1] 译者注：故事《蓝胡子》中的一个角色，该故事于1697年与《母亲的故事》一起出版。

统治，又想在科杜巴保持与其兄弟的联系，同时既要让恺撒有所顾虑，又不与他发生正面冲突。

从格涅乌斯·庞培对战术犹犹豫豫的那一天开始，他就注定要失败。为了恐吓乌库比人，他不得不将74位显要人物判处死刑。

格涅乌斯·庞培的信使们中了埋伏，被恺撒的观察哨兵抓获了，这些人冷酷无情地割断了他们的手，就像对待乌克斯罗杜努姆的高卢人那样。

在索里卡里亚（Soricaria），格涅乌斯·庞培无法避免交火，并损失了800名人手。他因无法阻止敌军占领文蒂波（Ventipo）而愤怒不已，于是开始摧毁那些无法保卫的城市，如卡鲁卡（Carruca）与乌库比。在他的命令下，这些城市在一片火海中燃烧。然后，他再次向南进军，率领军团保卫位于山顶的蒙达市（Munda）。他们来到位于该市南部的大平原上方300多米处的山坡上，该地过去曾命名为蒙登斯平原。然而，恺撒已经紧随其后，并来到一条小河——拉卡切纳河（La Carchena）旁，身处河流的沼泽地与蒙达市下面的山坡之间。

3月17日清晨，格涅乌斯·庞培被其地形优势所鼓舞，决定部署防线，也许他内心认为恺撒党人不会冒险从沼泽地出来攻击他，因为身处陡坡的他占据了地理优势。

然而恺撒十分鄙视这帮家伙，他们充其量只能暗杀手无寸铁的民众，却总是在他面前撤退。他部署了80个步兵大队准备参加战斗，左翼是第三军团，右翼是第十军团的老兵，并吹号发动了进攻。然后展开了他所有战斗中最残酷的一场，因为他必须克服不利地形造成的困难。他的敌人已经意识到，在过去几个星期的可怕破坏之后，已经没有营地了。

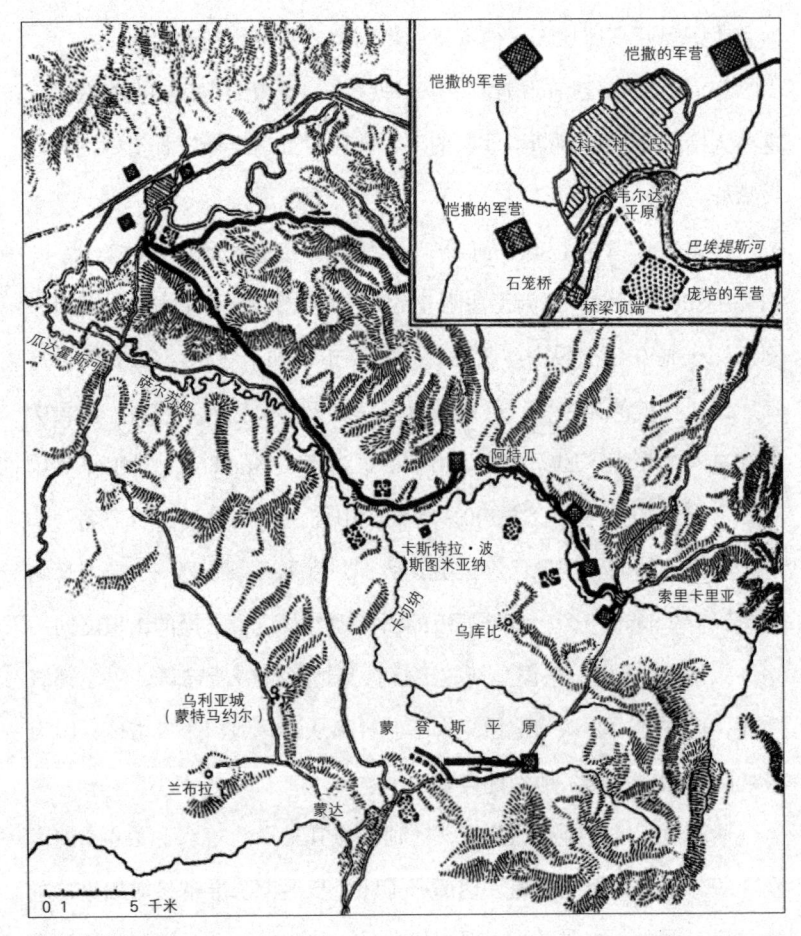

蒙达地形图

480

几个小时以后，敌我双方的相互残杀仍在继续，双方势均力敌，情况让人担忧，尽管第十军团十分勇猛，恺撒仍在怀疑其队伍是否会败下阵来。

恺撒坐在马上从右翼队伍后方的小山冈顶部仔细监视，以备出现意想不到的情况，随后跳下马，以作战般的最快速度从一个队列跑到另一个队列，以唤醒战士们的斗志："你们不以放任自己为耻吗？对我来说，我宁愿当场被杀，也不愿在55岁时落入这些毛头小子的手中，在一天之内玷污之前众多的功绩及赢得的荣耀。"

恺撒言行一致，说完独自向前冲锋陷阵，连头盔都没戴，用盾牌阻挡刺向他的利器，来到距离敌人仅6米的地方。在如此疯狂勇敢的场面下，其军团成员们重新镇定下来，进行了反击，反而是占优势的敌人开始动摇了。

看到左翼部队处于被动后，格涅乌斯·庞培企图调派右翼军团前来营救。右翼的第一次冲锋因为队列出现了混乱，而不得不使得这次行动完全停下来。傍晚时分，博古德率领骑兵部队掉转方向，登上蒙达包围处附近的高地，即格涅乌斯·庞培的营地驻扎所在地。而格涅乌斯·庞培为了增强进攻力量，已经撤走了所有驻军，留下一片空地。

拉比埃努斯竭力阻止格涅乌斯撤回在摩尔人前面深入作战的半个军团，只将摩尔人撤退下来。此次不涉及任何复杂情况的行动本应该毫无差错地进行。但在如此血腥的一天结束时，由于新兵的愤怒，此次行动导致了一场灾难。格涅乌斯的士兵们相信撤退是唯一出路，恺撒的士兵们也相信对手除了撤退没有选择，并加强了进攻。

很快，格涅乌斯的整个军队失去了理智，在恐慌中转过身，扔掉头盔和盾牌,以求更快地逃脱。于是恺撒的骑兵趁他们慌不择路将其消灭。

尽管恺撒党人损失了1000人,还不算500名伤兵,但他们却一下子击倒了3.3万名敌军士兵,并就地夺走了其摧毁的所有军团的鹰章。在死人堆中,有人认出了阿提乌斯·瓦鲁斯和拉比埃努斯,并将他们的首级送到了恺撒那里。

格涅乌斯·庞培的处境正如其父亲在法萨罗战役中的情况,运气丝毫没有好转。当他飞快到达卡尔泰亚〔(Carteia),位于埃尔罗卡迪约(El Rodillo)山〕,距离阿尔盖西拉斯东北6千米时,他被迫执剑在手,重新开辟通往舰队的道路,并在途中受了伤。正当他登船准备起锚时,在加的斯指挥舰队的盖乌斯·狄第乌斯(C. Didius)发现了他,并展开追捕,趁他取淡水时摧毁其桨帆船,迫使他过上了亡命天涯的生活。直到有一天,他在恳求当地人接济时被认出来,并在洛里附近的一个山洞里被逮捕并杀害了(公元前45年春天)。

西班牙投降(公元前45年3—7月)

法比尤斯·马克西姆斯在蒙达胜利之后夺取了这座城市,紧随其后的是乌尔索。至于恺撒,从公元前45年3月18日开始,他带着大部分军队再次来到科杜巴。塞克图斯·庞培已经逃跑了,但是其守卫力量随着逃亡者的涌入增加了。当他们怀疑居民想向恺撒妥协和解时,便放火焚烧了这座城市。

恺撒来到远西班牙首都冒烟的废墟前,无法平复士兵们的愤怒之情:他们发现再也没有什么可掠夺的了,就把落入他们手中的至少2.2万名不幸的俘虏痛打一顿,并将幸存者作为奴隶出售。科杜巴的主人们没想到会受此般蹂躏。

恺撒重新折回，亲自制服了伊斯帕利斯、哈斯塔（Hasta）、卡泰亚（Carteia）和加的斯，要求所有投降者毫无保留地服从，并狠狠敲诈了之前无论远近曾参与了暴动的人士。

4月12日在加的斯，有人将格涅乌斯·庞培的首级送到恺撒面前。随后他回到伊斯帕利斯，重新定义了西班牙在罗马的地位，使其服从于罗马帝国；并签署命令，将大部分军队送回意大利。他本人则在7月下旬动身，与这些部队一起在罗马庆祝他的第5次凯旋。

恺撒的第五次凯旋（公元前45年10月）

过去一年中，恺撒的前四次凯旋仪式，并未提及对罗马人的胜利。唯有维钦托利的高卢、朱巴的阿非利加、托勒密十四世和阿西诺伊的埃及、法尔奈克的本都王国受到了羞辱。

出于谦虚、谨慎或慷慨，恺撒去掉了庞培和加图的名字，记忆停留在法萨罗战役。

而现在，恰恰相反，恺撒再也不感到拘束了。因为他的立场具有合法性。他了解一部分同胞在塔普苏斯战役之后违背了大众的委托，顽固地跟他作对，被视为反叛的臣民，与他在公元前60年所征服的卢西塔尼亚野蛮人混在一起，与西班牙叛徒一起背弃信仰，犯下危害国家的罪名。

恺撒一丝不苟地准备想要完成的典礼仪式，与其说是为了颂扬他的荣耀，不如说是为了掩饰他所击败的敌人的耻辱心。他不仅悉心地为副手们——佩迪厄斯和法比尤斯准备荣誉，后者即将迎来凯旋仪式，而且当他回到意大利之后，还公然离开了罗马城。按照规定，他

483

当时不宜离开。随后，他手持武器走出边界，并于9月初来到拉比库姆的别墅里休息。

直到10月的某一天，恺撒的西班牙军团终于追上了他，他才终于以君主的身份出现在罗马军团成员中间，庄严地登上卡比托利欧山，享受"不可战胜的圣神"的美誉。

事实上，这位政治家在西班牙资深裁判官任期结束之后，直到43岁才以军事家的身份脱颖而出，甚至可以称为战术家。他突然显示出领袖的才华，在他面前，最著名的军事人物都显得逊色，从汉尼拔到西庇阿，从马略、苏拉直到庞培，乃至其楷模亚历山大大帝。他攻占了所有战胜之地，将所有反对他的外军或罗马军队、陆军或海军都粉碎掉了；从莱茵河到大西洋，从布列塔尼到非洲北部海岸的沙洲，从尼罗河到黑海，他的鹰徽在所有的海洋和大陆上翱翔，不受侵犯。

原因与结果

恺撒凭借惊人的天赋取得了这些举世瞩目的成绩，这些天赋使他生前的形象光彩照人。在错综复杂与危机四伏的环境中，这一切将他从苏拉的耻辱、元老院的仇恨以及个人的竞争中拯救了出来，并把他带到了执政官的位置。

恺撒拥有在关键时刻冒着生命危险奔赴前线的胆量，就像他曾经把自己的命运押在选票上一样。他注重现实、机敏警醒、洞察入微，这些智慧在战场上使其摆脱了纸上谈兵和战略束缚，很长一段时间以来将他从扭曲的制度和不适当或过时的形式中解放出来。他也因此做出了许多伟大的即兴创作、物质发明和技术改进。最重要的是，他深谙人心，赢得了士兵们的忠诚，就像战胜古罗马无产者一样。他总是能够在战场上预测敌人的计谋，从而有效挫败敌人，正如在议事会上揣测反对派的阴谋一样。

公众并没有分析这种无与伦比之伟大背后的人为因素，而是一边表示惊叹，一边提出异议。公元前45年4月20日晚，也就是在纪念罗马诞生的传奇仪式举行之前，人们得知格涅乌斯·庞培的军队在蒙达被粉碎的消息，欢呼这一巧合的发生，认为这是天意的象征。然而，这一切并不是偶然的。第二天，罗马人要求举办活动，将恺撒与建立罗马的庆祝会联系在一起，就好像罗马刚刚由恺撒第二次建立一样。

公众之所以服从于恺撒的决定，只因为他们尊重权力，通过一种神秘的胜利本体论将恺撒的力量与神义论结合在一起。因此，恺撒从内战的全面胜利中获取了绝对权力，这些权力在无形中不断增长。这一切的到来无可挽回地削弱了罗马共和国制度，将使恺撒以独裁统治掌控这个国度。

第六章
恺撒的改革

第一节 恺撒至高无上的权力

恺撒：唯一的领导者

自公元前59年底开始，恺撒开始拥有法律赋予的权力，公元前49年至公元前47年他担任独裁官，公元前48年至公元前46年担任执政官，公元前45年至公元前44年他兼任执政官和独裁官。相比军事上的胜利为他赢得的事实上的权力，于他而言，这些法律赋权真算不上什么，他还需要将这些权力转化为专制的神权。苏拉就曾经被迫与贵族们分享人民授予的荣誉和利益，贵族们先是协助他谋取这些荣誉和利益，但随后却与他为敌；与此不同，恺撒作为胜利之师的唯一领导人，打败了敌军联盟，由此他被赋予了无上的权力，也无须与任何人分享或受制于这些权力，他被成千上万的军团成员狂热地崇拜着，此外还拥有数不清的财富——这些财富是他以赛跑一般的速度横跨三大洲征服所得，而且用这些财富来收买民意也是绰绰有余的。

无数财富的主人

恺撒无须通过剥夺他人权利的方式来实现富裕，因为对他而言，只需要对有关国家行使战争权进行征服就足够了，通过这种方式，他对整个地中海世界进行了分割。在争斗成功后，他在各省肆意掠夺城市与寺庙、国王与个人的财产，占有了元老院国库和罗马城寺庙的宝藏。对朋友，他以各种"借口"，要么捆绑他们参与共同的征服事业，要么让他们从重建或善行中获取酬劳，从而抵扣他从他们那里收取的所谓"赠款"或者"贷款"，因为这些款项他是根本不打算偿还的。对敌人或嫌疑人，他则用捐税、征用和罚款来压榨他们。在埃及，他对财政税收的苛求推动了人民对亚历山大的反抗；在亚细亚、阿非利加、撒丁岛和西班牙，他翻倍没收个人和集体的财产。在意大利，他拍卖庞培以及庞培党派元老们的财产；在努米底亚，他清算朱巴王室的产业。四面八方的财富都流入他的金库，他在5次凯旋仪式中展示了这些令人难以置信的财富。

公元前46年及前45年的胜利

在胜利征服了高卢、埃及、本都及阿非利加后，他相继举行了各为期四天的凯旋仪式，并举行了奢华的庆祝活动，从公元前46年8月底（儒略历6月底）一直持续到9月底（儒略历7月底）。虽然活动伊始发生了一件让人不快的事情——双轮马车车轴断裂，使恺撒不得不中途更换了仪式队伍的车辆，但是蔚为壮观的庆祝活动依然按部就班地进行，特别是公元前45年10月初举行的庆祝战胜西班牙的第五次凯旋仪式，其奢华程度前所未有。为吸引眼球，恺撒想方设法装饰游行车辆，刚开始他还满足于珍贵的木材，如高卢的侧柏、埃及的金合欢；后来对于本都，他要求用当时流行的一种在木头上镀上龟鳞的工艺；对于阿非利加，他则要求用象牙代替；对于西班牙，他要求用光滑的白银取代象牙，总之是尽情装扮，从各种装饰配件到车辕上陈列的无数战利品，都令人难忘。罗马人从来没有举办过如此奢侈挥霍的庆祝活动，也从未在传统盛典中欣赏过如此奢华的独创之举。如同以前的埃米利乌斯·保卢斯和庞培那样,恺撒带着身份显赫的"俘虏们"当街游行示众:其中的高卢人维钦托利可能是最令人生畏的;还有的就是王子们,如小朱巴——未来的毛里塔尼亚朱巴二世,当时他还不到5岁;恺撒是第一个向罗马人展示囚笼里的王后的人,她就是亚历山大战争中的年轻篡权者阿尔西诺伊四世(Arsinoé)。在他的战利品展示中,他深谙矫揉造作之道,采用看似最为简单的方式精心打造,来达到意想不到的效果。在庆祝日当天,他就展示了一块告示牌,上面只写着"我来,我见,我征服",这3个词昭示着他令人难以置信的征服欲望。另一方面,对高卢和埃及的胜利,他的展示方式也令人印象深刻:仅名字就足以使人联想到他征服领域之辽阔的河流的雕塑,以及他曾航行过的海洋的金色雕像,仅仅这些河流的名字就足以让人联想到他所征服领域的辽阔;还有缩小版的亚历山大灯塔,如火焰般点亮了现实世界。对恺撒个人而言,他认为无论是穿红袍,还是用白马套车,都应该遵循神圣的习俗;当夜幕降临、仪式结束时,他在40头大象的护送下,在宏伟壮观的火炬的照耀下,缓步从卡比托利欧山上下来回到住处。

宴会

　　必要的仪式活动通常是充满快乐的,但恺撒以超乎寻常的挥霍方式来组织宴会活动。活动过程主要由宴会和演出构成。公元前46年的一次宴会,恺撒共准备了2.2万个接待室,邀请了6.6万名嘉宾,宴会活动持续了好几日。恺撒为嘉宾们准备了6000份七鳃鳗,重量超过2吨;他将所有的客人按照9人一组安顿好,并在每组客人面前摆放了一份双耳瓶法莱纳葡萄酒(Falerne)以及一桶希俄斯酒(Chios)。

公元前45年，他在两次为大众提供的午餐中重复了这些慷慨的款待，这两次午餐的时间仅相隔4天。根据苏维托尼乌斯的说法，第二次午餐是为了弥补第一次午餐的不足，根据老普林尼的记载，餐桌上同时出现了4种特定地区酿制的葡萄酒：法莱纳、奇奥斯、莱斯沃斯以及马默廷（Mamertin）。

演出

对于这些盛大的宴会活动，罗马人无权做出选择，唯有表示尴尬。公元前45年，他似乎专情于戏剧表演，并为此付出了努力。恺撒希望能在罗马组织举办各种语言的戏剧表演；在主舞台上，他亲自主持了哑剧比赛，老拉贝留斯（D. Laberius）与波普利乌斯·赛勒斯（Publilius Syrus）同台竞技。其中一位因被另一位在剧情中进行了暗讽和影射而恼怒，恺撒为获胜者颁发了棕榈奖，但为了安慰拉贝留斯，恺撒为他颁发了50万塞斯特斯的额外奖金以及骑士的金指环。公元前46年，他花费大量时间酝酿筹划吸引人的各种活动：音乐会和舞蹈；小亚细亚大家族的出征舞以及罗马贵族子女率领的特洛伊骑兵队；在战神广场临时修建的体育场上运动员们连续3天的搏斗；大马戏团中马匹和双轮马车的赛跑，竞技场地也随之扩大了。然而竞技总会有攻击性的，公元前46年9月26日（儒略历7月25日），在母神维纳斯神庙的落成典礼之后举办的竞技活动，终结了这种类型的演出：在台伯河右岸附近的小科代塔（Petie Codeta）盆地上，据称是代表埃及和推罗两支舰队的双排桨战船、三层桨帆船及四层桨帆船的4000名桨手在演海战剧的水池里交战开来；两支部队在大马戏团的模拟战斗环境中，各投入500名步兵、30名骑兵和20头大象；此外为了角斗士们进行肉搏战，还专门布置了一个木制圆形剧场；为了纪念茱莉亚，并向神灵们致敬，连续进行了5天的狩猎活动，集会场上的大众瑟瑟发抖，纷纷传言即将发生大屠杀，这给他们带回了对苏拉和庞培时代的记忆。在这次大祭中，他们第一次献祭了100头带狮鬣的狮子，第二次又献祭了325头。恺撒带了400头狮子去屠宰，并效仿色萨利人的斗牛活动。此外，他还屠宰了一只长颈鹿并进行解剖，令人惊讶，以至于3个世纪后，迪翁·卡西乌斯用了整整一个章节来描述这一非凡的场景。此外，为展示狩猎活动细节，并避免夏日炽热的阳光，从大祭司长的住宅一直到卡比托利欧山，集会场上都张挂了遮阳用的丝绸面网。在这种奢华的保护措施下，人们更为迫切地想要看清楚里面的情况，职业角斗者也更为勇猛地与猛兽相较量以获取荣誉。表演现场人们推推搡搡，导致不止一名观众因此丧生，恺撒不得不正式下令禁止元老进入竞技场。

公众

在这些难忘的日子里，人们如何来评价恺撒的声望，成为他面临的紧迫问题。诚然，恺撒辉煌的胜利以及举行的欢腾仪式刺伤了贵族幸存者们，他们对恺撒废除旧体制耿耿于怀；对在他身边负责安保的72位侍从官，即一些彻底的共和党人，感到惊慌；对年轻的阿西诺伊公主戴着镣铐游行示众表示同情，对"阿非利加人"不可避免的悲惨结局和命运感到愤慨；西庇阿纵身跳海；佩特列乌斯在宴会结束时刺伤了自己；加图在猛兽的狂怒下受尽折磨，被野蛮地撕裂了脏腑。这些场景给他们带来了难以形容的不适，他们禁不住嘲笑法尔奈克的逃脱，并且非常喜欢描述阿基拉斯被谋杀和波提纽斯被斩首的画面。总而言之，人们无法铭记如此多的荣耀，仅仅记住了"征服的数量和伟大的成就"，而凯旋者用"征服的数量和伟大的成就"填满了令人陶醉的一连串庆祝活动。至于士兵们，尽管他们习惯在成纵队行进时有顿挫地吟唱，但偶尔也会唱起悲歌，回忆起他们曾经的艰苦与疲惫以及在伊庇鲁斯食用过的粗糙食物，偶尔也会唱起无礼而放肆的歌曲，连他们的将军也不放过。必须承认的是，除了某些真心令恺撒感到痛苦的猥琐话语，以及他发誓不愿提及的那些令他无法容忍的影射之外，士兵们的讥讽几乎不会伤害到他，在他看来，与其说这些是出于粗鲁士兵们的恶意，不如说是出于他们所怀有的狡黠而愉快的温情，就像他们自称是"光头小个子"的"投弹手"一样。对恺撒而言，他只需对士兵们祝他好运的善意表示微笑即可：

"市民们，请关好你们的妻子：我们为你们带来了秃顶的诱惑者！"

恺撒当然也很高兴听到士兵们在老调歌声中预言他所期冀的未来，并予以鼓励：

"若做得好，你就会受到惩罚。若做得不好，你将执政统治。"

与此同时，士兵们看到他们敬爱的领袖以如此宽容的温柔原谅他们过度的言语，反而对他滋生了一种"难以言喻的钦佩之情"。

战利品及其分配

人们一定认为恺撒热衷的这种活动，是在大肆挥霍，尽管耗费巨大，但恺撒仍然保留有大量供其享受的资源与财富。此外，没有人能够评估盘点清楚他的战利品，原因很明显，因为仅仅他公布的，或者前辈们记载的几个数字就已经达到了令人咋舌的程度。根据维莱伊乌斯的说法，恺撒在公元前45年向国库交付了6亿塞斯特斯，也就是6亿法郎。按阿庇安的说法，恺撒在公元前46年的盛大仪式中曾在自己的双轮马车前面整齐排列了数不尽的桌子，上面陈列着2822顶冠冕，重达2414磅黄金（15787560法郎），此外还有6万多塔兰（至少16.2亿法郎）。盛典仪式结束后，他开始分发这些堆积如山的财富。据记载，他给每位公民分发了10份小麦（共87501份）、10磅（3270千克）油和400塞斯特斯（400法郎）。此外，他给每位老兵分发了两万塞斯特斯；给每位百夫长分发了4万塞斯特斯；给每个军团的行政长官分发了8万塞斯特斯。这些巨额财富的分发，将军队和民众与恺撒紧密联系在一起，基于他们始终不渝的感激之情建立了利益链。恺撒的慷慨让他完成了天才般的工作。他终于感受到了自己渴望的力量：再也无所畏惧，敢于挑战一切的力量，包括动乱与改革，慷慨的赦免以及冷酷的残暴。

被动的服从

不幸的事情发生了！在分配战利品的过程中，有几名士兵表示出了贪婪的意图：除了他们自身的赠予之外，他们还觊觎分配给市民们的财富。恺撒知道后，立即着手处理这一小群贪得无厌的人，并抓住了其中一人，没有经过任何其他形式的审判，就把他交给了刽子手。随后，在战神祭司和大祭司团在场的情况下，又有两人在他的命令下于战神广场被杀死，他们的头颅被钉在雷吉亚墙上，通常情况下只有"十月马匹"的颅骨被悬挂在那里。总之，放肆的抗议，哪怕仅仅是反驳的喃喃自语，在他眼里也是一种可憎的罪行，如同对神灵的冒犯。就这样，他切断了罗马人和老兵们与祖国的联系，对他们施以最高惩罚，这是恺撒曾毫无内疚感地以最激烈的手段向外国俘虏施加过的惩罚。他没有把他们扼杀在图利亚努姆监狱的阴影下，也就是维钦托利死去的地方；而是公开用一种宗教恐怖笼罩着他们的痛苦，在人类法律的边缘恢复了原始时代的可怕仪式，这一定会让没有受他诱惑的人感到胆战心寒。恺撒的意志高于一切！尽管他专制处决时令人厌恶且反常，但当时并没有引起反抗或反响。罗马在恐惧或盲目的惊叹中早已麻木不仁，屈从于其武力之下，它从此属于代表国家意志的主人——恺撒，甚至比当年未经审判就将军团士兵送上死亡之路还要轻而易举的是，他匆忙重塑旧制度，以便使其成为他操纵新权力的工具。

部族会议，忠于恺撒

恺撒没有触及的领域似乎只剩下部族会议（comices tributes）了。作为民主主权的空论派，他不愿意做出任何限制其特权的行为来否定自己。最重要的是，他对政府管理下的城市平民议事会简政放权并不感兴趣，因为从罗马城到整个意大利，他们只是法律下虚设的组织，另一方面，恺撒通过使他们出于惧怕或爱慕而忠于自己。自公元前49年春天以来，《罗斯基乌斯法》通过归化山南高卢，使部族会议的干预行为受到非法性的影响，他没有对此进行谴责，也没有对他们仅存的影响力和活动进行抨击，而是假装没有注意到他们无可挽回的衰落，对他们大加关注并勤加召见，甚至试图通过改变他们惯常的装饰来重振他们垂死的威望。公元前54年，在战神广场以南的"森林公园"，恺撒派人修建宽广而奢华的大理石围墙，并奠定了第一块基石，建筑师们自此不曾停止劳作，然而直到恺撒去世后18年后才完工。此建筑最初落成时被称为"故乡",在恺撒去世之后开始被命名为"尤利乌斯的大厅"。但是,直到更名时,大家才意识到原始称呼的重要地位。平民选民以及各部落公民实际上不过是"巴汝奇之羊"(moutons de Panurge)①,在任何情况下,他们都是闭着眼睛跟着恺撒去他想要带领他们去的地方。从东方探险回来之后,恺撒让他们赋予自己指导他们的权力;通过一项项法律赋予他保民官的权力,允许他终生在自己认为合适的时机行使保民官的权力,以及在他认为有用的时候参与保民官们的行动。很自然,恺撒急于充分利用这一非凡的特权。在公元前47年,他获得了支配罗马公民集会(contiones)和部族会议投票的权力,事实上,他在公元前49年已经善于煽动投票。他利用这些投票来使百人团大会、法官们和元老院服从他。

恺撒对百人团大会的监督

行政官员也逐步纳入恺撒的监督下,这种监督越来越严。恺撒在公元前49年下半年被任命为独裁官,并主持了公元前48年的任命活动。当然,提交的候选人资格都是得到恺撒许可的。在这种形式中已经出现了一些特殊的条件,这些条件即将成为新秩序的组成部分。公元前48年,根据规定,因执政官缺席,百人团大会未能召开。公元前47年初,也就是恺撒第二次实行独裁统治的时候,既没有执政官,也没有法官或财务官;在法萨罗战役之后,平民阶层表面上对神圣规范

---

① 译者注:该表达源自弗朗索瓦·拉伯雷(François Rabelais)的《巨人传》(Gargantua et Pantagruel)第四部中的一个插曲。意指没有批判思维,不问问题盲目模仿和追随大多数的人。

表示尊重，但实际上，他们将政府机构与独裁者的意志紧密联系在一起，并明确指出除了平民之外，行政官员的职位只能由恺撒在现场授予，这种特殊情况一直持续到他回到罗马内城为止，政府继续由骑兵首领统治，只有平民保民官和执政官才能协助工作。事实上，恺撒在公元前47年10月初（儒略历8月中旬）回到罗马，他的第一要务就是召集百人团分别选出公元前47年最后几个月和前46年的执政官、裁判官和财务官。但很明显，恺撒只要缺席，宪法就无法运行，而且从此以后，百人团选举只能取决于他的意愿。

恺撒对行政官员职位的控制

恺撒丝毫没有感到局促不安。公元前46年下半年，他现身罗马，将执政官选民会的召开推迟到与西班牙军队会战的前夜。考虑到他的离开会与其他民会的召开相冲突，他喊停了百人团的再次聚集开会。对于法官和财务官的职位，百人团发现已不可能参加投票，因为恺撒主动设立了8名行政长官，他们直到公元前45年都以他的名义承担从财务管理到拉丁节日庆祝安排等所有的重要工作。任何人都能明显看出，这些行政官员都是他的心腹，而这种对他们职能的控制已经成了法律的一部分，并逐渐显示出威力。在蒙达战役之后，全民公决同意由恺撒来行使所有行政官员的任命权，甚至包括部落提供的职务都由他任命。恺撒起初坚持自己的态度，宣布拒绝剥夺平民的权利，同意只在挑选未来执政官时才替代百人团。然而，从公元前44年初开始，他以要对帕特拉斯进行远征而长期不在家为借口，在与元老院达成一致的情况下，提议举行全民公决，推举马克·安东尼的兄弟、前任元老院执政官安东尼乌斯。后者向恺撒建议设立执政官，并承诺将所有其他行政长官中一半人的任命交由他决定。恺撒和罗马民会（不论是平民还是百人团）在共同分配的基础上一起提前"指定"了公元前43年和前42年的执政官与保民官，以及公元前43年的裁判官、市政官与财务官。此外，人们怀疑恺撒放弃推荐的另一半正式候选人席位也仍然归于其掌控中。总而言之，所有的罗马行政法官都在恺撒的独自掌控中。

缩短任期

与此同时，恺撒也设法缩短授予他人的职位任期。他在公元前47年的百人团大会上同意当选为执政官，但他不仅担任公元前46年的执政官，而且在前45年后连任5年的基础上再续任10年，他尽力设法减短他人担任执政官的任期。公元前47年，他让自己的亲信昆图斯·弗非乌斯·卡莱努斯和普布利乌斯·瓦提尼乌斯就任当年最后3个月的执政官。公元前45年，他效仿公元前52年的庞培，在第五次凯旋之后立即宣布其为唯一的执政官，并于10月让他的两位前任军团长法比尤斯·马克西姆斯和特雷博尼乌斯取代自己担任"共和国的领袖"。此外，公元前44年，他刚刚上任便表现出辞职意图，并在当年的第四个季度转而支持格奈乌斯·科尔内利乌斯·多拉贝拉。而按照当时的惯例，只有当任职者逝世或者丧权的情况下才允许设立新的执政官。恺撒则反其道而行之，发明了这种雕虫小技，这为后来同样别有用心的皇帝们提供了样板。经过几次法令修改之后，他缩短了执政官任期，将任期调整到3个月。居然有一次，带着讽刺意味的是，执政官任期被缩短到不满一整天。公元前45年被任命的执政官法比尤斯·马克西姆斯于12月31日上午去世，恺撒便在午后迅速找到盖乌斯·卡尼尼乌斯·雷比卢斯接替他，过完年底剩下的最后几个小时任期。在写给库利乌斯（Curius）的一封信中，西塞罗猛烈地讥讽那位昙花一现的继任者，说他执政官在任职期间既没有休息片刻，也没有给予任何人开心午餐的机会。这个笑话表明国家机构运转因恺撒精心策划的"创举"，已成为微不足道的小事情，严重降低了威信。这种权威曾经是共和党的最高抱负，而现在，它破灭得如此荒谬，以至于没有人再把它当回事。

分割

对于裁判官、市政官及财政官等职务任期，恺撒也进行了划分。他在公元49年主动增加了下一年的受益候选人总数。公元前47年，他命令选举出了前46年的10位裁判官，而非8位。与此同时，他还增加了一个单位的大型司祭团人员数量，这些团体的成员一律从15人增加到16人，包括15位执政官团体也是这样。公元前45年，裁判官的数量增加至16人，市政官数量从4人增加至6人，如同以前一样，这包括两名有权坐象牙椅的市政官，以及4名平民市政官（之前是两名）。另外财务官的数量也从20名增加到了40名。起初，人们普遍认为，授予如此大量的荣誉，正如同之前缩短执政官任期一样，反映出恺撒怀有尽快奖励更多拥护者的意愿，我们很容易印证这种印象，因为在公元前45年，我们看到他通过对几个月前就任的风俗长官（praefectura morum）所包含的特权进行广义的解释，轻松地将皇帝们后来不断回顾的做法推广开来。但这种方式在那时仅仅只是一个例外，而且总是要提前采用特殊的法律进行规定。比如一下子授予朋友们各种高等级名誉头衔；让刚刚从市政官职位退下来的宠臣享受与裁判官的同等待遇，将从未担任过财务官的市民与财务大臣平起平坐；将执政官头衔授予从未担任过裁判官职务的10位人士等。仔细想想，这一大波恩惠似乎也带来不利影响。在这些仁爱之举之外，恺撒实际上隐藏和追求着政治目的。如同苏拉一样，他继续加剧了腐化堕落现象，对所有权进行了系统分解，进一步削弱了行政官员的职权，贬低了他们的价值，并利用他们谋取利益。就像皇帝对待其臣民一样，恺撒在没有明确规定的情况下为特殊授职举行就职仪式，并根据自身需要利用荣誉与虚设的晋升来组织元老院的架构。前任行政官员们及编外人员可以按照他的意愿进入元老院，并根据他的利益或者他一时的兴趣，来修改元老们发表的意见，并确定参与投票的优先顺序。

归顺的元老院

作为元老院势不两立的敌人，恺撒尽管保留了元老院的存在，但彻底改变了它，并让它听命于自己。他利用苏拉曾尝试过的方法，将其进一步改革完善，使其操纵起来毫无阻碍——将自己的人手安排在元老院，呈压倒性优势，成功剥夺了元老院的权力，使他的奉承者成为元老院主流派，如同驯养的牛群般卑微地屈从于他。

元老院的构成

公元前50年，梅特卢斯·西庇阿在两年前制定的法律使共和国最后的监察官普尔切和皮索摆脱了公元前58年《克劳狄乌斯法》的限制，他们着手对元老院名单进行修订。从49年春天开始，庞培党元老们纷纷腾出了位置，此时各种敌意离散了这支队伍。公元前49年底，恺撒首次作为独裁官，不需要通过审查，只需要以紧急状态的名义，就可以要求所有元老支持全民公决,在他看来,元老们也是这么想的。公元前46年,在没有恢复苏拉曾试图摆脱的审查制度的情况下,恺撒以风纪长官(préfecture des mœurs)之职,承担起了审查的职责,在塔普苏斯战役之后,他就开始行使这一权力,为期3年。从此以后他成了元老队伍的唯一分配决定者,他根据自己的意愿重组了一个宁静安稳的元老院。他把行政官员的人数增加了一倍,并利用行政长官之便将名誉头衔的授予合法化,因此他不再被迫履行行政手续。作为行政长官,决策方面他独断专行,在解除职务或司法上诉方面,他不必遵守任何规则,完全按照自己的意愿行事。在《卡西乌斯法》颁布后,从公元前45年起,他拥有安排宠臣填补贵族空缺的管理资格。此外,从公元前49年起,在《希尔提乌斯法》(Lex Hirtia)的庇护下,他可以毫无征兆地淘汰或打击对手们,也只有他本人能够赦免对手,对于那些不再有幸博得他欢心的人,他可以随心所欲进行处置,他也可以庇护那些承诺或保证值得他施以恩典的人。因此,元老们的名册上最终只包含了令他满意的名字,其中很多人能上名单是他在脑海中随意想起的。恺撒将这个名单不断扩大,以至于被任命者远远超过了标准数量。然而,因为他特意增加了一些行政官员,导致开销不断增加,一部分行政官员在元老院提出了这个问题。他像苏拉一样,还热衷于马术活动,并将自己招募人员的范围扩大到意大利及更远的地方。一些外省人变成了元老:比如提蒂厄斯(Titius)、卢修斯·德西迪乌斯·萨克撒(L. Decidius Saxa)、年轻的卢修斯·科尔内利乌斯·巴尔布斯等西班牙人;进入纳博讷精英阶层的高卢人,如赫尔维安人盖乌斯·瓦勒留斯·普罗西卢斯(C. Valerius Procillus)和沃孔斯人特罗格·庞培(Trogue Pompée),他们最近刚刚取得国籍，还很难用拉丁语表达自己的想法，喜欢看热闹的罗马人嘲笑他们是无法独自找到前往元老院道路的新手。除了他们之外，恺撒还挑选了百夫长和军士，其中包括有前途的普通士兵，自由民的儿子，甚至是那些被解放的奴隶，比如普布利乌斯·文提第乌斯·巴苏斯（P. Ventidius Bassus），他曾经是一名赶骡子的人，后来在公元前43年赢得了执政官的职位，恺撒一举将他们从默默无闻的低谷中推到了顶峰。通过这些人员挑选的方式，元老院成员在苏拉时期已从300人增加到600人的基础上，到公元前44年初时已经达到约900人，这些成员在公元前46年时将元老院的主导权交付恺撒。然而，这一切似乎都是徒劳的，他们既没有发挥热情协助支持恺撒，也没有能力迎合恺撒的欲望。尽管西塞罗内心哀叹怀旧，但也没有嘲讽这个庞大而臃肿机构的衰退。因为相比"庞培的市议事会"，他更容易成为这个新组织的成员之一。令恺撒感到欣慰的是，由于他自己安排的人员激增，他最终战胜了他所憎恶的贵族，并因此主导一个独一无二的、随时可以为了其利益抛弃一切的元老院。

摈弃

在共和国制度下，元老们的主要政治权力在于行使两项职能：财政管理与行省管控。在这两项职能方面，虽然元老院会议经常对此诟病不已，但他们从来不愿意放弃，甚至能够团结一致，因为罗马臣民贡献了公共收入的最大份额。而恺撒将元老院的这两项职能都剥夺了。

财政

在内战初期,他力排众议动用了国库资金,但是抗议声很快就被遏制住。此后,一直到临死前,再也没有人要求他交出国库,他一直持有国库的钥匙。公元前46年秋,他利用提前策划好的延迟大臣会议(comices questoriens)的机会,将国库交付两位行政长官管理。一旦重新设立了行政国库大臣,他就不再赋予他们被他剥夺的权力,这些权力后来被他委托给了只对他负责的前执法官,并由从他自己的奴仆中招募的会计人员加以协助。他高瞻远瞩,奠定了新政权的财政基础,将财政集中到前执法官手中,这些执法官如同专制长官般行事这种组织架构在公元前28年至前23年,即奥古斯都时期被重新设定,并在尼禄时期稳定下来。从公元56年开始,农神神庙国库长官(praefecti aerarii Saturni)的数量是军库长官(praefecti aerarii militaris)的两倍。通过这种方式,恺撒撤销了元老院对货币流通的控制。公元前45年,他亲自任命了专门从事这项公务的三执政——3位货币管理者,并适时将成员增加至4人。他还强加了一项义务,即只利用他家中的奴隶来监督货币发行,这些奴隶都是事先根据需求挑选出来的。恺撒借助这些力量管理着罗马的货币,从公元前49年底到前44年3月15日,以前的旧模式就像被施了魔法一样消失了:恺撒公开挑战了元老们的决议权。

政府

恺撒还通过任命各行省的管理者从而夺取了元老院对外省的控制权。公元前49年底,从权力上来说他已成为独裁者。因为他当时正在指挥作战,在拥有驻军或派遣军队的西部地区,他更换或重新任命了军事指挥官，来负责行省的治理。在打破先例之后，他在公元前47年擅取了特权，并在公元前45年正式获取了这一特权。在东方战役之后，元老院为了讨好恺撒，废除了《庞培法》关于行政官员与资深行政官员之间的任期必须有五年间隔的规定，并根据恺撒的习惯，明确规定了执政省份恢复两者的连续性。恺撒从泽拉回来之后，平民会议允许他随心所欲地在各省分配禁军，而不用抽签决定。乍一看，这些都不是大问题，因为他们通过法律将执政行省搁置一旁，在任命活动中行使优先权来取代随机性。公元前47年召开的行政官员百人团大会就没有进行选举，而直接将恺撒推举为公元前46年的执政官，以后大家也是这样效仿的，在恺撒的支配下只投票给他推荐的候选人，人们终会明白这些表面微不足道的事情组合起来将给恺撒带来何等巨大的权力。自公元前49年以来，再没有任何一个地方出现过规定行省分配及总督委托的元老院法令，也没有抽签或地方行政长官之间的友好安排。恺撒可以根据自己的意愿将行政管理分配给执政官和裁判官，当他们结束任期后，恺撒还会赐予一定的恩惠。此外，元老院低调认可了恺撒对其权力的剥夺，在阿非利加战役之前，元老院与平民达成一致，赋予恺撒自由权力来决定和平与战争。后来，边界和预算问题都不可避免地随之而来，公元前45年的全民表决没有取得任何效果。会议宣布只有恺撒才能指挥军队，只有他才能管理财政，没有其许可任何人都不能触及这方面的问题。这一切都是为了使过去的事情合法化，并开启特殊模式，这一模式后来成了帝国模式。根据此模式，军团最高首领掌管钱财，权力位于所有的行省总督、裁判官和军团长之上，正如恺撒所行使的至高无上的权力一样，行政官员和士兵们都归顺于他的统治之下。

恺撒的专制制度

保民官对元老院的监管，候选人必须遵循的推荐程序，元老们的晋升，行省委托事宜，以及对军队和行省的无限控制，这些都是皇帝建立君主制的现实基础。然而，这些都理所当然地是以恺撒的名义进行的，因为这些权力的开发和利用可以追溯到恺撒时期。通过恺撒的一系列操作，尚存的旧的共和国形式、古罗马公民大会、行政官员、元老院和政府等都已经名存实亡，在历史舞台上犹如逼真的布景一般，仅剩一种思想和意愿，即恺撒本人的想法。他的对手对这一切十分不满，却无能为力，只能忍气吞声。恺撒无视对手的暗中怨恨，漠视他人的建议，掌握着足够的权力。他只要求人们为他服务，要求机构反映和传递他的统治意愿。

隐秘的代理人

恺撒对自己的绝对权力充满信心，不再需要露面便可以让别人听见自己的声音，不再需要会见便可以让人服从于他。除了在侍从官和西班牙卫兵的保护下从集会广场下来或者前往元老院参加会议之外，他隐居起来，远离麻烦的人或事，既没有让手下人在其门前等上几个小时，也没有因未经庭审就解除西塞罗重要的执政官职务而感到不安。他最终把求见者送到了他的直接合作者面前，这些合作者除了恺撒授予他们的信任之外没有任何职务，在任何场合都代表他，并自行组成了他的隐秘政府。一位有着广博知识和文学素养的普通骑兵——盖乌斯·奥皮乌斯；一位刚刚被罗马化并拥有一大笔财富的加的斯人——卢修斯·科尔内利乌斯·巴尔布斯；以及在阿杜亚图卡遇难后于高卢行省总督的公府里接任特罗格·庞培父亲职务的一位参谋军官——希尔提乌斯：这些人共同组建了有自由决定权的秘书处，被赋予了最敏感的任务，不必请示便可以做决定。只需要他们的一句话，执政官、保民官，甚至骑士统领便立刻服从安排。在恺撒远离罗马期间，他可以从阿非利加或西班牙给这些人下达加密通告，如同拿破仑在莫斯科签署法令一样。也正是通过他们，罗马、意大利以及各行省以恺撒的名义得到了指引和管理。难以想象，恺撒在5年的军事斗争和独裁统治中，他实际仅在罗马城待了一年时间——公元前49年不足3周，公元前48年不足一天，公元前47年8周，公元前46年5个月，公元前45年的最后3个月以及公元前44年的前10周（直到3月15日被暗杀）。而且，在这5年中，他在全球范围内不间断地控制着事务的进程，让人不得不钦佩其信息传递的速度和秘密性，其委托人的智慧和忠诚，以及对大众和精英产生激励作用的完全服从的精神。恺撒的"秘书们"深深地依恋着他本人和他的事业，深入骨髓般尽职尽责，并深受恺撒细腻而周到的思维启发，不辞辛劳地工作，迅速高效地完成了繁重的任务，为恺撒事业的顺利推进，为成功地逐一挫败诽谤者们，为他收买人心，为宣示其战果以及执行他的意志做出了巨大贡献。有时他们作为代理人自行解决面临的问题，有时他们会向恺撒请示，比如公元前45年的某一天，巴尔布斯和奥皮乌斯在允许西塞罗发表为里加卢斯的辩护之前，将有关信息传递给了在西班牙作战的独裁官，恳求批准。他们的命令总是受到恺撒的尊重；关于即将出台的法律内容信息大家也是从他们那儿获取的。例如，在公元前45年的头几个月，西塞罗已经听到关于意大利城市重组的风声，并想知道未来某些类别的"部长官员"获得市政职务的制度将会发生的变化，于是他写信给巴尔布斯询问情况。后者告知他，在任的宣读公告者不能再是元老，但已经卸任的宣读公告者被允许再次成为元老。尽管法律尚未出台，然而，巴尔布斯深谙恺撒的指示，如此告知西塞罗，似乎该法律已经生效了，其话语已经透露了王室宪法的声音，等同于书面法律条款。

恺撒——活律法

全民公决结果的采纳与元老院法令的起草仅仅是流于形式，元老院化身成为恺撒的"内阁"，在其阴影下起草提议，并成为投票的机器，谁都不敢改变这种方式。所谓的负责表达元老院决议的元老们的名单事先已经被登记了，没有人敢放弃为某项措施签字的荣誉，除了恺撒和他的"内阁"，其他人都不了解具体的操作。恺撒和他的秘书将一切都事先安排好了，尽管在亚美尼亚也有西塞罗同意签署的法令，但他本人对具体内容完全不清楚。在罗马帝国出现皇帝之前，恺撒成了"活律法"。

由于恺撒已经使罗马人养成了顺从的习惯，他在3月中旬以后已成为活律法。安东尼只需要不定期地公布恺撒留在箱子里的法令草稿，而不需要调整或修改，这些条款就能够得到实施，并刻在半岛上那些无名城镇的青铜器物上，于是产生了与刻在《赫拉克利亚铜板》（La Table d'Héraclée）上不一致的条款，也就是被现代人称呼为《尤利乌斯市政法》（Lex Iulia Municipalis）的那些条款。我们更应该称之为尤利乌斯·恺撒的遗法，这部法律永久地确定了罗马的治安体系和意大利的地位。恺撒死后它仍有一定的影响。被暗杀的恺撒保留了其在世时难以置信的权威以及这种压倒性的力量，也许西方世界再也无法承受这样的影响，无论是接下来的几个世纪在皇帝的统治之下，抑或是在路易十四的统治或拿破仑的君主制之下。事实上，借用共和国的话来说，个人专制主义已经出现。然而，恺撒的伟大并不在于暴力手段或使诡计方面有什么创新之处，也不在于他的才华，而在于他下定决心利用自身的能力实现了令人惊讶的复兴。就像过去在高卢一样，他通过通俗易懂的长篇演讲，将蛮力与正义统筹起来，满足了他身处的那个时代的需要。尽管他的雄心壮志引发了大量战争，摧毁了众多城市，然而，他在这片废墟上重建了和平的世界以及和谐的城市。

第二节　党派的合并与社会重组

恺撒取消党派

恺撒的胜利是一个政党打败并消灭其他党派的胜利。事实上，如果这些政党在竞争中充满活力，并能将共和国从斗争中解脱出来，那么面对新的独裁统治，他们就失去了存在的价值。因此，恺撒从各方面消除了这些政党：在贵族中，他借助于最后一批"自由"支持者的真诚或虚伪的归顺；在全民公投中，他限制了结社的权利；在公众舆论方面，他开展的舆论宣传能让他很快从争议中解脱出来。

全民公投

从塔普苏斯回来之后，恺撒立即开始指责各种各样的协会和联盟。这些协会和联盟曾对贵族们表示不满，公元前64年，它们一度被贵族们废除，但在恺撒的同意下，公元前58年，克劳狄乌斯恢复了这些组织。公元前55年，克拉苏管理着这些旨在反对贵族们的协会和联盟，从那时起，它们对元老院的制衡或警醒就从未停止过。按理说，恺撒似乎应该报答这些为他服务、帮他引起骚动的协会和联盟。然而，对于独裁者来说，他们很难容忍这种既赋予其权力又可以服务其继任者的组织。于是，恺撒精心准备，想果断处理这些团体组织。他认为，自己的胜利已经让这些组织达成了他的目的，实现了群众在多次动摇之后所渴望的以及他所许诺的安宁。凭借诡诈而冷静的雄辩，恺撒很容易向全民公决证明，这些组织就其本质而言不可避免地致力于引起叛乱或骚乱，尽管他们过去可以帮助代表们上台，但未来也会动摇代表们的地位。无论如何，恺撒毫不犹豫地将这些组织全部解散。他只准许拥有古老传统的专业协会，以及罗马的某些宗教协会或被宗教同化的协会存在，因为这些协会的成员们完全沉陷于为神灵服务和征服天际，几乎不可能因陆地上的事情，例如犹太教徒聚会和酒神慈善会而与之产生争执。按塞尔维乌斯的说法，他们利用罗马的重要活动日趁机开展崇拜活动。恺撒实现了平民在物质上的平等。此外，他还试图实现平民精神上的统一，让他们自愿地像一个人那样紧随其后。

公众舆论

在他的整个职业生涯中，恺撒一直试图在议事会之外影响他同时代的广大民众。在作战期间，他精心安排发布一些能够夸大其名声并维持追随者热情的公报。他在成为一国之主后，更加关注这一点。他将合法公民与实际统领的公民完全分开，其中合法公民的活动范围仅限于城市部落聚集地,而实际统领的公民活动范围从墨西拿海峡延伸到阿尔卑斯山脚下,各行省的分支越来越多,而在现实意义上,公众舆论似乎是恺撒巩固政权所需的唯一力量。因此,恺撒致力于构建公众舆论,并将舆论维持在对他有利的一面。人们一直在讨论恺撒收到的两封信的真实性,根据手稿记录,这两封信被认为出于撒路斯提乌斯之手。实际上,这对历史学家来说毫无意义。假定这些书信确实是撒路斯提乌斯写给日渐衰老的恺撒的,正如书信标题显示的那样,其中一份写于公元前49年,另一份写于公元前46年;只有第二封出现在手稿记录中,那么这也是唯一一份可以认定为来自撒路斯提乌斯的手稿;又或者假定两者都出自奥古斯都统治时期某个修辞学派起草的声明,他们的陈述并没有带来什么影响。由于后代的许多修辞学家只能在框架内构思模仿练习,很明显,无论如何,这些"信件"都证明了恺撒派作家操控舆论的方式和意义。直接或者间接地,这些信件都给后人以精神影响。恺撒的思想是其灵魂:这些灵活而简短的小册子,表面上带着第三方的客观风格,替恺撒传递了他的意志,浓缩了他的雄心,并及时为恺撒实现抱负提供了便利。他经常利用周围人的才华来激发公众对精心安排的"新闻"的好奇心。他用暗示性和诱导性的言论来证明他的工作是合理的,遇到合适的机会,他也会亲自执笔。

系统灌输

公元前46年,西塞罗得知小加图自尽的消息后,情不自禁发表了一篇悼词,极力称赞逝者的美德。不久之后,布鲁图斯在第二篇悼词中效仿了西塞罗。希尔提乌斯首先对其进行了反驳,在西班牙征战的恺撒在此基础上补充了自己的观点。他毫不犹豫地将这篇批判命名为《驳加图》（Anticato），尽管他在文章中不乏讽刺意味地将他所驳斥的颂扬加图的悼词比作伯里克利（Périclès）和塞拉门尼斯（Théramène）的悼词，但他也毫不留情地抨击了他们所颂扬的英雄，并质疑他在塞浦路斯事件中的诚信。对此，西塞罗和布鲁图斯都不敢抗议，只有马库斯·法迪乌斯·加卢斯（M. Fadius Gallus）鼓起勇气进行了回复，不过他纯粹是为了稿费，因为这封回信其实从来就没有出现过。直到蒙达战役之后恺撒似乎才实施了真正的监督。公元前46年秋，写抨击文章的作者凯基纳（Caecina）致力于撰写一部名为《论战》（Querelae）的控告书，并于不久之后将它出版，为此他受到了惩罚并被流放。塔努修斯·格米尼乌斯（Tanusius Germinus）和蒂图斯·安皮乌斯·巴尔布斯暂停写其抨击时政的文章，只在公元前44年以后才重启其时政评议。西塞罗本人心甘情愿地不再透露其辩护词的副本内容，除非得到恺撒的同意。如今西塞罗竭力克制自己，不再抨击时政，甚至会主动帮恺撒做好宣传。因此，恺撒改变了那个时代的文学潮流；尽管他压制了所有反对派的言论自由，但他利用公元前59年制定的周期性的官方信息发布将公众淹没其中。在内战之前的十年间，他创办的《元老院议事录》（Acta senatus）和《罗马公报》（Acta populi）以其宣传性依次武装了相继接任元老院和议事会首脑的行政长官。法萨罗战役之后，恺撒作为平民阶层的监护者与元老院的常任首脑，控制了两者的组织结构与信息发布，确保了罗马公报的每日公布并将其转变成了某种"官方通报"，因此他不再害怕任何微小的竞争和非议。恺撒在创造报刊的同时也将其垄断。由于只有恺撒可以自由表达其思想，加之天天进行轮番轰炸，人们的思想和意见已经潜移默化地被他浸透，恺撒的统治在大众随波逐流的背景下发展起来。这种一致性，尽管是虚设的，却保持了他所倡导建立的内部和平，而贵族们自己也被引导并沉湎于这种平静。

贵族的重新集合

由于命运的眷顾，除了少数几个例外，贵族阶层的首领及无法和解的领导者，都在内战中屈服了。命运的重演必须以人类的算计为前提，在年复一年的混乱中，大多数人都先后选择放弃了内战。他们中的一些人，如尤尼乌斯·布鲁图斯和卡西乌斯，前者在法萨罗战役当天直接站在恺撒这一边，后者则稍微晚一点儿，即得知庞培死亡的消息之后才选择投奔恺撒。另一些人，比如西塞罗，已经脱离了失败的事业，但还没有正式加入胜利者的队伍。还有一些人，不得已屈从却不愿承认，于是他们到遥远的国度去寻找不确定的隐居之地或自愿流放，他们唯一的希望就是选择被人们遗忘。如果是在半个世纪前，他们中的任何一个人都不会被接受或赦免，只会接受命运的安排和无情的流放。然而，相对前任的残忍，尽管恺撒从各个方面重新复制了苏拉的行为，但他总是选择更为宽容的方式。从内战一开始，恺撒就对复仇行为充满了蔑视，并通过行动证明了这一点，特别是对多米提乌斯·阿赫诺巴尔布斯，由于后者可能遭受更严重的失算危险，因此，恺撒对其复仇的蔑视态度更为强烈。尤其是在获胜后，他在法萨罗之夜选择焚烧了庞培的档案馆而没有阅读里面的档案，拒绝用报复行为来玷污胜利。除了阵亡的人，他不要求任何其他的牺牲品，他认为只有野蛮人才会"用屠杀补偿屠杀，用鲜血补偿鲜血"，这是一种耻辱。随着自身实力的增强，他表现得更为宽厚。在蒙达战役之后，他甚至肆意任命底层人与拥护者为大法官。塔普苏斯战役之后，恺撒试图通过秘书们激起在溃败中幸存下来的贵族们心中的懊悔之情,并且已准备好敞开双臂接纳他们。西塞罗成了第一个被控制的对象,并随即开始影响周围的人。至于奥皮乌斯和巴尔布斯,西塞罗对他们出众的才华满怀信心,于是持续给他们写信,传递善意。他采用这种公开方式,间接促使他们去恳求恺撒,因为他们不当众认罪就无法开始请求原谅。新的归顺者西塞罗变成了组织者,他利用双重手腕做说服工作,但是没有说服凯基纳与年轻的格涅乌斯·多米提乌斯·阿赫诺巴尔布斯(Cnaeus Domitius Ahenobarbus),甚至也没有说服前任裁判官尼基迪乌斯·菲古勒斯。尼基迪乌斯·菲古勒斯用信仰支撑着顽固的尊严,他于公元前45年去世,死前也没有得到恺撒的赦免。但是,他更加顺利地说服了朋友骑士特雷比亚努斯(Trebianus)、历史学家提图斯·安皮乌斯·巴尔布斯,以及公元前52年的前裁判官奥鲁斯·曼利乌斯·托夸图斯(A. Manlius Torquatos),尤其是前任阿非利加行省总督里加卢斯归顺恺撒的统治。

为里加卢斯辩护

里加卢斯在阿非利加战役的最后挣扎中落入恺撒手中。恺撒尽管释放了他,却将他驱逐出境。由于担心这一惩罚的后果,他的兄弟和父母在西塞罗的带领下,于公元前46年11月26日(儒略历9月23日)来到独裁官的家中,并拜倒在他的脚下。但是,里加卢斯的私敌图贝罗父子得知其意图后,迫不及待地以叛国罪起诉里加卢斯。于是恺撒不得不把这个案子提交到法庭上。辩护定于公元前46年的第一个闰月初(儒略历9月底)举行。在盖乌斯·潘萨(C. Pansa)结束辩护之后,西塞罗给控诉人以重创,他夸赞被告人的稳重,并以自己的名义

513

鼓励大家信赖恺撒的仁慈之心。恺撒当然不会通过判处手无寸铁的公民死刑来玷污他的荣耀，而且整个演出细节都在他的掌控中，最终他通过宣判无罪展示了他仁慈为怀的伟大灵魂，让流亡者得到宽恕。几个月之后，里加卢斯事件在其周围人及亲属的默许下广为流传，这向所有人证明了恺撒是最接近神的人，因为他拯救了绝大多数同胞。

为马凯鲁斯辩护

恺撒的宽厚仁慈对自己而言并不吃亏，甚至即使吃亏，他也始终保持宽厚仁慈的态度。比如对马尔库斯·马凯鲁斯，尽管他不值得宽恕，但也得到了恺撒的原谅。这位公元前51年的前任执政官在任职期间因对高卢总督的激烈抨击而声名鹊起，并因此而变得更加强硬，在密特里尼人友好态度的庇护下，他继续对独裁政权耿耿于怀。在独裁官亲信的鼓动下，西塞罗坚持写信给马尔库斯·马凯鲁斯，劝说他相信恺撒的真诚，然而这一切并没有成功。马凯鲁斯置若罔闻，没有恳请原谅，这意味着他承认既成事实，尚未否认自己以前的行为。朋友们为他固执的沉默感到担心，决定斗胆打破这种沉默，在公元前46年9月（儒略历46年7月初），即凯旋月头几天举行的一次元老院会议上，大约10位行政长官围绕在恺撒身边恳求他的原谅。这些人当中包括西塞罗、恺撒的岳父卢修斯·卡尔普尔修斯·皮索，甚至马凯鲁斯本人也参与了这次恳求。马凯鲁斯勉强屈从于恺撒之后，受到了一些指责，但他并没有因为这些指责而感到愤怒，这使他在家族中塑造了一种受牵连却令人尊敬的模范形象。尽管请愿人做了一些解释，恺撒一开始还是拒绝了他们的请求，愤怒地指出他们所庇护的对象在执政官面前粗暴无理的表现，这与他的同事苏尔皮基乌斯·鲁弗斯的智慧形成了鲜明对比。同时,他阐述了他不愿意原谅的理由,以及马凯鲁斯过去及将来可能对他造成的伤害。然后,他突然打断了自己的话,假装跟马凯鲁斯说话,仿佛他就坐在前面一样。他扭转话锋:"马凯鲁斯,这些都是你对我的冒犯。这些就是你设计的险些夺我性命的阴谋。不过这一切都已经不重要了。既然这是元老院这个伟大机构的共同愿望,我原谅你了!"听到这句话,元老院里爆发出一阵欢呼,所有的元老们都按照座位顺序依次向恺撒表示祝贺。当轮到西塞罗时,作为独裁政权的抗议者,他曾发誓要永远保持沉默,却也情不自禁表达了对恺撒的感激之情,并即兴发表了一份漫长而华丽的感恩致辞。这次为马凯鲁斯辩护的演说,在两千年以后仍然能够激起人们对刚刚取得胜利,甚至可以说不可战胜的尤利乌斯·恺撒神灵般宽广胸襟的强烈敬佩之情。

极权政府

对于演说家来说,这是一个美好的日子,尽管未来是悲伤的。事实上,马尔库斯·马凯鲁斯并没有屈尊让自己被那些对他有利的行为所感动。在宣布特赦的时候,他并没有急于从中受益,而是将返程准备工作推迟到了公元前45年春天。他没有要求任何东西,也没有表达一句感谢。5月,马凯鲁斯离开了密特里尼。正是在这种骄傲的沉默中,最终柔还是胜于刚。但是不愿屈服的马凯鲁斯很快就被摧毁了。公元前45年5月25日晚上,当马凯鲁斯在比雷(Pirée)停留时,他的密友普布利乌斯·马吉乌斯·西洛(P. Magius Cilo)晚饭后用匕首刺了他两下,一下刺在头部,另一下刺在腹部。第二天黎明时分,他去世了,其遗体被体面地埋葬在雅典体育馆。至于凶手,据说他承认的犯罪动机是伸张正义。于是，坚决不让步的马凯鲁斯再也看不到意大利了。出于对命运的嘲弄，恺撒的恩典夺去了马凯鲁斯的生命也许这并不是偶然的。但这也达到了恺撒的既定目的，在恺撒假装让命运夺走马凯鲁斯生命的那一天，整个元老院都欢欣鼓舞。在那一时刻，恺撒意识到，即使是在最顽固的贵族阶层中，这种团结对于他正在建立的"极权"形式的国家来说也是不可或缺的。

恺撒反对阶级斗争

与此同时，恺撒想要结束阶级斗争，正如刚刚结束的政党斗争一样。然而，鉴于自己的出身、过去及派别，恺撒仍然依附于大多数阶层，并将民主人士的准则据为己有。不过，他并没有揭示这一点，甚至保留了符合其全新管理理念的所有政党，只是他将这种管理模式调整到了大家都能接受的程度。10年前格拉古家族没有做到的，他却在几个月之内做到了。恺撒之所以能够成功，是因为他身上有一种其他人所没有的力量。正是因为这种力量，他得以从大众敬仰和选举束缚中解脱出来，可以向所有人说出真相并支配其强加的决定。

意大利的归化

格拉古成了政治斗争的牺牲品，其支持率也下降了。他招架不住所支持的两项事业的冲突，而这两项事业在那个时代是互相排斥的。其中一项事业是通过分享公共土地来解救城市居民；另一项是扩大城市的权利，减少相应比例的城市居民份额。恺撒强大的实力，足以打破这种恶性循环。恺撒确定庞培会将伊比利亚半岛割让给他，所以当他在布林迪西时，即公元前49年3月11日（儒略历2月11日），他设法让民众接受了关于《罗斯基乌斯法》的投票，该法案通过将山南高卢纳入意大利，圆满完成了意大利的归化。公元前49年4月1日（儒略历3月3日），他抵达了罗马，却对民众的要求闭口不谈，只是部署军事装备，分发食物和钱财。在恺撒第二次停留这座城市期间，也就是公元前49年12月（儒略历11月），他致力于通过公民新旧身份之间的转换以纾解罗马平民的敏感性。从埃斯泰（Este）和韦莱亚（Velleia）发现的碑铭文件中可以看出，似乎可以认为他们在《罗斯基乌斯法》通过之后制定了另外一部法律，很可能是《拉普里亚法》（Lex Rubria）。这部法律使山南高卢继续独立于罗马，成为一个独立的省份，直到公元前42年，尽管那时它已经完全罗马化了。此外，这部法律加强了自治区与意大利的联系，通过限制地方法院的权限使它们从属于意大利，在欺侮性诉讼和民事案件中，如果涉案金额超过数千塞斯特斯，则有权向罗马提起诉讼。面积扩大到阿尔卑斯山的罗马，在保持平衡的同时也吸纳了新的活力；对它进行的首次改革充分展示了恺撒具体、灵活与微妙的方法智慧，他摒弃了拥护者们夸张的话语，同时，还总是试图把冲突扼杀于萌芽状态，服务于国家的最高利益。

恺撒与总体利益

这一点更坚定地体现在恺撒对饱受苦难的平民实施的救助措施中，因为罪恶的贵族们总是更多地试图压榨平民而不是去治愈他们的创伤。社会战争之后，人口迅速增长，恺撒所征服的国家和地区有大量奴隶劳动力涌入意大利，国内斗争一片混乱。城市无产阶级的状况更加恶化，贫困人口数量增加，一大批工匠或零售商只能通过背负贷款来暂时摆脱困境。元老院的寡头势力卑劣地让民众忍受贫困生活，并加剧了这种贫困状态。蛊惑人心的政客也不愿袖手旁观,激烈地谴责寡头势力,公开与他们做斗争,但并不急于采取他们所主张的有效手段。恺撒提议要彻底了断这场长达百年的冲突。他确信,在痛苦解除之前,社会不可能安宁或稳定,他已经准备好接受最广泛、最人道的让步。但是他绝不会以地位卑微者的暴政来代替大人物的暴政,也不会认可平民阶层所有的美德与权利。平民内部四分五裂,有人因自私自利而无所适从,有人因游手好闲而堕落不已。恺撒对罗马无产者实施的政策不仅是物质上的改善和满足,同时也是精神上的振兴和提振。

棘手的债务问题

当前最紧迫的问题是清偿债务,恺撒很快意识到了问题的紧迫性。公元前49年,恺撒在罗马停留期间,他在债权人和债务人之间进行了干预,双方的争执直接导致了一场骚乱。为了遏制债务人的滥用财产和不守信用,恺撒在起程前往伊庇鲁斯之前下令债权人只有依据城市裁判官的仲裁判决才能追回债务。特雷博尼乌斯于公元前48年1月1日(儒略历49年11月25日)担任法官职务,他以谨慎和人道的态度履行自己的职责,努力减少高利贷的数额,并确保合法债务能分期偿还。

公元前48年的骚动——凯利乌斯

然而,太多罗马人负债累累。就像在黑暗的喀提林年代一样,在这部分负债群体中还有大量的重要人物和有影响力的贵族。他们不满足于裁判官的决议,大多数人要求将其债务一笔勾销。而且他们人数众多，并试图用暴力来解决问题。公元前48年，凯利乌斯·鲁弗斯在初级法官职位上苦苦煎熬，难以支撑到满期卸职。他对特雷博尼乌斯充满了怨恨，并觊觎他的职位，于是带头挑起骚乱。首先，他宣布将在全体审判员席旁边设立自己的席位，并表示他很乐意在那里接受诉讼当事人认为必须提起的上诉。然而，这一切徒然无益，因为特雷博尼乌斯凭借其公平仁慈让那些提起诉讼的人无法对其提出异议。于是，凯利乌斯发布了一项法案，若通过了全民公决，那么城市裁判官将被剥夺权力，因为这项法案倾向于取消一半债务，并允许每位债务人通过分期无息清偿另一半债务。执政官塞尔维利乌斯·伊萨乌利库斯和其他地方法官对这种厚颜鲁莽的行为感到愤怒，反对这一提议。于是，凯利乌斯当天收回了这一提议，并于第二天虚张声势地用两个令人望而生畏的计划取而代之。其中一项计划是对所有承租人毫无例外地设立一年的延期偿还期，另一项则干脆直接抹去了所有的债务。在宣读此议案时，整个罗马城分成了两个敌对的阵营。集会的广场上发生了血腥的打斗，部分狂热分子甚至把特雷博尼乌斯驱逐出了法庭。鉴于这些过激行为，恺撒党元老院元老们毫不犹豫地在恺撒缺席的情况下投票通过元老院最高法令，并撤销了保民官的职务。保民官意识到自己在罗马城处于劣势，便以去拜访恺撒为借口逃走了。事实上，他来到意大利南部与米罗约会并秘密协商，米罗从马赛带着剩余的一支旧角斗士队伍赶来援助他，并为毕布路斯的授职仪式做准备。庞培党人十分憎恨恺撒，降低身份与社会动乱势力勾结在一起让喀提林复辟。他们也并不在乎这种耻辱。裁判官佩迪厄斯调集的一支军团将米罗的雇佣兵打得七零八落，米罗被一块从康普萨（Compsa）城墙扔出的石头砸开头骨，他当场断气。而此时，已经进入图里城的凯利乌斯仍十分得意，但他还没来得及开始肆无忌惮地怂恿恺撒留守在当地的西班牙和高卢人骑兵，骑兵们就怒不可遏地刺穿了他。在没有恺撒干预的情况下，债务人的第一次叛乱在几个月内就被制止了（公元前48年）。

公元前47年的动乱——多拉贝拉

只要有一位坚定的煽动者，便能挑起第二波骚动。在公元前47年期间，一位年轻的罗马贵族，同时也是恺撒的密友，效仿克劳狄乌斯聚集了一批平民，选举格奈乌斯·科尔内利乌斯·多拉贝拉为保民官，希望利用这次机会给令他憎恨的骑兵首领马克·安东尼制造麻烦，并撕毁他个人签署的沉重债据。为了自身利益，他重申并颁布了《凯利乌斯法案》，号召人民武装起来支持这些法案。人群闯入了集会场地并开始设置路障。恺撒党元老院第二次求助于元老院最高法令，骑兵统帅早已在卡比托利欧山布满了自己的士兵，只需要发令让纵队冲向煽动闹事者，就能让那些没有被杀戮的人落荒而逃。在这场混战中，800人丧生。然而，多拉贝拉却安然无恙。由此可见，总是令人恼火而尖锐的债务问题，不是军刀能解决的。这还需要恺撒运用智慧来解决。

恺撒的解决办法

独裁官从东方回来之后就在对待大众的态度中展示了自身的智慧与稳重，这些品质使他在处理问题时能够触及根源。他没有责备马克·安东尼，而且默许了这种镇压方式，表明他认同自己所负责的公共秩序，且必须让平民服从这种秩序。但是，恺撒并没有与多拉贝拉决裂，这份厚爱给人们留下了深刻的印象。同时他表明了对平民法官的重视，以及为大家的实际困难提供援助的意愿。在他看来，正是严峻的苦难引起了民众暴动，这是情有可原的。他立刻权衡了解决这个棘手问题的期限。一方面，内战导致贸易瘫痪多年，在如此异常的情况下，债权人拒绝接受打折还款和拖延期限，他们的要求对恺撒来说是完全不可接受的。

另一方面，他们抱怨债务违约问题也是合理的。虽然那些声称自己一贫如洗的破产者值得同情，但是如果他们只是为自己的命运或时代的苦难而悲叹，在行动上不做出反应，继续放任市场萧条与商业不振，不努力摆脱困境，他们就会表现得萎靡不振，也不值得他人的同情。毕竟，同情无法解决他们的问题，他们不应该因为自身的不幸而放弃克服困难创造更好未来的努力。至于富人，他们承认了自己有债务问题，但并不打算采取偿还措施。他们试图保持自己的财产完好无损，但也无能为力，这种态度显示出了其懦弱和轻率。因此，恺撒勾勒了重振计划，目的是远离灾难性的保守主义，避免社会因不公平和不公正而导致的动荡。

关于租金与债务的法律

第一部《尤利乌斯法》的颁布预防了直接的危险，避免了骚乱。否则，若成千上万的家庭流落街头，那么必然会发生动乱。与凯利乌斯和多拉贝拉的法案一样，它为租户设立了一年的延期偿付期，但谨慎地没有将其范围扩大到所有租户；只有年租金不超过2000塞斯特斯的租户才有资格享受相关优惠。关于债务本身，第二部《尤利乌斯法》对自称无力偿还借款的债务人做出一般性规定，要求他们出让资产，直至达到其债务金额。这项转让规定对所有拥有大量不动产资源的人来说是合理的，由此杜绝了那些即想保留财富又不信守约定的富人引起的丑陋现象。尽管西塞罗在记录中暗示了当时在他周围进行的强迫转让，但是很显然，立法者已经采取了预防措施，以防止不公正地打击诚实债务人或者鼓励不诚实的债权人之类的投机行为。为了达到这些目的，恺撒非常巧妙地做出详细规定，已经支付的利息，无论是证券还是现金，都应该从债务总额中扣除，另外，所需转让物的预先估值应按不动产在内战前的价格来计算。至于真正的穷人，他们不必遵守转让规定，因为他们缺少不动产这个第一要素，同时他们也不受行业限制，有专属而强制的程序对穷人进行援助。但他们必须通过劳动来获得报酬，甚至必须为了还债而努力工作。根据苏维托尼乌斯的观点，总的来说，恺撒的这种债务解决办法只是减少了1/4的债务问题，而且，出于对罗马社会运行规则的尊重，他极力反对通过取消全部债务来规避冒险投机，否则，这将会导致罗马城出现更为严重的经济混乱，并引发激烈的冲突和最终的贫困。在公元前47年，恺撒甚至比在公元前63年更积极打击喀提林党羽发起动乱的企图，在此期间，他通过多次战争的胜利积累的资源和财富使他有能力为穷人提供公共援助，并向所有无产者提供土地和劳动。

恺撒与公共援助

近一个世纪以来，民主人士一直叫嚷着集体有义务帮助贫困成员，在他们的推动下，这个贵族们的共和国一方面出于软弱，另一方面出于参选人的竞相许诺，先是恢复了被苏拉谴责的做法，最终用完全免费的谷物分配制度取代了最初起源于格拉古兄弟时期的廉价小麦援助。这一制度于公元前62年获得加图的赞同，并于公元前58年得到普布利乌斯·克洛狄乌斯的进一步加强。恺撒当权时并没有放弃他一直捍卫的原则，他无法容忍个人的生存权对公共财政造成的挤对和损害，也不接受对健全的穷人进行草率的援助，认为这样会助长其懒惰情绪。他在保证援助机构运作的同时，惩处陋习，制止混乱与浪费。首先，恺撒严格定义了授予免费食品的条件；然后，他从接受救济者名单中划去了没有事先申报的人；最终，接受救济者的人数从新增加到的32万人降到了15万人，这个数字也是恺撒设想的受救济人数上限。根据恺撒的命令，即使有空缺，受益人名单中登记注册过的成员也不允许进行重复登记，此外，小麦市政官或代理人若在分配资源时存在欺诈或玩忽职守的行为，那么将在每一笔不合理款项上受到处罚，一旦有人向法院告发，他们将被罚款5万塞斯特斯。

土地的分配

恺撒不仅心系民众的幸福，还强调平民的尊严。与其通过施舍贬低平民的自尊，他更愿意通过劳动让他们变得高贵起来。

在坎帕尼亚

作为执政官，恺撒颁布的第一条社会法律即是土地法。作为一名独裁官，他竭尽全力让这些法律充分发挥作用。出发去高卢前，他不得不将土地的划分指导权交给庞培。土地分配的主要受益者为东方军队的老兵，但这些土地仍然不完整。他使用新的分配方法完成了土地分配，对于坎帕尼亚的土地，他没有采取分块抽签分配，而是把这些土地分给了那些挑选出来的至少有3个孩子的公民，在这片异常肥沃的土地上,有两万户这样的家庭。与此同时,他在最后一次封地时逐出了贵族,将土地授予成员众多的家庭,为出让的土地配备必要的人手以提高产量。

其他

就算把坎帕尼亚计算在内,可利用的土地仍十分零碎和有限,可耕种的公共土地对恺撒来说仍然是不够的,因为这些土地只代表了他认为不可或缺的分配的一部分。成千上万的市民,以及多个退伍老兵军团,都在等待着他分配土地。他首先增加了一些新份额,这些新份额来自没收的田产,还有他利用从战利品中赚来的财富在意大利各处购买的一些地产,例如,在韦伊(Veies)和瓦拉特雷(Volaterrae),卡西林姆(Casilinum)和卡拉提亚(Calatia),他维护合法所有者的权益,将他们的份额与他所划定的地块等同一致起来。但是他削减了在各海外行省建立的殖民地中无数的地产。同时,他安排了8万多名城市无产者来到各个行省的土地上进行耕作。

工作与纪律

恺撒安排那些既没有拿到土地也没有移居国外的穷人在不离开亚平宁半岛的情况下自主谋生。这些穷人要么来到罗马城,因为恺撒在这座热闹的城市里启动了大量的建筑工程;要么来到意大利乡村,因为恺撒一直梦想通过大举措带动乡村富裕起来。这些举措包括:开发一条连接台伯河谷和亚得里亚海并穿过亚平宁山脉的直达公路;在奥斯蒂亚建造人工港口,只是这在克劳狄皇帝于百年后才得以建成;富琴湖(lac Fucin)的输水工程,19世纪亚历山德罗·托洛尼亚（Alessandro Torlonia）王子最终完成了这项工程；庞蒂娜沼泽地（Marais Pontins）的排水工程，法西斯政府在近代完成了这项工作。除此之外，他通过颁布法律强制要求地主们在其牧场上雇用至少三分之一的个体户作为牧羊人。至此，对于懒政的拥护者来说，单纯依靠发放赏赐生活的日子已经一去不复返了。恺撒为民众呕心沥血地工作，作为回报，他也希望民众能为国家工作而过上幸福的生活。罗马人民从来没有享受过如此多的好处，也从来没有受到过如此专制的控制。由于恺撒费心地将众多山南高卢人与其利益联系在一起，他不得不颁布严苛的纪律，这些纪律是必不可少的，也是平等而有益处的。

恺撒与骑士等级——司法改革

平民阶层之所以能够忍受这些约束，是因为前辈领袖们也如他们一样都表示了对恺撒的屈从。当然还有元老院，尽管地位被贬低，威严被降低，如今也听命于恺撒。恺撒首先确认了骑士等级的优先地位，甚至冒着被嘲讽的风险，让释奴和喜剧演员也保留赐给他们的荣誉地位。通过公元前46年的司法改革，他似乎又一次让元老院和骑士等级更接近了他们的共同利益。不过，我们最好不要误解他随后提出的改组法院结构的想法。事实上，他已经从刑事法庭中去除了卢修斯·奥莱利乌斯·科塔（L. Aurelius Cotta）引入的司库阶层，而且这些刑事法庭直到奥古斯都时期都仅由元老们和骑士们共同分担。通过帝国时代的作家描述，我们才更加了解这种分割，把它理解为从中受益的两个等级有预谋的增权是不对的。事实上，根据他在宣传中提出的理念，恺撒打破了这种总是把司法权行使保留给同样的一批少数人的专制形式，作为现实主义者，他在《裁判法》（Loi de Iudiciis）中将有助于陪审团形成的骑士等级与整个第一审查阶层等同起来，而他实际上把自己与第一审查阶级混在一起。于是，恺撒一方面奠定了奥古斯都时期的基础，如此一来罗马骑士的地位取决于是否拥有40万塞斯特斯（sesterce），即构成第一等公民税的百万阿斯。另一方面，恺撒将元老院降到了骑士的下一等级，并将元老们淹没在第一审查阶级的人群中，既没有像庞培在公元前55年那样对财富进行区分，也没有特别接受公骑士或财务保民官（tribuni airarii）的地位。恺撒与元老院和骑士们背道而驰，他甚至毕生都在与元老院做斗争，此外，他没有忘记元老们在公元前63年12月祷告之夜的威胁，他顽固地奉行平民阶层愿望中的平均主义政策，而平民阶层也忘记了他套在其脖子上的枷锁，当他们看到恺撒遏制住贵族和富人们，以及他们羡慕的人时，内心感到无比兴奋与满足。

恺撒反对敛财

他号召公众团结起来，号召力排在第一位的，就是对特权的憎恨，大多数人最不能容忍的特权，就是财富特权。对财富的贪婪是最大的不幸，也是年轻人应该避免的危险。金钱是敌人，所以人们要尽快撕下其欺骗性的面具，摧毁金钱的权威，并停止恶行。恺撒对其号召成果十分满意，这使他摆脱了对其他富豪的恐惧，与他们在一起时他不再感到拘束。他纠正了土地资本主义的弊端，摧毁了元老们对远至坎帕尼亚属地的占有权，为了防止他们卷土重来，他用分配的方式破坏了公共领域。此外，他通过对骑士等级的税吏经济施加控制以约束动产资本主义，就像在西西里和亚细亚一样，用现金征税取代什一税，避免了原来变化不定的捐税导致收税部门难以为继，只能以最为繁重与最不公平的方式攫取利润的现象。他反对各种类型的攒钱行为，下令禁止任何人持有超过1.5万第纳尔现金，对于一些来源不明的财富丑闻，他是非常反感并予以抨击的。

罗马社会物质与精神上的平均化

出于同样的真实想法，苏拉曾颁布法令禁止奢侈浪费。恺撒对此进行了更新，并进一步加强管理，以各种形式捕捉大吹大擂的奢靡行为。他指责那些骄傲的建筑者，其华丽的建筑不断挑战着平民阶层的陋室，并通过对酒店柱廊装饰的每根柱子征收特别杂税，创造了一种对其不利的税收，类似于旧法国税收中的门窗税。然后，他打压车马扈从和女士装扮的夸张之处，除了某些节日之外，禁止未婚或已婚没有孩子的女子使用驮轿，仅允许45岁以上的已婚妇女佩戴珍珠饰品。他还针对饮食方面，安排警察在市场上监视与抓捕那些销售稀有而昂贵禁售品的人，并出其不意地急派侍从官到私人住所里，在晚宴者眼皮底下收缴违禁菜肴。与此同时，呼吁穷人劳动、提倡富人美德，也被他提上了议事日程。恺撒增强了刑法的严肃性，对不能减轻罪行的行为进行了比对其他罪行更为严厉的惩罚。他以生活富裕的罪犯可以通过自愿流放来豁免惩罚为借口，下令剥夺杀害亲属罪犯罪者的全部财产，剥夺其他罪犯的一半财产。他对渎职行为和贪污犯罪表现得毫不宽容。此外，他严守戒规，对待自己也正如要求其他人那样，对自己的风纪长官也一视同仁，因他轻率地娶了一位离开第一任丈夫仅仅两天的离婚女人，虽然没有通奸嫌疑，但也对他进行了惩罚。

这些举措可能只是带着象征性意义，缺乏真实性，历史学家们会对此置之一笑。但对于恺撒同时代的人来说，这些举措产生了独裁者想要的效果。他并不天真地认为这些措施会纠正社会风俗,但他知道,在他刻意设置的严格规定下,罗马社会中曾经截然不同和相互嫉妒的不同阶级将被迫团结起来,以平等的身份服从于他。按照他的要求,每个人都应当为了罗马的繁荣以及罗马人民的伟大而共同努力奋斗,恺撒的绝对权力赋予了罗马人民治理世界的权利。

第三节 罗马的繁荣与强盛

罗马的帝国使命

一直以来,萦绕在恺撒心间的使命是将他的祖国建成一个"若不消失,将永不衰落的帝国"。他的主体思想是确保罗马人的凝聚力和力量,罗马人收获了大量的战利品,积累了资源,要防止它们因过度透支而减少。因此,恺撒出于野心,开始防范、谴责贵族政权,建立了专制主义制度,进行了大胆而有节制的社会改革,制定法令让显要人物和平民阶层遵守道德纪律。这些做法彰显了他安排部署的活动及其意义,提升了臣民的数量和素质,使国家的城市数量翻了一番,他按照罗马的形象塑造意大利,在这样一个繁荣而统一的意大利中,罗马又成为所有大都市中一座最雄伟的古老名城。

意大利的经济繁荣

事实上,如果将山南高卢的归化完全归因于他的军事需要或者视为他针对元老院主导的共和国而采取的行动,那么可能是错误的。

毫无疑问,在那个时代,山南高卢的归化对他来说非常重要。内战结束后,他从这场战争中获得的收益全部归国家所有。再加上波河平原一带所收获的粮食与资源,以及大量健康人口的完全同化,这些收益无论在数量上还是在质量上都得到了可持续的提高,这些资深的高卢人本身就是农民中最多产和最有活力的,他们在40年内成了所有拉丁人中最文明的群体。恺撒通过一系列努力使高卢获得了统一的政治地位,并拓展了领土边界,使苏拉手中的意大利变得更加完善了。之后,他致力于刺激生产、积累财富,并最终在精神上将高卢人罗马化。我们已经提到过他乐于给母亲们颁发奖赏,奉承她们的娇态,在土地分配中,倾斜于人口众多的家庭。值得注意的是,土地分配政策对伊比利亚半岛的经济产生了积极影响。土地分配的计算方式虽然是大致推测出来的,但总体上相当符合实情。公元前59年至前44年之间,意大利范围内出现了近10万个新兴土地所有者。这些土地所有者包括庞培的4万名老兵、恺撒自己的士兵(人数至少达到同样的4万名的规模),以及他在坎帕尼亚管理的2万名公民,这些公民都是3个孩子的父亲。这就像是给半岛农业的机体注入了新鲜而丰富的血液。长久以来,这些新兴土地主都梦想着有一天能住在自己的庄园里,于是以加倍的热情投入工作。很快他们就意识到自己的辛勤劳动都是值得的,丰厚的收益弥补了劳动的辛苦。公元前60年,裁判官昆图斯·凯西利乌斯·梅特鲁斯·尼波斯(Q. Caecilius Metellus Nepos)为了维护其群体的利益,率先提出了一部法律,希望能够取消意大利的关税。恺撒同意维持出口产品的免税政策;但为了维护生产者的利益,他毫不犹豫地改变了通行税的征收办法,通行税在当时只是一种盲目征税的工具。从现代人的观点来看,恺撒将关税变成了一种经济防御手段，并恢复了对意大利进口商品征收的入境税。首次贸易保护主义政策得以实施之后，伊比利亚半岛的经济产量迅速增长起来，在恺撒去世仅7年后，瓦罗就在其专论《论农业》（*De Re Rustica*）中得意扬扬地向读者提出了这个问题："您去过很多国家，但是您遇见过比意大利更文明的国家吗？在您看来，难道它仅仅只是一个巨大的果园吗？"

均匀性

与此同时，得益于恺撒的精心谋划，意大利很快就从单一的民族发展成了拥有众多繁荣城市的国家。意大利的领土被划分成了各种各样的行政区域，从表面上看来，这些行政区域的地位各不一致，恺撒根据罗马内城发展壮大的原则实现了这些区域组织的统一化。否则，疆域延伸至阿尔卑斯山的意大利可能会因为"空间狭长而无法统一起来"。在其死后出版的《尤利乌斯法》的最后80行中，恺撒是这样展开论述的：既是为了使罗马主权下的这些区域自治方式更加灵活，也是为了强调在历史长河中，罗马大都市对这些区域保持长久而稳固的统治。

政治

无论这些行政区域最初以何种类型存在，如罗马殖民地、拉丁殖民地、自治市、行省或简单的社群，自公元前49年以来，它们都拥有一个共同的特点，即所有区域的人口都享有公民身份，这些公民后来都成了罗马公民。在此基础上，这些公民必须服从罗马的管理和法律，独裁官当时很容易按照罗马内城的节奏来管理他们，这对他们的命运具有决定性影响。不论这些地区的行政官员以什么名义被任命，在自治市都被称为"四官员委员会"，在殖民地被称为"双长官"。恺撒在第一次独裁统治期间曾尝试过多种方式使它们服从罗马管理，并将其司法管辖权限制在惩罚犯罪和解决轻微争端方面。而在第二次独裁统治期间，恺撒制定规章制度来规范行政长官的选举，管理协助他们的由元老们组成的市政委员会的决定，这两项今后都由简单多数选票决定。恺撒列举了候选人必须遵守的条件，并模仿罗马行政法官和元老院元老所遵循的规则对候选人兼任职务做了明确规定。根据立法规定，若没有达到任职必须达到的年龄，任何人都不能当选为市政官员或在元老院元老名册上注册。具体规定如下：从未参与作战的平民需要年满30岁，在步兵部队服役6年的士兵需要年满23岁，在骑兵部队服役3年的士兵需要年满20岁。与此同时，对于那些从事不得体职业的公民，暂时禁止他们进入司法机构或市议事会；而对于那些曾经被剥夺权利的人而言，无论是因为明确的定罪，还是因为某些耻辱的行为，都永久禁止他们进入司法机构或市议会。通过这种方式，恺撒规定，只要宣读公告的差役、包工头和殡葬业者还在从事相关职业，就会被暂时取消资格，而角斗士经纪人或角斗士部队的首领、将身体出卖给经纪人的角斗士、演员、妓女和妓院老板、罪犯、做伪证的人、被可耻地降职或被开除的军人以及苏拉党人中被流放的共犯同谋，则会被永久取消资格。市级行政长官和元老院元老一旦上任，不仅要将自身的活动控制在罗马当局许可的领域内，而且有义务协调他们自己的活动与罗马的活动。例如，在进行古罗马5年一次的人口调查时，恺撒对现实情况做出了明智的判断，声称未来会将意大利其他区域人口普查的时间和方式与罗马的人口普查联系起来。按刻在《赫拉克利亚铜板》末尾的规定，恺撒下令在罗马编纂现行法律，在所有获得罗马公民权的自治市延长特派员的权宜处治权，使当地法律适应民事法律，并迅速扫除了阻扰他们进行法律干预的障碍。

伦理风尚

恺撒逝世后出版的各种法律规定隐约显露出了他为自己确定的既复杂又必要的目标。他实现了意大利的统一，并按照罗马精神进行监管，随后，他努力使各个群体感受到尊严与独立。他刚刚在罗马城扼杀了旧的共和国，而后他努力在市政会议上复兴共和国精神，如今的市政会议更多是根据共和国精神的记忆而非形象塑造。他丝毫不畏惧这些市政会议，因为每位议事员都被赋予了参加竞选的资格，同时，他将这种资格作为老兵们重要的特权，以此确保老兵们对他的忠诚。此外，他借鉴希腊君主制的经验，特别是塞琉古王权（royauté séleucide）王权的经验，在实行专制统治的同时适当下放一些市政权力，这两者并非不可兼容。最重要的是，为了缓和或减少其计划中一些令人感到不安的矛盾之处，他必须依靠这些力量。同时，为了融合包含各个从属民族的整个拉丁世界，他故意向罗马人宣传爱国主义精神。首先，他努力使这种爱国主义精神在意大利的土壤上生根，规定任何人的子嗣不能连续离开罗马超过3年时间，除了征兵动员的情况之外。其次，他借助于必要的公民美德促进爱国主义精神的发展与深化。最后，在分散在整个半岛上的所有罗马人眼中，罗马社会的宏伟巨变更加激发了这种爱国主义情怀，这些巨变使恺撒的形象熠熠生辉，如同圣母头顶上佩戴的闪闪发光的王冠。

罗马的人口密度

恺撒在几年内翻新了罗马内城的面貌,他想把罗马城打造成名副其实的卓越城市,使罗马成为最宏大、最美丽、最时髦的大都市。事实上,罗马已经算当时人口最多的城市了。从公元前85年到公元前55年,罗马的人口从46.3万人增加到了48.6万人,而且在接下来的10年里,它会再次增加。虽然恺撒没有充裕的时间来对整个罗马世界的所有公民进行人口普查,但至少他有时间对城市人口进行彻底的划分,不论性别、年龄或个人地位,他逝世后出版的法律仍在规划这一既定模式。按照这种划分方式,罗马公民必须申报他们的姓、名、昵称、父亲的公民身份(如果他们是自由身),或者其主人的身份(如果他们是释奴身份),以及年龄和财产,甚至包括妇女、儿童、游民、奴隶也需要遵循这一程序。与此同时,恺撒为了使这些完整的统计数据尽可能确切,规定各个住宅区的业主有责任逐个社区、逐条街道收集数据要素。虽然我们并不知道当时所收集到的总数,但我们知道,经过这次统计,恺撒将接受救济者名单上的人数减少了一半以上。

由于内乱、商业不景气,以及由此导致的失业问题,接受救济者的名单一直在增加。公元前70年,名单上仅有4万个名字,而到了公元前45年,这个数据上升到了32万。恺撒重建了社会秩序,为所有人提供了土地和工作,自认为有权力缩短这份名单。正如我们所看到的那样,他把相关人数调整到了15万。迪翁·卡西乌斯在这里确认了苏维托尼乌斯提供的详细证据,可以肯定的是,提图斯·李维和普鲁塔克犯了一个严重的错误,即把这个数字当成了罗马公民的数量。事实上,这个数字仅仅涉及接受粮食分发的贫困市民,不包括他们的妻子和年幼的孩子。很明显,如果再加上游民、士兵和奴隶,那么预计

533

大约有50万居民的整体规模。亚历山大里亚城的人口在之前的统计中被忽略了，后来又被重新计算进去，狄奥多罗斯（Diodore）在公元前60年至公元前56年之间曾参观过亚历山大里亚，他在撰写第一本书时，坚持认为这座城市有人口优势，而这正是恺撒统治的罗马所追求的目标。

罗马城的扩大

然而，罗马人口越多，就越迫切地需要空气和空间，而这两样正是这座城市所缺乏的。恺撒带着激情匆忙完成了他应尽的职责，即在一个崭新而广阔的环境中使大家的生活更健康、更幸福。据苏维托尼乌斯所言，恺撒每天都在为城市的扩建和美化设计更多、更大的项目。他效仿苏拉，接受了元老院的许可，将罗马城的理想边界线向外推。但这只是一种仪式性的姿态，象征着帝国因胜利而扩大了疆域。他希望具体有形的扩张与这种象征性的增长相吻合。公元前45年6月底，他颁布了一项"城市附加法"，但现在我们已无法知晓这部法律，据说那些条款被认为过于大胆，在他死后就被废弃了。这是一个控制性的计划，一个系统的城市规划项目，整个项目仅仅由一位建筑师指导执行。这位建筑师得到了恺撒的充分信任，并被他的想法所影响。在宣布的变革中，有一项庞大的计划，即通过切断今天仍在米尔维奥桥（Pons Milvius）和博尔戈（Borgo）之间的蜿蜒路线，使台伯河改道，以便将战神广场交给建筑者，并将战神广场的圣地位置后移到梵蒂冈平原上，而该平原可能也从台伯河的右岸转移到左岸。在等待这项艰巨的工作完成的同时，恺撒大笔一挥，消除了所谓的塞尔维安城墙（La muraille dite Servienne）对城市的发展所造成的障碍。根据恺撒死后颁布的《尤利乌斯法》，罗马从此不再被困于这座有300年历史的城墙所包围的500公顷范围内，并正式向各个方向延伸，距离一座即将拆除的防御工事仅1000步（近1.5千米）。后来，奥古斯都确定了罗马14个区的草案，这些区域的划分很好地改变了古城墙的用途，其中第一个区自然而然以一座门的名字来命名——卡佩恩门（La Porte Capène），这座门在标记市郊界线之后被转移到了市中心。

罗马内城的交通管理

罗马内城的面积增加了3倍，因此，对于恺撒而言，确保街道维护与交通治安显得十分重要。对于这两方面，恺撒在一部法律中花了不少于70行笔墨进行规定，该法在他死后才颁布。该法律授予市政官一定的权力，即负责铺路，修复人行道，清洁道路和公共广场。在从属于国家的庙宇圣所或建筑物邻接的土地上，市政官可以直接施工；在其他地方，他们需要迫使沿河业主这样做，如果业主拒绝，他们就把要做的工程招标给承包商，并向拖欠者提交应付账单，如果拖延支付投标者应得的款项，则账单金额增加一半。至于交通，随着距离的增加与新市区的扩大，更加有必要加快交通建设速度，恺撒长期以来一直严格而细致地管理交通。为了清理交通，他正式禁止个人将任何建筑物增高，除了庆祝活动场所、露天舞台、露天货摊或站台以外。他还简化了这一规定，从日出到一天中的第10个小时暂停牲口套车运输货物。针对这项严厉的措施，他仅仅豁免了宗教礼拜仪式规定使用的祭司和贞女的双轮马车、凯旋日当天的游行队伍，以及所有时间内砖瓦工程材料的马车运输。从黎明到黄昏，夜间进入这座城市的马车只有停车权，而且条件是马车不准载人或物，街道仅仅留给行人和驮轿通行。恺撒的这种做法，暴露了他从头到尾重建罗马的意图。他下令在夜间封锁交通，这暴露了进入罗马路线的狭窄和不便。在其法律文本的水印中出现了他曾生活的罗马的真实面貌，这种面貌与大都市的生机勃勃的景象如此不同，却丝毫没有让我们感到惊讶，相反类似于我们想象中的中世纪巴黎，或者近代我们从伊斯兰国家——摩洛哥过去的首都非斯（Fez）看到的景象。有些人可能会相信，如果恺撒没有过早地死去，他就会通过不断改变市政官从而平稳地重新塑造这个世界。对此我表示怀疑，因为不管怎样，古代粗劣的牲口套车只能承受500千克的微不足道的负载量，对于繁重的运输，特别是供应方面，必然需要一定数量的四轮运货马车。为了避免交通拥堵，有必要引导大量涌进的马车按照规定的路线行驶通过。后来，帝王们重新启动因恺撒去世而中断的城市化规划，奥古斯都、尼禄、弗拉维王朝诸皇帝、图拉真，不论是否愿意，都被迫维持了恺撒颁布的规则。尤维纳利斯（Juvénal）在11世纪所抱怨的罗马的交通阻塞问题，其实在恺撒死后颁布的《尤利乌斯法》中有所记录。在这座充满嘲讽的城市里，车辆在夜间接踵而至，嘈杂声让市民们陷入失眠。而在白天，唯一能让路人驻足的车辆，如果它们没有碾压路人的话，也是满载建筑木材的。因此，恺撒的继任者们没有缓解交通问题。另一方面，在建设罗马市中心的问题上，他们只需遵循恺撒的计划，新瓶装旧酒就行了。

罗马内城的建筑

恺撒一筹集到必要的资金，就立刻投入使用以缓解这座城市的交通拥挤,打造威严而光辉的行政区,吸引各种潮流的城市活动汇聚于此,这也是全新的罗马争取世界地位所必需的。从公元前45年开始,恺撒就从高卢的战利品中抽取了一部分资金在卡比托利欧山北部打造华丽的大理石建筑;他将3600万塞斯特斯交给卢修斯·埃米利乌斯·保卢斯(L. Aemilius Paullus)用来修复他的一位祖先在公元前179年帮助修建的艾米利亚巴西利卡(Basilique Aemilia),并在它对面的圣道(La Voie Sacrée)西边和旧的森普罗尼乌斯大教堂(Basilique Sempronia)的遗址上建造了一座以恺撒名字命名的新大教堂,并在随后的所有修复过程中将其永久保存下来。此外,他向西塞罗和奥皮乌斯发放了6000万塞斯特斯,用于购买他中意的位于自由中庭和集会场之间的土地,作为备用和补充性的第二个集会场。恺撒广场(Forum Iulium)的第一块石头是在公元前51年开始铺砌的。公元前46年,在4次胜利之后,即在尤利乌斯巴西利卡(La basilique Iulia)建成后的第二天,恺撒庄严地将此集会场和占据广场中央的母神维纳斯神庙奉为圣物。鉴于特殊场合的需要,他重新铺砌了共和国集会场和公民大会会场(Le Comitium)的道路,修复了位于裁判官法院附近的拉克丝库尔提乌斯(Lacus Curtius)。他决定深度整修新旧公共建筑的接壤区域,并协调此工程的两处细节:移动和重建古罗马演讲台,翻新元老院。他的目的是使庞培时代的最新建筑物黯然失色,但他没有局限于此,他将工人队伍分散在各地,并于公元前46年批准元老院修建供奉一座自由神庙,在废墟中重建了奎里努斯(Quirinus)神庙,在公元前44年建立了一批圣殿,并为其举行落成仪式,以期新的和谐、宽厚、洪福。此外,他发表了言论,不仅要将位于演海战剧的水池位置的一座规模宏伟的圣殿献给战神玛尔斯

（Mars），还要在塔尔皮亚岩石（La Roche Tarpéienne）对面建造巨大的石头剧院，后者将在马凯鲁斯的召唤下由奥古斯都建造。最后，他扩大了竞技场，用一条名为尤里普斯海峡（Euripe）的运河包围了竞技场地。乍一看，人们倾向于认为如此大量的公共建筑与恺撒的计划和首都的需求背道而驰，因为它们似乎侵占了私人住宅的空间。然而，仔细想想，可以看出，它们中的大多数都公开供居民使用，且这些居民都是行政官员精挑细选出来的：保安、抄写员、档案管理员、联络员及公务员。恺撒死后颁布的《尤利乌斯法》也保留了这些用户对当地公共场所的使用权。结果，通过大拆大建，恺撒养活了成千上万名工人，也为许多小官员提供了住所。但最重要的是，他使阴暗混乱的环境焕然一新，变得井然有序，并在罗马的中心地带激起了前所未有的建筑热潮，这种热潮经久不衰。如果尤利乌斯·恺撒没有倒在谋杀犯的匕首之下，那么他本人而非其继承者，可以夸口说他将布满砖砌建筑的旧罗马城改造成了全新的大理石之城。在他生命的最后5年里，他让这座城市创造了奇迹，使罗马在艺术上具有绝对的全球优势。

恺撒时代：尤利亚姆集会场

恺撒对罗马的影响很大。但是随着时间的流逝，我们没有掌握足够的证据确定与恺撒的独裁统治有关的作品，但是可以确定的是"恺撒时代"风格无处不在。很明显，恺撒在艺术和政治上都有自己的想法，他怀着对权力的热情，自然而然地试图让同胞们认可他的这些想法。在这方面，其集会场的废墟就具有代表性。尤利亚姆集会场呈长方形，南北长165米，东西长75米，每平方米平均花费

9000塞斯特斯，由一个三面被柱廊环绕的瞭望台组成，柱廊后面是统一风格的长条商铺。集会场中间和北面矗立着母神维纳斯的神庙，恺撒在法萨罗战役胜利日将她奉为人民与家庭的女神，并于公元46年9月26日（儒略历7月25日）再次将她供奉。在长条商铺的另外一侧，朝着南部圣殿入口处的延伸部分，矗立着创始者坐在神奇之马背上的骑马塑像，旁边的喷泉发出谐音，喷泉的顶端有一组雕像，表现了阿皮亚德斯仙女（les nymphes Appiades）的形象。在雕塑家阿塞西奥斯（Arcesilaos）匆忙完成的女神青铜雕像俯临的圣殿内部摆放着的藏品堪比一座真正的博物馆：帕累德尔（Parèdres）或新核心（Néocores）雕像，如同阿贾克斯（Ajax）和拜占庭提摩马（Timomaque）的美狄亚（Médée）画作，总共花费100多万塞斯特斯；6个装满财宝的箱子；一副镶嵌着布列塔尼珍珠的胸甲。这些珍宝唤起了我们的回忆：在1932年，科拉多里奇（Corrado Ricci）的发掘重现了来自圣殿的柱头、圆柱以及精美的檐壁碎片，通过这些碎片的装饰风格，以及几乎同时发现的奥斯蒂亚题词，可以看出这些遗迹来自后来的修复，修复后的圣殿由图拉真于公元113年5月12日正式举行落成仪式。同时，恺撒式神庙，那些环绕神庙的商铺最初铺砌的墙面也出现在我们面前。首先是一些拱形的深长单间；然后是它们的正面，将精心调整的凝灰岩石块整齐排列在两层，底层有正方形的门，上层被又高又宽的窗户引光照亮；最后，它上面的拱廊由门楣支撑，门楣上有石灰华点缀，散发出一种和谐而强健的简约感。在博卡德拉·维里塔（Bocca della Verità）这座小小的假圆柱式神庙前，也给人类似的朴素优雅的印象，早在公元872年，它就被改造成了一座以埃及圣玛丽（Sainte-Marie-l'Égyptienne）为主保圣人的教堂。教堂的三角楣高耸而平滑，墩座墙与其适度的比例完美协调，爱奥尼亚柱和用灰墁增强的线脚勾勒了整体极为优雅朴实的风格，带着迷人又内敛的雅致感。恺撒拒绝了矫揉造作与形态巨大的风格，尽管他想将外国的经验融入古代意大利建筑的刚劲风格中，但是只是在他的统治后期才采用了希腊艺术风格。显然，他的风格除了借鉴宫廷和东方国家外，还可以追溯到西方希腊主义的伟大时代。令西塞罗感到愤愤不平的是，负责工地和建筑的最高指挥是一位沉浸在这些光荣而纯洁的回忆中的雅典人。

绘画与肖像

除了独裁者恺撒对画家蒂莫马克（Timomaque）的偏爱之外，由于缺乏对墙壁装饰进行分类的可靠的年代标记，蒂莫马克之外没有其他记名的迹象。蒂莫马克是希腊人，出生于一个长期生活在雅典的家庭中，他似乎将精力集中在对人类情感的强烈表达上。要确定这一时期对罗马绘画发展的贡献极其困难，但这一时期的雕塑均显示出同样的民族倾向及对希腊式风格的抵制。在无休止的葬礼仪式中，为了延缓和掩盖死者的腐烂，人们越来越普遍地将蜡面具戴在死者的脸上，这使得该时期的遗像通过模塑体现出写实主义，铸模后来被使用到青铜或石头上，并成为此后罗马肖像画的特点。假定我们能够将新嘉士伯美术馆（Ny Carlsberg）的庞培半身像与惠灵顿和梵蒂冈收藏的西塞罗半身像进行比较，或者将其与最古老的恺撒半身像进行比较，那么，可能其他任何半身像都无法超越奥古斯都元首，在某种程度上，人们会被这种变化所震撼。趣闻逸事与如画风景都不复存在。线条总体简化了，生命力的刻画更为深入，被过分强调的某些身体特征也更为显眼，如西塞罗的鱼尾纹，恺撒的秃顶、皱纹、突出的颧骨、咬紧的下巴和大鼻子等。这些人物形象笼罩着某种沉思的尊严或傲慢的气息，真实性在这些人物身上直接体现出来，没有矫揉造作或装饰点缀。

雕塑

由于严重的偏见，恺撒没有用他本可以从臣民那儿剥夺的神圣杰作来装饰他的建筑物。相反，他乐于激发身边人或其招揽到身边的人的才华。恺撒及其朋友们所欣赏的具有表现力的雕像，是位于尤利亚姆集会场的恺撒骑马雕像。在恺撒的这座雕像中，除了英雄的头部和马蹄外，其他所有部分都复制了利西普（Lysippe）创作的亚历山大大帝的骑马雕像。在大多数作品湮灭的过程中，有几个名字存留在我们脑海里：阿尔塞西奥斯，来历不详；帕西特莱斯（Pasiteles），一个来自意大利南部的罗马化希腊人；斯蒂芬诺斯（Stephanos），前者的学生；梅内莱奥斯（Menelaos），他获释后被称为马尔库斯·科苏提乌斯·塞尔多先生（M. Cossutius Cerdo），跟着斯蒂芬诺斯学习入门；以及雅典的阿波罗尼奥斯（Apollonios），马克·安东尼将他从罗马带到埃及。他们都是按照恺撒的意图和指引方向展开具体的活动。阿塞西劳斯（Arcesilaos）曾以亚历山大的方式处理过风俗题材的雕塑，如瓦罗买下的作品，作品中爱神们在戏弄一头母狮，为它穿鞋，用丰饶角为它解渴。他还为庞培工作过，后来又投靠了这位伟人的对手们，极可能如梅塞纳斯（Mécène）一样改变了风格。关于他曾向卢库鲁斯（Lucullus）许诺的费里茜荻丝（Felicitas）雕像，我们只知道约定的价格：100万塞斯特斯。但是买主的去世使他未能交付这座雕像。为了给尤利亚姆集会场的另一神庙落成仪式做准备，恺撒委托他建造了女神维纳斯的雕像，他夜以继日完成这部作品，并把它安放在适当的位置。后人试图恢复其原型，其中的一种样本造型是：维纳斯舒坦地放松着，左胸暴露在外衣下，丘比特高高地骑在她肩上，右手持花冠。但是，我们无法得出这种维纳斯雕像的复制品形象与尤利乌斯·恺撒的维纳斯雕像相同的结论；我们更愿意将罗马人民的女神想象为有着神向我们展示的威严而不乏味的外表，在马尼乌斯·科迪乌斯·鲁弗斯（M. Cordius Rufus）货币上，在博尔盖斯（Borghese）别墅的圆形底座上，她的形象是满身褶裥，左手拿着男权统治的长权杖，右手握着象征正义的磅秤。可能是阿尔塞西奥斯启发了这位打造反映雅典风格的浅浮雕的雕塑家。显然，在希腊化的伊特鲁里亚和雅典，帕西特莱斯及其学派通过其作品把我们带到了后面的3至5个世纪。

新阿提卡风格（Néo-atticisme）

按老普林尼的说法，帕西特莱斯重新凸显造型艺术，即在黏土上进行雕刻，"这直接源自伊特鲁里亚艺术"，大量的陶土墙画作品都归功于此，这些作品涉及传奇人物、历史人物或田园人物，大约存在于在公元前1世纪中叶的罗马花园和房屋等。斯蒂芬诺斯是帕西特莱斯的学生，为尤利亚姆集会场的阿皮亚兹制作雕像；阿斯尼乌斯·波利翁（Asinius Pollion）创作的一幅作品，让我们想起了卢浮宫的一组作品，由3位如花似玉的少女构成，她们踮起脚，伸直手臂，以自然活泼的优雅动作轻轻托起喷泉的底部。另一方面，他创作的位于阿尔博尼别墅（la Villa Albani）的竞技雕像，让人想起位于菲迪亚斯

（Phidias）的某个古老的希腊艺术原型。梅内莱奥斯是斯蒂芬诺斯的学生，表露了同样的品位和风格，无论是大英博物馆里肌肉发达的潘神，还是卢多维西（Ludovisi）藏品的《沉默信任》兄弟组，还有那不勒斯的《俄瑞斯忒斯与厄勒克特拉》（Oreste et Electre），卢浮宫博物馆的《俄瑞斯忒斯与皮拉德》（Oreste et Pylade），即使他们并非出自同一雕塑师之手，却与前者的风格密切相关。最后，在赫库兰尼姆（Herculanum）发现的由雅典的阿波罗尼乌斯（Apollonios）用青铜制成的多里弗鲁斯（Doryphore）头像，有意取材于波留克列特斯（Polyclète）的原作。新雅典风格的浪潮吸引了有产者，也波及小人物。富人们迷恋着这些巨大的大理石双耳爵，上面雕刻着神话主题的浮雕，通过这些浮雕的大量出口，在苏拉时代雅典人得以致富。在恺撒时期，移民到意大利的雅典人就地制作双耳爵，在家具设计上巧妙地运用了公元前5世纪初的风格装饰。被解放的奴隶们也热衷于这种装饰风格，人们看到一位名叫奥勒利乌斯·赫米亚（Aurelius Hermia）的男子及其妻子在他们的坟墓上安置了一座高大的葬礼浮雕，这或多或少受到了陶瓷碑石的启发。总之，考古学家发现，不知从什么时候开始，大约在公元前1世纪下半叶，恺撒治下的罗马开始风行意大利传统，吸引了一批最优秀的希腊艺术家，进而受到希腊风格的影响，开始仿古，并通过这种双重影响重现这个民族的过去与希腊鼎盛时期的辉煌，重新净化了希腊化形式，创造了这种古典主义。尽管这种风格略显枯燥和庄重，但是契合当时的霸权统治，而且至少在两个世纪以来，特别是自从苏拉以来，第一次向外界传达了一种推动力，在艺术上，罗马风格已经领先并冲击了外部世界。

文学运动

同样地，罗马内城在文学运动中起到了带头作用。在恺撒的心目中，罗马的政治至上与他的卓越才智息息相关；他曾在罗德岛学习过，访问过雅典，并在亚历山大暂居，但他认识到，除了吸引有领导才能的人之外，他还吸引医生、修辞学家、语法学家、数学家、辩证法家到罗马这座城市定居，并承诺对那些愿意加入的人才给予优待。此外，当他策划建设集会场时，他下令修建的，不只是进行商品交易的市场，而是效仿波斯人的做法，建立一种情报交流中心，人们可以在这里进行思想和法律交易，来寻求正义和学习。这一崇高的目的在恺撒死后继续得以实现：图拉真后来同意在乌尔皮姆集会场（Ulpium Forum）的东北面接待室举办文学课程授课，该课程一直持续进行。在恺撒去世很久之后，玛提阿尔（Martial）仍然住在书商聚集的尤利亚姆集会场附近，学生们继续在周围的墙壁上涂鸦，在那里重现了《埃涅阿斯纪》（*Énéide*）①最著名的诗句，以及刻在维吉尔（Virgile）墓碑上的挽联。

在独裁官恺撒的有生之年，他的意志体现在其独到的创举中。依靠集会场，他建立了罗马引以为豪的第一个公共图书馆。可惜在其有生之年他没有来得及按照计划向公众开放此图书馆，是阿西尼乌斯·波利安出资完成了图书馆的建造工程，并给它取名。但毫无疑问，它是按照恺撒的计划完工的，恺撒曾下令收集尽可能多的希腊文和拉丁文作品，并指定瓦罗分类整理这些书籍。他认为有必要为罗马

---

① 译者注：诗人维吉尔于公元前29年—前19年创作的史诗，叙述了埃涅阿斯在特洛伊沦陷时辗转来到意大利，最终成为罗马人祖先的故事。

人提供精神食粮和教育书籍，如同博物馆布满杰作般，他同样对图书馆进行装饰，即使公众还没有开始阅读，他们也已经在欣赏美的过程中得到了教育。为方便公众阅读书籍，恺撒甚至改变了书籍的书写形式。在此之前，它们都是书写在卷册上的，一次只能浏览一段内容，这样不方便进行前后文对照与核实。他养成了仅在分页的莎草纸上书写的习惯，如同档案卷轴的羊皮纸一样，即使是给元老院的一封简单的信也是坚持这样书写，希望人们习惯并接受这种书写方式，如此一来，他帮助推广普及了手抄古籍，后来基督教会就以这种方式来撰写神圣的经文，他成了西方现代书籍的真正祖先。恺撒醉心于确保读者的好奇心始终被充满罗马精神的新作品所吸引，因为他理解罗马精神的独创性，并努力传播这种精神。

拉丁文化——瓦罗

为了提升大众的文化素养，恺撒致力于推广将拉丁语中的精华与希腊和罗马过去经验中的精华融合在一起的普及作品。其图书管理员瓦罗满怀热情，夜以继日从事推广工作，时而出版一些名副其实的概论，如关于博古知识（Antiquitates）的45卷书、关于艺术品绘图（Imagines）的15卷书或关于拉丁语（De lingua latin）的25卷书，时而出版一些简单的摘要，比如他从这三部巨著中摘取的一些内容。除了负责整理公共图书馆的样本之外，他还不断出版修订一些内容，这些修订本浓缩了内容的要点。他如饥似渴地学习所有科目，不仅涉及神话、历史、语文学，还包括法学与关于民法的15卷书，地理与关于海岸的论述，哲学与关于计算的76卷书，所有的"七艺"，如语法、音乐、算术和占星术等，这些都在他的9卷科学书籍里有涉及，此外还有戏剧美学和农业实践。在苏拉时代,有学问的罗马人因用希腊语写而自鸣得意。但在恺撒时代,他们用拉丁语将希腊人所获得的知识编写成了百科全书,并渴望这次轮到他们成为一代大师。

希腊罗马人文主义——西塞罗

不论是在文学还是艺术创作中,他们都选择那些被前辈们使用过却忽视的最好传承模式。比如摒弃了原来霍尔滕西乌斯作品中"亚洲主义者"的优势地位,加入了当下雅典主义者的元素。恺撒支持这种模式,在其《高卢战记》中,他的叙述清晰简单、明朗自如,足以与雅典强盛时代的作家媲美。苏拉欣赏并挽救了亚里士多德的作品,恺撒及其周围人也在学习并借鉴亚里士多德的思想。

恺撒亲自与西塞罗谈论伯里克利(Périclès)和特里曼(Théramène),并在雷必达家的最后一顿晚餐上谈到了百科全书的价值。撒路斯提乌斯酝酿创作散文,撰写充满激情的演讲稿,对道德进行论述,并对色诺芬(Xénophon)的《回忆苏格拉底》中的心理分析进行辨析,狄摩西尼(Démosthène)喜欢高谈阔论,尤其是喜欢评价修昔底德(Thucydide)的历史著作。修昔底德、色诺芬和塞奥彭普斯(Théopompe)是科尼内利乌斯·尼波斯(Cornelius Nepos)最喜欢的作家。最后,西塞罗自己也转而崇拜雅典逝世的伟人。他认为,伯里克利通过演说和在政治领域的特长而大放异彩;狄摩西尼留给后人的关于其雄辩的见证永远不会被超越;柏拉图是智慧之子。这位执政官在恺撒的独裁统治下专注于自己的研究,除了与他人分享钦佩之情以外没有其他的野心;他还为自己指派任务,即在他周围传播希腊哲学,尽管这样做并非出于恺撒的建议。在此之前,西塞罗一直仅限于谈论政治，在《论共和国》（De Republica）一书中，从公元前54年到前51年，他一直坚持着，这也体现在他于前52年撰写的《法律篇》中，在公元前54年的《论演说家》（De Oratore）中，他仍然在为演讲艺术的规则进行辩论。从公元前46年开始，他背离了自己的初心。他在《布鲁图斯》（Brutus）中描绘了罗马演说家的故事，并在《演说家》（Orator）中描绘了理想演说家的形象，他开始着手创作一种全新的体裁，但在这个过程中并没有停止自我完善。在《悖论》（Paradoxa）中，他作为一名道德家首次亮相，并针对贤人的幸福和力量从修辞学方面详述了斯多葛主义的陈词滥调。公元前45年，即力量的均衡明显偏向恺撒这边的那一年，他狂热地投身于希腊哲学，撰写了《安慰》（Consolatio）一书，其中柏拉图的回忆说帮助他承受了失去女儿的痛苦；以及一本如同亚里士多德式对话的《霍尔滕西乌斯》（Hortensius），为哲学进行了辩护。他给自己确定了目标，要么翻译此学科的杰出代表作，特别是柏拉图的《蒂迈欧篇》（Timée），要么将其中的各个部分展现给大众，他接连出版了4卷《论学园派》（Académiques），5卷《论善与恶的界限》（De Finibus），五本《图斯库路姆争辩集》（Tusculanes），3本《论诸神的本性》（De Natura Deorum）。公元前44年以后，除了《反腓力演说词》（Philippiques），他不再涉足文学领域，仅限于与《反腓力演说词》立意相同的论文，即使并非总是同等重要。也许，相对于其同辈或上一辈的大师来说，如安条克·阿布萨隆（Antiochos d'Absalon）、波希多尼乌斯、帕纳蒂奥斯和卡尔内阿德斯，他对亚里士多德和柏拉图的研究还不够，但是这两人的整页篇章都重复出现在他的作品中。但是，受学院怀疑主义（Nouvelle Académie）及中廊主义（Moyen Portique）的影响，依然有一些原始的思辨思想渗透到他的作品中，不管怎样，这些作品获得了他的范文所没能赢得的读者。凭借惊人的同化能力和令人难以置信的多产，他摒弃了学院教义中令人厌恶的技术性，将内行人的习惯用语转变为一种通用语言，将专业学者的学习过程转变为一种文化修养，既有"思想的优雅"，也有"行动的手段"。多亏了西塞罗，在职业评论家的实践中，拉丁语取代了希腊语；由于对政治的失望，西塞罗不谈政治而收获颇丰。在独裁统治下，他利用闲暇时光，为实现独裁者的意愿做出了贡献。多亏了恺撒，他的祖国成了古典主义艺术的中心，他在文学中创造了至今仍给我们启发的希腊、罗马人文主义，将文明的火炬传递给罗马，这似乎证明了将世界的统治权交给他是正确的。

第四节　帝国与王权的和解

罗马帝国的巩固

种种有利因素助推并巩固了罗马对世界的统治。在恺撒的带领下，罗马征服了世界，世界也接受了它的强大，与此同时，恺撒也惠泽了世界。这个独裁者建立起了更为稳定的世界秩序，这不仅是因为他结束了权贵的压迫，而且因为在内部争斗中，他逐渐掌握了至高无上的权力，缓和了民族对立的情绪，消融了阶级对抗。在冲突争斗中，这个民族分裂成两个阵营，即一些罗马人和外来人，巴克斯（Bocchus）、博古德、克利奥帕特拉以及法萨罗战役之后的第奥塔鲁斯都进入了胜利者的阵营；另外一些罗马人和外来人，朱巴一世、马西尼萨、阿西诺伊、托勒密十三世、托勒密十四世，法萨罗战役之前的第奥塔鲁斯与战后的法尔奈克都进入了战败者的阵营。恺撒能够将胜利者和失败者团结在一起，让他们共同服从效忠于他的权力，并通过制定执行为人接受的各种法令来树立其绝对权威，这也符合权贵精英们的意愿，他们已经隐约感觉到了民众要求行使自然权利的呼声，这些法令有效提高了行政效率，简化了行政手段，降低了行政费用，规范了行政行为，对所有人，不论职位高低，一视同仁。总而言之，恺撒明白，法令要与公平正义相互协调配合，如果不坚持公平正义的原则，那么征服者的统治是无法保障也无法持续的。

关于附庸国王

恺撒对那些独立而有名望的附属国王，表现得很不友好，无论是对他的支持者还是反对者都一样。公元前46年他废黜了朱巴一世国王，公元前47年对第奥塔鲁斯实施了制裁。尽管恺撒出于恩惠授予君主们光荣称号，并以罗马人民的友谊和联盟来为其授勋，但是他们如果抱有幻想，认为恺撒授予他们的头衔可以掩盖其从属附庸地位，那就大错特错了。博古德是西毛里塔尼亚国王，在蒙达战役中曾为恺撒做出了巨大贡献，但是恺撒居然强占了其妻子尤诺（Eunoé），也没有帮他扩大领土。但是对于东毛里塔尼亚国王巴克斯二世，因其军事实力弱，不会对他的权力构成威胁，恺撒放心地将马西尼萨交付给他管理，并允许他将边境拓展到切尔塔郊区。对于犹太人大祭司海卡努斯（Hyrcan），因其在亚历山大战争中全力支持过他，所以他授予后者大祭司的职位，并特许该职位在其家族中可继承延续。然而恺撒并没有为阿斯蒙尼（Asmonéen）重新恢复其先祖拥有的王权；土买人（Iduméen）安提帕特作为文官州长，恺撒保留了其部分职权，封其为行省总督，准其将耶路撒冷神职人员的管辖权扩大到外部的犹太社区，但没有让他在犹地亚（Judée）享有任何特权。此外，在所有摆脱庞培而归顺的城市中，他只归还了较为重要的乔佩（Jopé），出于宗教原因他允许重建耶和华城的城墙，恢复了其在罗马的议政权，并免除了犹太人服兵役的义务，但他没有豁免他们每年须支付的贡税，还要求他们每隔一年缴纳价值为总收成1/4的实物，并自费运送到位于西顿（Sidon）的罗马仓库。恺撒将国家的利益置于个人的恩怨之上，他无法容忍周围势力过大的君主，并利用一切机会向"国王们"宣示自己至高无上的权力。最不殷勤的人也必须屈从于他的统治。在蒙达战役之后，第奥塔鲁斯的一个孙子，法纳戈里亚的卡斯特（Castor de Phanagoria），有一天突然来到罗马城指控他的祖父两年前在加拉提亚（Galate）宫廷暂住期间曾企图暗杀恺撒，恺撒信以为真，于公元前45年11月当着他的面提请传讯和诉讼。西塞罗为缺席的被告进行了辩护，但不是在法庭上，而是在恺撒的家里。恺撒并没有妄下结论，因为他意识到帕尔特远征可能再次需要第奥塔鲁斯的人力和财力支持，于是无限期地推迟了判决。针对王位继承，恺撒准备了一套完整方法来对加拉提亚施加压力，他明确要求：王位继承者要么通过竞争产生，要么通过禅让产生，简单地说，就是类似于顺位继承。在各个行省，恺撒都强调通过法令强化地方统治，这些地方很快就收获了这种专制行为给他们带来的红利。

从属行省增加至18个

从修正分布和地图着手,他将行省增加到了18个,按原来苏拉认可的划分方法分为10个区域:西西里、撒丁岛-科西嘉岛、近西班牙、远西班牙、山南高卢、纳博讷高卢、马其顿、阿非利加、亚细亚以及奇里乞亚。他通过元老院强行创立了4个新的省份:昔兰尼加、比提尼亚、克里特岛以及最后被对手吞并的叙利亚。他不按常理出牌,将被克劳狄乌斯占有的塞浦路斯重新统一到奇里乞亚。元老院将昔兰尼加与克里特岛合并到一起,而恺撒将两个政府分开来。他帮助西庇阿·埃米利安的10位使节委员会,将原属于努米底亚(Numides)国王的贸易场所,在朱巴一世被粉碎后并入阿非利加行省,并将其边界延伸至菲勒内斯(Philènes)的祭台,在布匿权力的鼎盛时期,这里是迦太基帝国与昔兰尼(Cyrène)领土的分界线,并将在他的统治下继续在利比亚大陆上充当东西方的分界线。最后也是最重要的,他胜利之后,重新建立并划分了领土格局:长发高卢,已被其征服;伊利里亚(Illyricum),对手从这里开始溃退;在希腊,或者阿哈伊亚,仅仅通过一些联盟由马其顿的裁判官管辖,这种联盟类似于以前亚该亚人的城市间军事联盟,是援助型的区域自治;建立第二个阿非利加行省,即恺撒从朱巴一世的旧王国分割出来的新阿非利加,位于旧阿非利加边境线的裂谷与西部的希伯纳(Hippo Regius)与卡拉马(Calama)之间,恺撒从公元前46年开始委派撒路斯提乌斯作为行省总督负责治理。

以宽厚仁慈的专制主义进行统治

恺撒赋予了罗马人民一定的权利。在撒丁岛,他将什一税

（decuma）改为八一税（octava），将土地税从地产收入的10%提高到12.5%，比以往任何时候都更大力地强制缴纳土地税。他通过实施不平等的政策表达他对不同城市的好恶之情，一方面是为了惩罚它们过去的多变态度，另一方面也是为了扼制它们发表不同意见。在阿非利加，他通过减少传统的贡税厚待扎玛·雷吉亚（Zama Regia），与此同时，通过收取等同于6.8千克油的年费惩罚了大莱普蒂斯。在东部，他竭力抹去人们对庞培善行的记忆，提供慷慨的豁免与丰厚的恩惠。早在公元前48年，他就宣布克尼德和伊利安（Ilion）获得自由。公元前47年，他把自由授予阿米索斯和密特里尼，雄辩家波塔蒙（Potamon）曾对此提出异议，于是恺撒更新了旧条约。基齐库斯（Cyzique）、米利都，以及希腊的雅典、墨伽拉（Mégare）、泰斯庇斯（Thespies）都从类似的优惠政策中受益。出于与帕加马的米特拉达梯二世的友谊，他赋予了阿塔利德（Attalides）旧首府免税权。这些政策法令刻在石头上得以保留至今，我们可以看出各种感恩行为从四面八方向他涌来。我们在以弗所和阿提卡的德尔斐（Delphes）找到了荣誉法令的副本或痕迹，并找到了从公元前49年到前47年在安条克、老底嘉（Laodicée）和托勒迈斯（Ptolemais）举行典礼的时间记录。内战之后，到处重演着高卢战争之后凯尔特人面对的场景。恺撒厌倦了这种令人敬畏的情景，他希望受人爱戴，为了安抚那些被他恐吓征服过的民众，这位"救世主"将其帝国的道德基准深深植入到臣民心中。

摆脱行省总督的专制

对于所有人而言，通过在公元前59年颁布《关于申诉》（de

Repetundis）这部法律，他减轻了政府工作的烦琐，而且加强了对政府工作的监管。恺撒的这套管理制度消除了元老院管理的繁文缛节与恶习，废除了《森普罗尼乌斯法》与《科尔内利乌斯法》两部法律交叉重叠的部分，打破了资深执政官凌驾于行政官员之上的陈规陋习，承担了任职者的选举费用，并为他们提供能者上庸者下的平台。恺撒与18个行省和全体高级行政官、两位执政官和16名大法官分别签订了维护双方利益的框架协议。在新的体系中，除了两位年执政官以外，还包含有一些其他的执政官，以及从未当过裁判官的大法官。因此，恺撒选人用人的原则是，无论是他预先任命的行政官员还是其他编外人员，能否起用只取决于他认为合不合适，而不受条条框框的限制。根据他在公元前46年颁布的法律，行省政府不得延长任何大法官级别行政官员的任期，也不得以任何借口对执政官级别的资深官员的任期提出延长要求。因此，帝国通过将行省人民从总督的残酷专制中解放出来，最终为人类做出了巨大贡献，这项伟大贡献从苏拉独裁开始，可以一直追溯到恺撒时期。恺撒是金钱势力的敌人，他曾将税吏的爪牙从骑士阶级中剔除，他同时也是最高行政长官，要经常听取其他治权（imperium）所有者的汇报，作为道德长官的警惕性使他对元老院的压迫者和腐败者不留情面，他能够以公正的领导者的身份在所有的罗马疆域内推行自己的意志，并有意识地为罗马的统一做准备。

帝国的统一

从恺撒的所作所为中可以看出，他竭尽所能成为统一者，不仅仅是长期以来被征服的罗马领土的统一者，而且是居住在这片土地上的所有民族的统一者；通过让其享有他所倡导的罗马人民的生活方式，让他们更为紧密地团结联结到一起。

散居各地的犹太人

他对犹太人散居各地有明确的态度。大家明白这种散居意味着什么。由于战争以及来自塞琉古帝国的迫害，在过去的两个世纪里，大批犹太家庭曾多次被迫移民，或者被迫远离犹地亚沦为奴隶。通过不懈的抗争，在多方努力下，奴隶们普遍获得了解放，并逐步回归，加入同胞群体中，但是他们定居下来之后并没有寄予希望能够复国。在埃及、昔兰尼加、美索不达米亚、小亚细亚、塞浦路斯群岛、黑海沿岸，甚至在意大利，他们形成了稀少或紧凑的社区，他们齐心协力，严格遵守他们的宗教教义，忠于他们的一神论信仰，从而保持了其种族的个性特征。特别是在罗马城，自公元前63年以来，因受到敌方叙利亚的吞并威胁，官方一直在对他们进行保护和包容。恺撒一直将此奉为一项权利和义务。除了正式批准承认他们的宗教组织外，他还将法律上的认可扩展到地中海周围除高卢和西班牙以外的其他分散的犹太区，他似乎并不担心犹太区人口已经达到的可观数量，他授权行省总督推荐耶路撒冷大祭司，并自发地加强与大祭司的联系，授予大祭司代表他行使管理整个犹太种族的权力，准许他们以其祭司管辖权的名义解决内部可能出现的关于自身习俗的争端，准许他们向同族成员以及犹地亚居民征收维护耶路撒冷神庙的应缴税款。为了臣民的利益，恺撒积极主动作为，维护罗马权力机关的利益，将其才干和技巧发挥得淋漓尽致，令人折服。利用这种宗教方式实现普遍义务赋税的征收胜过采取任何强制性措施，有效削弱了犹太社区发展新教徒的热忱。自此，他们之间的联系不再产生任何不便或危险。相反，这种联系似乎为犹太社区注入了新的统一酵母,使周围的罗马面团发酵。根据约瑟夫斯留下的历史记载,正是在照搬移植罗马犹太区管理方式的过程中,恺撒创立了对其他种族的特色管理方式。由于世界各地都有犹太区,犹太人被人数众多、敌意纷起的异教徒包围,因此纷纷坚定地请求罗马人给予其保护,并受益于罗马的统治。多亏了恺撒的才华,他能够在凶险的环境条件下为散居各地的犹太人的宗教信仰提供保护,使得基督教得以传播,从罗马出发走向全世界,不仅构建了人与人之间的连接桥梁,也为罗马带回了友谊。

军队

各路人马汇入军队,反过来其组织方式可为世界提供借鉴。恺撒的兵力是人类有史以来最强大的军事力量之一:除了在他生命最后的几个月为帕尔特战争动员的16个军团外,公元前44年初他还在各省建立了23个驻军团:一个在撒丁岛,4个在西班牙,两个在山南高卢,5个在山北高卢,4个在埃及,4个在伊利里亚,3个在阿非利加。这些军团共计39个。在他们驻扎或战斗的地方,这些精力充沛的士兵展现了他们严格的纪律,承载着他们建功立业的荣耀。他们的出现扼制了邪恶的意愿。他们的爱国主义情怀与军人荣誉完美结合在一起,令人钦佩。后来这些军团开始大量从他们所吞并的民族吸收成员,这些民族经过一段时间的共同服役和同化,开始与罗马军团共同承担使命和责任。事实上,如果将恺撒的军队与奥古斯都的军队进行比较,后者的军队从未超过28个军团,最多25个军团,那么可以肯定的是,奥古斯都征募的辅助部队(估计约5万人),无疑是外来力量对恺撒军团的重要补充。因此,在构建元首制军队之前,渐进式罗马化推动了帝国的发展壮大。恺撒正是通过各种办法实现了自己既定的目标，也为后续继任者们提供了可借鉴的模式。

垦殖

衡量帝国的范围最有效的方法之一当然是垦殖。恺撒带来的社会发展变化有着其独有的特征。当恺撒获得一片土地时，他所要做的就是让其老兵或城市无产者移居到这片荒芜或被没收的领土上，使其过上田园乡村生活。从一个地方到另一个地方，他建立了移民殖民地，让特定的罗马人口定居在各省的中心地带。他采取的垦殖方式包括：在纳博讷高卢，他让最为欣赏的第十军团老兵负责第二次垦殖纳博讷，第六军团负责垦殖阿尔勒（Arles）；在西西里，垦殖锡拉丘兹、卡塔尼亚（Catane）和帕诺姆斯（Panormus）；在西班牙，垦殖伊斯帕利斯、乌尔索（Urso）、安布利亚斯以及科杜巴；在东方，垦殖锡诺普、埃雷吉（Erégli）；在伊利里亚海岸，垦殖布特林特（Buthrote）、科基拉岛；在希腊的科林斯（Corinthe），他与罗马城获释的奴隶一起实施了格拉古兄弟的计划；在阿非利加，除了迦太基，他也许梦想着为伟大的保民官复仇，但只有三头同盟实现了这一创举，至少在公元前42年，在库尔巴（Curubis）、克鲁皮亚（Clupea）、卡尔皮（Carpis）、希波迪亚希图斯（Hippo Diarrhytus）、那不勒斯，以及普布利乌斯·西蒂乌斯（P. Sittius）自公元前46年掌管的4个锡尔特殖民地中，这些地方的组织工作是复杂且不寻常的。除了在荒芜土地通过垦殖移民建立城市以及通过划分吞并被征服的土地之外，还有一些城市冒着招致庞培党人报复的危险，自发地向他敞开了大门，送来了粮食和金钱，并带来了士兵。恺撒毫不犹豫地接纳了他们，让他们要么彻底入籍，比如在西班牙的加的斯、乌利亚、塔拉科和卢西塔尼亚的里斯本；要么部分入籍，针对卢西塔尼亚的埃沃拉（Evora），西班牙的卡斯图洛，阿非利加的乌蒂克，纳博讷高卢的托洛萨（Tolosa）、鲁西隆（Ruscino）、维也纳、安提波利斯（Antipolis）、阿维尼奥（Avenio）、卡贝利奥（Cabellio）、卡瓦永（Cavaillon）；在西西里新增或扩大了很多社区。由此可见，从无到有，恺撒建立了同化制度，历史学家通常把这一制度归功于元首制：通过有效的殖民，在各个行省的根基上诞生了罗马人的后代子孙；催生了殖民者的荣耀和光环，融合了"拉丁文化"和"最优城市"。他的这种垦殖移民方式具有双重性，一方面促进了罗马帝国民众通过自由流动实现均衡化，另一方面方便对垦殖移民进行分类分级管控，可以说，他一直从顶层设计上采用谨慎的均衡化发展模式。

《尤利乌斯—母神殖民城法令》（Lex Coloniae Juliae Genetivae）与锡尔塔联盟

在成为殖民地的过程中，有效殖民地和荣誉殖民地必须受到罗马精神的鼓舞。此外，自治市在成为殖民地、有效殖民地和荣誉殖民地的过程中，必须从罗马城和意大利、罗马军队及其退伍老兵身上所迸发出的罗马精神中汲取灵感。在有生之年恺撒没有来得及最后敲定这部《尤利乌斯-母神殖民城法令》，但他提出了主要框架。该法令构成了乌尔索的基本宪章，并强制性要求乌尔索新殖民地遵照罗马城组织机构模式，以这种模式为基础，在恺撒死后颁布的《尤利乌斯法》详细规划了意大利的市政生活架构。它将罗马三权鼎立的模式扩展移植到外西班牙这个遥远的聚集地；并涵盖了行政官员的选举、行政和财务办公室的管理、管辖权的行使以及元老院议事会的权限和构成等方面，确保每个半岛城市都成为一个"共和国"。这种模式扩展到所有行省，由于脱离原来的土壤，当地必然会以组建自治市的方式形成社群；所谓的4块锡尔塔殖民地（colonies cirtéenne）就是一个典型的例子，由普布利乌斯·西蒂乌斯的自由军队的老兵们在努米底亚王国西部的安普萨加（Ampsaga）和东部的新阿非利加边界之间组建。主要力量布置在切尔塔城墙以内（君士坦丁），并自豪地号召以青年的名义进行管理，体现军事荣耀。其他3块殖民地是根据坎帕尼亚地区的特征命名的，普布利乌斯·西蒂乌斯和他的许多同伴都来自该地区：米拉（Mila）自称萨尔嫩西斯（Sarnensis），以纪念当地的一条名为萨尔努斯（Sarnus）的河流；米奈维尔·楚鲁（Minervienne Chullu）的名字来源于守护女神索伦托（Sorrente）；维纳斯·鲁西卡德（Veneria Rusicade）则使人联想到庞贝的微笑女神。它们一起结成联盟来抗衡邻省代执政官的权威。据《战争神殿》（*De Bello lugurthino*）的记载，在离海不远的切尔塔地区，它们最后合并成一个共和国，由同一行政官员组织，由4块殖民地中占据最重要席位的那个元老院议事会共同管理，并由切尔塔代理其他3块殖民地的行政长官职务。因此，他们组成了一个独立的意大利式城市联盟，相对于阿非利加其他地区来说享有治外法权，直接依附于独裁官的权威，受到罗马帝国的庇护，构成并维护独裁官的统治。

货币垄断

这当然是一项长期的任务，但恺撒丝毫没有放松管理；为了推动各种族逐步融合，他要求各民族使用统一的货币，使用与其历法相一致的日历，达到最终的和平统一，并有效地将罗马人与外来游民、殖民者与臣民、各省与附属国团结在一起。恺撒的胜利为他带来了财富，贸易流动促进了繁荣，制定法令对货币发行提供了法律上的保障，这很快使罗马成为全球货币流通的调节者。恺撒积极改革，不再像苏拉、庞培或他自己在公元前49年那样以特殊名义铸币，而是从公元前46年开始定期轧制重8.21克的金币，其价值相当于罗马镑的1/40，价值25第纳尔或100塞斯特斯，将黄金和白银的换算比例转化为精确的12∶1。得益于这一创新，罗马硬币在所有市场上都受到青睐，奠定了垄断地位。在黑海之外，外国当权者放弃了他们的金币铸造，而恺撒在科基拉岛与阿波罗尼亚明确禁止的银币铸造只在遥远的东方大都市继续存在，在那里，为了贸易和销售的便利，恺撒同意人们继续使用银币，如以弗所、安条克和亚历山大。在没有竞争的情况下，罗马的复本位货币制占据了统治地位，世界各地的人们都通过使用这种贵金属硬币，便利地在市场上进行商品流通。

儒略历的改革

与时间赛跑，恺撒在自己国家范围内加强了对罗马历法的改革。由于共和国阴阳历中前51至前46年的闰月被省略，这给计时带来了一些混乱，让罗马人感到十分不便。恺撒修复了这一疏漏，要求自公元前46年之后，一边弥合官方日期和天文数据之间的差异，一边将以后的闰月按照希腊天文学家在埃及的发现进行编排，避免类似的不一致再次出现。他从恢复年表与季节之间的协调一致着手，在11月与12月之间插入了3个闰月，两个22天，一个23天，也就是一下子增加了67

天：公元前46年因这些必不可少的增加日而变得冗长，属于名副其实的最后一个"迷惑年"（Annus Confusionis）。紧接着，恺撒在他从亚历山大召集来的技术人员特别是数学家索西琴尼（Sosigenès）的帮助下，开始推翻一直在使用的推算系统，更确切地说，是用一个全新的系统取而代之，该系统吸纳了最新的研究成果，根据这项研究推算了地球公转的持续时间，从365天延长到365又1/4天。在恺撒之前，不管怎样，罗马历法是与恒星运转规律相适应的，通过一种不规则的组合将年份分成4个周期。在每个周期内，低峰年份交替轮换，每个年份由12个天数不相等的月份组成：其中1个月只有28天，即2月，也是该系列的最后一个月；其中4个月各有31天，即3月、5月、7月（原写为quintilis，从公元前44年开始以尤利乌斯命名，改写为juillet）及10月；满年通过在12个月中插入闰月来补充，也就是在2月之后增加1个月，这个月时而包含23天，时而只包含22天。每个4年周期的总和为355×2+377+378=1465天，比四轮地球公转总和（365¼×4=1461）多出4天。因此，大祭司们通过插入闰月重建时间计法的过程中产生了新的不精确性，用一种混乱状态取代了另一种混乱状态。这种算法只能通过强制修改来运行，或者，若他们愿意的话，通过连续的暂停来发挥作用。恺撒因此废除了这种算法，取而代之的是以最简单明了的方式进行了一次纠正，其影响是深远的。他不认同阴阳年的折中算法，通过地球公转的时长来将罗马年统一增加为365天，并从公元45年开始，将每一年增加的10天分配到各个月份中：1月、8月（罗马历的第6个月）、12月各增加2天，另外4个月，即4月、6月、9月、11月各增加1天，从此不再需要闰月。在此情况下，恺撒还下令让刚执行的历年，即闰月之后的3月1日从那时开始作为政治年度的1月1日，即明年执政官开始上任的时间。最后，为了不漏掉天文年所要求的整整365天之外的1/4日，他规定从公元45年开始，每4个正式年重复一次2月24日，在拉丁语中，这一天被定义为"第六天"（3月1日之前的1天），并适时被分成单双日的第6天。由于这一增加，当时由366天而不是365天组成的年份被称为闰年，这个名称一直沿用至今，这应归功于罗马历。这种传承足以证明恺撒对日历改革的成功，而且这次改革的成果通过颁布法令进行了明确，至今基督教世界仍在继续沿用这种历法。公元1582年2月24日，教皇格列高利十三世（Grégoire XIII）发布诏书提出的格里历（Le Calendrier Grégorien）并没有太大改变，事实上，儒略历最终经过调整取消了4个世纪中的3个闰年，地球运转情况验证了其正确性，就是将每年365又1/4天，即365天6小时缩短到了365天5小时48分47秒，而教皇的法令，实际上将儒略时间和天文之间的差距缩小到每年24秒，同时将现实和我们的计算之间的差距限制在3500年内提前24小时。这也证明了恺撒所期待的精准，如果其顾问索西琴尼像哥白尼一样睿智的话，他可能会做得更为完美，后者只是从儒略历上去掉了与亚历山大历法相似的不足之处。当然在当时，这种估算有明显的局限性，当时伟大的罗马人的实践限制了对科学的认知，但是其中关于年、月、月份名称以及天数的划分，为其日后的历史演变打下了基础。事实上，当西塞罗嘲笑"第二个默冬"（le second Méton），并开玩笑说星座只有在恺撒的法令召唤下才会升起时，他自身也成了笑柄。回想起来，儒略式的历法改革，诞生于人类获得的知识，提前18个世纪预示了法国革命者的创造性努力，彰显了时代进步，产生了两个无与伦比的成果，通过一系列固定而连续的联络首次将过去与现在联系在一起，当改革完成时，它为当时的各民族

561

提供了一种合乎逻辑而又清晰的标准,来衡量人类文明的发展历程和持续时间;此外,各民族被其中所包含的理性优势所吸引,从而从四面八方转向罗马来学习借鉴罗马人的智慧。

永久和平,万众一心

恺撒营造的和平环境使罗马对人们产生了不可抗拒的吸引力。他们在经历多次社会动荡后渴求和平,通过组建军团保证自己一直生活在罗马宝剑的庇护下,这些军团如同一个没有空隙的圆圈,或者一个不能被入侵和恐吓的整体。这是恺撒的乌托邦想法,但是在实际社会中,是不可能建立这种"终结世界"的;产生这种永久安全的幻想为时过早,恺撒提出的东方战争和吞并计划,导致他将其独裁统治变成了一种集权的神圣君主制形式,他的这种野心刚刚暴露出来,便在其周围引发了恐慌,唤醒了一些人的仇恨,激起了另一些人的愤怒,给公元前44年3月15日夺去其性命的阴谋埋下了祸根。

在西方

罗马帝国想要统一世界,对恺撒来说,3次征服似乎是必要且足够的,而这3次征服都在东方。事实上,在西方,恺撒自认为罗马帝国局限在莱茵河与同样可以被横渡和征服的大西洋之间,一旦时机成熟,罗马雄鹰就应该展翅高飞停落在布列塔尼半岛;他击退了阿里奥维斯图斯带领的苏维汇人,屠杀了乌斯派特人和邓科特雷人,随着胆量的逐渐增加,他两次毫无险阻地跨过对岸的莱茵河横扫日耳曼人,然而这些胜利冲昏了他的头脑,他坚信自己可以轻易地控制那些游牧部落,忽视了对手顽强不屈的繁衍力。在西方,他认为自己取得了最后的胜利。

在东方

相反，在东方，他察觉到了应该尽早扫清威胁与危险。在考察了尼罗河流域的丰富资源后，他认为罗马应接管埃及的财富和资源开发，而不必假外来人之手。他认为把黑海从达契亚人（Daces）的国王布雷比斯塔（Burebistas）的入侵中解放出来是当务之急，在公元前59年他与之作战，这位对手在公元前48年曾派密使到庞培撤退的色萨利地区进行媾和，但是仍旧无法改变失败的结局。他们一直在黑海海岸甚至直到色雷斯的地区进行一轮接一轮的掠夺；恺撒将利用这场必不可少的战役占领这个令人不安的专制王国，收回被达契亚人掠夺的山脉，这些山脉下埋藏着大量的黄金，而且有多瑙河这个天然屏障可以阻挡野蛮入侵。最后，他一心想完成他指派给克拉苏的任务，而克拉苏在这项任务中却惨遭失败，同时他要为公元前53年的灾难向已经被征服的帕提亚人复仇。

暗中吞并埃及

在这三重目标中，第一个是最简单的，也是花费代价最小便可达到的。由于恺撒的3个军团控制了亚历山大，也就是控制了埃及内部的主要地区，可以说，对埃及的吞并是可以顺利进行的，不会发生进一步的流血事件。关于吞并埃及的构想一直萦绕在其脑海中，恺撒在塔普苏斯战役之后立即做好了准备。他加强了4个军团的力量，同时，他以与最后的托勒密王朝的友谊和荣光为借口，盛情邀请王后克利奥帕特拉和国王（其弟弟兼丈夫）来罗马做客，并保证，无论他自己在不在罗马城，客人都必须在此地无限延长逗留时间，除非他死亡，客人才能得以释放。他对埃及王后的喜爱若持续下去的话，也许可以在这种最重要的政治组合中找到一丝满足感，并使得他可以连续两年以温和的方式将其情人扣为人质，囚禁在台伯河右岸花园的监狱里，并以这对王室夫妇的名义，通过指挥4个军团的骑兵来治理埃及。当然，这种混乱的局面不可能也不应该长期持续下去。我们是否应该相信罗马流传的流言蜚语呢？是否应该相信恺撒会以合法但异常和特权的形式授予自己一夫多妻制的权利，以便与埃及王后结婚并保留王国，同时还不抛弃自己的罗马妻子卡尔普尔尼乌斯（Calpurnia）呢？就我个人而言，倾向于相信这些流言，因为这些外来谣言都会传到恺撒耳朵里，作为罗马的主宰者，他只有两种方式占有埃及这个两千年来一直崇拜神圣王权的国家：迎娶王国的最后一位王后，或者开启新王朝并继承其王位。无论如何，很明显，恺撒只要下定决心就可以夺取埃及，而不需要持剑以待。

最后的战争：反对达契亚人和帕提亚人

相反，他只能以武力手段与达契亚、帕提亚、布雷比斯塔即"万王之王"斗争到底。如果不是从阿非利加得到消息，他可能会在公元前47年击败法尔奈克之后发动这场不可避免的进攻，在他看来，这将标志着罗马扩张战争的光荣结束。在公元前45年他动员了16个军团和1万名骑兵，于年底在阿波罗尼亚建立作战基地，通过刻赤海峡王朝和城市之间的外交战役于公元前44年初开始行动，花了3年时间来开展斗争，并取得完胜。苏维托尼乌斯为我们留下了战争记录：恺撒首先把达契亚人打得落花流水，然后在他们出局的情况下，通过小亚美尼亚进攻帕提亚人，在试探过他们的实力之后，在一场决定性的战斗中将其粉碎。恺撒在准备工作上一丝不苟，并大胆构想，他计划好了一切，除了一次失败之外；他深谋远虑，在实现这些巨大征服的过程中毫不动摇地在被征服地巩固其新宪法，也就是建立并巩固一个新政权，规避有朝一日出现被征服者反攻胜利者的风险。

独裁统治应当演变成神权与王室政治

与埃及类似，达契亚王国和帕提亚王国有一个共同点。即在布雷比斯塔之下，先知受到神祇扎尔莫克西斯的天启，在"万王之王"——太阳和月亮的指引下，其臣民援引弗拉瓦奇（Fravashi）①作为上帝之光的散发物，而法老的继承者托勒密王朝作为代言人以活神的形式出现在地球上，这些被吞并的王国形成的神权政体，将权力与宗教捏合得密不可分。不论恺撒想以何种方式将它们并入罗马帝国，要么将其君主变成附庸，要么像对待努米底亚一样将它们建立成行省，恺撒意识到，要想获得真正持久的臣服，只有通过把他的权威与它们曾经实行过的神权政体联系在一起，并赋予这种权威超自然的属性。为了确保拥有他认为的实现帝国的统一大业所必需的权力的永久力量，他所要做的就是统一民众的思想，不让其摇摆不定，将独裁统治根植到神圣权力中，就像苏拉曾经做过的那样，这种神圣的权力可以说从拉丁文明萌芽开始就一直存在。这还不够，对于那些被他征服的或近或远的东方国家，他向前迈出一步，唤醒让东方民

---

① 译者注：弗拉瓦奇是琐罗亚斯德教的宗教用语，指的是由上帝所设计，类似于自然规律的一种精灵，它代表着上帝所设计的正确生活方式。

众俯首称臣的神圣力量，并把这些力量集聚体现在即将替代的国王身上。虽然他能运用神学轻松调和东西方宗教观念，但他担心这些观念深入到日常现实中会妨碍他实现最终目标，阻碍其弘扬民族精神。他担心民族精神会遭到外来信仰的侵扰与扼杀。于是，在生命中的最后4年中，他致力于复杂而宏伟的计划：首先，他不像苏拉那样将神性与其绝对权力联系在一起，而是以此为基础，通过争取民众对众神的顶礼膜拜，确保他的独裁统治具有无与伦比的价值和永恒性，通过订立、发布共和国宪法和法令，将征服者所要求的君主制强加给罗马人民；其次，着意以王室身份表现出其非凡的特质；最后，在国王的臣民和受制于独裁者的公民之间建立或保持了一道看得见的、不可逾越的鸿沟，让他所领导的伟大人民能够保持其人格，增加其功绩和福祉，在世纪的长河中成为可持续改变世界的精英。

恺撒的宗教政策

从现代的观点来看，其宗教政策中最艰巨的部分在于恺撒本是凡人，却要让大家将他视为神。对与其同时代的人而言，基督教还没有教导他们将神性与世俗事物区分开来，而关于胜利的神学重新点燃了他们对"神"（numen）的信仰，认为神激励着人类领导者，这一点反而是最容易的。从公元前68年开始，尤利乌斯·恺撒标榜自己是维纳斯和玛尔斯的后裔，开始高调地为马略的遗孀做葬礼祈祷。接着，他继续宣扬其公元前63年传奇性的事迹，以及公元前60年担任西班牙资深裁判官的经验，并一直宣称公元前57年、前55年和前52年他在高卢的一系列胜利归功于罗马人民的神灵。从内战初期他响应上天的召唤跨过卢比孔河开始，直到最后，从他巧妙安排将蒙达战役的消息推迟在帕里利亚（Palilia）的宗教守夜活动时传达到罗马，他不停地传播，让大家相信他拥有神圣血统，或者说，他精心策划他的神化。《高卢战记》中记载着他曾两次揭开向人们隐藏着神灵面孔的神秘面纱的一角。在《内战记》一书中，他反而热衷于记录他从神灵那里得到恩惠的迹象，以及诸神在迎接法萨罗（Pharsale）战役消息时所展现的神迹。他于公元前47年回到罗马，将占卜师的神圣与其大祭司的神圣综合归并到一起，并让其占卜者的标志出现在其硬币的背面；他将神化融合到了君主制中。

恺撒神化的程度

公元前49年，他宣布放弃法律赋予他的合法独裁统治。公元前47年，他还一直违反宪法非常规进行独裁统治，并因此沾沾自喜，但他认为推翻宪法还为时过早，于是以指定政官的头衔指挥参与公元前47至前46年的阿非利加战役。但是，他一从塔普苏斯回来就举行了神化自己的神圣授职仪式。以他的史诗般的胜利为荣耀，他充分展示其神圣与庄严，像圣阶（La Scala Santa）①朝圣者一样跪着爬上了卡比托利欧山的台阶。恺撒虔诚的态度可能确实出于真心。在圣殿的三角楣上，他的名字在三主神（Triade）的名字下闪闪发光，取代了被打败的卡图卢斯的名字。在圣殿里，诸神对面陈列着他的双轮马车和一尊代表他站在地球之巅的青铜雕像，雕像的底座上记载着元老院对他的献词："献给半神恺撒。"恺撒在圣殿里专注于祷告，这些东西似乎没有影响到他，他完全没有拜倒在自己的荣耀形象面前。

---

① 译者注：指从耶路撒冷彼拉多宫移建到罗马拉特兰宫的阶梯。

通过迪翁的记述，我们知道恺撒下令要求抹去底座上的铭文。与此同时，恺撒还向卢佩尔奇祭司团（collège des Luperques）捐赠了一笔资金，如此一来，这个由两个祭司团，即卢佩尔奇法比亚尼会（les Luperques Fabiani）和卢佩尔奇昆奇会（les Luperques Quinctii）联合组成的宗教团体足以囊括第3个祭司团——卢佩尔奇尤利乌斯会（les Luperques Iulii）。卢佩尔奇尤利乌斯会在崇拜古代法乌努斯（Faunus）的同时，增加了对新英雄恺撒的崇拜。恺撒非但没有放弃他的半神地位，反而借此引发政治后果：他当时屈尊接受了10年准君主制的独裁统治。虽然有很多人对此心怀不满，但是恺撒凭借自己慈悲宽厚的胸怀平息了风波，西塞罗就是被他这种表面功夫所欺骗，以为马凯鲁斯辩护的演说为他歌功颂德，而没有意识到恺撒正蜷缩在暗处将打倒共和国的思想武器递给他。西塞罗吹嘘恺撒因自我克制而所向无敌，并因为这种节制，将他比作一位神，如同上帝。在蒙达战役之后，这些赞誉达到了极致。

对尤利乌斯神的崇拜

像对待神灵一样，恺撒开始宣扬他的象征标志：苏拉胜利之后举办的竞技活动被用来庆祝恺撒的胜利；在阿波罗运动会（Les Jeux d'Apollon）期间庆祝生日；他出生月份的名称原为"5月"（Quintilis），后来改成"尤利乌斯月"（Iulius），即儒略历的7月；像大马戏团那样举办仪式，将双轮马车排成队列进行游行；安置祭祀台或灵床用来举行神灵宴会；其住所上方安置三角楣；为两尊文化雕像举行了揭幕仪式：第一尊雕像安置在奎里努斯寺庙，这尊雕像并非为了装饰建筑物，而是为了如兄弟般陪伴这位神灵，恺撒顺势变成了其伙伴，正如西塞罗谄媚地开玩笑说庆幸自己知道恺撒是与奎里努斯，而不是健康女神萨卢斯（Salus）联系在一起；第二尊雕像后来被放置在克莱曼斯（Clémence）寺庙，他与这位拥有神圣美德的神灵平起平坐，两者手握手牵连在一起。于是，在拥有了神的一切之后，恺撒接受了神的名字。在意大利内部，一般民众出于感恩戴德的冲动，自发地把恺撒的名字刻在石头上，比如诺莱的这位有产者成员就是这样，因为恺撒的恩泽，他被任命为其所在自治市的执政者之一，他找不到更好的方式来表达对恺撒的敬意了。元老院于公元前44年初正式将他神化，他也没有拒绝。迪翁对他的赞誉无人企及，因为迪翁称这位新神为宙斯·尤利奥斯（Zeus Iouliοs）、朱庇特·尤利乌斯（Jupiter Iulius），从字面上讲，这有点太过了，令人难以置信。但是迪翁是希腊人，希腊语中只有一个术语来表示"神"，而且对他来说，宙斯·尤利奥斯是"神"，或者更确切地说是"尤利乌斯神"（Divus Iulius）的委婉说法，就像密特里尼的人民一样，大约在同一时间，他们以宙斯·特欧凡（Zeus Theophanes）来称呼他们杰出的同胞特欧凡，以承认其神圣的荣誉。在恺撒有生之年，埃塞尼亚（Aesernia）人被迫对其顶礼膜拜，执行神化的恺撒意志，但在恺撒死后就取消了这种崇拜，西塞罗在公元前44年9月19日出版的第二部作品《腓立比篇》中，斥责了安东尼玩世不恭地忽视了对"尤利乌斯神"肉体和骨骼的崇拜。

恺撒的专制程度

按照人的惯性思维，恺撒一旦被神圣化，便很难从这些令人眩晕的顶峰下沉回归到国王的人性中。在一个多神论的社会里，一个被神化的人能够容忍他身边存在竞争者，但是在君主制社会里，君主只能接受民众臣服于他。因此，恺撒必须从他长期的独裁统治中做出更好的过渡，这将暂时把他引向终身独裁的纯粹君主制。公元前46年，他被允许在任何时候都穿着象征帝位的红袍并戴着胜利者桂冠，就像15年以前的庞培一样，而以前他只有在宴会上或发表提案时才会如此装扮。这位"秃头男人"为他的衣着荣耀而喜出望外，天真的人把他的这种快乐归因于卖弄风情，其实这来自这样一种信念：只要总是穿着皇帝的衣装，他就会让人浮想联翩，不可避免地让公众习惯并认识到其中的力量。元老院也同步给予他荣耀，允许他以皇帝的头衔作为名字，并将这个头衔与获胜将军的勋章关联在一起，从苏拉开始，这个头衔就开始承载了如此沉重的意义，希腊人用其语言中的特殊术语表达了专制主义的概念。

根据对最高统帅的定义，恺撒获得了法律上的重要支持以及国家的最高权威，这是一个令人难以置信的巨大收获。按照迪翁·卡西乌斯和苏维托尼乌斯的说法，人们纷纷将奥古斯都改革的影子投射到恺撒的政策上。但是大家可能忘记了一点，如果把拉丁文中的特殊名字放在姓氏后面，效果可能更好，比如波普利乌斯·沃莱罗（Publilius Volero）而不是沃莱罗·波普利乌斯（Volero Publilius），梅内尼乌斯·阿格里帕（Menenius Agrippa）而不是阿格里帕·梅内尼乌斯（Agrippa Menenius）。此外，公元前49年的钱币上第二次称呼恺撒为"皇帝"，而在前44年初发行的货币上承载着恺撒的题铭——"恺撒大帝"（Caesar Imperator）。根据苏维托尼乌斯和迪翁对古币学的研究成果，我认为恺撒最终成了名副其实的终身统治者，正如他刻意想成为的那样，他表现得像是终身独裁官，公元前44年2月14日元老院举行盛大隆重的庆典仪式证明了这一点。

终身独裁（公元前44年2月14日）

从此以后，不可能发生的事情变成了可能。作为一名独裁者，恺撒指挥着所有的军团以及所有的行政官员和代行政官员，这些人只在他的领导和支持下作为他的代表执行命令。他指挥和领导民众，为表示尊重，他倾听他们的诉求，维护他们的合理权益不受侵犯，促使他们与自己站在一起，庞提乌斯·阿奎拉（Pontius Aquila）可能是公元前45年以后最后一个拒绝受命于他的人，这对他来说，是一种耻辱。恺撒统领着再也无法用意见来约束他的元老院元老们，这些元老跪在恺撒至尊面前，表达着对来自恺撒的法令的敬意。在他自己的雕像脚下，在母神维纳斯的庙宇前，恺撒端坐在更像是御座而不是象牙椅的金色座椅上。

世袭制

恺撒一直施行独裁统治，直至死后，开始出现谁人能接替他分担治理权的问题，其实他在世时权力世代相传的问题也一直困扰着他。在重新获取先贤传下的教皇职位后，公元前44年他批准元老院投票将指定其职位传给他当时还并未为人所知的养子，也是他姐姐的孙子——屋大维（Octave），这是一位18岁的年轻小伙子，在早年对抗庞培之子的战役中表现出了过早的成熟，给他留下了深刻的印象。刚从西班牙回来，他就秘密地订立遗嘱收养屋大维为子，这份遗嘱是他于公元前45年9月13日在拉比库姆（Labicum）的别墅里一气呵成的，一旦他掌握了绝对权力，他便着手部署这件事情。公元前44年1月1

日，在独裁统治第4年，他拒绝了屋大维担任骑士统领的请求。但在2月14日，当他结束第4次独裁任期、承担起终身独裁统治时，他进一步扩大职权，很快将雷必达提升为罗马的骑兵统帅；而当恺撒自己成为参加东方之战的16个军团的首领时，跟着他的骑兵第二统领便是屋大维，恺撒派他去阿波罗尼亚作战。按照迪翁·卡西乌斯错误的断言和苏维托尼乌斯的曲解，大多数现代人认为屋大维此次出征是为了完成他的霸业，而实际上，他是为远征这项伟大事业做好了人才储备。在征战过程中，若这位终身独裁者遭遇不幸，那么其养子，作为战场上的军队副总指挥，将自动收揽整个独裁政权，就像后来的哈德良一样，无论他的前任是否收养了他，都任命他在首长不在的时候担任作战军团的总指挥，最后他接替了图拉真成为皇帝。因此，恺撒从公元前44年2月14日开始的终身独裁统治，既包含了当时的独裁统治，也包含了后来独裁政权的继承。就其完整性而言，它是绝对的君主制，在罗马政治术语中，它基本上可与东方帝王的君主制相提并论。

恺撒对王权的向往

　　同时代的人强烈地感受到了这一点，以至于安东尼在3月15日提出永久废除独裁统治的动议后，得到了元老院元老们的热烈响应，后来，屋大维假装对独裁统治表现出了恐惧，实际上他的行为与此背道而驰，但这愉悦了他的臣民，并提高了他的声誉。就恺撒而言，他非常清楚这一点，以至于在授职仪式的当天，他认为他的变革使命已经结束了，为改变当时的被动状态，他颁布了一项特赦，解除了他的警卫，并把自己的安全托付给了效忠的信念。从罗马人的观点来看，他已经达到了目的，本可以就此打住。但他认为他不能在罗马默默地扬显王威，否则会影响他在埃及和帕提亚高调行使君主权力。要想凌驾于国王之上，他首先必须成为国王，这毋庸置疑，因此他让罗马臣民称他为国王，并在他们面前佩戴白带，这条白色带子以王冠的名义象征着希腊化国王的权力。如同"改变"独裁统治一样，他"改变"了君主制。他汲取了两者的相似之处，尤其是通过铸造刻着自身肖像的钱币以窃取王权。他寻求靠近神灵，要么将他的雕像安放在卡比托利欧山上与古代国王的雕像并列排放，要么在其他所有神灵之上，将他的雕像置于奎里纳斯即罗慕路斯国王旁边，后者在死后被提升到了不朽的境界。他被授予"罗马国父"（Père de la Patrie）的头衔，此等殊荣仅仅正式授予过苏拉、马略和卡米耶，这些人本身属于第一任国王，即城邦的创建者，他几乎获得了和他们同等的荣誉，西塞罗曾在公元前63年觊觎他的荣耀光芒。此外，他允许，或者更确切地说，向他的友人暗示要举办一系列的示威宣传活动，通过这些活动往往会让他看到事实的真相。诚然，在公元前44年1月26日，当他被称呼为雷克斯时，他傲慢而谦虚地表示抗议："我的名字不是雷克斯，而是恺撒。"然而，当"前共和国"的两名保民官盖乌斯·埃皮迪乌斯·马鲁鲁斯（C. Epidius Marullus）和卢修斯·凯塞提乌斯·弗拉维斯（L. Caesetius Flavus）对这些煽动性称呼的始作俑者展开追捕时，恺撒下令将他们免职了。也许恺撒认为有必要对他们进行惩处，借口是他们的虚情假意剥夺了人民的感情；但他没有指责和冷落执政官安东尼，因为后者几天后，于公元前44年2月15日公开为他戴上了王冠。

公元前44年2月15日的牧神节

这一幕闻名于世：恺撒高高在上坐在罗马演讲台上参加牧神节，

下面围满了人，这位终身独裁者身着紫色长袍庄严地端坐在骑士统领和裁判官盖乌斯·卡西乌斯之间的金色椅子上。宴会刚刚结束，一位列席者爬上演讲台，将一个桂冠放在了恺撒的脚下，花环上缠绕着王冠的细带。似乎他的动作还不够富有表现力，下面掀起了一片叫喊声："大胆将桂冠戴在恺撒的头上！"随后又传来了其他的喧闹声，有一些人恳求雷必达摘掉头冠。雷必达装作没有听见，卡西乌斯代替他取下了戴在恺撒额头上的王冠，并放在他的膝盖上。恺撒一把将他推开，一些观众开始鼓起掌来。此时，执政官安东尼在这个庄严的时刻突然赤身裸体现身，出现在牧神节现场，他捡起王冠，把它戴回恺撒的头上，此时在场者全都沉默了。恺撒第二次把王冠从头顶取下来，并扔到观众中间。大家立刻分成两派：一些人聚集在后面，欢呼雀跃；另一些人，站在舞台前面，大喊道："恺撒，你没有权力拒绝罗马人民的礼物。"安东尼重新捡回王冠，把这个王室象征勉强戴在了这位独裁者的头上，这时刚才站在前排的人便开始了热烈的欢呼："国王万岁！"但是恺撒再次摘下王冠，命令手下拿去给朱庇特，并简单说了一句："这更适合他！"然后，在所有人又一次鼓掌的欢呼声中，执政官拥抱了这位独裁者，最近的一名参与者拿到了恺撒交付的王冠，走过去为演讲台旁边的恺撒雕像戴上了王冠。

罗马独裁者希望成为臣民的国王

　　大马士革的尼古拉斯（Nicolas de Damas）勉为其难地记录了其保护者与朋友——奥古斯都国王的说法。在这里借用他的表述，即恺撒终其一生一直在渴求其治理国家的行政职务，在这一点上，事实比推理更能说明问题。显然，牧神节上的活动安排是在得到这位独裁者授意的情况下提前计划好的。虽然当时局面混乱，以至于恺撒无法当场自封为王，然而现场氛围足够吵闹，他可以适时找准机会，不受任何形式限制，通过大众的声音和在任的执政官，接受大家对国王的敬意，他有权认为他对罗马的统治和王权不可或缺，而且民众也以罗马荣耀为由自发将此殊荣授予他。事实上，他并不想用东方的王冠来替代他的帝王桂冠，而是想要让二者并置，因为在他看来，帝国的最高利益诉求需要明确指定罗马的独裁官为其臣民的国王。在形式上，通过编写关于未来战争的晦涩难懂的书籍，他让神谕服从于他的目标，宣称只有国王才能击败帕提亚人。这个预言暗示，他将于3月18日出发前往帕提亚远征，在此之前他要求将代表他的思想以及他希望用来维护拉丁文化与新战利品的形式化作元老院法令予以施行；因此在3月15日恺撒召唤元老们坐到一起征集意见，如果那一天在开这次决定性会议之前，元老们根据其舅父的建议投赞成票给15位祭司之一盖乌斯·奥莱利乌斯·科塔，也许恺撒不会被谋杀。

共和党人的震惊

　　这位独裁者过于高估了自己的直系亲属，以及人性的慷慨与怯懦，也没有充分掌握民众对其计划的革命性部署所产生的恐惧和憎恶情绪。在乌蒂克加图的柴堆灰烬下，共和制的火焰仍在跳动着，尤其是在它吞噬了殉难者女婿马尔库斯·尤尼乌斯·布鲁图斯痛苦的灵魂后。布鲁图斯是恺撒的情人塞维利亚和被庞培冷酷处决的一位民主人士的儿子，这个顽固不化的男人抛开个人恩怨，宁愿投身自由事业，他在公元前49年，克服了厌恶情绪，重新集结了其杀父仇人的军队。恺撒在法萨罗拯救并赦免了布鲁图斯；随后向他证明了自己对他的赏识：在公元前46年将阿尔卑斯山以南地区的管理权交付给他，并在公元前44年1月1日让他担任罗马城大法官。然而，这些恩惠并没有影响到这个热衷于思考并被顾虑折磨的哲学家和教条主义者，他在内心诅咒充斥着整个国家的专制主义，只是他对恺撒的感恩之情，分散了一点他的复仇之心。西塞罗早在公元前45年就已经意识到布鲁图斯的暴力信念，他在潜意识里，希望让这名克己奉公之人来代替他承担推翻暴君的责任。他开始试着激怒他，匿名在裁判官法庭上毫不掩饰地张贴诉讼状并试图唤起他的勇气，刺激他复仇——沉睡吧，布鲁图斯，与此同时，西塞罗向马尔库斯·布鲁图斯灌输他的同一谱系两个先辈的光辉事迹：消灭塔尔奎尼（Tarquins）的老布鲁图斯，从篡位者斯普里乌斯·梅利乌斯（Sp. Maelius）手中拯救了人民的塞尔维利乌斯·阿哈拉（Servilius Ahala）。但是，带着良心上的顾虑，若不是因为恺撒宣布篡夺至高无上的权力而引起心理上的震撼，年轻的布鲁图斯也许永远不会答应这样做。卡西乌斯得知此事后一心想要与之交好，并问他会持什么态度，他首先回答说，元老院若有一天要审议恺撒的皇室地位，那么他会以不参加会议的方式表示抗议。卡西乌斯坚持说："但如果我们被召唤议事，你会怎么做？""那么，"布鲁图斯回答，"我的职责就是捍卫自由，在自由期满之前死去。"卡西乌斯提出异议，说最好通过谋杀恺撒来拯救自由，然后布鲁图斯表示了同意并决定采取阴谋手段。

恺撒被谋杀（公元前44年3月15日）

二人在那一天策划的阴谋同时蔓延到其他人，如被特赦的前庞培党人：里加卢斯、庞提乌斯·阿奎拉、鲁布里厄斯·鲁加（Rubrius

Ruga）、塞克斯提乌斯·纳索（Sextius Naso）；被恺撒的野心吓到的恺撒党人：普布利乌斯·苏尔皮修斯·加尔巴（P. Sulpicius Galba）、卢修斯·米努基乌斯·巴希卢斯（L. Minucius Basilus）、蒂利乌斯·辛博尔（L. Tillius Cimber）、普布利乌斯·塞尔维利乌斯·卡斯卡（P. Servilius Casca），甚至包括恺撒在马西利亚的副手特雷博尼乌斯和迪基姆斯·尤尼乌斯·布鲁图斯（Decimus Iunius Brutus）。这些各怀鬼胎的人们面对让他们心生恐惧的迫在眉睫的帕提亚远征，仅以君主制的名义，便一起联合起来进行密谋抵制。也许比起恺撒的公开暴政，他们更憎恨他对波斯的战争，因为这会带回大量的有色人种。10年前，在克拉苏时代，三头同盟之一克拉苏不顾民众的诅咒集合他的军队征战，那时帕提亚远征就已经不得人心了，如今帕提亚远征令他们感到恐慌，他们指控这种行为让他们陷入两难境地：要么遭受比公元前53年更可怕的灾难，要么通过"国王"恺撒的胜利，见证罗马土地的东方化。他们决心通过谋杀来阻止远征，并选择了元老院作为密谋地点，就元老们被召集起来就恺撒的帕提亚远征计划投票表决的那个时刻。在冷酷血腥的会议开幕之前，密谋者巧妙地将恺撒一个人围在中间，这种伪装类似于将对手带到埃及刺客的小船上，于是在庞培成立的元老院，恺撒倒在了法萨罗战败者的雕像脚下，他被匕首刺伤了35次，其中一次正好刺中胸口而致命，这一切发生在公元前44年3月15日上午11点左右。在这个无法避免的时刻，恺撒表现出了一种平静的无畏，直到看到猛烈追击参与杀戮的布鲁图斯，他才发出了惊愕的呻吟和痛苦的责备："还有你啊，我的孩子！"

毫无意义的3月15日行动

布鲁图斯在暗杀恺撒的过程中曾呼唤过西塞罗的名字，在国家随之陷入的慌乱状态中，西塞罗在给卢修斯·米努基乌斯·巴希卢斯寄去的一份短笺中，战战兢兢又小心翼翼地透露出一丝强烈的兴奋之情。"我向你表示祝贺！我太开心了！我会留意你的事情。我希望你喜欢我并告诉我能为大家做什么。"也许这位老执政官已经断定共和国即将重生，以至于他的话语仍然带有统治色彩。这是多么疯狂的愿望啊！参加公元前44年3月15日行动的共谋者拯救了波斯，对于这个波斯王国，任何人包括图拉真也无法吞并它，但仅此而已。恺撒的继承者与君主制觊觎者之间的斗争持续了数年：安东尼向全世界展示了其粗俗的作风；屋大维因过于弱小不敢大胆继续施行其养父制定的制度，他知道要弱化恺撒式的专制主义程度，但至少保存了恺撒已经基本建立起来的元首制，使这一专制主义的本质得以延续下去。试图区分这两种君主制似乎是徒劳的，因为屋大维只称自己为"圣奥古斯都"，而非如同恺撒一样自称为神灵。此外，他并没有在罗马人面前自称独裁官以及在外自称为王，他只想在外被称为皇帝（imperator），而在罗马，他只想成为第一人，即"第一公民"（princeps）①。这些都是人为的微妙之处。就像狄弗斯·尤利乌斯在埃塞尼亚被视为保护神一样，奥古斯都也被当作罗马城所有交叉路口顶礼膜拜的保护神，如同阿萨息斯王国里的代蒙（Daimôn）或佛拉瓦奇（Fravashi）。至于作为皇帝行使的专制权力，奥古斯都已经

---

① 译者注：在屋大维所创建的罗马元首制度中，"第一公民"职衔即是对历史俗称罗马皇帝的正式称呼。

把这些权力收拢并放到了个人头上，早在公元前40年，他就以其养父为榜样，以自己的头衔在各地包括罗马行使这些权力，并持续通过被恺撒解散的禁卫队来守护着这些权力。奥古斯都帝国实际上是一个建立在帝王崇拜基础上的君主制国家，跟恺撒的王室专制相比，除了在领地范围上有所区别，其他的专制权力不多也不少。由于奥古斯都缺乏恺撒那样的魄力，他只能与波斯进行谈判而无法征服它；他尽管在安西尔（Ancyre）纪念碑上，吹嘘把埃及纳入了罗马的资产，但他未能按照常规方式将埃及划为一个行省；他不得不把埃及当作一个单独的国家来对待，把它当作君主的私人财产来管理，他将元老们驱逐出埃及，与其说是为了让他们放弃让罗马挨饿的欲望，必须承认，这一点对骑士也有诱惑力，不如说是为了阻止他们去丹德拉（Denderah）这样的圣地看他们所谓的共和君主，他头戴具有象征意义的红白双冠（pschent），并被冠以亵渎神明的名字"上下埃及之王，太阳之子，王冠持有者"。

恺撒——帝国奠基者

总而言之，恺撒的思想经过谨慎的模糊化之后再次出现翻版，体现在奥古斯都的管理中。正如弗兰克·阿德考克（Frank Adcock）认为的那样，尤利乌斯·恺撒与他的前辈们一样，仅仅是一位同类型的"帝王"，他的一生既不狭隘也不残暴，他既不是蒙森钦佩的圣骑士，也不是波拿巴想象中的拿破仑主义的启蒙者，他也不是古列尔莫·费雷罗（Guglielmo Ferrero）所揭露的纯粹破坏者；埃托雷·派斯（Ettore Pais）和爱德华·迈耶（Eduard Meyer）都认为，尽管他最终没有留下血脉，但人们发现，他在君士坦丁之前4个世纪就有过将统治的重心转移到亚历山大或伊利安的想法，由此可见他的深谋远虑和远见卓识。事实上，他是一位最为灵活、最有魅力的政治领袖，他知道如何实施和完成历史上最有成效的变革，成功调和了希腊文化与罗马纪律、个人统治与市政共和国的活力、东方的全面吞并与国王臣民的同化等矛盾。他创造了"帝国"的辉煌，取得了丰硕的成果，人们一直将几个世纪以来帝国的和平稳定归功于他，从他的那个时代开始，关于这个帝国的记忆，无论是好的还是坏的，都与人类的共同命运息息相关。他在内部施行独裁统治和外部王国治理之间划出了清晰的界限，仿佛筑起了一道堤坝；他已经预见到高卢的强大，他用他的智慧和技巧巧妙地平衡这些关系，使这一政体免受东方化的影响。坦率地说，他的施政理念确实能够赋予这个政体以稳定性，而这正是他的继任者们所缺乏的。